국어문법론강의

이 익 섭
채 완 공저

學 硏 社

머 리 말

이 책은 학부의 문법론 시간에 쓸 교재로 편찬되었다. 이익섭은 이미 이익섭 · 임홍빈 공저로 『국어문법론』(1983)을 낸 바 있다. 이 『국어문법론강의』는 애초 그 개정판으로 기획되었었다. 오래전부터 출판사에서 개정판 집필을 요구해 왔던 것이다. 그런데 그것이 여의치 못하여 새 책을 내기로 하였다.

이 책은 일단 채완이 처음부터 끝까지 새로 썼다. 『국어문법론』 중 이익섭이 집필하였던 부분은 대개 그대로 살리면서 나머지 부분은 전적으로 채완이 새로 쓴 것이다. 그것을 이익섭이 전부 새로 손질하고 그것을 다시 채완이 검토하였다. 가능한 한 서로의 견해를 살리는 방향으로 하였으나 둘의 의견이 다른 것은 최대한 조정하여 한 책으로서의 일관성을 세우려 하였다.

이 책은 이론적인 설명보다는 국어의 문법 현상에 대해 그동안 축적되어 온 업적들을 정리하는 데 역점을 두었다. 그러다 보니 자연히 근래 주류를 이루고 있는 생성문법 및 그 유파 이론 쪽으로는 소홀해질 수밖에 없었다. 그쪽은 저자들의 능력 밖의 일이기도 하려니와 두 가지를 한 자리에 묶는 일은 책의 성격을 흐리게 한다는 판단에서였다.

그리고 그동안 내실 있는 성과를 낸 부분은 이론의 추적보다는 자료 중심의 착실한 작업 쪽이었다는 판단도 작용하였다. 강좌도 이쪽 방면의 강좌가 따로 있어야 하겠으며 그럴 때 이 책과 같은 문법서가 유용하다고 생각한 것이다.

이 책의 최종 교정 단계에서 숙명여자대학교의 민현식 교수와 서울대학교의 김창섭 교수가 꼼꼼히 읽어 주었다. 결정적인 사항들을 많이 바로잡아 주어 고마운 마음을 어떻게 다 표해야 할지 모르겠다. 앞으로도 여러 사람이 함께 읽으며 더 많은 것을 지적해 줄 수 있으리라 믿는다. 그동안 학계에서 쌓인 성과를 최대한 집약하려고 애썼으나 누락되었거나 소홀히 다루어진 부분도 많을 것이다. 사실 우리 학계의 활동이 전에 없이 활발하여 매년 쏟아지는 업적을 골고루 섭렵하는 일이란 여간 어렵지 않다. 아무쪼록 많이 일깨워 주시고 이끌어 주시면 앞으로 계속 보완해 나가려 한다. 학계를 이만큼 발전시켜 온 여러분들의 노고에 경의를 표한다.

1999년 1월 23일

이익섭 · 채완

목 차

제1장 서 설

1.1. 언어와 문법

언어와 규칙

언어는 우리 인간에게 한 필수품이라 할 만하다. 우리의 사회생활이 언어 없이는 성립되기 어려우며, 우리의 思考 또한 언어 없이는 이루어지기 어렵다. 우리는 그만큼 매일매일 언어 속에 파묻혀 산다고 할 수 있으며, 그 때문에 누구나 자기 母國語 하나는 능숙하게 구사할 줄 알게 된다.

다시 말하면, 사람들의 자기 모국어의 驅使 능력은 놀랍도록 높다. 말을 할 때마다 주의를 기울이며 머리를 짜서 한 마디 한 마디 만들어 내는 것이 아니라, 거의 무의식적으로 그때 그때 필요한 말을 척척 하게 된다. 말하자면 사람들은 거의 누구나 말에 너무나 익숙해져 있다.

이 때문에 우리들은 언어가 어떤 엄격한 규칙으로 이루어져 있다는 사실을 미처 깨닫지 못하는 수가 많다. 거의 무의식적으로 자유자재로 구사하면서 늘 그 속에 파묻혀 살기 때문에 그것을 저만큼 떨어뜨려 놓고 관찰할, 그리고 그 기틀을 이루고 있는 규칙을 깨달을 여유가 없는 것이다. 그러나 언어가 엄격한 규칙의 체계라는 것은 잠시만 눈을 돌려 보면 곧 알 수 있다. 무의식적이라고 하지만 스스로 말을 하다가 잘못된 것을 깨닫고 고쳐 말하는 경우도 많으며, 남의 말을 듣다가 이상한 부분이 나오면 바로바로 신경에 거슬리게 되는데, 이는 바로 언어가 규칙으로 이루어져 있다는 것을 우리가 매일같이 체험하고 있다는 증거일 것이다.

외국어를 배워 보는 것이 언어가 규칙으로 이루어져 있다는 것을 아는 가장 빠른 길인지도 모른다. 짧은 영어 문장 하나 지으려 해도 우리가 지켜야 할 규칙이 한두 가지가 아니라는 것을 알게 되며, 하찮은 듯한 조그만 규칙 하나 틀리는 것 때문에 결국 한 문장 전체가 틀린 문장이 되는 경험을 누구나 하게 된다. 언어란 마치 규칙의 뭉치라는 느낌을 외국어를 배워 본 사람은 누구나 받아 보았을 것이다.

눈을 한국어로 돌려도 이 점은 꼭 마찬가지다. 다음 예문 (1a, b)는 단지 語尾 하나를 잘못 쓴 것인데도 우리에게 정상적인 우리말이라는 생각이 들지 않는다. 그리고 예문 (2a, b)는 결정적으로 틀린 문장이라는 것을 이내 알 수 있으며, 여기서 우리는 한국어도 엄격한 규칙의 지배를 받고 있음을 깨닫게 된다.

(1) a. 저는 어제 배가 아프니까 결석했습니다.
 b. 서울에서 살아 있는 동생을 만나러 갑니다.
(2) a. 첫눈의 오거든 편지가 띄웠다.
 b. 너는 제일 작년에 잘 공부를 하셨습니다.

그러나 한국어를 이루고 있는 규칙은 語尾나 助詞, 또는 語順, 時制 등 문장 내의 규칙에 국한되지 않는다. 가령 다음 예문 (3)은 문장 자체로는 온전한 문장이지만 초등학교 학생이나 중학생이 쓰기에는 매우 부적합한 표현이다. 즉 예문 (3)은 話者의 나이가 어느 정도

들어야 쓸 수 있다는 제약을 받고 있는 문장인 것이다.

(3) 자네 여기 와 좀 앉게.

규칙은 찾아보면 볼수록 많다. 語頭에 子音이 하나밖에 올 수 없어 plan이나 spring과 같은 語頭子音群의 단어가 있을 수 없다든가, 子音 'ㄱ, ㄷ, ㅂ'이 'ㄴ, ㅁ' 앞에 놓일 수 없어 '먹는다, 입는다' 등은 '멍는다, 임는다' 등으로 실현될 수밖에 없다든가, 한국어에는 'f, ð' 등의 音이 없다든가 등이 모두 규칙인 것이다.

문법과 문법 단위

언어에 대해서 우리가 가질 수 있는 관심은 여러 방면의 것일 수 있다. 언어의 起源은 무엇인가, 인간은 언제부터 언어를 쓰기 시작하였으며, 그 초기의 모습은 어떤 것이었을까, 세계에 언어는 몇 개나 있으며 그 중 어느 언어가 그 사용 인구가 가장 많은가, 또 그 중 몇 개의 언어가 독자적인 문자로 표기되는가, 세계의 언어를 계통적으로 나누면 몇 가지나 되며 유형별로 나누면 또 몇 가지나 되는가, 뇌의 어느 부분이 언어를 관장하는가, 인간의 思考나 사회생활에 미치는 언어의 영향은 어떠한가 등 우리의 관심은 끝없이 계속된다. 그러나 이 모든 것에 앞서 우리의 관심을 끄는 것은 언어를 이루고 있는 규칙들이다. 가령 한국어라면 이 언어가 어떠한 규칙들에 의해 어떠한 構造를 형성하고 있는가가 우리의 일차적 관심사가 된다. 복잡한 규칙의 체계인 언어를, 그 규칙의 이해 없이 파악할 수는 없기 때문이다.

언어는 워낙 복잡한 규칙들로 이루어져 있기 때문에 언어의 규칙은 몇 가지 다른 層位의 체계로 나누어 이해하는 것이 유익하다. 文法(grammar)은 그러한 층위의 하나다. 문법은 넓은 의미로는 한 언어의 문장을 이루는 체계 전반을 가리킨다. 그러나 문법은 이보다 좁은 의미로 쓰이기도 한다. 넓은 의미의 문법에서 音韻論과 意味論 분야를 제외한, 단어와 문장의 구조를 다루는 분야가 좁은 의미의 문법이다.

이 좁은 의미의 문법에서 다루는 言語 單位(linguistic unit)들을 흔히 文法 單位(grammatical unit)라 한다. 形態素, 單語, 句, 文章 등이 대표적인 문법 단위들이다.

形態素는 문법 단위 중 가장 작은 단위다. 문법 단위는 音韻 單位와 달라 어느것이나 일정한 의미를 가진다. 따라서 형태소는 의미를 가지는 단위 중 가장 작은 단위이기도 하다. 이 최소의 단위인 형태소가 어떠한 의미를 가지며, 어떻게 보다 큰 단위를 형성하여 단어를 이루고 句를 이루며 문장을 이루는가 하는 그 규칙을 찾아내는 일이 문법가가 하는 일이다. 문장은 문법 단위 중 가장 큰 단위이므로, 결국 문법가의 관찰 범위는 형태소에서부터 문장까지라 할 수 있다. 문법가가 다루는 이 분야를 흔히 文法論이라 하여 音韻論이나 意味論 등과 대립적인 개념으로 쓴다.

문법론은 그 다루는 범위에 따라 形態論(morphology)과 統辭論(syntax)으로 양분하기도 한다. 형태론과 통사론의 경계를 엄격히 구별하는 것은 간단한 일이 아니고, 또 한편으로는 형태론과 음운론의 분야도 서로 겹치는 부분이 있지만, 본서에서는 일단 언어의 구조를 음운의 구조, 단어의 구조, 문장의 구조라는 세 가지 층위로 나누어 접근하는 방식을 취하고자 한다. 형태론에서는 단어의 내부 구조를 분석하고 그 구성요소를 분류하며, 형태소가 모여 단어를 형성하는 규칙과 그 제약을 찾아내는 일을 목표로 삼는다. 반면 통사론에서는 단어들이 모여 문장을 구성하는 원리를 분석하고 그것을 규칙화하는 일을 목표로 삼는다. 다시 말해서, 전통적으로 좁은 의미의 '문법'이라고 할 때의 문법론이 본서의 서술 범위가 되는 셈이다.

구성과 IC

보다 작은 문법 단위가 모여 보다 큰 문법 단위가 되었을 때, 이 큰 단위를 構成(construction), 또는 構成體(constitute)라 하고, 이 구성을 이루고 있는 작은 단위들을 構成要素(constituent)라 한다. 구성요소가 구성을 이룰 때에는 어떤 層位가 형성된다. 가령 '너의 까만 눈동자'는 '너, 의, 까만, 눈, 동자' 등의 구성요소들로 이루어진 구성인데, 이 구성은 이들 구성요소가 평면적으로 집합하여 이루어진 것이 아니고, 우선은 '너의'와 '눈동자' 등이 먼저 묶이고, 그 다음은 '까만 눈동자'로 묶이고, 이것들이 다시 '너의'와 '까만 눈동자'로 묶이는 몇 단계의 층위를 이루면서 구성된 것이다. 따라서 '너의 까만 눈동자'의 구성 방식을 파악하려 할 때는 이것을 처음부터 셋이나 넷, 또는 다섯 개의 구성요소로 뿔뿔이 분석할 것이 아니라, 우선은 크게 두 조각으로 분석하고 그것을 다시 더 작은 단위로 쪼개 가는 것이 대부분의 경우 올바른 길이다. '너의 까만 눈동자'를 두 부분으로 쪼갠다면, 먼저 '너의'와 '까만 눈동자'로 쪼개질 것이다. 그렇지 않고, 만일 이를 '너의 까만'과 '눈동자'로 쪼개면, '너의'가 '까만'을 꾸미고 있는 것이 되기 때문에 옳지 않다. 이를 그림으로 보이면 다음과 같다.

(4) 너의 까만 눈동자

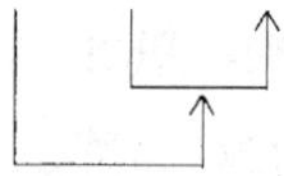

이처럼 어떤 구성을 일차적으로 나누었을 때 나뉜 구성요소 각각을 直接構成要素(immediate constituent, 줄여서 IC)라 한다. '너의 까만 눈동자'의 IC는 '너의'와 '까만 눈동자'이며, '까만 눈동자'의 IC는 '까만'과 '눈동자'다.

문장이 여러 단계의 층위로 이루어진다는 것도 언어의 중요한 규칙의 하나로서 이를 바로 인식하는 일은 언어의 구조를 파악함에 있어 매우 중요한 일이다. 만일 문장을 평면적으로만 이해한다면 다음 예문 (5)에서 이 문장의 주어가 '언니가'인지 '책이'인지를 결정지을 수가 없을 것이다.

(5) 언니가 찾던 책이 여기 있구나.

이 문장이 '책이 있구나'를 뼈대로 하여 이루어져 있고 '언니가 찾던'은 한 층위 아래에서 '책'을 꾸며 주고 있음을 알게 되고, 그로써 이 문장 전체의 주어는 '책이'임을 아는 것은 이 문장의 구조를 층위의 개념을 바탕으로 하여 파악한 결과인 것이다. 文法論에서 하는 가장 큰 일의 하나는 이처럼 문장이 어떠한 절차를 밟아 어떠한 구조의 모습으로 이루어지는가를 밝히는 일이라고 할 수 있다.

문법적 직능과 문법범주

문법 단위들이 문장을 이룰 때는 주어, 목적어, 서술어 등과 같은 문법적 구실을 맡게 되어, 문장 중의 다른 요소들과 어떤 관계를 갖게 된다. 가령 앞의 예문 (5)에서 '책이'는 "서적"이라는 어휘적인 의미를 나타내 주는 동시에 그 문장의 주어라는 문법적인 구실도 함께 맡아 한다. '여기' 역시 "이곳"이라는 어휘적인 의미도 나타내 주지만 '있구나'를 꾸며 주는, 즉 부사어로서의 구실도 함께 하고 있다. 특히 '여기'를 예로 보면,

(6) a. 여기 좀 보아라.
  b. 여기 풍속은 우리 고장 풍속과 다르다.
  c. 너는 여기 앉아.

등에서는 각각 목적어, 관형어, 또는 부사어의 구실을 하여, 한 단어가 문장 안에서 하는 구실이 여러가지일 수도 있음을 보여 준다. 문법 단위들이 문장에서 가지는 이와 같은 구실을 文法的 職能(gram-matical function), 또는 줄여서 職能이라 한다.

문법 단위들은 어느것이나 일정한 의미를 가진다는 점을 앞에서 말하였다. 이 의미를 흔히 語彙的 意味(lexical meaning)와 文法的 意味(grammatical meaning)로 나누어 생각한다. 앞에서 '책, 여기' 등이 가지는 "서적, 이곳"이라는 의미, 즉 흔히 사전에서 정의되는 개념적 의미가 어휘적인 의미이며, 주어라든가 부사어라든가 등의 직능은 문법적 의미에 속한다. 따라서 문법적 직능은 말을 바꾸면 文法的 意味라고 할 수 있다. 문법 단위 중에는 거의 문법적 의미만을 가지는 것이 있으나 대개는 두 가지 의미를 다 가지는 것이 일반적이다. '책을 읽었다'의 '-을, -었-, -다'와 같은 종류가 전자에 속하고, '책, 읽-'과 같은 것은 후자에 속한다. 문법론에서 주로 다루는 의미는 두 가지 의미 중 문법적 의미, 즉 문법적 직능이라 할 수 있다.

문법 단위들이 어떤 문법적 직능을 나타낸다고 할 때, 그 직능들은 몇 가지 묶음으로 範疇化할 수 있다. 가령, '먹었다, 찾았다, 하였다'의 '-었-, -았-, -였-'은 "과거"를 표시하는데, "과거"라는 문법적 직능은 다시 "현재"나 "대과거" 따위와 함께 "時制"(tense)라는 범주에 묶인다. 이러한 범주를 통칭하여 文法範疇(grammatical category)라 한다. 문법범주 중 대표적인 것으로는 品詞(parts of speech), 時制, 性(gender), 格(case), 數(number) 등이 있는데, 언어에 따라 문법범주의 종류나 그 실현 양상은 같지 않다. 가령 佛語에는 명사에 性 범주가 있어 어떤 명사가 여성인가 남성인가에 따라 관사라든가 서술어의 모습이 달라지지만, 국어에는 그러한 범주가 없어 가령 '책'이면 '책', '한강'이면 '한강'이 남성인지 여성인지가 문제되지 않는 것이 한 예이며, 서구어에 흔히 있는 數의 범주도 국어에 없어 '책이 한 권 있다'고 할 때나 '책이 수십 권 있다'고 할 때나 '책'에든 '있다'에든 아무런 형태상의 차이가 생기지 않는 것이 다른 한 예다.

문법범주는 대체로 일반적 개념, 즉 논리범주(logical category)를 표현하지만 반드시 그런 것은 아니다. 예를 들면, 시간의 논리범주에는 당연히 "미래"가 있지만 국어의 시제 범주에는 "미래"를 표시하는 문법 단위가 없다. 또한 국어의 명사에 性 범주가 없다고 해서 한국어 사용자가 性의 구별을 하지 않는 것은 아니며, 다만 언어적으로 달리 표현하지 않을 뿐인 것이다.

우리가 문장에 문법적으로 접근하는 길은 그 문장의 문법적인 특성을 분석하여 체계화하는 일일 것이다. 어떠한 문법 단위들이 모여 어떠한 構造로 문장을 이루는가 하는 그 얼개의 분석과 아울러, 각 문법단위들이 어떤 문법범주에 속하며 어떠한 문법적 의미를 나타내 주고 있는지를 밝혀 내는 일이 우리가 문장을 문법적으로 파악하려 할 때 가장 주된 과제라 할 수 있을 것이다.

1.2. 문법의 연구 방법

규범문법과 기술문법

한 언어의 문법을 究明하는 길에는 몇 가지 다른 길이 있을 수 있다. 史的인 변천에 관심을 두고 그 언어의 문법을 通時的으로 관찰하는 길이 우선 하나 있다. 이를 흔히 歷史文法(historical grammar)이라 한다. 이와 다른 종류로 學校文法(school grammar), 또는 規範文法(prescriptive grammar)도 있는데, 중고등학교 등에서 학생들에게 가르치기 위해, 또는 외국인들에게 한 언어의 문법을 안내하기 위해 쓰여지는, 이론적이기보다는 실용적인 목적으로 체계화된 문법을 일컫는다. 이들과 다른 길의 문법으로서 記述文法(descriptive grammar)이 있다. 記述文法은 한편으로는 史的인 입장이 아닌 共時的 입장의 문법이라는 뜻을 가지며, 다른 한편으로는 규범적인 입장이 아닌, 그야말로 사실을 있는 그대로 記述(describe)하는 입장의 문법이라는 뜻을 가진다.

이때 記述은 규범문법이 취하는 處方(prescription)의 입장과 대립되는 것으로서 그만큼 과학적이어서 記述文法은 規範文法보다 과학적이며 실증적인 방법의 문법이라 평가된다. 그러나 있는 그대로의 記述은 단순한 관찰일 뿐, 그 내면의 원리를 설명(explain)하려 하지 않는다고 하여, 설명을 목표로 하는 문법 이론과 대립되어 낮게 평가되기도 한다.

생성문법과 기능문법

설명에 큰 비중을 두는 문법으로서 대표적인 것은 이른바 生成文法(generative grammar)이다. 기술문법이 이미 주어져 있는 구조를 경험론적으로 분석하는 데 치중했다면, 생성문법에서는 인간이 가진 선천적인 언어 획득 능력을 중시하여, 무한한 수의 문장을 생성해 낼 수 있는 유한한 규칙의 실체를 밝히고 형식화하는 것을 목표로 삼는다. 관찰 가능한 현상들로부터 가설을 세우고 일반 법칙을 이끌어 내서, 현상들에 내재한 원리를 설명하고 나아가 새로운 형식을 생성해 내는 규칙을 수립하는 것이 생성문법의 목표이다.

한편으로 생성문법은 연구 대상이나 방법에 있어 機能文法(functional grammar)과 대비된다. 생성문법의 목표는 언어의 획득과 성취를 가능하게 하는 내재적인 언어 능력을 설명하는 것으로서 언어의 수행 쪽보다는 능력 쪽에 중점을 둔다. 반면 기능문법의 관점에서 볼 때, 언어란 한 벌의 정교한 규칙이기보다는 인간의 의사소통 체계이므로, 의사소통에서의 언어의 역할을 문제삼다 보면 보다 다양한 언어 수행의 국면들이 관심의 대상이 된다.

기능주의적 관점에서 볼 때, 언어란 인간의 사회적 상호작용을 결정하는 구성소로서, 주장하고 묻고 약속하고 명령하고 희망하고 요청하고 하는 등의 언어적 행동이 곧 사회 활동인 것이다. 따라서 기능론자들은 '문법'보다는 '언어'에 보다 관심을 갖는다. 언어 행위가 사회적 행동에서 어떻게 효과를 미치는가 혹은 못 미치는가를 탐구하는 것이 주된 관심이므로, 그 대상도 문장 단위보다는 담화 혹은 텍스트로 확대되며, 따라서 언어능력은 '문맥 능력'(textual competence),

곧 '의사소통 능력'(communicative competence)을 포함하는 것이어야 한다. 문법의 연구 대상을 문장이나 단어의 구조뿐만 아니라 화용론적 영역이라든지 언어 행위를 지배하는 사회적 규범으로까지 확대하는 것이 기능문법의 시각이다.

1.3. 국어의 문법적 특성

국어는 여러가지 면에서 印歐語, 특히 영어와는 구별되는 문법적 특성을 가지고 있다. 문장의 기본 구조에서부터 통사 절차에 이르기까지 그 차이는 꽤 광범위하다. 이러한 차이에 대한 강조가 필요한 것은 현대의 言語 理論 혹은 文法 記述의 모델들이 印歐語, 특히 영어를 자료로 하여 형성된 것이기 때문이다. 현대의 문법 이론이 아무리 보편성을 전제로 하는 것이라고 하여도 그 대부분 영어에 대해서 이루어진 성과라는 점에서 한계를 가지는 것이며, 그렇기 때문에 그것이 곧 국어에서도 동일하게 성립할 것이라는 가정은 반드시 眞이라고는 할 수 없는 것이다. 영어에 대해서는 의심의 여지가 없이 정당한 것이라고 하더라도 국어에 대해서는 다시 檢證되지 않으면 안 되는 것이다.

그렇다고 개별 언어의 특수성만을 지나치게 강조하는 것도 바람직한 일이 아니다. 문법 현상에 관한 한 국어에만 있고 다른 언어에는 없는 현상이란 것이 그렇게 흔한 것은 아니기 때문이다. 국어도 언어의 하나이므로 다른 언어와 함께 언어 보편성을 共有하는 것이며, 세계 언어가 몇 가지 유형으로 나뉜다고 할 때 국어도 다른 몇몇 언어와 함께 그 한 부류에 속할 것이다. 또 한편으로는, 국어로서의 긴 역사와 형성 과정을 가지고 있는 한, 국어는 그와 親族關係에 있는 알타이 계통의 언어들과는 좀더 많은 공통점을 가지고 있을 것이다.

따라서 국어의 문법적 특성은 言語 普遍性과 言語 類型論(language typology), 그리고 국어 系統論이라는 세 가지 變數의 작용을 받고 있다고 보아야 할 것이다. 이런 것을 전제하면서 이제 국어의 문법적인 특성이라 할 만한 것을 몇 가지 간추려 보기로 한다.

(가) 한국어는 첨가어에 속한다.

添加語(또는 膠着語, agglutinative language)란 어기에 조사나 어미와 같은 문법 형태소들이 결합되어 문법 관계를 표시하거나 단어를 형성하는 언어를 말한다. 한 예로 예문 (1)을 보면 '할머니', '이야기', '즐겁-', '하-'와 같은 어기에 '-께서', '-는', '-를' 등의 조사며, '-게', '-시-', '-더-', '-구나' 등의 어미가 덧붙어 문장이 형성되는 모습을 보여 주고 있다.

(1) 할머니-께서-는 이야기-를 퍽 즐겁-게 하-시-더-구나.

이러한 첨가어적인 특성이 국어의 가장 두드러진 특성의 하나라 할 만하다. 더욱이 국어에서 어기에 붙는 문법 형태소의 수와 종류가 매우 풍부하며 대부분의 중요한 문법적 기능이 이들에 의해 이루어져, 문법 형태소의 종류와 기능을 아는 것이 국어 문법 기술의 대부분을 차지한다고 보아도 과언이 아닐 정도이므로 첨가어로서의 국어의 특성에는 각별한 관심을 기울일 필요가 있다.

(나) 국어는 SOV 언어에 속한다.

국어는 他動詞文의 구조로 보았을 때 主語(subject) 다음에 目的語

(object)가 오고 敍述語(verb)가 문장 끝에 오는 SOV 언어(SOV language)에 속한다. 국어가 SOV 언어로서 가지는 대표적 특징들을 보면 다음과 같다.

대부분의 언어는 S(주어), O(목적어), V(동사)의 가능한 여섯 가지 조합 중 지배적인 세 가지 유형(SOV, SVO, VSO) 중의 하나에 속하는데, 한국어나 일본어, 터키어, 몽고어, 힌디어 등은 SOV 언어이고 영어를 비롯한 대부분의 서구의 언어들과 중국어는 SVO 언어이다. 이 양자의 두드러진 차이는 뒤에서 논하듯이 서술어가 문장 끝에 오느냐 아니냐에 있지만, 다른 한편으로는 SOV 언어는 대체로 후치사 언어이고 SVO 언어는 대체로 전치사 언어라는 점이다. 즉 SOV 언어는 '목적어-후치사-동사'처럼 후치사를, SVO 언어는 '동사-전치사-목적어'처럼 전치사를 목적어와 동사 사이에 끼우는 것이다. 국어는 물론 후치적 특성을 가지는데 국어는 후치사(국어에서는 조사)뿐 아니라 어미, 보조 동사도 각각 어간, 본동사 뒤에 위치한다. 앞에서 국어가 첨가어에 속하며, 첨가되는 요소인 부속형식이 다양하게 발달되어 있다고 하였는데 그것을 국어의 후치적 특성과 관련시켜 보면 첨가란 곧 후치라고 바꾸어 말할 수 있을 것이다. 즉

(2) a. *가-영희 를-나비 다-았-잡.
    b. 영희가 나비를 {잡았다, 잡았니? 잡았구나!}

에서 보면, 조사는 반드시 체언 뒤에 와야 하며, 어미나 선어말 형태들도 반드시 어간 뒤에 와야 한다. 이러한 후치적 특징이 서술어가 문말에 온다는 특성과 어울려 결과적으로 국어는 文法의 많은 주요한 사항들이 문장 끝 무렵에서 결정되는 성질을 가지며 그것이 국어의

가장 중요한 특성의 하나라 할 만하다.

앞에서 언급하였듯이 SOV 언어의 가장 두드러진 특징은 서술어가 문말 위치에 놓인다는 점이다. 그 앞에도 주어가 먼저 오고 그 다음에 목적어가 오는 순서가 정해져 있지만 이것은 서술어가 문말에 놓인다는 특징에 비하면 부차적인 특징에 불과하다.

국어의 서술어는 원칙적으로 문말에 붙박혀 있어야 한다. 국어는 첨가어로서 부속형식들이 문장 성분을 드러내 주기 때문에 어순이 비교적 자유롭다. 그래서 흔히 이를 두고 自由 語順(free word order)이라 부르기도 한다. 그런데 서술어만은 그렇지 못하다. 서술어만큼은 문장말 위치를 지켜 주어야 하는 것이다. 다음 예문 (3)과 (4)에서 이를 확인할 수 있다.

(3) a. 형은 나에게 선물을 주었다.
 b. 나에게 형은 선물을 주었다.
 c. 선물을 형은 나에게 주었다.
 d. ?*선물을 나에게 형은 주었다.

(4) a. 나는 그를 천재로 알았다.
 b. 그를 나는 천재로 알았다.
 c. ?*나는 천재로 그를 알았다.
 d. *그를 천재로 나는 알았다.
 e. ?*천재로 나는 그를 알았다.
 f. *천재로 그를 나는 알았다.

또 자유 어순이라 해서 서술어 이외의 성분들의 어순이 늘 자유롭지는 않으며 그 나름대로의 제약이 있다는 점도 유의할 필요가 있다. 가령 위에서 (3d)의 성립 가능성은 의심스러운 것인데, 그것은 기본 어순을 이탈한 성분이 둘이나 되기 때문인 것으로 여겨진다. (4c-f)

는 다른 의미이거나 非文인데 이는 '천재로'와 '알았다'가 밀착된 성분으로 분리되기 어려운 성질을 가지고 있기 때문일 것이다. 어떻든 자유 어순의 자유란 무한한 자유가 아니라는 것을 알 수 있다.

이렇듯 서술어가 문말에 온다는 특징이 SOV 언어의 가장 중요한 특징인 점을 들어 이런 유형의 언어를 敍述語 文末(verb-final) 언어라 부르기도 한다. 그런데 국어가 서술어 문말형 언어라 해서 절대적으로 서술어 뒤에 다른 성분이 올 수 없는 것은 아니다.

(5) a. 그는 뛰어갔다, 집으로.
b. 나는 영희를 보았다, 어제 여기에서.
c. *너는 백화점에서 샀느냐↗, 무엇을↘.

에서처럼, 문장을 일단 완결하고 이를 보충하기 위한 성분으로 서술어 뒤에 다른 성분이 나타나는 일이 있는 것이다. 그러나 이러한 어순이 정상적이 아님은 말할 것도 없다. 더구나 문장의 의미를 바꿀 만큼 중요한 성분은 동사 뒤에 나타날 수 없다. (5c)의 '무엇을'처럼 질문의 초점으로 상황이나 문맥에 의해서는 보충될 수 없는 성분이 서술어 뒤에 오지 못하는 것이 그것을 보여 준다.

서술어 문말 어순뿐 아니라 수식어의 어순도 고정되어 있다. 서술어 문말 어순이 때로는 일탈을 허용하는 데 반해 '수식어-피수식어' 어순은 그렇지 않다. 늘 수식어, 즉 꾸미는 말이 피수식어, 즉 꾸밈을 받는 말 앞에 와야만 한다. '수식어-피수식어'의 어순은 확고부동하게 고정되어 있는 것이다. 우선 국어의 수식 구성은 예외 없이 '관형사(혹은 관형사형)+명사', '속격+명사', '부사(혹은 부사형)+용언', '부사+부사' 등과 같이 수식어가 피수식어 앞에 온다. 이는 수식어가 피수식어 뒤에 오기도 하는 印歐語와 구별되는 점이다. 또 關

係節은 印歐語에서 예외 없이 머리명사(head noun) 뒤에 오는데, 국어에서는 표제 명사를 꾸미는 關係節이 반드시 그 앞에 온다. 흔히 이를 두고 영어를 오른쪽 가지치기(right branching) 언어라고 하고, 국어는 왼쪽 가지치기(left branching) 언어라 하는데, 이 특징은 국어가 문법의 보다 중요한 사항들을 문장의 끝 부분에서 결정하게 하는 다른 한 요인이기도 하다.

국어는 의문문이라고 해서 평서문의 '주어-서술어'의 위치를 바꿀 필요가 없다. 또 疑問詞가 반드시 文頭의 위치에 와야 한다는 제약도 없다.

(6) a. 회원들이 다 모였다.
 b. 회원들이 다 모였니?
(7) a. 너는 어디로 갈 작정이니?
 b. 어디로 너는 갈 작정이니?
(8) a. 선생님은 왜 대답이 없으세요?
 b. 왜 선생님은 대답이 없으세요?

에서 (6b)는 판정의문문으로서, 그것은 단지 억양이나 文末語尾만으로 평서문과 구별될 뿐 어순은 그대로 유지된다. 즉 의문문에서도 SOV의 골격을 그대로 유지하는 것이다. 예문 (7)과 (8)은 의문사가 있는 의문문인데 (7a)와 (8a)에서 보듯 '어디'나 '왜'와 같은 의문사가 文頭가 아닌 위치에 올 수 있음을 볼 수 있다. 그뿐만 아니라 (7b)에서 보듯 의문사가 문두로 나가면 오히려 문장이 덜 자연스러워지기까지 한다. 한마디로 국어에서는 의문문이 평서문의 어순과 구별되는 의문문 고유의 어순을 가지지 않는다.

(다) 국어는 근간성분의 생략이 용이한 언어에 속한다.

문장을 이루는 성분 중 주어, 목적어, 서술어 등은 그 문장의 성립에 없어서는 안 될 성분이라 하여 흔히 根幹成分이라 한다. 그런데 국어는 이렇듯 필수적인 근간성분인 주어나 목적어가 잘 생략되는 특성을 가지고 있다. 그 중에서도 특히 주어가 잘 생략되는 일은, 주어를 거의 모든 경우에 필수적으로 요구하는 영어 등과 비교하여 국어의 중요한 특성이라 할 만하다.

(9) a. 어디에 가십니까?
b. 동회에 갑니다.
c. 벌써 다 읽었구나.

(10) a. 벌써 가을입니다.
b. 온 겨레가 한결같이 사랑하고 그리워하는 꽃을 나라꽃이라 합니다.

에서 보면, (9a)에는 2인칭 주어가, (9b)에서는 1인칭 주어가, 그리고 (9c)에서는 주어 및 목적어가 생략되어 있고, (10a)에는 '때는'이나 '계절이' 정도의 주어가, (10b)에는 '우리는'이나 '사람들이' 정도의 주어가 생략되어 있음을 볼 수 있다. 이들은 그러면서도 온전한 문장의 모습을 갖추고 있을 뿐만 아니라 오히려 생략된 성분들을 다 찾아 넣었을 때보다 더 자연스럽기까지 한 면을 보여 준다.

(라) 국어는 경어법이 극도로 발달한 언어에 속한다.

국어는 경어법이 매우 복잡하게, 그러면서도 매우 체계적으로 발달되어 있다. 누구를 존대의 대상으로 삼느냐에 따라 국어 경어법을 흔히 셋으로 나누는데 主體敬語法, 客體敬語法, 相對敬語法(또는 聽者敬語法)이 그것이다. 다음 예문을 보면 세 종류의 대상 누구를, 그리고 누구누구를 한꺼번에 높이느냐 않느냐에 따라 경어법이 매우 질서정연하게 실현되는 것을 볼 수 있다.

(11) a. 민호가 동생에게 밥을 주었다. (주체－, 객체－, 청자－)
b. 민호가 동생에게 밥을 주었습니다. (주체－, 객체－, 청자＋)
c. 어머니께서 민호에게 밥을 주셨다. (주체＋, 객체－, 청자－)
d. 어머니께서 민호에게 밥을 주셨습니다. (주체＋, 객체－, 청자＋)
e. 민호가 어머니께 진지를 드렸다. (주체－, 객체＋, 청자－)
f. 민호가 어머니께 진지를 드렸습니다. (주체－, 객체＋, 청자＋)
g. 어머니께서 할머니께 진지를 드리셨다. (주체＋, 객체＋, 청자－)
h. 어머니께서 할머니께 진지를 드리셨습니다. (주체＋, 객체＋, 청자＋)

국어 경어법은 이 외에도 여러 가지 복잡한 장치를 많이 만들어 쓰고 있다. 이에 대해서는 뒤(제 14 장)에서 자세하게 다루게 되거니와 어떻든 국어 경어법을 모르고서는 국어를 다 깨쳤다고 할 수 없을 정도로, 아니 국어의 어떤 것에도 다 능통한 사람조차 그때그때 적절한 경어법을 바로 골라 쓰는 일에 대해 한평생 전전긍긍하며 살 정도로 경어법이 국어에서 차지하는 비중은 크고도 크다.

참고 김방한(1992), 김진우(1985), 김한곤 · 이상억(1989), 남기심 외(1977, 1993), 박영순(1985), 서정수(1996), 이익섭(1986), 이익섭 외(1997), 조성식(1990), 조성식 편(1990), 채완(1979, 1986, 1989, 1990a), 허웅(1981), Akmajian et al. (1995), Chao(1968), Foley & van Valin Jr. (1984), Fromkin & Rodman(1974), Greenberg(1963), Helbig(1970), Hockett(1958), Kuno(1973), Langacker(1973), Li(1976), Lyons(1968, 1981), Robins(1964), Shibatani(1990)

제 2 장 문법학의 형성

2.1. 전통문법

그리스의 문법 연구

많은 학문이 그러하듯 문법학도 그 淵源을 그리스에 두고 있다. grammar 라는 術語부터가 téchnē grammatikḗ(문자의 技術)라는 그리스어에서 유래하는 것이지만, 오늘날까지도 중요한 문법범주로 인식되는 名詞(noun), 動詞(verb), 格(case), 性(gender) 등의 개념이 이미 그리스 시대에 확립되었던 것이다.

그리스에서의 언어에 대한 관심은 먼저 철학자들에 의해서 시작되었다. 이들의 관심은 애초 언어가 自然(nature)에 의해 지배되느냐 協約(convention)에 의해 지배되느냐에 있었지만, 이러한 철학적인 논쟁 속에서 언어의 문법적 특성에 대한 인식도 하나씩 싹트게 되었다. 궤변학파(sophist)의 Protagoras(B.C. 5세기)는 남성, 여성, 중성과 같은 명사의 세 가지 性을 구분하였고, Platon(429—347 B.C.)은 명사와 동사(형용사 포함)를 처음으로 구분해 냈으며, Aristoteles(384—322 B.C.)는 여기에다 명사, 동사를 제외한 모든 단어를 가리키는 접속사(conjunction)를 추가시키고, 또 동사의 時制 범주를 인식하여 현재와 과거가 동사의 활용에서 구분됨을 발견해 냈다.

특히 스토아학파(Stoics)는 그리스의 어느 학파의 철학자들보다도 언어에 많은 관심을 기울여, 형태와 의미를 처음으로 구별하여 인식한 것을 비롯하여, 단어를 명사, 동사, 접속사, 관사(article)로 四分하여 관사를 처음으로 구분해 내고, 格의 개념도 처음으로 발전시켜 格을 直格(upright case)과 斜格(oblique case)으로 나누고, 동사를 自動詞와 他動詞로, 또 能動과 被動으로 구분하는 등 문법학의 발전에 많은 공헌을 남겼다.

그러나 그리스어의 문법이 틀을 갖추게 된 것은 이들 철학자들과 더불어 당시 그리스 문법 연구의 주류를 이루었던 알렉산드리아 문법학파(Alexandrian grammarian, B.C. 3세기—2세기)에 의해서였다. 이들은 앞의 철학자들과는 달리 文獻批評(literary criticism)의 일환으로 문법에 접근하였는데, 이들의 주된 관심은 異本의 비교에 의한 原本의 復元과 保存이었다. 문법이 문자와 관련되어 문자의 技術, 즉 문자로 쓰여진 문헌을 解讀하는 技術의 뜻으로 쓰이게 된 것은 바로 이들에게서 비롯한다.

이들 문법가들 중 가장 대표적인 인물은 Dionysius Thrax(B.C. 2세기 말)였다. 그의 문법은 스토아학파의 4 품사에 副詞, 分詞(participle), 代名詞, 前置詞를 추가하여 西歐 文法의 전통적인 8 품사 체계를 세우고, 또 모든 그리스어 단어들을 格, 性, 數, 時制, 態(voice), 法(mood)에 따라 분류함으로써 비록 수백 行(25 단락)의 짧은 책이긴 하나 西歐 최초의 문법서로서의 면모를 갖추었으며, 그 이후 여러 문법서의 지침서 구실을 하게 되었다.

라틴 문법과 보편 문법의 등장

그리스어 문법의 전통은 로마로 이어졌다. Donatus (400 A.D.)와 Priscian (512—560 A.D.)으로 대표되는 로마의 문법가들은 Thrax의 문법을 모델로 하여 고전 라틴어(classical Latin)를 대상으로 하는 라틴문법(Latin grammar)을 발전시켰다. 중세의 유럽은 라틴어가 성경, 외교, 학문, 문화의 언어였기 때문에 당시 문법이라면 라틴 문법 일변도이던 시대였는데 수없이 많은 라틴 문법서들은 그 대부분 Donatus와 Priscian의 문법서를 근간으로 하는 것이었다. 그만큼 이들 문법서는 후대에 많은 영향을 미친 점에서 Thrax의 문법서보다 큰 비중을 가진다고 할 수 있다.

라틴 문법은 그 후 보편문법(universal grammar)으로 이어진다. 당시 라틴어의 절대적인 지위는 다른 여러 개별 언어, 가령 프랑스어, 이탈리아어, 스페인어, 영어 등에 대한 관심을 돌릴 여유를 주지 않았고, 또 언어간의 차이나 언어의 다양성에 대해서도 관심을 돌리게 하지 않았다. 더구나 유럽의 13세기는 演繹的 思考가 팽배하여 보편 불변의 원리를 탐구하는 것을 과학의 理想으로 믿었던 때여서 문법 연구도 논리학, 인식론, 형이상학 등에 보편적으로 적용되는 일반 원리 위에 서려 하였고, 또 모든 언어는 論理와 理性(reason)의 소산이어서 본질적으로는 동일한데 다만 우발적으로 다를 수 있다는 전제 위에서 행해졌다. 이 전통은 18세기까지 이어진다. 특히, 1660년 프랑스 Port Royal 수녀원 교사들(C. Lancelot와 A. Arnauld)이 낸 『一般理性文法』(*Grammaire générale et raisonné*)은 언어를 論理와 理性의 산물로 인식한 한 典型으로서 프랑스를 비롯한 여러 나라에 큰 영향을 미쳐, 17,8세기 계몽시대(Age of Enlightenment)에 이 부류의 문법서를 많이 출간하게 되는 일에 결정적 역할을 하였다.

그리스에서 싹터 로마로 계승되고 중세기를 거쳐 18세기까지 이어진, 크게 보아 그리스-로마 전통(Greco-Roman tradition)의 문법을 일반적으로 傳統文法(traditional grammar)이라 부른다. 이들의 약점으로 흔히 문자언어(written language)를 음성언어(spoken language)와 혼동하였다든가, 先代의 문법가들이 만들어 놓은 울타리(dogma)를 맹목적으로 추종하였다든가, 모든 언어의 문법을 라틴 문법의 모델에 맞추려 하고, 언어와 논리를 부당하게 동일시했으며, 그로써 언어에 대한 태도가 규범적이었다든가 하는 점을 지적한다. 그러나 한편에서는 문법학의 확고한 기반을 쌓은 공로 외에도 언어와 논리 사이의 깊은 관계를 밝히고, 모든 언어가 다 명사, 동사 등으로 비슷하게 만들어진 구조를 가진다는 언어의 보편성을 일찍부터 올바로 인식하였다는 점을 높이 평가하기도 한다.

인도의 문법 연구

그리스-로마의 전통과는 동떨어진 것이었지만 인도에서의 문법 연구는 매우 괄목할 만한 것이었다. 그 가장 대표적인 것은 Pānini(B.C. 4세기)의 문법인데, 그의 문법은 Thrax의 문법보다 더 이른 시기(350—250 B.C.)에 쓰여진 인류 最古의 문법서로서 오늘날까지도 이처럼 철저하고 요령 있게 쓰여진 문법서가 드물 만큼 산스크리트(Sanskrit)의 모든 활용과 파생, 복합 및 통사 현상을 세부에 이르기까지 4,000개의 정확하고 간결한 규칙으로 기술한 기념비적 문법서로 평가되고 있다. Pānini는 언어가 하나의 체계(system)라는 사실을 완전히 인식하고 있었으며, 오늘날의 零 형태소(null-morpheme)에 해당하는 개념을 알고 있었다.

인도에서는 Pānini가 나오기 수세기 이전부터 활동을 시작한, 理論을 달리하는 학파가 12개나 되고 출간된 문법서도 1,000여 종이나 되는 등 문법 연구가 매우 활발하였다 한다. 그러나 이들은 인도에서 계승 발전되지 못하고 18세기에 이르러 Pānini의 문법이 유럽에 소개됨으로써 비로소 빛을 보게 되었다.

2.2. 역사비교문법

19세기에 들어오면서 언어학의 주류는 印歐語族을 중심으로 語族의 수립과 관련하여 그 방법론을 개척하고 언어의 변화, 특히 음운변화의 규칙을 추구한 歷史比較文法(historical and comparative grammar)의 시대로 바뀐다.

산스크리트의 발견

18세기 말 독일에서는 古典主義와 理性主義(rationalism)에 반발하여 낭만주의가 일어나 각 언어가 가진 개별 언어로서의 특수성을 중시하게 되었고, 거기다가 Darwin의 進化論이 다른 여러 분야에까지 進化思想을 불러일으켜 모든 것은 끊임없이 변한다는 사고 방식을 낳았는데, 그로 인하여 언어의 변화에 대한 관심이 더욱 커지게 되었다.

그러나 19세기의 역사비교문법을 일으킨 보다 결정적인 계기는 18세기 말의 산스크리트(Sanskrit)의 발견이었다. 즉 이를 발견한 학자

중 가장 큰 영향력을 가졌던 영국의 William Jones 경이 1786년에 산스크리트는 그리스어나 라틴어보다 더 완벽하고 훌륭한 구조를 가졌으며, 또 이들 三者는 공통되는 점이 너무 많아, 지금은 이미 세상에 잔존해 있지 않을 어떤 동일한 起源에서 나온 언어들이라는 믿음 없이는 바로 이해하기 어려우리라는 내용으로 발표한 글은 比較文法의 새 章을 여는 결정적인 자극제가 되었다. 이 글이 당시 유럽 학자들에게 던진 충격은 대단한 것이어서, 그들은 곧 이 세 언어의 親族性에 대한 연구의 필요성을 깨닫게 되었는데, 때마침 18세기 말부터 쌓여진 여러 다른 구조의 언어에 대한 풍부한 정보가 있어 이 연구는 쉽게 본격화되었다.

음운법칙과 실증주의

Grimm의 법칙(Grimm's law)[1]이니 Verner의 법칙(Verner's law)[2]이니 하는 音韻法則(sound law)들이 나오고 小壯文法學派(Junggrammatiker)의 無例外의 音韻法則, 그리고 규칙으로 설명할 수 없는 예외에 대한 설명 원리로서의 類推(analogy)와 借用(borrowing)의 개념이 수립된 것이 모두 이 시기이며, 실증적이고 귀납적인 그들의 언어 연구가 비로소 과학적이라 하여 종래의 언어 연구와 구분하여 linguistics(언어학)라는 새로운 술어를 탄생시킨 것도 이 무렵의 일이

---

1) 라틴어의 p, t, k는 고트어의 f, θ, h에 대응한다. 희랍어의 φ, υ, χ에는 고트어의 b, d, g가, 그리고 라틴어의 b, d, g에는 고트어의 p, t, k가 대응한다. 그림의 법칙은 나중에 베르너의 법칙에 의해 보완되었다.

2) 인구어의 무성폐쇄음 *p, *t, *k에 해당하는 게르만어의 무성마찰음들은, 그들에 바로 선행하는 음절에 액센트(강세)가 오는 경우에는 어중에서 그 무성성을 그대로 유지한다. 만일 강세가 마찰음 바로 앞의 음에 있지 않을 때에는, 이 무성자음은 유성자음으로 변화한다.

었다. 또한 소장문법학파는 최초로 진지하게 방언을 연구 대상으로 삼기 시작하였다.

그러나 이 시기의 언어 연구는 언어의 史的 변천에만 몰두하여 있었고, 그 작업을 주로 음운법칙에 의존하고 있었기 때문에 형태론이나 통사론과 같은 문법 연구에 있어서는 이렇다 할 進展이 없었던 시기이기도 하였다.

2.3. 기술구조언어학

20세기에 들어와서는 19세기의 언어학이 언어의 역사적인(通時的인) 면만 관심사로 한 것에 반발하여 언어의 共時的인 면을 중시하는 記述言語學(descriptive linguistics) 또는 共時言語學(synchronic linguistics)이 크게 일어난다.

소쉬르의 등장

이 새 시대는 1915년(재판, 1922)에 출간된 F. de Saussure(1857—1913)의 『一般言語學講義』(*Cours de linguistique générale*)에서 비롯된다. de Saussure는 나무 줄기의 수평 斷面圖와 수직 斷面圖를 예로 들어 언어의 역사적 연구는 마치 나무의 구조를 어느 한 단면도만으로 파악하는 것에 불과함을 지적하고, 언어 연구에 통시적인 연구와 공시적인 연구의 두 영토가 있을 뿐만 아니라, 후자가 오히려 전자보다 앞서야 한다는 점을 이론화하였다.

de Saussure는 또 19세기의 언어 연구가 언어 현상을 단편적으로 파악하여 언어 전체의 구조에서 파악하려는 태도가 부족하였음을 지적하고, 모든 언어 요소가 개별적으로 존재하는 것이 아니라 어떤 큰 총체 속에서 유기적인 관계를 맺고 있다는 構造(structure, 또는 體系 system)의 개념을 언어학에 도입함으로써 構造言語學(structural linguistics)의 시대를 열었다. de Saussure 이후의 언어학은 때로 現代言語學(modern linguistics)이라고 불리기도 한다.

미국 언어학의 성립

de Saussure의 이론은, 비록 그의 영향을 직접 받지는 않았지만 E. Sapir(1884—1939)의 *Language*(1921)나 L. Bloomfield(1887—1949)의 *Language*(1933)에서 구체화된다. 이들이 共時論을 通時論보다 앞서, 그리고 더 많이 다룬 것을 언어의 공시적 연구에 대한 새로운 인식이 실현된 것으로 평가하지만, 이들 이후의 미국 언어학은 공시적인 언어학으로 일관되다시피 하였다.

미국 언어학은 아메리카 인디언의 언어를 조사 분석하는 일에서부터 본격화되었는데, 이 인디언의 언어는 당시까지 문자로 기록된 일이 없는 언어였다. 따라서 이들 언어에 대한 역사적인 연구는 불가능한 상태여서 자연 공시적인 연구가 主流를 이룰 수밖에 없었다. 미국의 이러한 공시적 언어 연구를 흔히 記述言語學(descriptive linguistics)이라 부른다.

그러나 기술언어학의 '記述'은 단순히 공시적이라는 의미만을 가지는 것이 아니다. 전통문법 시대의 언어학이 권위 있는 古典의 문자언어에 대한 규범적(prescriptive)인 태도를 가졌음에 반하여 이 시대의 언어학은 방언이든 미개 민족의 언어이든 다 동등한 위치에 놓고, 언어 현상을 있는 그대로 기술한다는 뜻도 함께 포함하고 있다. 기술언어학은 문자언어에 절대적 우위를 주었던 전통문법과는 달리 소리언어가 인간의 의사 소통의 일차적 수단임을 인식하고 記述 分析의 대상을 소리언어로 하였음도 중요한 특징으로 하고 있다.

미국의 기술언어학은 미지의 언어 구조를 새로이 분석해 나가는 이른바 발견 과정(discovery procedure)을 중요시하였다. 그리하여, 언어의 분석이나 분류의 기준으로 의미는 되도록 배제하려 하고 객관적인 형태를 중시하였으며, 무엇보다 언어의 각 층위(level)를 엄격히 구분하려 하였다. 언어학을 발견 과정에 맞추어 작은 단위를 다루는 音聲學(phonetics)에서부터 차차 큰 단위를 다루는 音素論(phonemics), 形態音素論(morphophonemics), 形態論(morphology), 統辭論(syntax) 등으로 정밀히 체계화한 것이 그것이다. 이 체계에서 문법론은 표면에 나타나지 않지만, 흔히 형태론과 통사론을 합하여 부르는 이름으로 쓰고 있다.

19세기까지는 문법학은 곧 언어학이었다. 그만큼 문법이 넓은 뜻으로 쓰였다. 그러던 것이 기술언어학 시대에 와서는 문법이 형태론과 통사론만을 가리키는 좁은 의미를 가지게 되어 음운론 등을 포괄하지 않게 된 것을 유의할 필요가 있다. 이 시기에는 형태론이 음소론과 함께 활발히 연구되었으며, 큰 단위를 다루는 통사론 분야에서는 성과가 적었고, 특히 의미론 분야는 각광을 받지 못하였다. 객관적인 기준에 따른 치밀한 분석을 목표로 하는 이 시대 언어학의 자연스러운 결과일 것이다.

프라그 학파의 구조 언어학

이 시대의 미국의 언어학과 다른 한 줄기는 유럽의 Prague 학파의 構造言語學이었다. 프라그 학파의 구조언어학은 기능(주의) 언어학

(Funktionelle Linguistik)이라는 이름으로도 알려져 있는데, 이들이 커뮤니케이션 기호로서의 음성 단위들에 주로 관심을 집중시켰기 때문이다. 오늘날에는 흔히 음운론 학파(Phonologische Schule)라고 불리고 있듯이 주로 음운론 분야에서 뛰어난 업적을 이루었다.

미국의 언어학은 構造主義 언어학이면서 거의 공시적인 연구에 한정되어 있었던 데 비해, Prague 학파는 언어의 역사적인 배경도 소홀히 하지 않았다는 점에서 그들의 언어학은 構造言語學이라고 할 수는 있어도 記述言語學이라고 부르기는 어려운 특성을 가진다. 그러나, 전체적으로 이 시대는 記述構造言語學의 시대였으며, 그 중심 무대는 미국이었다고 요약할 수 있을 것이다.

2.4. 변형생성문법

촘스키의 등장

언어학은 1950년대 후반 N. Chomsky(1928—)의 출현으로 새로운 시대를 맞이하게 된다. 그의 *Syntactic Structures*(1957)와 *Aspects of the Theory of Syntax*(1965)가 일으킨 새 물결은 어떠한 변혁보다도 언어학을 크게 바꾸어 놓았다.

Chomsky는 앞 시대의 구조언어학이 실제로 화자의 입을 통하여 말해진 자료만을 근거로, 언어의 겉모습만을 대상으로 그 구성요소를 쪼개어 나가는 데에만 몰두하였음을 비판하고, 언어는 무한한 수의 문장을 지배하는 한정된 수의 규칙(rule)으로 이루어지며, 이 유한한 수의 규칙이 곧 문법(grammar)이요 언어학자의 분석 대상이라는 이론을 세웠다.

그리하여 Chomsky는 문장의 深層構造(deep structure)와 表面構造(surface structure)를 구분한다. 우리가 귀로 듣고 입으로 말하는 문장은 표면구조로서의 문장이요, 그 문장의 基底에 그 문장의 의미를 나타내 주는 가상적인 심층구조가 따로이 있다는 것이다. 그리고, 이 두 구조를 이어 주는, 즉 심층구조를 표면구조로 바꾸어 주는 과정을 變形(transformation)이라 하고, 그 규칙을 變形規則(transformational rule)이라 하여, 심층구조를 만드는 규칙인 基底規則(base rule) 또는 句節構造規則(phrase structure rule)과 구분하였다.

Chomsky가 이룩한 언어학 이론은 이 變形이라는 개념이 그 핵심이기 때문에 이를 흔히 變形文法(transformational grammar)이라 부르기도 하고, 또는 유한한 수의 규칙이 무한한 수의 문장을 生成해(generate) 낸다는 입장을 중요시하여 變形生成文法(transformational generative grammar)이라 부르기도 한다. 여기서, 變形言語學이니 變形生成言語學이니 하는 이름을 쓰지 않고, 언어학 대신 문법이 붙은 이름을 쓰는 것은 Chomsky가 문법의 개념을 기술구조언어학에서의 언어학만큼이나 넓게 잡았기 때문이다. 즉 변형문법은 그 하위에 統辭部를 중심부로 하여 意味部와 音韻部를 두는데, 여기서 統辭部가 좁은 의미의 문법과 거의 맞먹는 크기이며, 거기에 음운론과 의미론이 문법이라는 이름 밑에 더 포함되어 있는 것이다.

변형문법의 전개와 발전

변형문법은 意味部를 그 하위에 두고도 있지만 심층구조의 설정이 의미를 기반으로 하는 것이기 때문에 언어 분석에 있어 의미가 대단히 중요한 부분을 차지한다. 이 점에서 변형문법은 Chomsky 스스로가 천명하였듯이 心理主義(mentalism)에 바탕을 둔 언어 이론이며, 또 이 점에서나 언어의 보편성을 추구하는 점에서나 18세기의 보편문법과 같은 토대 위에 서 있다고 할 수 있다.

변형문법은 Chomsky 이후 여러 학자에 의해 끊임없이 深化 補完되고 또 수정되고 있다. 대표적인 수정 내용은 무엇보다도 의미론을 변형이론 모델에 도입한 것, 복합변형규칙(generalized transformations)을 없애고 그 대신 구절구조규칙 내부에 내포문의 반복 장치를 마련하여 심층구조 층위의 개념을 도입한 점, 심층구조만이 의미해석의 입력이 되고 표면구조만이 음운론적 해석의 입력이 된다는 제안 등이었다. 또한 단순 서술 긍정문만을 핵심문장(kernel sentence)으로 보았던 종래의 태도도 바뀌게 되었다.

한편 촘스키의 추종자들 중 일부는 촘스키의 노선에서 이탈하기도 하였다. 어휘해체(lexical decomposition)의 개념이 도입되기도 했고, 촘스키 식의 통사적 심층구조라는 개념을 완전히 버리고 심층구조를 의미구조 자체로 대치하는 생성의미론(generative semantics)이 하나의 새 물결을 일으키기도 하였다. 이에 대해 촘스키는 어휘론적 가설(lexicalist hypothesis)로 반격을 하여, 이전에 *Aspects*에서 수립된 표준이론을 보완하는 확대표준이론(Extended Standard Theory)을 내놓았다. 확대표준이론은 생성의미론과 대립시켜 해석의미론(Interpretive Semantics)으로 불리기도 하였는데, 해석의미론자들은 X-bar 이론 등을 계속 개발하였고, 이에 맞서 생성의미론자들은 형식의미론과 화용론을 문법 기술에 도입하기도 하였다.

1980년대 이후 촘스키의 변형문법은 또하나의 전기를 맞는데, 그것은 규칙체계 위주의 문법 이론에서 원리체계 위주의 문법으로의 전환이다. 변형규칙의 힘을 약화시키려는 각종 제약과 여과장치(filters)에도 불구하고 과도한 생성력이 아직도 문제가 되었으며, 또한 영어를 자료로 설정된 통사규칙이 다른 언어에는 잘 적용되지 않을 수 있다는 인식이 그와 같은 전환을 촉진하였다. 그리하여 한 언어의 문법을 보편적인 원리(principle)와 각 언어 특유의 매개변인(parameter)으로 풀이하는 지배-결속 이론(Government and Binding Theory)이 제안되었다. 표준이론의 심층구조를 이룬 구절구조규칙은 더 이상 필요하지 않게 되었고, 그 자리는 X-bar 이론(X-bar Theory), 의미역 이론(Theta Theory), 결속 이론(Binding Theory), 지배 이론(Government Theory), 격 이론(Case Theory), 통제 이론(Control Theory), 이동 이론(Movement Theory) 등 각종 원리가 차지하게 되었다.

촘스키의 변형문법은 언어학에 두 번의 혁명적 전환을 가져왔다. 하나는 경험론적, 행동주의적 연구 방법에서 인식론적 연구 방법으로의 전환으로서 구조-기술언어학으로부터 생성문법으로의 전환이며, 또 하나는 생성문법의 틀 안에서의 전환으로서 규칙체계 위주로부터 원리체계 위주로의 전환이다. 언어학에 도입된 인식론적 생성적 연구 방법은 이후의 수많은 언어 이론에 막대한 영향을 주었고, 개별 언어의 탐구에도 많은 자극을 주었다. 통사론 외에도 음운론, 형태론, 어휘론, 의미론, 역사언어학, 화용론, 언어습득 이론, 사회언어학, 심리언어학, 전산언어학 등이 생성적 개념을 도입함으로써 많은 발전을 이룩하게 되었다.

그리고 심층구조라는, 추상적일 수밖에 없는 세계의 想定에서 야기되는 많은 문제점 때문에, 그리고 한 언어 안에서의 社會方言과 같은 이유 있는 變異를 단순한 自由變異로 보고, 그리하여 언어의 變種을 도외시하고 그 보편성에만 傾倒하는 방법론상의 문제점 때문에 그 한계성을 지적받기도 한다. 그러나 변형문법 이론은 사람들을 매료시키는 힘이 강하여 갑자기 언어학자의 수를 부쩍 늘리고, 어느 때보다도 활발한 연구를 불러일으켜 언어학으로 하여금 그 중흥기를 맞게 하였을 뿐만 아니라 지금까지 숨겨져 있던 많은 문제들을 발굴해 냄으로써 언어학의 시야를 넓히고 그 깊이를 더하게 한 공로는 크다고 하지 않을 수 없다.

2.5. 국어 문법학의 발달

우리 국어의 문법 구조에 대한 연구는 매우 늦게 시작되었다. 1443년 훈민정음이 창제될 무렵 국어의 음운에 대한 연구는 상당히 높은 수준에 있었고, 그 이후에도 문자에 대한 연구의 일환으로 음운에 대한 연구는 조금씩이나마 계속되어 왔다. 그러나 우리나라에서 품사의 개념이라든가 격이니 시제니 하는 형태론이나 통사론과 관련된 개념이 싹트고 이로써 우리 문장을 분석하는 연구가 시작된 것은 20세기가 거의 되어서였다.

초기의 문법 연구

시기적으로 보면 외국인 선교사들이 쓴 국어 문법서들이 먼저 등장하였다. 1881년 Ridel이 쓴 *Grammaire Coréenne*나 1890년 H.G. Underwood가 쓴 『한영문법』(*An Introduction to the Korean Spoken Language*)

등이 그 예다. 그러나, 이들은 국내에서 출간되지 못하고 일본 요코하마에서 출간되었고, 또 외국어로 쓰여져 우리 나라 문법 연구에 직접적인 영향을 미치기는 어려웠을 것이다. 『한영문법』은 나중에 *An Introduction to the Korean Language* 라는 이름의 개정판으로 서울(京城)에서 출간되었지만 그것은 1915년의 일이었다.

우리나라 사람이 쓴 최초의 문법서로는 1909년 서울(漢城)에서 출간된 兪吉濬의 『大韓文典』을 꼽는다. 이에 뒤이어 周時經의 『國語文法』이 1910년 역시 서울에서 출간되었다. 周時經의 『國語文法』은 남달리 깊은 통찰력으로 국어의 特質에 충실한 문법 체계를 수립한 점에서 오늘날까지 높이 평가된다. 그러면서도 어떤 연유에서인지 이 문법 체계가 전통으로 이어지지는 못하였다.

1937년에는 최현배의 『우리말본』이 출간되었다. 『우리말본』은 1,200페이지에 달하는 방대한 양에서, 그리고 가장 풍부한 자료를 광범위하고 치밀하게 분석 분류한 점에서 우리 문법 연구의 한 시대를 劃하는 大作이라 할 만하다. 朴勝彬의 1935년에 출간된 『朝鮮語學』 및 1937년에 출간된 『簡易朝鮮語文法』도 이 시대의 중요한 업적이다.

새 이론의 도입

해방 이후 한동안 문법서는 학교 교과서류뿐이었다. 전체적으로 현대국어에 대한 연구열은 식고 中世國語를 중심으로 하는 국어의 역사적 연구가 번창하였다. 시대적으로 큰 거리가 있지만 마치 유럽에서 전통문법의 시대 다음에 역사문법의 시대가 온 것과 같은 현상이 우리나라에도 나타난 것이다. 현대국어의 문법에 대한 연구가 규범적인 테두리 안에 있었고, 국어의 역사적 연구가 국어를 과학적으로 연구하는 길이라고 생각하였던 것도 유럽에서 일었던 思考와 비슷하였던 듯하다.

그러다가 1960년대에 오면서 미국의 기술언어학의 방법론에 의한 연구가 나타났다. 形態素, 基本形 등의 개념이 도입되고, 이러한 문법단위의 분석이 치밀해진 것이 이 무렵의 일이었다. 그러나, 1930년대의 이론이 너무 뒤늦게 들어오기도 하였지만, 이에 의한 국어 연구는 대개 단편적이었고 그리 활발한 편도 아니었다. 해방 후 이때까지는 현대국어보다는 중세국어, 그리고 문법보다는 음운론 분야의 연구가 활발하던 시기였다고 할 수 있다.

그러나, 1970년에 가까워지면서는 변형생성문법의 모델에 의한 현대국어 문법서들이 전례에 없이 量產된다. 이 문법서들은, 초기의 것이 특히 그러하였지만, 그 대부분 영어학자들이 미국 대학에서 쓴 학위논문들이었다. 이들로써 현대국어의 문법 구조에 대한 연구는 종전에 없는 활기를 띠게 되었고, 또 새 국면을 맞이하게 되었다.

그 후 국어 문법계는 한편으로는 미국 중심의 새 사조에 맞추어 즉각 즉각 새 연구들이 이어졌고, 다른 한편으로는 자료 중심의, 얼마간 전통적인 바탕 위에서의 연구가 한 주류를 이루어 오고 있다. 이들 사이는 서로 영향을 주고받으며 서로 보완하는 관계가 이루어지고 있지만 또 얼마간의 벽도 생기는 국면이 있다. 이들 사이의 조화가 어떻게 잘 이루어지느냐가 앞으로의 국어 문법학의 방향에 큰 영향을 주리라 생각된다. 그리고 컴퓨터를 이용하는 언어학이 국어 문법학에 어떤 영향을 끼치게 될지도 중요한 관심사의 하나가 될 것이다.

참고 강복수(1972), 고영근(1983), 김민수(1960), 김방한(1970), 김방한 편(1991), 양동휘(1994), Carroll(1953), Dauzat(1929), Chomsky(1965), Ivič(1971), Jespersen(1922), Lepsky(1972), Radford(1988), Robins(1967)

제 3 장 형태소와 단어

3.1. 형태소

문법 단위와 형태소

언어 단위 중에는 그 자체로 일정한 의미를 지니고 있는 것도 있고 그렇지 못한 것도 있다. 가령 'ㅂ'이라는 소리는 국어 문장을 이루는 한 단위임은 분명하지만 그 자체로 무슨 의미를 나타내 준다고 말하기는 어렵다. 'ㄹ'이나 'ㅕ' 또한 마찬가지이다. 이에 반해 '별'이라고 하면 밤 하늘에 반짝이는 어떤 물체라고 하는 의미를 나타내 준다. '나무', '책가방'이나 '높다', '뛰어라' 등도 다 마찬가지다. 이처럼 어떤 의미를 나타내 주는 단위를 文法 單位(grammatical unit)라고 부른다. '푸른 하늘'이나 '청년들은 모험을 즐긴다' 들도 일정한 의미를 가지고 있으므로 역시 훌륭한 문법 단위들이다.

문법 단위 중 가장 작은 단위를 形態素(morpheme)라 한다. 즉 最小의 有意的 單位(minimal meaningful unit)가 곧 형태소다. 다시 말하면, 더 쪼개면 전혀 의미가 없어지는(또는 쪼개기 이전의 의미와 관련되는 의미가 없어지는) 문법 단위가 곧 형태소라 할 수 있다. 예를 들면, '별'을 'ㅂ'과 '열'로 쪼개거나 '벼'와 'ㄹ'로 쪼개면 'ㅂ'이나 'ㄹ'은 전혀 의미가 없게 되고, 또 '열'이나 '벼'는 각각 10이나 논의 벼와 비록 그 형태는 같지만 그 의미들은 하늘의 별과는 전혀 무관한 것이므로 '별'이 '벼'와 'ㄹ'의 결합이라든가 'ㅂ'과 '열'의 결합이라고 볼 수 없음을 알 수 있는데, 이럴 때 '별'은 문법단위로서는 더 이상 쪼갤 수 없는 최소의 有意的 單位, 곧 형태소라고 인식하게 된다.

그러나 '책가방'은 한 형태소가 아니다. '책'과 '가방'으로 쪼개었을 때 그 각각이 의미를 가질 뿐만 아니라, 그 의미들이 '책가방'의 의미와 관련이 있는 것들이기 때문이다. 그러나 '책'과 '가방'은 더 이상 쪼갤 수 없기 때문에 각각 한 형태소가 된다. '뛰어라'도 한 형태소가 아니다. '뛰-'와 '-어라'로 쪼갰을 때 '뛰-'는 '뛰고, 뛰면, 뛰었다, 뛴다'의 '뛰-'와 동일한 의미를 가지며, '-어라'는 '웃어라, 먹어라, 주어라'의 '-어라'와 동일한 의미를 가지기 때문이다. '뛰-'와 '-어라'가 각각 형태소인 것이다.

형태소를 좀더 체계적으로 분석해 내려면 계열 관계(paradigmatic relation)와 통합 관계(syntagmatic relation)를 살펴보는 것이 유익하다. 가령 '꽃이 예쁘다'에서 '꽃'의 자리에 '구슬'이나 '옷'이 들어갈 수 있으면 '꽃'이 형태소로 분석될 가능성을 보게 되고, '-이'의 자리에 '-은, -도' 같은 말이 대신 들어갈 수 있으면 '-이' 역시 형태소일 가능성을 찾게 되는데, 이는 '꽃'은 '구슬, 옷'과, '-이'는 '-은, -도'와 계열 관계를 이루기 때문이다. '예쁘다'가 '예쁘-'와 '-다'로 쪼개지는 것도 마찬가지로 설명된다. '예쁘-'의 자리에 '붉-'이나 '둥글-'이 들어갈 수도 있고, '-다' 대신에 '-고, -니, -어서'가 들어갈 수도 있기 때문인 것이다. 그러나 여기에서도 중요한 요건은 그 형태가 동일한 의미를 가진 더 작은 조각으로 쪼개지느냐 않느냐인 점은 변함이 없다.

자립형태소와 의존형태소

형태소 중에는 단독으로 문장에 나타날 수 있는(또는 그 단독으로 문장이 되기도 하는) 것이 있고, 반드시 다른 형태소와 결합하여서만 나타날 수 있는 것이 있다. '별'이나 '가방'은 전자의 예이며, '뛰-' 나 '-어라'는 후자의 예이다. 이를 구분하여 전자를 自立形態素(free morpheme), 후자를 依存形態素(bound morpheme)라 한다. 의존형태소는 흔히 '뛰-'나 '-어라'처럼 다른 형태소가 결합하는 쪽에 접속부호(하이픈)를 두어 그것이 의존형태소임을 표시한다. '뛰겠다, 놀겠지, 시원하겠어요'의 '-겠-'은 반드시 그 앞뒤에 어떤 다른 형태소가 결합되어야 하므로 그 양쪽에 접속부호를 둔다. '가신다, 오시지요, 주시더라'의 '-시-'도 마찬가지다.

국어의 명사나 부사는 거의가 자립형태소이지만, 동사나 형용사는 그 어간과 어미가 반드시 결합하여야 문장에 나타날 수 있으므로 어간과 어미가 각각 의존형태소이다. 의존형태소의 대표적인 다른 예로는 '맨발, 풋사랑, 군소리' 등의 '맨-, 풋-, 군-'과 같은 접두사와 '잠보, 덮개, 넓이, 자랑스럽다' 등의 '-보, -개, -이, -스럽-'과 같은 접미사가 있다. 국어 단어의 많은 부분을 차지하는 漢字語는 '窓'이나 '法'처럼 그 하나하나가 단어로서 자립성을 가지는 경우도 있지만, '讀, 書, 海, 洋, 家, 畜, 白, 立' 따위처럼 대부분 의존형태소로서, 앞 또는 뒤에 다른 한자가 결합되어야만 자립성을 갖는 경우가 일반적이다.

형태소는 실질적인 개념 의미를 가진 語彙形態素(lexical morpheme)와, 문법적인 관계만을 표시해 주는 文法形態素(grammatical morpheme)

로 나누기도 한다. 국어에서 명사, 동사나 형용사의 어간, 부사 등은 어휘형태소이고, 조사와 어미는 문법형태소이다. 이는 종래, 비록 형태소가 아니라 단어를 대상으로 한 분류이지만 實辭와 虛辭로 분류하던 것과 대체로 대응한다고 볼 수 있으며, 마찬가지로 實質語(content word)와 機能語(function word) 각각과도 상통한다고 할 수 있다.

형태소 중에는 아주 특이한 형태소도 없지 않다. 의존형태소는 여러 다른 형태소와 결합할 수 있는 것이 보통인데 어떤 것은 단 하나의 형태소와만 결합하는 수가 있는 것이 그것이다. '오솔길'의 '오솔-'이 그 한 예다. '오솔'은 '길' 이외의 어떠한 형태소와도 결합하지 않는데, 여기서 '길'은 분명히 독립된 형태소이며 '오솔길'은 '길'과 의미가 달라 '오솔-'에 어떤 의미가 있음도 확실하여 '오솔-' 또한 별개의 형태소로 분리되지 않을 수 없다. 이처럼 겨우 한 형태소하고만 결합할 수 있는 특수한 형태소를 特異形態素(또는 유일형태소, unique morpheme)라 한다. '아름답다'의 '아름-'이나 '착하다'의 '착-', '감쪽같이'의 '감쪽-', '안간힘'의 '안간-', '허둥지둥'의 '-지둥', '낚시'의 '-시' 따위도 모두 특이형태소의 예들이다.

이들은 본래는 어떤 분명한 의미를 가지고 있었을 것이나 현대국어에서는 자립성도 없고 오직 하나의 환경에만 나타나기 때문에 그 정확한 의미를 추출해 내기 어렵다. 따라서 이런 예들은 "최소의 유의적 단위"라는 형태소의 정의에 꼭 들어맞는다고 보기 어려운 점도 없지 않다.[1] 그러나 이들이 결합된 형식은 그 이전의 형식과 분명히 다른 의미를 가지는 만큼 이들이 어떤 의미를 첨가하는 것이 분명하고

1) 그리하여 형태소의 정의를 "어휘항을 구성하는 분석 가능한 단위 및 분석 가능한 단위를 제외한 나머지 형식"으로 확대해야 한다는 주장도 제기되고 있다.

따라서 이들이 비록 바로 손에 잡히지는 않더라도 그 나름의 독자적인 의미를 가지고 있음도 의문의 여지가 없다. 이 점에서 특이형태소도 형태소인 것만은 분명하다. 다만, 뒤에서 보겠지만 형태소 중에는 비록 특이형태소만큼 극단적이지는 않더라도 분포상의 제약을 받는 것이 많이 있는데 특이형태소는 워낙 그 정도가 심하여 형태소이되 극히 특이한 존재라는 점은 유의해 둘 필요가 있다.

이형태와 교체

형태소는 늘 꼭같은 모습으로만 나타나기보다는 주위의 환경에 따라 다른 모습으로 실현되는 것이 일반적이다. 가령 '듣는다'의 '듣-'을 예로 보면 '듣고, 듣지'에서는 표기된 대로 [듣-]으로 실현되지만 '들어라, 들으니'에서는 [들-]로 실현되고 또 '듣는다'에서는 실제 발음이 [든-]이어서, 한 형태소가 그 뒤에 어떤 소리가 오느냐에 따라 [듣-, 들-, 든-] 등으로 그 모습, 즉 그 音相(phonemic shape)을 달리하는 현상을 볼 수 있다. '값이, 값도, 값만'에서 '값'이 실제 발음에서는 [값, 갑, 감]으로 달리 실현되는 일도 이와 같다.

이처럼 한 형태소가 그 주위 환경에 따라 音相이 달라지는 현상을 交替(alternation), 또는 變異(variation)라고 하며, 그러한 교체에 의한 異種들을 하나하나 그 형태소의 異形態(allomorph)라 한다. 비록 겉모습이 달라도 그것은 우리가 머리를 깎든가 기르든가에 따라, 또는 수염을 기르고 안경을 씀에 따라 모습이 달리 보이는 정도일 뿐 결국 동일한 몸의 여러 모습 중의 하나라고 파악하는 것이다.

여기서 이형태 및 형태소와 관련하여 形態(morph)라는 용어를 하나 더 알아 둘 필요가 있다. 형태든 이형태든 의미를 가지고 있는 최소의 문법 단위이며, 이 점에서는 이들은 형태소와 다를 바가 없다. 그런데 이형태나 형태는 구체적인 모습 하나하나를 가리키는 이름인 데 반해서 형태소는 형태라고 하는 구체적인 성원들의 묶음이라고 하는 얼마간 추상적인 개념이라고 할 수 있다. 그리고 형태나 이형태는 구체적인 모습인 점에서는 같은데, 이형태는 그것이 어느 한 형태소의 성원이라는 전제를 깔고 부르는 이름인데 반해서 형태는 어느 특정 형태소와 관련시키지 않은 채 부르는 이름이라는 차이가 있다. 예를 들면 '값'을 형태소라고 할 때는 주위 환경에 따라 달리 실현되는 '갑'이나 '감'까지를 포괄하여 인식하는 경우이며, '값'을 이형태라고 할 때는 형태소 '값'이 모음으로 시작되는 조사 앞에서 실현되는 경우만을 가리키는 것이다. 그리고 '값'을 형태라고 부를 때는 이러저런 전제 없이 그것이 일정한 의미를 가진 형식이면서 최소의 문법 단위라는 뜻으로 쓰는 것이다. 따라서 형태라는 용어는 그만큼 허술한 용법으로 쓰는 것으로서 그 때문에 별로 널리 쓰이지 않는 용어이기도 하다.

한 형태소의 이형태들 사이에는 몇 가지 특별한 관계가 성립한다. 우선 한 형태소의 이형태들은 동일한 의미를 가진다. '값이, 값도, 값만'에서 '값'의 발음이 [값, 갑, 감]으로 달라져도 그것으로 '값'의 의미가 달라지지는 않는 것이다. 또 한 형태소의 이형태들은 서로 相補的 分布(complementary distribution)를 가지는 특성이 있다. a는 환경 x에만 출현하고 b는 환경 y에만 출현할 때, a와 b는 상보적 분포, 또는 排他的 分布(exclusive distribution)를 가진다고 말한다. 예를 들면 '들-'은 '들어라, 들었다, 들으니'에서처럼 母音 앞에만 분포되고, '든'은 '듣는다, 듣는, 듣노라'에서처럼 'ㄴ'과 같은 鼻音 앞에만 분포되고, '듣-'은 '듣고, 듣지'에서처럼 鼻音 이외의 子音 앞에만 분포되므로 '듣-, 들-, 든-'은 서로 상보적 분포, 또는 배타적 분포를 가지고 있다고 말하게 된다.

이상에서 보면 어떤 형태들이 서로 의미가 같고 그 분포가 상보적(배타적)이면 그들이 한 형태소로 묶인다는 것을 알 수 있다. 이것은 형태소 분석에 매우 유용하게 활용할 수 있는데 다음 예문에서 그 실례를 보기로 하자. 다음 (1)에서 '을'과 '를'이 하는 일은 똑같다. 즉 의미가 같다. 그리고, '을'은 子音 다음에만 나타나고 '를'은 母音 다음에만 오므로 서로 상보적 분포를 가진다. 따라서 '을'과 '를'은 한 형태소로 묶인다. (2)의 '이'와 '가'도 마찬가지 이유로 한 형태소임을 알 수 있다.

(1) a. 바둑을 잘 둔다.
    b. 장기를 잘 둔다.
(2) a. 벚꽃이 피었구나.
    b. 장미가 피었구나.

반면, (3)의 '에게'와 '한테'는 의미는 같다 하더라도 그 분포가 상보적이 아니기 때문에 한 형태소로 묶일 수 없다.

(3) a. 누님에게 드려라.
    b. 누님한테 드려라.

기본형

한 형태소에 여러 이형태가 있을 때 그 중 하나를 대표로 정하여 基本形(basic allomorph 또는 base form)이라 부른다. 어느 이형태를 기본형으로 정하느냐에는 몇 가지 기준이 있다. 첫째, 어느 쪽에서 어느 쪽으로 교체하였다고 설명하는 것이 더 자연스럽다면 그 방향을 지켜 기본형을 정한다. 가령, '값~갑~감'에서 기본형을 '갑'으로

잡고, 그것이 어떤 자음 앞에서는 '갑'으로 바뀌고, 또 모음 앞에서는 다시 '값'으로 된다고 하기보다는 '값'을 기본형으로 잡고 그것이 뒤에 자음을 또 만나면 자음이 세 개가 겹쳐 그 중의 하나인 'ㅅ'이 탈락하여 '갑'이 되고, 그것이 다시 '만'처럼 비음으로 시작되는 조사를 만나면 그 비음에 동화되어 '감'이 된다고 설명하는 편이 훨씬 순리적이고 자연스럽다. 따라서, 여기서는 '값'을 기본형으로 잡는다.

그런데 교체에 따라서는 그 어느 쪽으로 설명하는 것이 더 나을 것이 없는 때가 있다. 가령 주격조사 '이'와 '가'는, '이'가 모음 다음에서 '가'로 바뀌었다고 하는 것과 '가'가 자음 다음에서 '이'로 바뀌었다고 하는 것 중 어느 것이 더 나은 설명이라고 하기 어렵다. 이럴 때는 통계적으로 더 자주 쓰이는 것을 기본형으로 잡거나, 그것도 어려우면 임의로 어느 하나를 잡아 기본형으로 잡는다. '이'와 '가'의 경우는 역사적인 사실을 고려하여, '이'가 먼저 생긴 형태인 점을 근거로 하여 '이'를 기본형으로 잡는 길이 있을 것이다.

어느 이형태가 한 형태소를 대표하는 기본형이라는 것을 특별히 표시하기 위하여 그것을 {값} 또는 {이}와 같이 { } 속에 넣어 표시하는 수가 있다. 그리고, 한 형태소의 이형태들이라는 것을 나타내기 위하여 /값~갑~감/, /듣-~든-~들-/처럼 표시하는 수도 있으며, 때로는 이러한 교체가 형태적 조건에 의한(morphemically conditioned, 또는 morphologically conditioned) 교체라는 것을 따로이 표시하기 위하여 ~ 대신 /-아라~-어라∞-너라/처럼 ∞(또는 ∝)와 같은 기호를 쓰는 수도 있다.

형태적 조건에 의한 교체란 그 교체가 음운적으로 설명되지 않고, 어떤 특정 형태소에 국한된 교체라는 뜻이다. '바둑을'과 '장기를'의

/을~를/은 그 분포 조건이 자음 다음이냐 모음 다음이냐이므로 음운적이다. 이러한 교체를 음운적 조건에 의한(phonemically conditioned, 또는 phonologically conditioned) 교체라 한다. '보아라'와 '주어라'의 /-아라~-어라/ 사이의 교체도 그 先行 모음이 양모음이냐 음모음이냐에 따라 결정되므로 음운적으로 조건된 것이다. 그러나 '오너라'의 '-너라'는 그러한 음운적인 조건을 찾을 수 없다. '오'라는 소리 때문이 아니라 '오-(來)'라는 형태소 때문에 '-너라'가 분포되었다고 설명할 수밖에 없다. 따라서 '-너라'는 형태적 조건에 의한 이형태인 것이다. 형태적 조건에 의한 교체는 특정 어휘소에 따른 교체로 인식하여 어휘적 조건에 의한(lexically conditioned) 교체라 하기도 한다.

교체 중에는 드물지만 문법적 조건에 의한(grammatically conditioned) 교체도 있다. 외국어에서는 명사가 남성이나 여성이냐, 또는 중성이냐에 따라 그것을 꾸미는 형용사가 교체하는 수가 있는데, 性은 문법범주이므로 이 교체는 문법적 조건에 의한 교체에 속한다. 국어의 처격조사 '에/에게'는 '아이에게 물을 주어라'와 '화초에 물을 주어라'처럼 선행명사가 有情名詞인가 無情名詞인가에 따라 결정되는데 有情性(animacy)도 문법범주이므로 역시 이 교체도 문법적 조건에 의한 예일 것이다.

교체의 종류

교체를 自動的 交替(automatic alternation)와 非自動的 交替(nonautomatic alternation)로 분류하기도 한다. 자동적 교체는, 만일 그러한 교체가 일어나지 않는다면 그 언어의 음운 패턴이 깨어지는 결과가 초래되는 교체를 말한다. '값도'에서 'ㅅ'이 탈락하지 않으면 국어에서 자음이 세 개 거듭될 수 없다는 규칙이 깨어지고 만다. 따라서, /값~갑/의 교체는 자동적 교체다. 또 '값만'에서 '갑(←값)'이 '감'으로 되지 않으면 'ㅂ'과 같은 폐쇄음이 비음 앞에 분포될 수 있다는 새로운 규칙이 생기게 된다. 따라서, /값~갑~감/의 교체는 모두 자동적 교체다. 그러나 '코가 크다'와 '눈이 크다'에서의 /가~이/의 교체는 '코이'나 '눈가'와 같은 결합이 불가능하여 일어나는 교체는 아니다. 따라서 이 교체는 비자동적 교체다. '듣더라'와 '들어라'의 /듣-~들-/의 교체도 '뜯어라, 얻었다'에서 보는 것처럼 '듣어라'가 불가능하기 때문에 일어나는 교체가 아니므로 역시 비자동적 교체다. 형태적 조건의 교체는 모두 비자동적 교체다. 음운적으로 조건된 교체 중에는 /값~갑~감/처럼 자동적 교체도 있지만 /이~가/나 /듣-~들-/처럼 비자동적 교체도 있다. 그러나 자동적 교체는 모두 음운적 조건의 교체다. 자동적 교체는 그 언어의 음운 구조의 압력 때문에 일어나는 교체이기 때문이다.

3.2. 단 어

單語(word)라는 술어는 매우 일반화되어 있고 문법 단위 중 가장 기본적인 단위이면서도 아직까지 그 완벽한 定義가 나와 있지 않다. 의미에 기준을 두고 '單一한 의미를 가지는 音結合體'라는 정의도 한때 통용되었다. 그러나, '애국자'와 '나라를 사랑하는 사람'의 비교에서 '애국자'는 단일한 의미를 가지므로 단어요, '나라를 사랑하는 사람'은 그렇지 못하므로 단어가 아니라고 말하기는 어렵다. 따라서 의미만을 기준으로 삼아 단어를 정의하는 일은 만족스러운 결과를 얻기 어려울 뿐 아니라 위험스러운 일이 아닐 수 없다. 그렇다고 단어의 실체를 확실히 잡아 낼 수 있는 길이 뚜렷이 있느냐 하면 그렇지도 못하다. 어느쪽으로 가도 한손에 잡히지 않는 것이 단어의 실체인데 그렇더라도 조금이라도 더 확실한 길을 찾아 보아야 할 것이다.

단어의 정의

좀더 객관적인 정의를 모색하면서 널리 호응을 얻은 것이 最小의 自立形式(minimal free form)이 곧 단어라는 정의였다. 자립형식이란 그 단독으로 쓰일 수 있는 언어 형식으로서 가령 "누구(세요)?" "나"라는 대화에서 '누구, 누구세요, 나'는 각각 독립되어 쓰일 수 있으므로 자립형식이다. 그러나 '-세요, -세-, -요'는 어떤 경우에도 독립되어 쓰이지 못하므로, 다시 말하면 독립된 言述(utterance)을 구성하지 못하므로 자립형식이 아니다. 자립형식은 적어도 형태소 이상의 단위로서, 하나 또는 둘 이상의 형태소로 구성되며 문장 안에 자유롭게 나타날 수 있다. 자립형식 중에서 최소의 것이 단어이므로, 가령 '꽃이 핀다'나 '귀여운 꽃'은 자립형식이긴 하나 더 작은 자립형식으로 쪼갤 수 있는 만큼 단어가 아니며, 거기에 비해 '꽃'과 '핀다'는 정의를 충족시키고 있어 각각 단어이다. 이같은 정의에 따르면 국어의 명사, 부사는 하나의 자립형태소로서 단어를 이룰 수 있지만, 동사나 형용사는 반드시 어간과 어미가 결합되어야만 단어가 된다.

그런데 최소의 자립형식이 단어라는 정의는 그 객관성 때문에 이처럼 단어를 가려 주는 데 퍽 유익한 구실을 하면서도 한계를 드러내기도 한다. 가령 '손목'은 '손'과 '목'의 두 자립형식으로 분리되므로 최소의 자립형식은 아니지만, 한 단어가 아니라고 할 수는 없지 않느냐는 문제가 당장 대두된다. 이러한 문제를 해결하기 위해 休止(pause)와 分離性(isolability)이 단어를 구별하는 기준으로 유용하게 쓰인다. 한 단어는 그 내부에 休止를 둘 수도 없고, 다른 단어를 개입시켜 한 단어 내부를 분리시킬 수도 없다는 것이다. 이는 다른 단어와의 사이에는 휴지도 둘 수 있고 다른 제3의 단어를 개입시킬 수도 있다는 말이기도 하다. 이 기준은, 가령 아버지의 동생이라는 뜻의 '작은아버지'는 한 단어요, '키가 작은 아버지'의 '작은 아버지'는 한 단어가 아니라는 것을 분명하게 밝혀 주는 데서 그 효용성을 볼 수 있다. 즉 앞의 '작은아버지'는 (1)에서처럼 '작은'과 '아버지' 사이에 다른 단어가 개입될 수 없지만, 뒤의 '작은 아버지'는 (2)에서처럼 '작은'과 '아버지' 사이에 다른 단어가 개입될 수 있다는 것이 명백히 구별되어 이들이 한 단어인지 아닌지가 분명하게 드러난다. 앞의 '손목'도 이 기준으로 단어라는 것이 명백해진다. 이 기준은 그만큼 객관적인 방법으로 단어를 분간시켜 준다는 큰 장점을 가진다.

(1) a. 너의 작은아버지는 아버지보다 몇 살 아래시니?
    b. *작은 너의 아버지는 아버지보다 몇 살 아래시니?
(2) a. 키가 작은 너의 아버지
    b. 몸집이 작은 철수 아버지

그러나 이 기준으로도 풀리지 않는 문제들이 있다. 가령 '깨끗하다'는 한 단어여서 그 사이에 다른 단어가 들어갈 수 없어야 하는데 '깨끗은 하다'라든가 '깨끗도 하다'와 같은 어형이 성립하는 것이다. 다른 단어의 개입이라고 할 때 조사류는 계산에 넣지 않는다든지 하는 어떤 단서를 닮으로써 헤어날 길이 찾아질 수도 있겠으나 전체적으로 어떤 형태소가, 또는 몇 형태소의 결합체가 한 단어인지 아닌지를 판단하는 일은 어떤 기준으로든 단순치 않음을 알 수 있다. 단어의 완벽한 정의가 아직 나오지 못하는 것도 이 때문이지만, 어떤 경계에서든 늘 이런 문제들이 얼마간은 있기 마련이라 보아도 좋을 것이다.

국어의 경우 단어의 설정에서 가장 크게 문제가 되는 것 중의 하나는 조사이다. 조사는 원칙적으로 체언 뒤에 연결되어야만 실현될 수 있으므로 자립성이 없다. 그러나 '책만을, 죽느냐 사느냐가 문제다, 밥이 먹히지가 않는다' 등에서 볼 수 있듯이 한 단어뿐만 아니라 구나 문장을 지배하므로 다소의 분리성을 인정할 수 있는가 하면, 때로는 생략될 수도 있다. 또 동사나 형용사에서 어미를 분리하면 어간도 자립성을 잃지만 명사는 조사를 떼어내도 자립성이 있으므로, 조사는 어미보다는 단어에 가까운 성질을 갖는다고 본다. 그리하여 조사도 단어로 인정한다.

단어는 어떻든 형태소보다 더 작은 단위는 아니다. '별'이나 '허리', 또는 '어느'나 '벌써'처럼 형태소 하나가 단독으로 단어가 되는 수도 있지만, 많은 단어는 '춥다, 웃는다, 잠보, 덮개, 만형, 새빨갛다, 손목, 눈물, 작은아버지'처럼 형태소가 몇 개 모여 이루어지기 때문이며, 또 단어이면서 형태소가 하나도 포함되지 않은 단어란 없기 때문이다.

단어는 형태소보다 더 큰 단위이기도 하지만 더 기본적인 언어 단위이기도 하다. 우리가 태어나서 말을 배울 때 단어를 배우는 일부터 시작한다. 그것도 처음에는 '맘마, 쉬' 등 한 단어씩 말하다가 다음 단계로 '밥 줘, 눈 와'처럼 두 단어를 이어 말하며 이른바 '한 단어 단계'(one-word stage)에서 '두 단어 단계'(two-word stage)로 발전하는 과정을 밟는다. 여기에서 단어가 얼마나 기본적인 단위인가를 알 수 있다. 그리고 새 개념이 생겨 새로 말을 만들 때나 외래어를 받아들일 때도 단어 단위로 만들고 받아들이는 것에서도 단어의 그러한 성격을 엿볼 수 있거니와, 무엇보다 국어사전이란 달리 말하면 단어집(lexicon)이라는 사실에서 이 점을 더욱 분명히 깨달을 수 있다. 단어가 역대의 문법 연구에서 중요한 위치를 차지해 왔던 것이 모두 이에 연유하였을 것인데 이 책에서도 단어에 대한 더 자세한 논의를 뒤에 이곳저곳에서 더 하게 될 것이다.

어휘소와 어형

단어와 관련하여 語彙素(lexeme)란 용어도 근래에 많이 쓰이기 시작하였다. 어휘소란 실제로 쓰이는 여러 모습의 단어의 추상적인 단위를 가리킨다. '웃는다, 웃고, 웃으니, 웃으면, 웃어라, 웃었다, 웃겠다'는 결국은 '한 단어'의 여러 다른 모습인데, 이때 이들 여러 모습을 語形(word-form, 또는 form)이라 하고 이들을 대표하는 추상체인 '웃다'를 어휘소라 하는 것이다.

사전에 표제어로 오를 때는 어휘소의 모습으로 오른다. 따라서 어휘소는 辭典 單語(dictionary word)라고도 할 수 있다. 국어사전에서 다른 품사에서는 어려움이 없으나 용언의 경우는 어떤 어형을 표제어로 올릴지를 정하는 일이 논란의 대상이 되어 왔다. 현재 '웃다, 가볍다'처럼 어간에 '-다'가 결합된 형식을 표제어로 채택하고 있는데 이것은 실제로 쓰이는 어형 중의 하나를 택했다기보다 추상적인 형태 하나를 정한 것이다. '짓다'의 경우는 '짓는다, 짓고, 짓더니, 지으니, 지어라, 지었다'의 어느 어형에서도 '짓-'의 어간 발음이 'ㅅ'으로 실현되는 일이 없으므로 '짓다'는 그야말로 추상적인 형식인 셈이다. 사실 어휘소는 어차피 추상적 단위이기 때문에 '짓다' 대신 '짓-'이든 '지으-'든 또는 '지으오'든 어떤 것을 대표로 정하여도 관계가 없다. 어휘소가 이처럼 여러 어형을 대표하는 추상적인 단위라고 하는 것은 마치 형태소가 여러 형태(morph), 또는 이형태(allomorph)를 대표하는 추상적인 단위임과 같다.

이 책에서는 어휘소라는 용어를 적극적으로 쓰지는 않는다. 한 단어의 여러 어형을 하나씩 가리킬 때도 대개는 그대로 단어라는 용어를 쓰게 될 것이며, 그 여러 어형을 묶는 개념으로서도 단어라는 용어를 그대로 쓰게 될 것이다. 형태소는 새로운 개념이어서 그 유용성이 큰 반면 어휘소는 이미 단어라는 용어가 있는 자리에 어떤 특별한 개념으로서 들어오려 하기 때문에 그 유용성이 그만큼 적다고 할 것이다. 다만 여러 어형과 관련하여 그 여러 어형과 대립되는 개념으로서 특별히 어휘소라는 용어가 필요할 때가 있는데 이 때는 어휘소라는 용어를 적절히 활용하고자 한다.

어기와 접사

앞에서 형태소의 종류를 자립형태소와 의존형태소 등으로 분류하여 보았지만, 기준을 달리하여 형태소가 단어를 형성할 때 어떠한 역할을 하느냐에 따라 語基(base)와 接辭(affix)로 나누기도 한다. 語基는 단어의 중심부를 담당하는 데 반해, 接辭는 그 주변부를 형성하는 형태소라는 점에서 구분된다. 자립이냐 의존이냐의 기준으로 보면 접사는 늘 어기와 결합하여야만 쓰일 수 있으므로 의존형태소이지만, 어기는 '울-보, 먹-보'에서처럼 의존형태소일 수도 있으나 '잠-보, 꾀-보'에서처럼 자립형태소일 수도 있다. 여기에서 중요한 것은 자립성이 있느냐 없느냐가 아니고 한 단어의 형성에 있어 그 근간, 그 중심 바탕의 지위를 가지느냐 아니면 곁가지의 구실밖에 못하느냐이다.

접사는 또 새로운 단어를 파생시키는 일을 하느냐, 다만 한 단어의 屈折(inflection)만을 담당하느냐에 따라 派生接辭(derivationl affix)와 屈折接辭(inflectional affix)로 나눈다. 그리고 그 접사가 어기의 앞에 연결되느냐 뒤에 연결되느냐에 따라 接頭辭(prefix)와 接尾辭(suffix)로 나누기도 한다. '맨발, 왼손, 군소리, 샛노랗다'의 '맨-, 왼-, 군-, 샛-'은 파생접두사이며, '넓이, 덮개, 무덤, 마개, 자랑스럽다, 향기롭다'의 '-이, -개, -엄, -애, -스럽-, -롭-'은 파생접미사다. 그리고 '웃어라, 웃고, 웃으면, 웃으니, 웃지, 웃는다'의 '-어라, -고, -으면, -으니, -지, -는다'는 굴절접미사들이다. 굴절접미사는 흔히 語尾(ending)라고 부른다. 국어에 굴절접두사는 없다(그래서 語首와 같은 용어도 없다).

어미 중에는 그것으로 한 단어가 끝나지 못하고 반드시 그 뒤에 다른 어미를 필요로 하는 것들이 있음을 앞(3.1.)에서 보았다. '보겠다, 주었다, 뛰신다'의 '-겠-' '-었-' '-시-' 등이 그러한 예들인데, 이들은 先語末語尾(prefinal ending)라 부른다. 파생접미사에도 '밟히다, 웃기다, 자랑스럽다'의 '-히-' '-기-' '-스럽-'처럼 반드시 그 뒤에 어미를 취해야만 하는 先語末接尾辭(prefinal suffix)가 있다.

접사 중에는 한 어기 형태소 사이를 깨고 들어가 결합하는 接腰辭(infix)도 있으나 국어에는 이런 접요사가 없다. '콧물, 바닷가' 등의 사이시옷은 두 형태소 사이에 놓인 것이지 한 형태소를 깨고 들어간 것이 아니므로 접요사가 아니며, '햅쌀, 암캐'의 'ㅂ'이나 'ㅎ' 역시 두 형태소 사이에 끼었을 뿐만 아니라 이 'ㅂ'과 'ㅎ'은 어떤 의미를 따로이 가지고 있지 않으므로 아예 형태소일 수 없고, 따라서 접요사일 수도 없다.

어기는 그 일부를 다시 語幹(stem)과 語根(root)으로 나누어 보는 것이 편리할 때가 많다. 국어의 경우는 어간이나 어근이 모두 의존형태소인데 그 차이는 굴절접사, 즉 어미와 직접 결합할 수 있느냐 없느냐에 있다. 즉 어미가 바로 결합할 수 있는 것은 어간이며, 그렇지 못한 어기는 어근인 것이다. '웃는다, 웃어라'의 '웃-'은 '-는다, -어라'와 같은 어미가 바로 연결되므로 어간이며, '깨끗하다, 갑갑하다, 덜커덩거리다'의 '깨끗-, 갑갑-, 덜커덩-'은 단어의 중심부이므로 접사일 수는 없어 어기이긴 한데 '*깨끗고, *깨끗으니'에서 보듯 어미가 직접 연결될 수 없으므로 어근이다. 국어의 어근은 한자어에 많다. '木石, 手記, 電話' 등의 '木, 石, 手, 記, 電, 話'는 각각 접사일 수는 없고 어기이겠는데, 이들은 자립형태소도 아니요 그렇다고 어미와 직접 결합될 수도 없으므로 어근일 수밖에 없다. 이들은 애초 중국어에서는 자립형태소였으나 국어에 借用되어서는, '門, 窓, 册, 情, 音' 등과는 달리 어근으로 格下된 것일 터인데, 국어에는 이러한 한자어계 어근이 대단히 많다.[2)]

결국 국어의 어기는 일단 자립형태소와 의존형태소로 나뉘고, 그 중 의존형태소는 어미와의 결합 여부에 따라 다시 어간과 어근으로 나뉘는 것을 보았다. 자립형태소인 어기는 '집' '얼굴' 등의 명사나 '새' '어느' '잘' '벌써' 등의 관형사나 부사 따위로서 접사류와 결합할 때에는 역시 단어의 중심부를 이루지만 그 단독으로도 단어가 되는 것들이다. 이를 앞에서 본 접사의 분류와 묶어 표로 보이면 다음과 같다.

- 형태소
  - 어기
    - 자립어기
    - 의존어기
      - 어간
      - 어근
  - 접사
    - 접두사
    - 접미사

단일어와 합성어

앞에서 이미 간간이 지적되었지만 단어는 적어도 형태소와 같거나 그보다 큰 단위이다. 이 말은 바꾸어 말하면 단어는 형태소 하나로 된 것도 있고 형태소가 몇 개 모여서 된 것도 있다는 말이다. 단어는 이처럼 그 구성요소가 형태소 하나인가 그 이상인가에 따라 單一語(simple word 또는 simplex word)와 合成語(complex word)로 나눌 수 있다. 그리고 합성어는 그 구성요소들을 둘로 나누었을 때 그 모두가 어기이냐 아니냐에 따라 다시 구분할 수 있는데, 구성요소 모두가 어기인 것이 複合語(compound word)요 구성요소 중 하나가 접사(정확히

2) 어근, 어간, 어기의 개념은 본래 서구 언어학에서도 학자에 따라 그 개념을 조금씩 달리해 온 것으로서, 상당 부분은 서로 겹치는 것으로 인식되기도 한다. 어기를 넓은 의미로 어근과 같은 개념으로 받아들이는 경우도 있고, 어간과 같은 개념으로 사용하는 학자도 있어서, 국어에서도 다소 그 개념이 혼동되는 경우가 없지 않았다. 그러나 최근에는 국어의 조어법적 특성에 맞추어 어근과 어간을 분명하게 구별되는 개념으로서 설정하고, 어근과 어간을 함께 묶어서 가리킬 필요가 있을 때 어기라는 술어를 쓰는 것이 일반적이다. 생성형태론에서는 어떤 단어형성 규칙이 적용되는 대상이 되는 형태를 그 규칙의 어기라 한다. 예를 들면, 명사파생 접미사 '-이'는 단일형태소로 된 동사어간이나, [명사 + 동사]어간, 또는 [부사 + 동사]어간을 어기로 하여 '먹이, 벌이 ; 젖먹이, 구두닦이 ; 마구잡이, 하루살이'와 같은 명사들을 파생시킨다. 이처럼 어간과 어근을 엄격히 구별하는 견해와 달리, 어간과 어근을 단어의 중심부라는 점에서 일부 겹치는 개념으로 보아, '웃-'이나 '검붉-'과 같은 경우는 어근이 바로 어간이 되는 것으로 보고, '깨끗하-'와 같은 파생어간의 경우에만 '깨끗-'을 어근, '깨끗하-'를 어간으로 구별하는 태도도 있다. 그러나 국어의 경우에는 어간과 어근의 개념을 분명하게 구별하는 것이 조어법을 기술하는 데 이점이 많다.

는 파생접사)인 것이 派生語(derivative)다. 이를 표로 보이면 다음과 같다.[3]

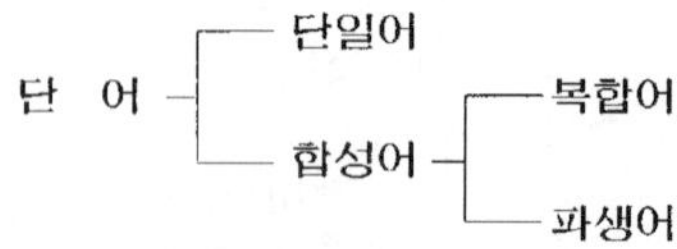

이 중 단일어는 형태소 하나로 이루어진 단어이므로 그 구조가 단순하여 긴 설명이 필요치 않다. 다만 한 가지 유의할 것은 있다. '코, 바다, 바구니, 산, 어느, 벌써, 응' 등이 단일어일 것은 의심의 여지가 없다. 그런데 '희다, 작다, 어둡다, 읽는다, 만진다' 등은 판단이 어려워질 수 있다. 이들은 '희-' '어둡-' '읽-' 등의 어간에 '-다' '-는다' 등의 어미가 결합되어 있어 그 점에서 보면 이들은 단일어가 아니라고 해야 하고, 어미도 접사이기는 하므로 결국은 파생어라고 해야 한다. 그러나 이들을 파생어라고 하는 일은 드물다.

단어의 구조를 파악할 때 어미가 결합되는 상태는 屈折法(inflection)이라 하여, 어미가 결합되기 이전까지의 모습의 구성방식인 造語法(word formation)과 구별하여 관찰하는 것이 일반적이다. 그처럼 層位를 달리하여 二元的으로 파악하는 것이 단어의 구조를 바르게, 또 체계적으로 파악하는 길이라고 여겨지기 때문이다. 따라서 단어를 그 조어법에 따라 단일어, 복합어, 파생어로 분류하여 파악할 때는 어미 부분은 고려에 넣지 않는 것이 일반적이다. '희다, 읽는다'를 단일어라고 하는 것은 이들이 개념상으로도 단일하다는 우리의

3) 합성어와 복합어가 서로 뒤바뀐 개념으로 쓰이는 일도 많다. 그러므로 가령 '복합어'라는 용어를 만나게 되면 그것이 compound의 개념인지 아니면 파생어까지를 포괄하는 의미로 쓰인 것인지를 주의해야 한다.

직관과도 부합하는 면이 있다. 이 단일어에 비해 복잡한 구조를 가지는 복합어와 파생어에 대해서는 장을 달리해서 살펴보기로 한다.

참고 김봉주(1984), 김영석 · 이상억(1992), 김진우(1985), 남기심(1982), 남기심 · 고영근(1993), 이기문(1972), Akmajian 외(1995), Bauer (1983, 1988), Bloch & Trager(1942), Bloomfield(1933), Hockett (1958), Lyons(1968), Mattews(1991), Nida(1949), Spencer(1991)

제 4 장 복합어

4.1. 합성어와 IC

이 책 첫머리(1. 1.)에서 우리는 構成(construction)과 直接構成要素(immediate constituent, IC)에 대해 공부한 바 있다. 복합어와 파생어의 구조를 파악하려 할 때도 이 개념들은 매우 유용하다. 앞에서 복합어와 파생어를 정의하면서 "그 구성요소들을 둘로 나누었을 때"라는 전제를 달았던 것도 이들의 분석에 IC 즉 직접구성요소의 개념이 필요함을 염두에 두었던 때문이었다.

IC 분석을 하려면 우선 그 단어의 구조를 바로 파악하는 일이 필요하다. 가령 '첫날밤'이란 구성을 보면 '첫', '날', '밤'의 세 구성요소가 있는데, 이 구성은 이 셋이 다음의 (1a)처럼 다 同位에서 이루어진 것도 아니고, 또 (1b)처럼 '첫'과 '날밤'이 결합하여 된 것도 아니라, (1c)에서처럼 '첫날'과 '밤'이 결합하여 이루어졌다고 해석된다. 즉 '첫날밤'의 IC는 '첫날'과 '밤'인 것이다. 이러한 분석은 이 단어가 '첫날의 밤' 또는 '결혼 첫날에 맞이하는 밤'이라는 의미를 가지는 단어라는 것을 알게 하는 데나 이 단어의 구조를 바로 일깨워 주는 데 유익한 정보를 준다.

(1)

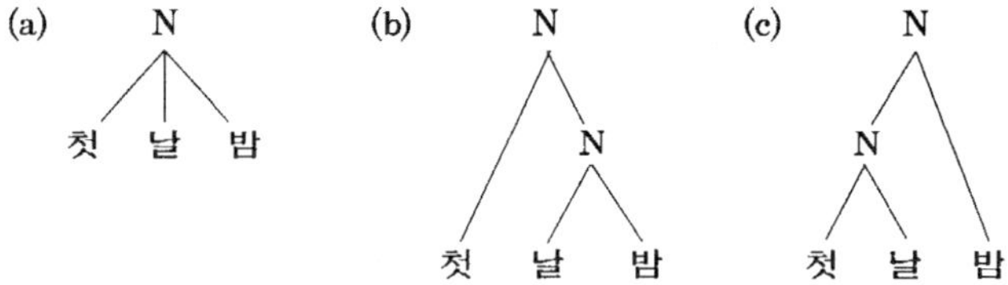

그런데 IC 분석이 더 결정적으로 필요한 경우는 접사가 끼어 있어 보기에 따라서는 파생어로 볼 수도 있고 복합어로 볼 수도 있는 경우다. '코웃음'과 '시부모'의 비교에서 그 실례를 볼 수 있다. '코웃음'의 구성은 '코'와 '웃-'과 '-음'의 세 구성요소로 이루어진 것인데 이 중 '-음'은 접미사이므로 이 단어는 보기에 따라서는 파생어로 볼 수 있다. 그런데 '코웃음'의 직접구성요소 분석은 다음의 (2b)와 같이 될 것이므로 이 단어는 결과적으로 '코'와 '웃음'의 결합으로서 복합어라고 해석하게 된다. 반면 '시부모'는 어떠한가. 이것도 '시-(媤)'와 '부-(父)'와 '모-(母)'의 세 구성요소로 이루어져 있는데, 이 구성은 (3b)로 볼 수밖에 없다. 그렇다면 이 단어는 두 구성요소 중 하나가 접두사인 구성이므로 파생어라고 판정받게 된다. 구성요소 중 접사가 있어도 그 접사가 IC의 일원인지 아닌지가 중요한 관건이며 그런 만큼 이 경우의 IC 분석은 중요한 의미를 가진다.

(2)

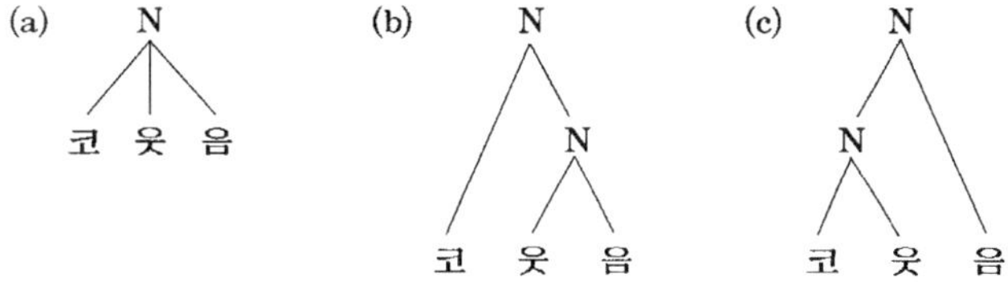

(3)

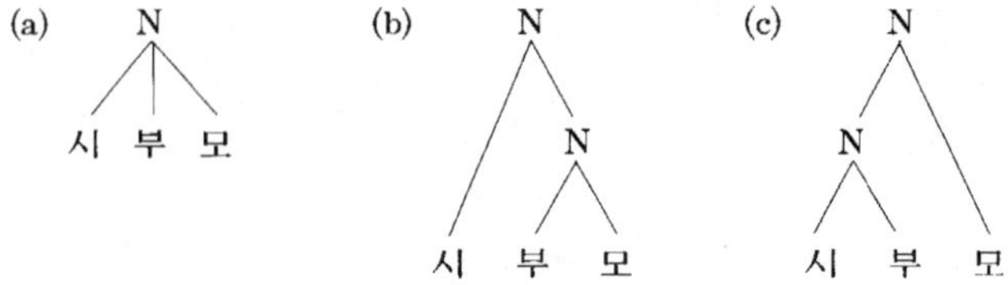

'손목, 할미꽃, 어깨동무'와 같이 두 형태소만으로 이루어진 복합어는 이와 같은 IC 분석에 문제가 없다. '코웃음'이나 '시부모', 또는 '왼손잡이'처럼 셋 또는 그 이상의 형태소들이 모여 단어를 이룰 때에 IC의 경계를 어디로 정해야 하느냐의 문제가 제기되는 것이다. 그런데 '眞善美'나 '耳目口鼻'처럼 IC가 두 개로 쪼개지지 않고 형태소 수대로 분석되는 경우도 없지 않다. 이것까지 감안하면 복합어와 파생어의 정의는 다시 조정될 필요가 있을 것이다. 그런데 복합어의 정의에서 조정해야 할 것은 이것 말고도 또 있다. '작은아버지'나 '디딜방아' 또는 '도둑놈의갈고리'나 '너도밤나무'에서 보듯이 복합어의 IC 중에는 '작은' '디딜' '도둑놈의' '너도'처럼 어기에 어미나 조사가 결합된, 다시 말하면 어기보다 큰 요소도 있음을 반영해야 하는 것이 그것이다. 이런 것을 다 고려하여(그리고 전술한 대로 이 때 굴절접사인 어미는 논의의 대상이 되지 않음을 고려하여) 이들의 정의를 조정하면 대개 다음과 같이 될 수 있을 것이다.

(4) 복합어란 그 단어(어미를 뺀 부분)의 직접구성요소가 모두 어기이거나 그보다 큰 언어 단위인 단어를 말하며, 파생어는 그 직접구성요소 중 하나가 파생접사인 단어를 말한다.

통사적 복합동사와 구의 구별

복합어를 구성하는 두 語基가 결합하는 방식이 句(phrase)를 이룰 때의 방식과 같은가 다른가에 따라 統辭的 複合語(syntactic compound)와 非統辭的 複合語(asyntactic compound)로 구별하는 일이 있다. 통사적 복합어와 비통사적 복합어 대신 句形複合語(phrasal compound)와 閉複合語(close compound)로 구별하기도 한다. '어깨동무, 고무신'처럼 두 명사가 결합된 복합어는 '서울 친구, 고무 제품, 가을 아침'과 같은 句가 가능하고, '작은아버지, 건널목, 볼일' 등은 '작은 바위, 만날 사람'과 같은 句가, '새신랑, 첫사랑'은 '새 친구, 첫 방학'과 같은 句가 가능하며, 또 '귀먹다, 겉늙다' 등은 '허리 아프다, 키 크다'와 같은 句가, '뛰어나다, 알아보다' 등은 '읽어 가다, 심어 놓다' 등의 句가 가능하므로 모두 통사적 복합어다. 반면 '콧물, 접칼, 手足, 굶주리다, 검붉다, 펄럭펄럭, 싱글벙글' 등은 句에서는 찾아볼 수 없는, 복합어를 형성할 때에만 나타나는 특이한 결합 방식이므로 비통사적 복합어다.

비통사적 복합어는 복합어를 형성할 때에만 나타나는 방식이므로 그것이 복합어인지 구인지가 구별되지 않아 문제를 일으키는 일이 없다. 거기에 비해 통사적 복합어는 구와 그 구성 방식이 같으므로 그것이 복합어인지 구인지 그 경계를 긋기 어려운 경우가 종종 있다. 한 예로 위의 '뛰어나다'나 '타고나다'와 같은 방식으로 구성된 복합동사의 경우에 그것이 구가 아니고 복합어며, 따라서 띄어 쓰지 않고 붙여 써야 한다는 것을 판정하는 일이 그리 간단치 않다. 물론 이 경우에는 한 단어의 내부에는 다른 요소가 개입될 수 없다는 단어의 판별 기준이 유용하다. 즉 다음 예문 (5), (6)과 같이 '어간+-어/고+어간'에서 '어간+-어/고' 뒤에 '-서'를 개입시킬 수 있으면 그것은 두 단어, 곧 구이고, (7), (8)과 같이 그것을 개입시킬 수 없으면 한 단어, 곧 복합동사라고 해석할 수 있게 된다.

(5) a. 영희가 사과를 깎아 먹는다.
　b. 영희가 사과를 깎아서 먹는다.
(6) a. 영희가 가방을 들고 간다.
　b. 영희가 가방을 들고서 간다.
(7) a. 영희가 국어 성적이 뛰어나다.
　b. *영희가 국어 성적이 뛰어서 나다.
(8) a. 영희가 글재주를 타고났다.
　b. *영희가 글재주를 타고서 났다.

또 복합동사 중에는 다음과 같이 실제 동작의 순서와는 반대 어순으로 두 어간이 배열되는 경우도 있다. '알아보다, 건너뛰다, (물이) 차오르다, (해가) 떠오르다, 달아매다' 따위도 마찬가지인데 이들은 구로 환원될 수 없으므로 명백한 복합어이다.

(9) 영희가 부럼을 깨물었다. ("물어서 깼다")
(10) 영희가 꼬치꼬치 캐물었다. ("물어서 캤다")
(11) 영희는 남의 말을 잘 알아듣는다. ("들어서 안다")

그런데 이러한 판별 기준이 쉽게 찾아지지 않는 경우도 있다. 특히 '민주국가, 고려대학교, 한글세대, 가을비'처럼 명사끼리 결합된 경우가 그러하다. 이러한 예들에 대해서는 국어사전마다 처리가 엇갈리는 경우도 생기는데 그만큼 판별이 어렵기 때문인 것이다. 단어의 정의가 어려운 것도 사실 이와 같은 경우 때문이라고 할 수 있는데 복합어와 구의 구별은 우리가 계속 풀어 가야 할 숙제라고 하지 않을 수 없다.

4.2. 복합명사

복합명사의 구성 방식

복합어는 그 품사가 무엇이냐에 따라 複合名詞, 複合副詞 등으로 나누어 볼 수 있다. 국어 복합어 중에는 복합명사가 가장 많다. 그만큼 그 구성 방식도 매우 다양한데, 구성 방식에 따라 그 대표적 예를 보면 다음과 같다.

(1) a. 손목, 길눈, 고무신, 산나물, 이슬비, 벼락공부, 어깨동무, 두꺼비집, 벽돌, 기와집, 창문
b. 콧물, 곗돈, 담뱃대, 바닷가, 치맛바람, 등불, 물개, 눈병, 물집, 솔방울
c. 새언니, 첫사랑, 각살림, 헛소리, 이것, 그것
d. 굳은살, 작은아버지, 흰소리, 뜬소문, 어린이, 건널목, 디딜방아, 볼일, 올해
e. 덮밥, 접칼, 접바둑, 늦더위, 묵밭
f. 잘못
g. 줄넘기, 말다툼, 몸가짐, 보물찾기, 술래잡기, 갈림길, 디딤돌, 솎음배추
h. 살짝곰보, 왈칵샌님, 딱성냥
i. 곱슬머리, 보슬비, 얼룩소, 물렁뼈, 알뜰주부, 뾰족구두, 꽁생원
j. 섞어찌개, 살아생전

k. 手足, 父母, 家具, 校旗, 友情
l. 面刀칼, 外家집, 손手巾, 새新郞, 足발
m. 담墻, 뼛骨, 널板, 바람壁, 옻漆
n. 나날, 집집, 사람사람, 씀씀이, 됨됨이

이상에서 보듯 국어 복합명사의 구성 방식은 현란할 정도로 다채로운데 이들 구성 방식의 특징을 하나씩 보면 다음과 같다. (1a)는 '명사 + 명사'로 된 것이며, (1b)는 그 사이에 사이시옷이 개재되어 이루어진 복합명사요, (1c)는 '관형사 + 명사', (1d)는 '용언의 관형사형 + 명사'로 이루어진 것들이다. (1e)는 용언의 어간에 명사가 직접 결합하여 이루어진 것이며, (1f)는 두 부사로 이루어진 매우 특이한 구성의 복합명사로서 용례도 이것 말고는 잘 찾아지지 않는다. (1g)는 한 쪽 구성요소인 명사를 제외한 '넘기, 다툼, 찾기, 잡기, 갈림, 디딤' 등이 名詞形이긴 하나 그 自立性이 약하여 채 독립된 명사까지는 되지 못한 채 복합어 구성에 참여한 점에서 특이한 유형을 이루는 복합명사이며, (1h)는 '부사 + 명사'로 이루어진 복합명사이고, (1i)는 '부사성 어근 + 명사'의 구조로 이루어진 복합명사로서 '곱슬, 보슬, 얼룩'은 '곱슬곱슬, 보슬보슬, 얼룩얼룩'과 같이 반복되어야만 단어로서의 자립성을 가지는 어근이고, '물렁, 알뜰, 뾰족, 꽁' 등은 각각 '물렁하다, 물렁물렁, 알뜰하다, 알뜰살뜰, 뾰족하다, 뾰족뾰족, 꽁하다'의 어근이다. (1j)는 동사의 부사형이 명사와 결합된 복합명사인데, '살아생전'은 '살아생전 못다한 효도'에서처럼 부사로도 쓰이지만 '살아생전에'에서처럼 명사로도 쓰임을 볼 수 있다. (1k)는 어느 한쪽, 또는 양쪽 모두가 한자어 어근인 예들이다. '窓門, 藥房'처럼 각각 독립된 단어들로 이루어진 복합명사는 그들이 한자어라고 해서 별도의 유형으로 다루지 않고 이미 저 앞에서 (1a)에 포함시킨

바 있다. (1l)과 (1m)은 한자어와 고유어가 同義重複되어 복합어를 이룬 예들이다. 그러나 (1l)과 (1m)의 성격이 다소 다르다. (1l)의 예들은 '面刀, 外家, 手巾, 新郞'의 의미가 이미 융합적으로 발전되어 각각 "칼, 집, 손, 새"로부터 멀어져서 "얼굴의 털을 깎는 행위, 어머니 쪽 친척 관계, 얼굴이나 몸을 닦는 헝겊, 남편"이 되었기 때문에 글자로 보면 동의중복이지만 의미상으로는 동의중복이 아니라고 볼 수 있다. 또 '족발'은 특별한 방법으로 요리한 돼지의 발만을 가리키는 뜻으로 사용되는데 동의중복을 위해서라기보다는 '(사람의) 발, (소의) 足'과 구별하기 위하여 신조된 말이다. 반면 (1m)은 언제나 한글로만 표기되며 언중들에게 한자어가 포함된 복합어라는 의식은 물론 복합어라는 의식조차 거의 없이 쓰이는 특이한 예들로서, 문자 그대로 동의중복어들이다. (1n)은 하나의 명사가 반복되어 복합명사를 이룬 예들이다.

복합명사와 사이시옷

(1a)와 (1b)에서 본 바와 같이 '명사 + 명사'의 복합에는 사이시옷이 개재하는 경우와 그렇지 않은 경우가 있다. 현대국어에서 사이시옷은 방언과 世代에 따라 같은 단어에서도 그 개입 여부가 달라지며, 따라서 그 조건도 분명하지 않다. 사이시옷의 출현 조건은 규칙이라기보다는 하나의 경향으로 파악될 수밖에 없을 듯하다. 주로 두 구성요소 간의 의미 관계로 설명되어 오고 있는데, 그 대표적인 예를 그에 대한 예외(/뒤의 예들)와 함께 들어 보면 다음과 같다.

(2) 사이시옷이 나타나지 않는 경우
  a. A가 B의 형상 : 반달, 실비, 뱀장어, 개다리소반, 기둥서

방, 소나기밥, 줄담배 / 머릿돌

b. A가 B의 재료 : 도토리묵, 금가락지, 종이배, 고무신, 통나무집, 콩밥, 돌부처

c. A가 B의 수단·방법 : 불고기, 칼국수, 물방아, 전기다리미, 불장난, 물볼기, 동냥젖 / 동냥글

d. A가 B와 동격 : 계수나무, 별똥별, 누이동생, 수양버들, 막내동생 / 종달새, 아흐렛날

e. A(유정체언)가 B의 소유주·기원 : 개다리, 범가죽, 쥐불, 쥐덫, 돼지고기, 오리걸음, 개구멍, 새우등 / 벌집, 부잣집

(3) 사이시옷이 나타나는 경우

a. A가 B의 시간 : 아침밥, 밤잠, 겨울밤, 오훗반, 가을바람, 봄비, 여름방학 / 가을고치, 여름경찰서, 풍년거지

b. A가 B의 장소 : 안방, 뒷집, 들개, 촌사람, 산돼지 / 산도깨비, 코감기, 물뱀, 민물조개, 사이시옷

c. A(무정체언)가 B의 기원·소유주 : 솔방울, 촛불, 담뱃진, 나뭇가지, 장밋빛, 잿물 / 장미색, 콩기름

d. A가 B의 용도 : 고깃배, 담뱃가게, 잠자리, 구경감, 숨구멍, 구둣솔, 공붓방 / 과일접시, 구두약, 노래방

이상은 그 의미 관계가 어떠하든 구조적으로 앞 명사가 뒤의 명사를 꾸미는 관계에 있는, 다시 말하면 사이시옷이 속격의 기능을 가지는 예들이다. 이는 사이시옷이 통시적으로는 중세국어의 속격 'ㅅ'으로 소급된다는 해석과 부합하는 현상이기도 하다.

속격이 아닌 병렬 구성으로 이루어진 복합명사에는 사이시옷이 개입되지 않는다. 이는 사이시옷의 속격적인 성격으로 보면 매우 자연스러운 현상일 것이다.

(4) 손발, 논밭, 눈비, 물불

그런데 속격 구성이 아닌 때에도 사이시옷이 출현하는 예들이 있다. 단어에 따라서는 복합명사를 형성할 때 'ㅅ'을 마치 달고 나온 혹처럼 떼어내지 못하고 前置시키거나 後置시키는 것들이 있는 것이다. 이들은 해당 어휘의 형태론적 자질로 볼 수밖에 없겠는데, 몇 예를 들어보면 다음과 같다. (5)는 'ㅅ' 전치 명사의 예며, (6)은 'ㅅ' 후치 명사의 예다.

(5) a. ㅅ-가게 : 담뱃가게, 만홧가게, 반찬가게, 연탄가게, 쌀가게
b. ㅅ-국 : 고깃국, 김칫국, 된장국, 북엇국, 콩국
c. ㅅ-길 : 고갯길, 들길, 밤길, 뱃길, 산길, 샛길, 벼슬길, 출셋길

(6) a. 개ㅅ- : 갯가재, 갯논, 갯바닥, 갯바위, 갯버들
b. 뒤ㅅ- : 뒷골목, 뒷공론, 뒷날, 뒷날개
c. 아래ㅅ- : 아랫녘, 아랫것, 아랫목, 아랫니, 아랫사람

4.3. 복합동사와 복합형용사 및 복합부사

복합동사와 복합형용사

복합동사와 복합형용사는 그 구성 방식에서 차이가 없지 않으나 대체로 비슷한 방식으로 이루어지므로 한자리에서 설명하면서 다만 구별이 필요할 때에만 따로 언급하겠다. 이들 용언의 경우는 복합명사와 비교하면 그 수가 훨씬 적다. 새 개념이 명사처럼 활발히 생성되지 않기 때문일 것이다. 그 구성 방식도 복합명사에 비하면 단조로운

편이나 다음과 같이 그리 적지만도 않은 구성 방식을 볼 수 있다.

(1) a. 겉늙다, 낯설다, 귀먹다, 앞세우다, 빛나다, 힘들다, 힘쓰다
b. 감싸다, 굶주리다, 날뛰다, 빼앗다, 붙잡다, 얕보다, 얽매다, 헐뜯다, 검붉다, 검푸르다, 희멀겋다, 굳세다
c. 뛰어나다, 알아보다, 잡아먹다, 일어서다, 떠맡다, 받아들이다, 접어들다
d. 파고들다, 싸고돌다, 차고앉다, 타고나다
e. 못나다, 잘나다, 수이보다, 바로잡다
f. 검디검다, 크디크다, 쓰디쓰다, 맑디맑다

(1a)는 '명사 + 용언 어간', (1b)는 '용언 어간 + 용언 어간', (1c)는 '용언 어간 +-어 + 용언 어간', (1d)는 '용언 어간 +-고 + 용언 어간', (1e)는 '부사 + 용언 어간'으로 이루어진 것이며 (1f)는 동일한 형용사 어간 사이에 '디'를 개입시켜 만든 일종의 反復複合語로서 모두 형용사의 예들뿐이다.

복합부사

복합부사를 그 구성 방식에 따라 나누어 보면 다음과 같다. 구성 방식도 꽤 다양한 편이며, 그 양도 의성의태어를 포함하면 꽤 많은 편이다. 흔히 한국어는 의성의태어가 발달한 언어라고 말하는데 그것들이 부사이므로 이것은 반복부사가 그만큼 많다는 뜻이기도 하다. 그러나 의성의태어는 그 구성 방식이 반복복합이라고 하는 독특한 방식이므로 곧이어 뒤에서 여타 반복복합어와 함께 좀더 자세히 다루기로 한다.

(2) a. 밤낮, 오늘날, 여기저기, 이것저것

b. 한바탕, 한층, 요즈음, 온종일, 어느새, 한낱
c. 이른바, 된통
d. 곧잘, 잘못, 좀더, 또다시
e. 길이길이, 오래오래, 반짝반짝, 너무너무, 두근두근, 미끈미끈, 비틀비틀
f. 갈피갈피, 하나하나, 사이사이, 푼푼이, 집집이, 때때로

(2a)는 '명사 + 명사', (2b)는 '관형사 + (의존)명사', (2c)는 '관형사형 + 의존명사', (2d)는 '부사 + 부사'로 이루어진 복합부사들이다. (2e)는 부사 또는 부사성 어근의 반복으로, (2f)는 명사 또는 의존명사의 반복으로, 또는 거기에 접미사류가 덧붙어 구성된 복합부사들이다. 앞에서도 비쳤듯 복합부사는 마지막의 두 가지 반복복합어, 그 중에서도 의성의태어가 압도적인 비중을 차지한다.

4.4. 반복복합어

반복복합어의 종류

反復複合語(reduplicative compound)란 단어 혹은 형태소의 전체 또는 일부가 반복되어 이루어지는 복합어를 말한다. 반복에는 어기가 완전한 모습으로 반복되는 것과 반복될 때 한쪽 어기의 音相을 얼마간 바꾸어 반복되는 것, 그리고 반복되는 어기 사이에 접사류가 개재되는 반복 등이 있다. 그런가 하면 어기 전체가 반복되지 않고 그 한 부분만 반복되는 일도 있다. 이들 반복복합어 중 대표적인 것을 그 구성 방식에 따라 예시하면 다음과 같다.

(1) a. 가지가지, 곳곳, 군데군데, 굽이굽이, 나날, 마디마디, 색색, 송이송이, 쌍쌍, 조목조목, 집집, 차례차례, 하나하나
b. 고루고루, 고이고이, 길이길이, 깊이깊이, 두루두루, 따로따로, 미리미리, 영영, 오래오래
c. 까칠까칠, 깜박깜박, 꼬불꼬불, 꾸벅꾸벅, 넘실넘실, 덜그럭덜그럭, 모락모락, 뭉게뭉게, 바스락바스락, 반들반들, 반짝반짝, 방글방글, 보슬보슬, 빙글빙글, 산들산들, 살금살금, 생글생글, 소곤소곤, 아장아장, 어슬렁어슬렁, 와글와글, 중얼중얼, 쪼글쪼글, 출렁출렁, 콜록콜록, 쿵쿵, 폭신폭신, 하늘하늘, 한들한들, 훌쩍훌쩍
d. 갈팡질팡, 삐뚤빼뚤, 실룩샐룩, 싱글벙글, 싱글생글, 아둥바둥, 안절부절, 알뜰살뜰, 알록달록, 애걸복걸, 어슷비슷, 오순도순, 옥신각신, 올망졸망, 옹기종기, 우글쭈글, 우락부락, 우물쭈물, 울룩불룩, 찌그락째그락, 티격태격, 흘깃할깃
e. 구불구불, 넓적넓적, 드문드문, 띄엄띄엄, 알음알음, 주섬주섬, 희끗희끗
f. 두둥실, 따르릉, 떽때굴, 아리아리랑, 아사삭, 쿵작작, 푸드득
g. 곱디곱다, 길디길다, 깊디깊다, 달디달다, 붉디붉다, 쓰디쓰다
h. 기나길다, 머나멀다, 크나크다

(1a)는 명사의 반복, (1b)는 부사의 반복으로 이루어진 반복복합어이며, (1c, d)는 어근이 반복된 의성어 내지 의태어들인데 (1c)는 완전 반복임에 반해 (1d)는 부분적으로 음상의 변개를 동반하고 있는 말하자면 類音 反復複合語들이다. 유음 반복복합어는 다시 둘로 나누었을 때 그 한쪽, 또는 양쪽이 어근으로 쓰이지 못하는 것들이 있는 특징도 아울러 가지고 있다. 예를 들면, '바둥거리다, 불룩하다'는 가능하지만 '*아둥거리다, *울룩하다'는 불가능하며, '올망졸망, 옹

기종기' 같은 것들은 둘로 나누면 어느 한쪽도 어근 구실을 할 수 없는 것이다. (1e)는 용언의 어간에 어떤 요소가 덧붙어 어근을 형성한 후에 반복된 것이며, (1f)는 어간의 일부가 잘린 채 반복된 不具反復複合語라고 할 수 있는 예들이다. (1g, h)는 '-디, -나'와 같은 요소가 개재된 반복복합어들이다.

국어의 의성의태어는 특히 완전 반복에 의한 방식이 활발한데 이들은 音聲象徵에 의해 그 대부분 '바스락바스락/버스럭버스럭, 소근소근/수근수근, 종알종알/중얼중얼, 콜록콜록/쿨룩쿨룩, 방글방글/벙글벙글, 꼬불꼬불/꾸불꾸불, 모락모락/무럭무럭, 한들한들/흔들흔들, 반들반들/빤들빤들, 구깃구깃/꾸깃꾸깃, 질금질금/찔끔찔끔, 겅중겅중/껑충껑충'과 같은 짝을 이루고 있어(다음 절 5.3.의 '특수 파생어' 참조) 그 목록이 매우 다채롭다. 한마디로 국어의 반복복합어는 매우 다양한 모습을 띠고 있다고 하겠다.

반복 한자어

한자어 중에도 반복법에 의해 형성된 단어가 많이 있다. 그런데 이들은 고유어와 좀 다른 방식을 취한다. (2a, b)는 한자어만으로는 어근인 예들인데 어근이 반복되고도 어근 상태인 점이 특이하다. (2c)는 반복형이 다시 복합되어 이루어진 특이한 방식을 보여 준다. 이 예들 가운데 '句節, 奇妙, 時刻, 事件, 明白, 鬱蒼, 子孫, 虛實' 등은 국어에서 단어 및 어근 자격을 갖는 것들이므로 국어의 반복어 구성 방식에 따른다면 '*時刻時刻, *事件事件, *明白明白'이 되어야 할 것들인데 abab형 대신 aabb형을 이루었다. '三三五五, 代代孫孫, 坊坊曲曲' 등은 '*三五, *代孫, *坊曲' 등이 없으므로 반복된 뒤에 복합된 것으로 해석된다.

(2) a. 朗朗하다, 凜凜하다, 淡淡하다, 堂堂하다, 微微하다, 生生하다, 寂寂하다
b. 默默히, 徐徐히, 烈烈히, 屢屢히, 平平히
c. 家家戶戶, 句句節節, 奇奇妙妙, 時時刻刻, 事事件件, 明明白白, 鬱鬱蒼蒼, 子子孫孫, 虛虛實實, 形形色色, 三三五五, 代代孫孫, 坊坊曲曲, 戰戰兢兢, 正正堂堂

4.5. 한자어

국어 어휘 중에는 漢字語가 유난히 많다. '밥, 옷, 집, 얼굴, 입, 어머니, 쌀, 나무, 흙, 바람, 하늘, 오다, 읽다, 죽다, 많다, 춥다' 등 기초 어휘에는 이른바 固有語가 주류를 이루는 편이지만 '학교, 책, 기계, 신문, 자동차, 관공서, 법률, 정치, 도덕, 질서' 등 문명생활과 관련되는 어휘에는 한자어가 훨씬 큰 비중을 차지한다. 그런가 하면 한자어는 고유어에서는 볼 수 없는 독자적인 규칙으로 새 단어를 만들 뿐 아니라 고유어보다 훨씬 활발하게 새 단어를 만들어 내기도 한다. 이미 앞에서 국어 조어법을 다루면서 한자어도 얼마간 함께 다루었지만 여기에서 이들 한자어 조어법의 특성을 좀더 면밀히 살펴보기로 한다.

한자어의 범위

한자어란 용어는 널리 쓰이면서도 그리 엄격하게 정의되지 않은 채 쓰여 오고 있다. 대체로 "중국어로부터의 차용어이면서 한자로 표기될 수 있는 단어" 정도로 이해되는 것이 일반적이었다. 즉 '붓, 먹, 상추, 배추'처럼 중국어로부터의 차용어라 할지라도 우리나라의 한자

음과 거리가 멀어 '筆, 墨, 常茱, 白茱'와 같은 한자로 바꾸어 표기할 수 없는 것들은 한자어의 범주에 넣지 않아 왔다.

그런데 '彌勒, 袈裟, 佛陀' 등은 한자로 표기된 상태로 중국에서 들어왔으나 엄격히는 중국어가 아니며, '媤宅, 査頓'과 같이 한자로 표기될 수는 있으나 중국에서 온 차용어가 아니라 우리나라에서 만든 말도 있다. 그리고 일본에서 만든 한자어도 많이 들어와 쓰이고 있다. 흔히 한자어라고 할 때는 이들 모두를 함께 일컫는다. 그러므로 한자어란 그 어원을 문제삼는 것이 아니라 "당장 한자로 표기할 수 있는 단어"를 가리킨다고 하는 것이 사실에 더 가깝다.

그리고 엄격히 따지면 단어가 아니지만 단어의 개념인 '한자어'로 부르는 일도 흔히 있다. '分明, 嚴格, 貴重' 같은 어근이나 '媤-, 洋-, -者, -的'과 같은 접사를 '한자어 어근'이니 '한자어 접사'라고 부르는 경우가 그것이다. 비록 어근이나 접사란 말이 덧붙기는 하였으나 한자어란 말을 쓰고 있고, 또 국어에 한자어가 많다고 할 때 이들 어근이나 접사를 반드시 배제하고 쓰는 것은 아닌 것이다. 한자어의 성격 자체가 단순하지 않은 면이 있으므로 그 범위도 너무 엄격하게 규정짓지 않는 것이 오히려 현실적일지도 모른다.

한자어의 차용어로서의 성격

한자어는 비록 예외가 있으나 근본적으로 중국어로부터의 차용어라는 점에는 의문의 여지가 없다. 따라서 한자어가 중국어(아니면 적어도 한문)에서의 성격을 얼마나 유지하고 있는지, 아니면 잃고 있는지를 살펴보는 일은 여러가지로 유익하다. 무릇 차용어는 그것을 받아들인 언어의 체계에 동화하도록 되어 있다. 한자어도 애초 중국어에서 무엇이었든 국어의 일원이 된 이상 국어에 없는 음운을 국어의 어떤 음운으로 바꾸는 등 국어화하는 것은 충분히 예측되는 일이다.

그 한 예로 본래 한문이나 중국어의 구조로 보아 단어이던 것이 국어에서 그러한 자격을 잃고 어근의 자격밖에 가지지 못하게 된 경우를 들 수 있다. 즉 한자는 단어문자로서 하나하나가 원칙적으로 단어를 대표하던 것들인데, 그들 대부분이 국어에서는 '手足, 耳目, 衣服, 飮食, 家屋, 樹木' 등에서 보듯이 반드시 다른 글자와 결합하여야 한 단어가 되므로, 한자 하나로는 자립형식도 아니고 조사나 어미가 직접 결합될 수도 없는 어근일 뿐이다.

'行하다, 怒하다, 通하다, 急하다, 順하다, 弱하다, 敢히, 能히' 따위의 '行, 通, 急, 順' 등도 접미사 '하-'나 '히-'와 결합되어서야 비로소 단어로 쓰이므로 단어에서 어근으로 그 지위가 바뀌었음을 볼 수 있다. 이것은 오늘날 영어의 'smart'가 국어에 와서는 어근화하여 '하-'와 결합하여 '스마트하다'가 되어야만 단어로 행세하는 현상과 흡사하다. 이같은 1음절 한자어뿐 아니라 '強硬, 健全, 貴重, 分明, 嚴格, 華麗' 같은 형태들도 반드시 접미사 '하-'의 도움이 있어야 자립성을 얻으므로 마찬가지로 어근이다.

물론 중국어에서 단어이던 것이 국어에서 아예 형태소의 자격까지 잃는 경우도 있다. '矛盾'이 그 대표적인 예라 할 만하다. '矛'와 '盾'은 중국어에서 각각 '창'과 '방패'라는 의미를 가지는 단어였으나 국어에서 이들은 그러한 의미를 지니지 않을 뿐 아니라, '矛'는 '盾' 이외의 어떤 형태소와도 결합하는 일이 없고 '盾' 또한 '矛' 이외의 어떤 형태소와도 결합하는 일이 없어 '矛'와 '盾'은 각기 떨어져서는 한 형태소로서의 자격을 가지지 못하는 것이다. 한 언어의 단어가 차용어가 되면서 형태소의 자격조차 잃는 일은 중국어 '颱風'이 영어 'typhoon'으로 차용되면서 'ty'며 'phoon'이 형태소의 구실을 하지 못하는 경우 등 여러 예에서 관측되는 현상이다.

그런데 경우에 따라서는 한자어의 어떤 요소가 형태소의 구실을 유지하는지 하지 않는지를 판정하기 어려울 때도 있다. 가령 '孔子, 孟子, 老子, 莊子' 등의 '子'는 어떤가. 이 '子'는 애초 '선생' 정도의 의미를 가지는 단어로 논어의 '子曰 …'이라는 문구에서 보듯이 독립된 단어로도 자주 쓰였고 위의 성현들의 이름에서 보듯이 敬稱을 나타내는 접사적 용법으로도 쓰이는 당당한 형태소였다. 그러나 우리는 그러한 용법이나 의미를 어디에서도 찾기 어렵고, 따라서 '孔子'면 '孔子', '孟子'면 '孟子' 전체를 흔히 한 단위, 즉 한 형태소로 인식한다. '子'를 형태소로 인정하기 어렵다고 판단하는 것이다. 이 경우 하나의 장애는 '孔孟 시대'니 '老莊 사상'에서 보듯 '孔子, 孟子, 老子, 莊子'에서 '子'를 제외한 부분이 따로 형태소로 쓰인다는 문제일 것이다. 그때의 '孔'은 '孔子'의 축약형으로서 '孔'과 '孔子'가 이형태 관계에 있다든가 하는 어떤 해석이 뒷받침되어야 할 것이다.

비슷한 문제는 '帽子, 椅子, 箱子, 卓子, 亭子, 冊子'의 경우에서도 발견된다. 이들 단어에서 '子'가 어떤 의미를 가지고 있는지, 그것이 하나의 의미 단위이기나 한 것인지 분간하기 어렵기 때문이다. 그러나 이 경우는 앞의 '孔子'의 경우와는 다른 점이 있다. 한 예로, '冊'을 '冊子'의 축약형이라거나 '食卓'의 '卓'을 '卓子'의 축약형이라고 하기는 어려워 보이고, 따라서 '冊子'와 '冊'이, 또는 '食卓'과 '卓'이 이형태 관계에 있다는 해석이 이 경우에는 성립되기 어려워 보인다는 점이 그것이다. 이 경우의 '子'는 애초 縮小辭의 기능을 하던 것인데 '冊子'에서는 그 흔적이 간취되는 바도 있고 그렇지는 않더라도 적어도 새 명사를 만드는 정도의 어떤 기능은 하는 것으로 볼 수 있을 듯하며, 따라서 이들의 '子'는 형태소로 인정되어야 하는 경우라고 봄이 타당해 보인다.

한자어 중에는 중국어 본래의 요소가 아닌 외래어가 한자로 표기된 상태로 국어에 차용된 예들도 꽤 있는데 이들은 대부분 한 글자가 하나의 형태소로 분석되지 못하고 그 전체가 한 형태소 노릇을 한다. 다음 예들이 그 대표적인 것들로서 (1a)는 梵語에서 차용한 불교 용어이며, (1b)는 흉노 및 서역에서, 그리고 (1c)는 근래 서구어에서 들여온 차용어들이다.

(1) a. 佛陀, 菩薩, 阿羅漢, 涅槃, 閻羅, 袈裟, 舍利
  b. 駱駝, 琵琶(흉노) ; 葡萄, 石榴(서역)
  c. 佛蘭西, 伊太利, 露西亞, 巴里, 歐羅巴 ; 浪漫(romance), 淋巴(lymph)

요약하면 한자어의 한 자 한 자는 애초의 단어 자격을 그대로 유지하는 일이 드물고 많은 경우 어근의 자격으로 국어에 참여한다. 그러나 (1)의 예들이나 '矛盾'과 같은 몇몇 특수한 경우를 제외하면 그들은 적어도 한 형태소의 자격을 가진다.

한자어의 중국어적 성격

한자어는 국어화한다고 하여도 한편으로는 중국어 고유의 성질을 간직하기도 한다. '父母, 男女'의 '父, 母, 男, 女' 각각은 분명히 어근임에도 서류 등에서는 가족관계란이나 성별란에 '부'나 '모', 또는 '남'이나 '여'를 단독으로 쓰는 일이 많다. 또 '強硬, 健全, 分明' 따위 2음절 어근도 신문 제목이나 적절한 문맥에서는 예문 (2)-(4)와 같이 자립해서 쓰이는 수가 있다. 국어화하였으면서도 본래의 특성도 얼마간 유지되고 있는 현상의 일단일 것이다. 사실 '스마트하다'에서도 'smart'의 형용사적 성질이 유지되고 있는데 한자어의 경우도 그 본래의 품사가 대개는 살아 작용한다고 보아야 할 것이다. 한자어가 국어에서 차지하는 비중이 워낙 크기 때문에 이러한 양면성이 더욱 두드러지게 되었을 것이다.

(2) 正確, 迅速, 親切—이것이 우리 회사의 운영 방침이다.
(3) 分明 그는 사실을 알고 있음에 틀림없다.
(4) 러시아 측 태도 超強硬.

한자어의 양면성은 중국어나 한문에서 구나 문장에 해당되던 것이 국어에 들어와 단어의 자격이 된 예에서도 볼 수 있다. 예를 들면 '漁父之利, 適者生存, 烏飛梨落, 牛耳讀經' 등은 각각 구나 문장에 해당되는 것들인데 이들이 국어 문장 속에서는 대개 하나의 단어 자격으로 쓰인다. 그러면서도 이들은 겨우 몇몇 조사만을 취하는 제약을 보인다. 문장으로서의 성질이 완전히 제거되지 않은 결과일 것이다.

(5) 그 바람에 나만 漁父之利를 얻었지.
(6) 適者生存의 법칙이 판을 치는 세상이 아닌가.
(7) 烏飛梨落이라더니 왜 하필 그럴 때 그런 일이 생겼지?
(8) 아무리 이야기해 봐야 牛耳讀經이야.

한자어에서 중국어의 특성이 가장 적극적으로 유지되는 경우는 새로운 단어를 만드는 때일 것이다. 가령 다음 한자어는 그 구성요소의 어순이 국어의 '목적어-동사' 어순이 아니라 중국어의 '동사-목적어' 어순인데, 우리가 새 한자어를 만들 때도 거의 이 규칙을 따르는 것이다. 이 점에서 한자어는 차용어로서는 매우 특별한 지위를 누리는 면이 있다.

(9) 登山(산에/을 오르다), 愛國(나라를 사랑하다), 飮酒(술을 마시다), 讀書(책을 읽다)

한자어의 조어법적 특성

앞에서 지적하였듯이 한자어를 이루는 漢字 하나하나는 국어에 들어와 대부분 본래의 단어 기능을 잃고 어근으로서 행세한다. 그러므로 한 글자로서 바로 국어 단어가 되는 한자어는 극히 적은 수에 불과하다. 아래 (10)과 (11)이 그 대표적 예인데, (11)은 의존명사로서 分類詞인 것을 따로 보인 것이다.

(10) 江, 肝, 哭, 曲, 軍, 郡, 黨, 堂, 道, 代, 燈, 面, 音, 房, 式, 門, 窓, 色, 福, 法, 病, 山, 床, 賞, 數, 手, 占, 點, 冊, 兄, 但, 卽, 或, 一, 二, 三, 四, … , 百, 千, 萬, 億, 兆

(11) 匣, 個, 具, 卷, 日, 月, 年, 臺, 發, 放, 番, 束, 手, 石, 首, 列, 字, 尺, 張, 錠, 劑, 貼, 篇, 幅, 匹

이처럼 한자어는 1음절어가 드물고 대부분 2음절 이상이 되어야 비로소 단어로 정착되는 특성을 보인다. 그리고 이들은 앞에서 본 '矛盾, 葡萄, 伊太利'와 같은 극소수의 다음절 단일어를 제외하고는 복합어들인 만큼 결국 한자어는 대부분 복합어라고 하는 특성을 가지고 있다고 말할 수 있다. 그 복합어를 이루는 한자가 대부분 어근이라는 것은 앞에서 밝힌 바 있다.

그런데 이때의 한자어 어근은 일반 어근과 달리 그 생산성이 매우 높다. 그리고 어근은 그 분포가 극히 제한되는 것이 일반적인 데 반해 한자어의 경우는 오히려 그 반대다. 어근이므로 의존형식으로서의 제약은 받으면서도 조어법적으로는 매우 자유로운 특이한 어근인 것이다. 그 일단을 다음 (12)와 (13)에서 볼 수 있다.

(12) 天地, 地上, 上下, 下落, 落下, 下降, 降神, 神靈, 靈魂, 魂靈, 靈感, 感動, 動作, 作動

(13) 天地, 天池, 天國, 天下, 天性, 天堂, 天使, 天障, 天才, 天敵, 天文臺, 天日鹽, 天然色, 天高馬肥, 天災地變, 天定配匹, 天壤之差, 天機漏泄

이처럼 漢字는 그 조합이 자유로워 새 복합 개념을 새 단어로 나타내는 데에 큰 강점을 가지고 있다. 더욱이 한자는 단어문자로서 의미를 압축적으로 담고 있는 특성이 있어, 고유어라면 구나 문장으로 표현될 것도 단어 형태로 표현할 수 있는 장점도 아울러 가지고 있다. 한자를 자유롭게 조합하여 새 단어를 쉽게 만들어 낸다는 것이 한자어의 가장 두드러진 조어법적 특성이라 보아 좋을 것이다.

참고 김창섭(1996), 남풍현(1985), 노명희(1990), 송기중(1992), 심재기(1982), 이익섭(1968), 이익섭(1983), 程崇義(1987), 채완(1986)

제 5 장 파생어

앞에서 파생어는 그 어간의 직접구성요소 중 하나가 파생접사인 단어라고 정의한 바 있다. 따라서 파생어는 접사의 성격에 따라 그 유형을 갈라 볼 수 있는데 국어의 파생어는 우선 접두사에 의한 파생어와 접미사에 의한 파생어로 양분할 수 있다. 이제 대표적인 접두사와 접미사의 구체적인 기능을 살펴봄으로써 국어 파생어의 성격을 파악해 보도록 한다.

5.1. 접두사

접두사의 종류

국어의 파생접두사는 단어의 품사는 바꾸지 못하고 그 의미만 바꾸는 구실을 한다. 그만큼 그 하는 일이 접미사보다 단조롭고 그 종류도 접미사보다 적다. 접두사에는 특히 사람을 가리키는 명사나 동식물 이름 앞에 붙어 의미를 더해 주는 것들이 많아 먼저 [+사람] 명사와 결합하는 예, 동식물 이름과 결합하는 예를 본 다음, 그 밖의 예를 명사와만 결합하는 것, 용언과만 결합하는 것, 두 가지와 다 결합하는 것의 순서로 보기로 하겠다.

(1) [+사람] 명사에 주로 붙는 접두사

골-: 골샌님, 골생원, 골선비

넛-: 넛손자, 넛할머니, 넛할아버지

맏-: 맏형, 맏동서, 맏아들, 맏사위; 맏물

민1-: 민며느리

밭-: 밭사돈, 밭상제, 밭주인

불-: 불깍쟁이, 불상놈; 불여우, 불곰, 불개미

숫-: 숫보기, 숫색시, 숫처녀, 숫총각; 숫음식, 숫티

핫-: 핫어미, 핫아비

홀-: 홀몸, 홀어미, 홀시아버지; 홀소리, 홀수

시(媤)-: 시어머니, 시누이, 시동생, 시댁

외(外)1-: 외할머니, 외삼촌, 외숙모, 외가

(2) 동식물 이름에 주로 붙는 접두사

갈-: 갈가마귀, 갈거미, 갈게, 갈고등어

둘-: 둘암소, 둘염소, 둘암캐, 둘암탉

쇠-: 쇠고래, 쇠기러기, 쇠등에, 쇠딱따구리, 쇠비름

수(숳, 숫)-: 수탉, 수캐, 수컷, 수키와; 수꽃, 수은행나무; 숫양, 숫쥐

암(앓)-: 암꽃, 암노루, 암놈, 암컷; 암키와, 암나사

올-: 올감자, 올벼, 올팥, 올콩

찰(차, 찹)-: 찹쌀, 찰옥수수, 차조, 찰벼; 찰가난, 찰떡, 찰밥

메(멥)-: 메귀리, 멥쌀, 메수수, 메조; 메떡, 메밥

풋-: 풋감, 풋고추, 풋김치, 풋나물; 풋사랑, 풋잠, 풋내기

해(햅, 햇)-: 해콩, 햅쌀, 햇감자, 햇곡식, 햇나물

(3) 기타 명사에 붙는 접두사

강-: 강다짐, 강밥, 강술, 강조밥, 강참숯, 강피밥

군-: 군걱정, 군기침, 군불, 군말, 군침, 군식구, 군소리, 군손질

땅-: 땅고집, 땅꼬마

말-: 말개미, 말거머리, 말거미, 말나리, 말냉이, 말매미, 말벌
맨-: 맨눈, 맨땅, 맨머리, 맨몸, 맨발, 맨손, 맨입, 맨주먹
민2-: 민달팽이, 민대가리, 민등뼈동물, 민머리, 민소매, 민꽃게
알-: 알몸, 알거지, 알건달, 알부랑자, 알부자
외2-: 외기러기, 외길, 외딸, 외아들, 외떡잎, 외마디
한-: 한걱정, 한밑천, 한시름, 한가운데, 한낮, 한복판, 한겨울
홑-: 홑고쟁이, 홑겹, 홑눈, 홑몸, 홑바지, 홑이불
양(洋)-: 양파, 양배추, 양다래, 양춤, 洋曲, 양약, 양동이, 양옥, 양복, 洋食

(4) 용언에 붙는 접두사

되-: 되돌다, 되돌아보다, 되묻다, 되살다, 되새기다, 되받다
뒤-: 뒤까불다, 뒤둥그러지다, 뒤섞다, 뒤엎다, 뒤틀다, 뒤흔들다
들-: 들까부르다, 들끼다, 들끓다, 들떠들다, 들두들기다, 들볶다
새(샛)-: 새까맣다, 새카맣다, 새하얗다, 새파랗다, 샛노랗다
시(싯)-: 시꺼멓다, 시뻘겋다, 시퍼렇다, 시푸르둥둥하다, 싯누렇다
휘(휩)-: 휘갈기다, 휘감다, 휘날리다, 휘두르다, 휘젓다; 휩싸다, 휩쓸다

(5) 명사와 용언에 다 붙는 접두사

덧-: 덧가지, 덧신, 덧버선, 덧저고리; 덧나다, 덧씌우다, 덧입다
얼-: 얼간, 얼갈이, 얼요기, 얼치기; 얼넘어가다, 얼버무리다
엇-: 엇각, 엇그루, 엇셈; 엇나가다, 엇갈리다, 엇대다
짓-: 짓고생, 짓망신; 짓누르다, 짓뭉개다, 짓밟다, 짓쑤시다
치-: 치사랑; 치받다, 치솟다, 치닫다, 치밀다, 치훑다
헛-: 헛기침, 헛웃음, 헛걸음, 헛고생, 헛배, 헛일, 헛수고; 헛디디다, 헛보다, 헛되다

접두사와 관형사

접두사 중 명사 앞에 놓이는 것은 관형사와 비슷한 성질을 가지며, 용언 앞에 놓이는 것은 부사와 비슷한 성질을 가지는 면이 있다. 그러나 접두사는 관형사와 달리 자립성이 없어서, 독자적으로 문장 성분이 될 수 없다. 또한 그 분포에 있어서도 관형사나 부사는 그 뒤에 놓이는 단어에 큰 제약을 받지 않음에 반해 접두사는 큰 제약을 받는다. 가령 관형사 '새'와 접두사 '덧'을 비교해 보면 다음 (6)에서 보듯 '덧-'이 분포상의 제약을 훨씬 크게 받고 있음을 알 수 있다.

(6) a. 새 문, 새 저고리, 새 이, 새 수건, 새 책, 새 화단, 새 정신, 새 과제
b. 덧문, 덧저고리, 덧니, *덧수건, *덧책, *덧화단, *덧정신, *덧과제

접두사와 관형사는 후속하는 명사와의 사이에 다른 단어를 개입시킬 수 있느냐 없느냐에서도 차이를 보인다. 즉 다음 (7)에서처럼 관형사와 명사 사이에는 제3의 단어가 들어갈 수 있지만 접두사와 명사 사이에서는 그렇지 못하다.

(7) a. 새 노랑 저고리, 새 나무 문
b. *덧노랑저고리, *덧나무문

5.2. 접미사

국어의 파생접미사는 그 수가 수백 개에 이를 만큼 대단히 많고, 하는 일도 어기의 의미뿐만 아니라 품사 등의 문법적 성질도 바꾸는 등 접두사보다 훨씬 그 폭이 크다. 그 대표적인 예들을 접미사들이 만들어 내는 품사별로 보이면 다음과 같다.

(1) 명사 형성 접미사

-개/게: 덮개, 지우개, 싸개, 찌개, 오줌싸개, 노리개, 지게, 집게

-기: 달리기, 던지기, 더하기, 곱하기, 짜깁기, 누르기, 조르기, 보기, 양치기

-꾸러기: 잠꾸러기, 욕심꾸러기, 말썽꾸러기, 매꾸러기

-ㅁ/음: 웃음, 울음, 믿음, 기쁨, 춤, 잠, 느낌, 얼음, 튀김, 굶주림, 보살핌, 부끄러움

-매: 몸매, 눈매, 이음매, 입매

-보: 잠보, 겁보, 꾀보, 털보, 울보, 느림보, 뚱보

-새: 모양새, 본새, 생김새, 쓰임새, 짜임새, 매무새

-아치: 동냥아치, 구실아치, 벼슬아치

-암/엄: 마감, 무덤, 주검

-애/에: 마개, 우레, 얼개, 써레, 코뚜레(코뚫+에)

-이: 넓이, 길이, 놀이, 먹이, 개구리, 뻐꾸기, 맹꽁이, 복남이, 개똥이, 깜박이, 삼발이

-장이/쟁이: 석수장이, 칠장이, 요술쟁이, 겁쟁이, 거짓말쟁이, 수다쟁이, 영감쟁이, 멋쟁이, 골목쟁이

-질: 가위질, 톱질, 부채질, 싸움질, 곁눈질, 발길질, 새김

질, 다림질, 서방질, 군것질, 이간질

-가(家): 등산가, 음악가, 소설가, 독설가, 독지가, 사업가, 작가

-자(者): 과학자, 소유자, 지휘자, 해설자, 학자, 독자, 필자, 승자(勝者), 기자

(2) 동사 형성 접미사

-하-: (명사, 어근→동사) 일하다, 공부하다, 운동하다, 이룩하다, 건설하다

(부사→동사) 더하다, 못하다, 반짝하다, 잘하다

(의성의태어→동사) 두근두근하다, 두런두런하다, 중얼중얼하다, 흔들흔들하다

(형용사→동사) 좋아하다, 기뻐하다, 두려워하다

(한자어 어근→동사) 구하다, 망하다, 홍하다, 접하다, 택하다

-거리-: (어근→동사) 건들거리다, 머뭇거리다, 끄덕거리다, 만지작거리다, 중얼거리다

-대-: (어근→동사) 건들대다, 머뭇대다, 미적대다, 만지작대다, 중얼대다, 으스대다, 비비대다

-이-: (어근→동사) 글썽이다, 끄덕이다, 깜박이다, 속삭이다, 들썩이다, 움직이다

-뜨리-: (동사→동사) 깨뜨리다, 자빠뜨리다, 떨어뜨리다, 흩뜨리다

-되-: (명사, 어근→동사) 이룩되다, 지배되다, 추출되다

(3) 형용사 형성 접미사

-하-: (명사, 어근→형용사) 고요하다, 다정하다, 진실하다, 깨끗하다, 조용하다, 건강하다, 깊숙하다, 딱하다, 씩씩하다

(부사→형용사) 못하다, 가득하다, 아니하다

(의성의태어→형용사) 미끈미끈하다, 반질반질하다
(한자어 어근→형용사) 분하다, 순하다, 엄격하다, 화려하다, 분명하다

-되-: (명사, 어근→형용사) 욕되다, 복되다, 세련되다, 망녕되다, 참되다, 진실되다, 거짓되다, 헛되다

-지-: (명사→형용사) 멋지다, 기름지다, 살지다, 값지다

-롭-: (명사, 어근→형용사) 향기롭다, 이롭다, 해롭다, 보배롭다, 괴롭다, 풍요롭다, 공교롭다

-스럽-: (명사, 어근→형용사) 자랑스럽다, 사랑스럽다, 걱정스럽다, 창피스럽다, 죄스럽다, 소담스럽다, 추잡스럽다, 복스럽다, 탐스럽다, 어른스럽다

-답-: (명사→형용사) 정답다, 꽃답다

-다랗-: (형용사→형용사) 가느다랗다, 곱다랗다, 높다랗다, 좁다랗다, 기다랗다

-맞-: (명사, 어근→형용사) 궁상맞다, 능글맞다, 익살맞다, 청승맞다

-없-: (명사, 어근→형용사) 부질없다, 시름없다, 열없다, 하염없다

-쩍-: (명사, 어근→형용사) 괴이쩍다, 미심쩍다, 의심쩍다, 수상쩍다, 멋쩍다, 객쩍다

(4) 피동사 형성 접미사

-기-: 감기다, 안기다, 뜯기다, 쫓기다, 끊기다

-리-: 밀리다, 실리다, 털리다, 빨리다, 팔리다, 떨리다

-이-: 나뉘다, 바뀌다, 덮이다, 섞이다, 쌓이다, 잠기다(←잠그-+-이-)

-히-: 막히다, 먹히다, 박히다, 잡히다, 걷히다, 닫히다, 꽂히다, 잊히다, 밟히다

(5) 사동사 형성 접미사

-기-: 남기다, 숨기다, 안기다, 신기다, 뜯기다, 벗기다, 굶기다, 옮기다

-리-: 늘리다, 올리다, 걸리다(步), 돌리다, 실리다, 빨리다

-이-: 높이다, 속이다, 죽이다, 먹이다

-히-: 굳히다, 굽히다, 넓히다, 밝히다, 붉히다, 좁히다, 익히다, 눕히다, 묵히다, 삭히다, 앉히다

-구-: 달구다, 돋구다, 일구다

-우-: 비우다, 피우다, 돋우다, 끼우다, 지우다

-이우-: 키우다, 재우다, 세우다, 태우다, 채우다

-추-: 낮추다, 늦추다, 맞추다

-애-: 없애다

(6) 부사 파생 접미사

-이: (형용사→부사) 길이, 높이, 널리, 같이, 굳이, 좋이, 고이, 바삐, 배불리

(어근→부사) 깨끗이, 느긋이, 뚜렷이, 반듯이, 깜찍이, 뻣뻣이, 길쭉이, 높직이

(반복복합어→부사) 나날이, 집집이, 곳곳이, 다달이, 간간이, 일일이, 걸음걸음이

(부사→부사) 일찍이, 더욱이, 곰곰이, 넓죽이, 따로이, 방긋이, 히죽이

-히: (어근→부사) 가만히, 고요히, 조용히, 순순히, 철저히, 급히, 족히

-오/우: (동사, 형용사→부사) 도로, 너무, 자주

이상에 보인 접미사는 대체로 여러 어기와 결합하는 생산적인 것들이었다. 국어의 접미사 중에는 겨우 한두 어기하고만 결합하는 극히 비생산적인 접미사들도 많이 있다. '끄트머리, 기럭지, 이파리, 귀

머거리, 꼬락서니, 지붕, 우습다, 미덥다, 거멓다' 따위에 나타나는 '-으머리, -억지, -아리, -어리, -악서니, -웅, -읍-, -업-, -엏-' 등이 그러한 예다. 이런 비생산적인 접미사 중에는 '주먹, 즐겁다, 무섭다, 노랑'의 '-억, -업-, -앙'처럼 그 존재를 분석해 내기 어려운 것들조차 많아(이 절 끝의 '어휘화' 참조) 이들까지 다 합치면 국어 접미사의 수는 매우 많게 되며, 파생어도 더욱 복잡한 양상을 띠게 된다.

5.3. 특수 파생어

영파생

앞에서 본 파생어는 접두사이든 접미사이든 반드시 접사를 그 한 구성요소로 포함하고 있는 것이었다. 이것은 파생어의 정의로 보아 당연한 것이기도 하다. 그런데 단어 중에는 분명히 어디에서 파생되었다고 해석할 만한 것이면서도 접사가 따로 결합되어 있지 않은 부류도 없지 않다. 다음 (1)에서 그 대표적인 실례를 볼 수 있다.

(1) 가물다/가물, 누비다/누비, 되다/되, 띠다/띠, 뭉치다/뭉치, 빗다/빗, 신다/신, 품다/품

이 예들은 동사와 명사가 짝을 이루고 있는 것들인데 어느 한쪽 형태가 다른 쪽 형태에서 파생했다고 보면 좋을 예들이다. 그런데 그 어느쪽으로 해석하든 품사를 바꾸는 데 필요한 접사가 없다. '가물'에서 동사를 파생시키려면 '하-' 정도를 덧붙여 '가물하다' 식으로

만들거나, 반대로 '가물다'에서 명사를 파생시키려면 '가물애'나 '가물음(가뭄)' 쯤으로 만드는 것이 정상적이다. 따라서 가령 동사 '가물다'에서 명사 '가물'이 파생되어 나왔다면(이쪽으로의 해석이 더 자연스럽다) 이는 매우 특수한 경우인데 이런 경우를 흔히 零派生(zero derivation) 또는 零變化(zero modification)에 의한 파생이라 한다. 접사가 없는 파생이라는 것이다.

이때 零形態素(zero morpheme)의 개념으로 이 현상을 설명하는 수도 있다. '가물다'의 어간 '가물-'에 명사 형성 접미사가 결합되었는데 그 접미사가 외형으로는 아무 형태도 없는 형태소, 곧 영형태소라는 것이다. 그리고 이 형태소를 아예 /Ø/와 같은 기호를 정해 쓰기도 한다. 이처럼 영형태소를 설정하면 파생어를 예외없이 '어기+접사'의 구성으로 기술할 수 있는 이점이 있다.

단어 중에는 '잘못, 오늘, 서로'처럼 명사이면서 부사이기도 한 것이 있는가 하면, '크다, 길다'처럼 형용사와 동사를 겸하는 것들도 있다. 이들도 일종의 영변화에 의한 파생으로 볼 수 있는데, 그러나 이들은 앞의 (1)의 예들보다는 파생 관계를 설정할 근거가 약하다는 점에서 轉換(conversion)이라고 하여 영변화와 구분하기도 한다.

내적 변화

한편 파생어 중에는 접사가 결합하는 대신 어기의 일부 형태를 바꿈으로써 만들어진 것들도 있다. 아래 (2)의 대립어에서 모음교체 및 자음교체에 의해 새 단어가 만들어진 실례를 볼 수 있는데 이들에서 발전되어 '주먹/조막, 염치/얌체, 시원하다/새원하다'와 같은 새 짝들도 만들어 쓴다. 이들은 흔히 內的 變化(internal change)에 의한 파생이라 부른다. 그리고 이 경우도 결국은 어떤 접사가 결합된 결과라고 해석하여 그 접사를 /ㅏ→ㅓ/와 같은 형태소 형식으로 표시하는 시도를 하기도 한다. 'ㅏ'를 'ㅓ'로 바꾸는 기능의 형태소라는 뜻으로 이 또한 '파생어←어기＋접사'의 공식에 맞추기 위한 방책이라 할 수 있다. 앞에서 국어의 의성의태어는 음성상징에 의한 대립쌍이 많다고 하였는데 그것은 그만큼 국어에는 내적 변화에 의한 파생어가 많다는 뜻도 될 것이다.

(2) a. 살(歲)/설, 가죽/거죽, 작다/적다, 파랗다/퍼렇다, 노랗다/누렇다, 짭짤하다/찝찔하다, 갸름하다/기름하다, 탱탱/팅팅, 졸졸/줄줄/질질
b. 발갛다/빨갛다, 보얗다/뽀얗다, 구깃구깃/꾸깃꾸깃, 부석부석/푸석푸석, 질금질금/찔끔찔끔, 겅중겅중/껑충껑충, 뚱뚱하다/퉁퉁하다, 땅땅/탕탕, 감감/깜깜/캄캄

파생접사와 어미

파생접두사가 관형사와 혼동되기 쉬운 유사성을 가지듯이 파생접미사는 어미와 유사한 일면이 있다. 그러나 국어에서 파생접미사와 어미 사이에는 분명한 차이가 있어, 몇 가지 특수한 예들을 제외하고는 사실상 어미와 접사의 구별이 큰 문제를 야기하는 경우는 드물다. 이제 그 대표적인 차이점을 들어 보면 다음과 같다.

첫째, 파생접미사와 어미의 가장 기본적인 차이는, 파생접미사는 새 단어를 만드는 데 비해 어미는 그렇지 않다는 점이다. 예컨대 파생접미사가 결합된 '먹이'는 새 단어로 명사가 되지만 어미가 결합된 '먹고, 먹으면, 먹으니' 등은 새 단어가 아닌 활용형일 뿐이다. 어휘소와 어형의 개념으로 보면, 파생접사인 접미사는 새 어휘소를 만들

지만 굴절접사인 어미는 어떤 어휘소의 한 어형을 만드는 일밖에 하지 못하는 것이다.

둘째, 파생접미사는 어기의 통사범주를 바꿀 수 있지만 어미는 그럴 수 없다. 다시 '먹이'와 '먹고'를 비교해 보면 접미사가 결합된 '먹이'는 동사에서 명사로 품사가 달라진 데 반해 어미가 결합된 '먹고'는 여전히 동사인 것이 그 좋은 예다. 셋째, 어미는 거의 모든 어간과 자유롭게 결합될 수 있음에 반해 파생접미사는 그 결합이 매우 제약되어 있다는 차이가 있다. 한 예로 부사를 파생시키는 접미사 '-이'와 부사형을 만드는 어미 '-게'를 비교해 보면 다음과 같다.

(3) a. 높게, 깊게, 길게, 좋게, 많게, 짧게, 작게, 좁게, 맑게, 둥글게, 푸르게
  b. 높이, 깊이, 길이, 좋이, 많이, *짧이, *작이, *좁이, *맑이, *둥글이, *푸르이

넷째, 어미들은 그 의미가 일정하지만 파생접미사들은 결합되는 어기에 따라 그 의미가 일정하지 않은 경우도 많다. 예를 들면 (3a)의 어미 '-게'는 모두 그 의미가 같지만, '삼발이, 구두닦이, 꺾꽂이'의 접미사 '-이'는 그 의미가 각각 다 다르다. 그 밖에, 파생접미사는 항상 어미에 비해 어기에 가까이 위치한다든지, 파생어에서는 어기의 의미가 극히 제약되지만 활용형에서는 어간의 의미가 제약되지 않는다든지 하는 차이가 있다.

어휘화

어기와 파생어의 관계는 음운론적, 형태론적, 의미론적으로 설명할 수 있어야 하는데, 이 중 어느 한 부분이라도 공시적으로 설명할 수

없는 부분이 있으면 그 파생어는 語彙化(lexicalization) 했다고 해석한다. 어휘화된 파생어들을 유형에 따라 예를 들어 보면 다음과 같다.

(4) a. 아프다(<앓 + ㅂ + 다), 고프다(<곯 + ㅂ + 다)
b. 부끄럽다(<붓그리 + 업 + 다), 기쁘다(<깄 + 브 + 다), 그믐(그믈 + 음), 설거지(설겆 + 이)
c. 키(<크 + 이 ; 身長), 노름(<놀 + 음 ; 賭博), 고비(<곱 + 이 ; 어떤 일의 가장 긴요한 기회나 막다른 절정)

(4a)는 '알프다, 골프다'가 '슬프다(슳 + 브 + 다)'와 달리 'ㄹ' 탈락을 보이는 이유를 공시적인 음운규칙으로는 설명할 수 없으므로 음운론적인 어휘화의 예며, (4b)는 현대 국어에는 '*붓그리-, *깄-, *그믈-, *설겆-' 등과 같은 어간이 존재하지 않으므로 형태론적 어휘화의 예다. (4c)도 현대 국어에서의 의미는 어기의 의미와 상당히 멀어져 어기에서 그 의미를 예측할 수 없으므로 어휘화된 예이다. 역사적으로는 설명되더라도 공시적으로 설명되지 않는 것은 일단 구분해 인식하려는 것이다. 어휘화된 예들은 한글 맞춤법에서도 대체로 어원을 밝혀 적지 않도록 규정하고 있다.

5.4. 개별 접미사의 기능

앞에서 여러 종류의 접미사와 그 주요 기능들을 보았다. 그러나 그것은 어떤 어기를 어떤 품사로 바꾼다는 정도의 대략적인 기술이었다. 국어 접미사는 그 기능이 다양하여 각 접미사의 기능을 개별적으로 좀더 상세히 살펴볼 필요가 있다. 이 절에서는 대표적인 접미사를 몇 개 추려 비슷한 기능을 하는 것들끼리 묶어 그 기능 및 특징들을 비교해 보기로 한다.

5.4.1. -음, -기, -이, -개

접미사 '-음, -기, -이, -개'는 동사나 형용사를 명사화하는 기능을 공통적으로 가지면서 또한 서로 구별되는 의미 기능이 있다. 그 차이를 중심으로 각 접미사의 기능을 보기로 하자.

'-음'

'-음'은 그 어기의 품사를 바꾸어 주는 기능을 할 뿐 다른 어휘적 의미를 더하지는 않는 것으로 보인다.

(1) a. 행위명사 : 가르침, 놀림, 도움, 물음, 믿음, 모임, 졸음, 잠, 꿈, 춤, 느낌, 죽음, 삶, 다짐, 노름, 셈, 가름, 싸움
b. 사물명사 : 그림, 묶음, 얼음, 주름, 튀김, 조림, 찜
c. 추상명사 : 간지럼, 기쁨, 게으름, 그리움, 부끄럼, 설움, 서러움, 수줍음, 슬픔
d. 동족목적어 명사 : 잠, 꿈, 춤, 걸음, 삶, 웃음

파생접미사 '-음'의 특징 중의 하나는 명사형어미와 그 형태가 같아서, 그것이 파생접미사로 쓰였는지 명사형어미로 쓰였는지 구별이 잘 안 되는 경우가 있다는 점이다. 다음 예에서 파생접미사로서의 용법과 명사형 어미로서의 용법을 볼 수 있는데, 앞쪽의 '웃음, 잠'은 관형어의 수식을 받아서 파생명사임을 알 수 있고 뒤쪽의 '웃음, 잠'은 부사어의 수식을 받아서 명사형(동명사)임을 알 수 있다.

(2) a. 그가 오늘따라 호탕한 웃음을 자주 웃음은 다 까닭이 있다.
b. 깊은 잠을 푹 잠이 건강에 가장 좋다.

'-음'은 단일한 동사나 형용사를 어기로 할 때보다 다음과 같이 'X+동사 어간'을 어기로 하여 동작명사를 만드는 일에 더 활발히 참여한다. 그리고 이 파생명사들은 모두 단일한 동사, 형용사를 어기로 했을 때와는 달리 '하다'와의 결합이 가능한 점이 주목할 만하다. 즉 '웃음하다, 믿음하다'는 성립되지 않는데 반해 '입가심하다, 탈바꿈하다'는 자연스럽게 쓰인다.

(3) 끝맺음, 낯가림, 눈가림, 땅뜀, 말막음, 발뺌, 산울림, 앞가림, 입가심, 발돋움, 탈바꿈, 팔자땜

'-음'은 매우 생산적인 접미사이기는 하지만 모든 동사, 형용사에 결합되지는 않는다. 즉 '-하다' 동사나 '길다, 굵다, 멀다' 류의 공간형용사, '붉다, 달다, 구리다, 시끄럽다' 류의 감각형용사 등은 대체로 '-음' 명사 파생이 이루어지지 않는다.

'-기'

'-기'도 동사나 형용사를 명사로 파생시키는데, 동사 어간과 결합하면 대체로 (4a)와 같은 행위명사나 사건명사가 되고, 형용사 어간(및 '기울-'과 같은 동사 어간)과 결합하면 (4b)와 같은 척도명사가 된다.

(4) a. 달리기, 나누기, 내기, 누르기, 더하기, 던지기, 보기, 쓰기, 조르기, 짜깁기
b. 굳기, 굵기, 밝기, 빠르기, 세기, 크기 ; 기울기

그런데 이렇게 보면 '-음'과 '-기'가 매우 비슷한 기능을 보이는데 그 차이는 무엇일까. 왜 '웃기, 꾸기'가 아니고 '웃음, 꿈'이며, 왜 '달림, 큼, 봄'이 아니고 '달리기, 크기, 보기'일까. 이에 대한 해답은 아직 명쾌하게 나와 있지 않다. '-음'이 旣定의 것을, '-기'가 未定의 것을 나타낸다든가 하는 등의 구분이 제시되었으나 어느 한 기준으로 모든 예들이 설명되지 않는 한계가 있다.

'-기'는 중세국어에서는 많이 쓰이지 않다가 근대국어 이후 활발히 쓰이게 되었는데, 현대국어에서도 계속 그 영역을 넓혀 가고 있다. 특히 (5a)와 같은 운동이나 놀이의 이름은 거의 '-기'를 취하는 것이 주목할 만하다. 또한 '-기'에 의한 파생도 '-음'의 경우와 마찬가지로 단일 형태소 어간보다는 'X+동사 어간'을 어기로 하는 경우가 많음을 다음 예들에서 볼 수 있다.

(5) a. 그네뛰기, 널뛰기, 높이뛰기, 멀리뛰기, 땅뺏기, 뜀뛰기, 무릎치기(씨름재간), 배지기, 술래잡기, 실뜨기, 앞차기, 원반던지기, 줄다리기, 팽이치기, 파도타기, 허리꺾기
b. 먼산바라기, 멀리보기, 소매치기, 안잠자기, 알배기, 양치기, 차치기

'-이'

명사 형성 접미사 '-이'는 접미사 가운데 가장 다양한 기능을 보인다. 관점에 따라 '-이'의 기능을 더 세분해서 다룰 수도 있으나 두 가지로 나누어 살피기로 한다.

'-이 1'은 동사나 형용사 어간에 붙어 행위명사, 유정명사, 사물명사 등을 파생시키는 기능을 하는데, 다음 예에서 볼 수 있듯이 그 의미 기능이 그 구성 방식과 아울러 매우 다양하다.

(6) a. 구이, 더듬이, 먹이(사물명사) ; 놀이, 떨이, 다듬이, 풀이(행위명사) ; 길이, 깊이, 높이, 넓이 (척도명사)
b. 꺾꽂이, 나들이, 붙박이, 휘묻이(행위명사) ; 미닫이(사물명사)
c. 목걸이, 바람막이, 손잡이, 손톱깎이, 옷걸이, 재떨이, 책꽂이(사물명사) ; 감옥살이, 머슴살이, 멍석말이, 봄맞이, 셋방살이, 쥐불놀이, 집들이, 처가살이(행위명사) ; 구두닦이, 넝마주이, 때밀이, 신문팔이, 점박이, 젖먹이, 총잡이(유정명사) ; 가슴앓이, 배앓이, 속앓이, 홋배앓이(질병 이름) ; 가을갈이, 그루갈이, 논갈이, 늦갈이, 두벌갈이, 애벌갈이, 이어갈이(농사 용어)

'-이^{2}'는 (7)에서 보듯이 명사나 어근, 또는 의성의태어에 붙어서 대체로 "~와 같은 성질을 갖는 사람/동물/사물"이라는 의미를 갖는 명사를 파생시킨다. (8)과 같이 사람 이름에 붙는 '-이'도 접미사로 보는 것이 일반적인데 다만 이 '-이'는 다른 경우와는 달리 그 의미 기능이 쉽게 잡히지 않는 면이 있다. 외국 사람 이름에는 붙지 않는 등 여러모로 특이한 접미사라 할 수 있다. '-이^{2}'는 (9)에서와 같이 호격조사 '-아' 앞에서는 탈락한다.

(7) 곰배팔이, 절름발이, 육손이, 딸깍발이, 까막눈이, 멍청이, 뚱뚱이, 홀쭉이, 합죽이, 개똥이, 말뚝이(사람) ; 개구리, 꾀꼬리, 뻐꾸기, 맹꽁이, 따오기, 뜸부기, 멍멍이, 바둑이, 발발이, 야옹이, 얼룩이 (동물) ; 깜박이, 누더기, 삼발이(사물)
(8) 갑순이, 갑돌이 ; *모택동이/마오쩌뚱이, *클린턴이, *윌리엄이
(9) 합죽아, 뚱뚱아, 개굴아, 바둑아, 갑순아

이상의 '-이'는 모음으로 끝나는 어기에는 결합되지 못하는 반면

에, 어기가 'ㄹ'로 끝나는 경우에는 의미에 관계없이 '-이'를 선호하는 경향이 있다.

(10) 때밀이, 신문팔이, 무녀리(門+열-+-이), 하루살이, 재떨이, 겉절이, 한되들이, 멍석말이, 비빌이, 발등걸이, 샅걸이, 턱걸이, 화풀이

'-개/게'

'-개/게'는 다음과 같이 주로 동작과 관계되는 다양한 의미의 명사들을 만든다. '-개/게'가 붙는 어간은 '날개'를 제외하고는 모두 타동사라는 것도 특징적이라 할 만하다.

(11) a. 가리개, 깔개, 날개, 누르개, 덮개, 베개, 싸개, 지우개, 지게, 집게 ; 병따개, 불쏘시개, 실감개, 이쑤시개, 머리쓰개 (동작의 도구)
b. 부침개, 찌개, 달개 (동작의 결과)
c. 똥싸개, 오줌싸개, 코흘리개 (특정한 동작을 자주 하는 사람)

5.4.2. -장이, -질

'-장이'와 '-질'은 주로 사람의 행위나 성품, 직업 등 사람과 관련되는 파생어를 만든다는 점에서 함께 묶일 수 있다.

'-장이'

'-장이'는 본래는 '어떤 기술을 가진 사람(匠)'을 의미했으나 현대국어에 와서 그 의미 기능이 매우 다양하게 발달되었다. 표준어 규정에서 기술자를 의미할 때는 '-장이', 그 밖의 경우에는 '-쟁이'를

표준어로 삼고 있다. 그러나 이들 중에는 기술자라고 보아야 할지 그렇지 않은지 그 기준이 혼란스러운 경우도 있어서 인위적으로 표기를 둘로 가르는 것이 꼭 좋은지는 의문스럽기도 하다.

(1) a. 기와장이, 대장장이, 도배장이, 땜장이, 무두장이, 미장이, 석수장이, 옹기장이 (기능 - 직업)
b. 관상쟁이, 그림쟁이, 글쟁이, 사주쟁이, 손금쟁이, 요술쟁이, 점쟁이, 침쟁이, 환쟁이 (대상 - 직업)
c. 개구쟁이, 거짓말쟁이, 겁쟁이, 게으름쟁이, 고집쟁이, 난봉쟁이, 말썽쟁이, 멋쟁이, 무식쟁이, 변덕쟁이, 욕심쟁이, 트집쟁이 (성품이나 특성)
d. 감투쟁이, 갓쟁이, 양복쟁이, 삿갓쟁이 (특정한 의복이나 모자를 입거나 쓴 사람)
e. 옴쟁이, 중풍쟁이, 골록쟁이, 폐병쟁이 (환자)
f. 마누라쟁이, 영감쟁이, 월급쟁이 (속어)

'-질'

'-질'은 명사나 어근을 행위명사로 파생시키는 매우 생산성이 높은 접미사다. 다음 예들에서 볼 수 있듯이 매우 다양한(괄호 안에 밝힌 여러 종류의) 어기에 붙는데 그 의미는 일반적으로 "지속적, 반복적으로 이루어지는 행위"를 나타낸다.

(2) a. 가래질, 가위질, 그물질, 낚시질, 대패질, 도끼질, 물레질, 바느질, 부채질, 솔질, 삽질, 쟁기질, 젓가락질, 채찍질, 칼질, 호미질, 삿대질 (도구)
b. 곁눈질, 손가락질, 발길질, 손질, 뒷발질, 주먹질 (인체)
c. 구역질, 농간질, 동냥질, 발버둥질, 싸움질, 양치질, 오입질, 욕질, 충동질 (행위)

d. 도둑질, 계집질, 고자(告者)질, 과객질, 무당질, 서방질, 선생질, 첩질 (직업, 신분)
e. 도리질, 딸꾹질, 투레질, 버둥질 (의성의태성 어근)
f. 곤두박질, 달음박질, 뒷걸음질, 뜀박질, 숨바꼭질, 뜨개질, 다툼질, 박음질, 시침질 (동작성 어근)
g. 누비질, 다듬질, 후리질 (동사 어간)
h. 꼴뚜기질, 나비질 (동물)

위의 예들을 보면 '-질'이 붙는 명사는 (2a, f, g)를 제외하고는 대체로 卑下的인 의미를 수반하는 것을 알 수 있다. '선생'처럼 비하의 의미를 가질 수 없는 명사조차도 '-질'이 붙으면 비하의 의미를 갖게 되는 것도 '-질'의 이러한 특성에 말미암아서일 것이다.

5.4.3. -스럽-, -답-, -롭-

'-스럽-, -답-, -롭-'은 명사나 어근에 붙어 형용사를 파생시키는 접미사들이다. 이들의 기능은 공통적인 면이 있으면서도 아주 미묘한 차이들이 있어서 흥미로운 바가 있다. 이제 이들 각각의 기능을 그 결합 조건과 아울러 예를 중심으로 살펴보기로 한다.

'-스럽-'

'-스럽-'은 명사나 어근에 붙어 형용사를 파생시킨다. 다음 (1a)는 명사에, (1b)는 어근에, (1c)는 용언의 어간이나 명사형에 다시 접사가 붙어 형성된 어근에 각각 '-스럽-'이 붙은 예들이다. '-스럽-'이 붙는 것은 대부분 상태성 어근들이다.

(1) a. 고생스럽다, 고집스럽다, 만족스럽다, 바보스럽다, 병신스럽

다, 복스럽다, 사랑스럽다, 수다스럽다, 야단스럽다, 어른스럽다, 억척스럽다, 자유스럽다, 죄스럽다, 짐스럽다, 창피스럽다, 촌스럽다, 한스럽다

b. 가증스럽다, 갑작스럽다, 깜찍스럽다, 뻔뻔스럽다, 새삼스럽다, 시원스럽다, 앙큼스럽다, 우직스럽다, 죄송스럽다, 추잡스럽다, 투박스럽다, 한심스럽다

c. 귀염성스럽다, 먹음직스럽다, 믿음직스럽다, 밉살스럽다, 우스꽝스럽다

'-스럽-'이 어근에 붙었을 때는 해당 어근을 형용사로 만들어 주는 기능이 주가 되고 그 의미 기능은 두드러지지 않는 듯하다. 이런 점에서 접미사 '-하-'와 비슷한데, 실제로 '-스럽-'과 '-하-'가 같은 어기에 붙은 '깜찍하다/깜찍스럽다, 죄송하다/죄송스럽다, 먹음직하다/먹음직스럽다'의 예들에서 그 의미 차이는 거의 느껴지지 않는다.

'-스럽-'이 명사에 붙었을 때는 대체로 '어기의 속성에 가깝게 근접했음'을 의미하는 형용사를 만든다. 특히 '-스럽-'이 [+사람]인 명사에 붙을 때는 대체로 '-답-'도 붙을 수 있는데, 이 때 '-스럽-'의 의미는 '-답-'과 매우 비슷하면서 미묘한 차이가 있다. 아래 예문을 보면 '어른스럽다'는 어른이 아닌 사람이 어른의 속성을 가진 것을 가리키고, '어른답다'는 어른이 어른으로서의 속성을 가진 것을 나타낸다.

(2) a. 그 {아이는, *어른은} 어른스럽다.

b. 그 {*아이는, 어른은} 어른답다.

'-답-'과 '-롭-'

'-답-'과 '-롭-'은 중세국어에서 이형태였던 '-ᄃᆞᆸ/ᄅᆞᆸ-'에서 변한 접미사로서 현대국어에서는 이형태 관계가 없어지고 별개의 형태소가 되었다. '-답-'과 '-롭-'은 그 의미가 대체로 '어기의 속성이 풍부히 있음' 정도로 결국 '-스럽-'과도 상당히 비슷한 의미를 나타낸다.

먼저 '-롭-'의 용례를 보면 (3a)는 명사에, (3b)는 어근에 결합된 예인데, (3c)의 경우도 어근에 결합된 예라고 하겠으나 공시적으로 그 분석 여부가 문제될 수도 있다. 이들 예를 보면 '보배롭다'를 제외하고는 그 어기가 모두 추상명사이거나 추상성을 띠는 어근이라는 점에서 '꽃답다, 바보스럽다'처럼 구체명사에도 제약 없이 접미되는 '-답-', '-스럽-'과 다른 특징을 볼 수 있다. 또 '-롭-'은 모음으로 끝나는 어기와만 결합할 수 있는데 이는 중세국어의 '-ᄅᆞᆸ-'의 성질을 그대로 유지하고 있는 것이다.

(3) a. 권태롭다, 명예롭다, 보배롭다, 슬기롭다, 신비롭다, 예사롭다, 의롭다, 평화롭다, 해롭다, 홍미롭다
b. 가소롭다, 감미롭다, 공교롭다, 다채롭다, 단조롭다, 순조롭다, 이롭다
c. 까다롭다, 날카롭다, 애처롭다; 새롭다, 외롭다, 괴롭다

'-답-'은 '-ᄃᆞᆸ-'에서 변한 것이지만 그 기능이 많이 달라졌다. 무엇보다 현대국어의 '-답-'은 예문 (4)의 '-답1-'과 예문 (5)의 '-답2-'로 그 기능이 크게 둘로 갈려 있다.

(4) 꽃답다, 정답다, 아름답다
(5) 군인답다, 부자답다, 신사답다, 어른답다, 여자답다

두 개의 '-답-'이 보이는 차이점은 다음과 같다. 첫째, '-답1-'은 자음으로 끝나는 어기에만 결합되지만 '-답2-'는 그러한 제약이 없다. 둘째, '-답1-'은 명사나 어근에 붙는데 '-답2-'는 명사에만 결합된다. 셋째, 다음 예문 (6)에서 보듯 '-답1-' 파생어는 관형어의 수식을 받을 수 없지만 '-답2-'는 관형어의 수식을 받은 명사구에도 붙을 수 있다. 이 때문에 '-답2-'는 과연 파생접미사인가 하는 논란의 대상이 되기도 한다. 실제로 '-답2-'가 결합된 '너답다, 철수답다, 챔피언답다, 5학년 3반답다' 등은 사전에 새 단어로 오르지 못한다. 그만큼 '-답2-'는 파생의 기능이 약하고 오히려 굴절적인 기능을 하는, 말하자면 굴절형 접미사라고 할 수 있다.

(6) a. *심청이는 아름다운 꽃다운 나이에 죽었다.
b. 홍길동은 의리의 사나이다운 삶을 살았다.

5.4.4. -거리-, -대-

'-거리-'와 '-대-'는 동사를 파생시키는 접미사 중 가장 생산적인 것들인데, 그 분포와 기능이 거의 같아서 이들이 결합된 두 짝은 흔히 동의어로 처리되어 왔다. 가령 사전에서 '투덜대다'를 찾으면 '투덜거리다'를 찾아 보라고 처리되어 있다. (한때는 '-대다'형은 '-거리다'형의 비표준형으로 처리되기도 하였다.) 사실 '-거리-'와 '-대-'는 동작성을 지니는 어기와 결합하여 '어기의 동작을 지속 반복적으로 하다'라는 의미도 공통적으로 가지고 있다.

실상 이들은 거의 모든 경우에 서로 기계적으로 대체되는 관계에 있다. 아래 (1)에서 그 생생한 실례를 볼 수 있다. (1a)는 의태어 어근, (1b)는 동사 어간, 또는 동사 어간에 접미사가 결합되어 형성된 어근, (1c)는 의성어 어근, (1d)는 반복형 의성의태어에 각각 '-거리-'와 '-대-'가 접미된 예들이다. (1a—c)는 모두 어기의 반복형에도 '-거리-'와 '-대-'가 붙을 수 있으며, (1d)와 같은 1음절 반복형은 반드시 반복형에만 '-거리-'와 '-대-'가 접미할 수 있고 단독형에는 접미할 수 없는 것이 특징이다. 이처럼 '-거리-'와 '-대-'는 거의 그 분포가 일치하여 서로 넘나드는 관계를 유지한다.

그러나 예외도 없지 않다. (2)는 소수이지만 '-거리-'와 '-대-'의 분포가 일치하지 않는 예들로서 '-대-'만이 허용되고 '-거리-'는 불가능하다. '-거리-'는 1음절 어기에는 전혀 접미하지 못하며, 모음으로 끝나는 어기에도 거의 결합되지 않는 점에서 '-대-'와 구별된다.

(1) a. 꿈지럭거리다/대다, 북적거리다/대다, 비틀거리다/대다, 실룩거리다/대다, 훌쩍거리다/대다
 b. 더듬거리다/대다, 흔들거리다/대다, 긁적거리다/대다, 기웃거리다/대다, 만지작거리다/대다, 머뭇거리다/대다
 c. 달그락거리다/대다, 덜컹거리다/대다, 삐걱거리다/대다, 소근거리다/대다, 중얼거리다/대다, 투덜거리다/대다
 d. 끙끙거리다/대다, 동동거리다/대다, 떵떵거리다/대다, 빌빌거리다/대다, 실실거리다/ 대다, 쿵쿵거리다/대다, 킁킁거리다/대다

(2) *나거리다-나대다, *비비거리다-비비대다, *뻗거리다-뻗대다, *어리거리다-어리대다, *으르거리다-으르대다, *으스거리다-으스대다

5.4.5. -的

'-的'은 중국어로서의 용법과 관계없이 국어에서 대단한 생산성을 가지고 단어 형성에 활발하게 참여하고 있는 요소로서, 국어 조어법에서 분명한 위치를 차지하고 있는 문법단위이다. '-的'은 주로 한자어에 붙어 파생어를 만드는데, '-的' 파생어는 통사적으로 명사를 수식하는 관형어의 기능과, 조사 '-으로'와 '-이다'가 붙어서 부사어 또는 서술어의 기능을 갖는다. 또 부정문도 명사와 같이 '~이 아니다'의 형식을 취한다.

(1) 국가의 위기에 대한 적극적 대처가 필요하다.
(2) 국가의 위기에 적극적으로 대처해야 한다.
(3) 국가의 위기에 대한 대처가 매우 적극적이다.
(4) 국가의 위기에 대한 대처가 적극적이 아니다.

앞의 예문 (1)—(4)에서 보듯이 '-的' 파생어는 어휘범주상으로 명사이다. 그러나 의미상으로는 형용사에 가까워서 형용사 형성 파생 접미사인 '-답-, -되/롭-, -스럽-, -하-'와 자주 비교된다. 다음 예들에서 볼 수 있듯이, 어떤 어기에 이미 '-답-, -되/롭-, -스럽-, -하-'가 결합된 형용사가 하나라도 존재하고 있을 때는 '-的' 파생이 沮止(blocking)된다. '-답-, -되/롭-, -스럽-, -하-' 상호간에는 같은 어기를 취할 수도 있고 아닐 수도 있지만 '-的'은 이들 중 어느것과도 배타적인 분포를 보이는 것이다.

(5)	*촌되다	촌스럽다	*村的
	*귀족되다	*귀족스럽다	貴族的

*도시롭다	*도시스럽다	都市的
*흉물되다	흉물스럽다	*凶物的
*친아랍되다	*친아랍스럽다	親아랍的
*고집되다	고집스럽다	*固執的
복되다	복스럽다	*福的
외람되다	*외람스럽다	*猥濫的
한가하다	한가롭다	*閑暇的
고독하다	*고독스럽다	*孤獨的
*정하다	정답다	*情的

'-的' 파생어는 명사와 같은 겉모습을 보이고 있지만 그 내용으로는 형용사인 매우 특이한 파생어라고 할 수 있다. 이같은 형용사적인 성격 때문에 '-的'이 형용사 형성 파생접미사들과 저지 관계를 갖는 것으로 보인다. '매우 적극적이다'처럼 부사 '매우'의 꾸밈을 받는 일이나 '적극적이지 않다(*않는다)'나 '적극적이지 못하다(*못한다)'와 같은 부정 형식도 형용사적인 성격을 잘 드러내 준다.

다음 (6)의 예들에서 볼 수 있는 '-的'의 의미는 '-답-, -되/롭-, -스럽-, -하-'와 같은 "어기의 속성이 풍부히 있음"이다. 이에 비해 (7)의 예들에서는 "어기의 속성이 풍부히 있음"이라는 의미가 잘 드러나지 않아서 앞의 명사를 관형어로 만들어 주는 조사 '의'와 비슷한 기능을 하는 것으로 보인다.

(6) 귀족적 풍모, 신사적 태도, 도시적 세련미, 정신적 세계, 여성적 용모, 혁명적 사태, 정열적 포옹, 목가적 풍경
(7) 국가적 목표, 자연적 혜택, 數的 우세, 美的 감각, 구체적 방법, 추상적 사고, 정치적 목적, 관용적 용법

참고 김정은(1995), 김창섭(1983, 1996), 송철의(1992), 심재기(1982), 안효경(1994), 이석주(1989), 이익섭(1965), 조남호(1988), 채완(1979, 1986), Scalise(1984)

제 6 장 품 사

6.1. 품사 분류의 기준

품사와 문법적 성질

品詞(parts of speech)란 단어를 그 문법적 성질에 따라 나눈 類(class)를 말한다. 즉 문법적 성질에 의하여 나눈 語類(word-class) 하나하나가 곧 품사다. 단어는 기준을 무엇으로 삼느냐에 따라 1음절어, 2음절어 등으로 나눌 수도 있고, 외래어냐 고유어냐로 나눌 수도 있고, 단일어냐 복합어냐 등으로 나눌 수도 있다. 품사도 그처럼 단어를 대상으로 하는 분류 체계의 하나인데 그 분류의 기준이 이때는 문법적 성질인 것이다. 여기서 문법적 성질이란 형태(form) 및 기능(function)에서의 성질을 말한다. 더 풀어 말한다면 형태면에서의 성질이란 어미에 의한 굴절의 양식을 뜻하며, 기능면에서의 성질이란 한 단어가 문장 안에서 다른 단어와 가지는 문법적 관계를 뜻한다.

따라서 품사를 분류하는 절차는 우선 한 언어에 쓰이는 단어를 전부 놓고 굴절을 하는, 즉 어미변화를 하는 單語群과 그렇지 않은 單語群으로 나누는 일에서부터 시작된다. 그 다음 어미변화를 하는 단어들은 먼저 그 어미변화의 양식에 따라 다시 나누어 가되 그 기능적인 성질도 함께 분류의 기준으로 삼으며, 어미변화를 하지 않는 단어들은 순전히 그 기능에 의하여 품사를 나누어 가야 한다.

간단한 예로 가령 '책, 그것, 다섯, 읽다, 뛰다, 작다, 빠르다, 어느, 무슨, 새, 잘, 이미, 훨씬' 등의 단어들의 품사를 가려내려면, 우선 '읽다, 뛰다, 작다, 빠르다'처럼 '-다, -ㄴ다/는다, -고, -면/으면, -겠-, -았/었-' 등의 활용어미로 어미변화를 하는 一群을 따로 떼어내야 할 것이다. '책, 그것, 다섯' 등은 위와 같은 활용어미를 취하지는 못하지만 '이/가, 을/를, 에서, 로/으로, 와/과'와 같은 조사를 취하므로(이는 엄격한 의미로는 어미변화가 아닐 것이나 이 경우에는 일종의 準屈折, 즉 準語尾變化로 보는 것이 편리하다) 다른 한 묶음으로 가려내야 할 것이다. 그리고 그 나머지들은 '*어느고, *어느를, *훨씬으면, *훨씬을, *훨씬에서'처럼 활용어미나 조사 어느것도 취할 수 없는 것들이므로 따로 떼어내야 할 것이다.

여기서 '읽다'류를 動詞, '책'류를 名詞로 분류할 한 근거가 일단 얻어지는데, 동사에서 '작다, 빠르다' 등을 形容詞로 분리해 내는 일도 흔히 있다. 이는 '읽다, 뛰다' 등은 '읽어라, 읽자, 뛰어라, 뛰자'와 같은 활용형이 가능한 데 반하여 '작다, 빠르다'는 '*작아라, *작자, *빨라라, *빠르자'처럼 '-어라, -자' 등에 의한 명령법, 청유법의 형성이 불가능한 차이를 우선 그 근거로 삼는다. 또 '읽다, 뛰다'는 '읽는다, 뛴다', '읽는, 뛰는'처럼 '-는다/-ㄴ다' 및 '-는'을 취하는 자리에서 이들은 '작다(*작는다), 빠르다(*빠른다)' '작은(*작는), 빠른(*빠르는)'처럼 '-다'와 '-은/-ㄴ'을 취하는 차이 등에서도 결정적인 근거가 확보된다. 물론 '읽는구나, 읽는군요, 읽느냐, 뛰는구나, 뛰는군요, 뛰느냐'와 '작구나, 작군요, 작으냐, 빠르구나, 빠르군요, 빠르냐'에서 '-는/느-'를 취하느냐 않느냐로 차이를 보이는 것도 중요한 근거의 하나다. 그러나 이러한 차이보다는 그 공통점이 더 많은 것을 근거로 하여 형용사도 동사에 포함시키고, 그 하위 분류에서 狀態動詞와 動作動詞로 나누는 방식도 가능하다. 명사에서도 代名詞나 數詞를 분리해 내는 일이 종종 있으나 적어도 조사를 취하는 방식에서는 그 근거가 찾아지지 않는다.

명사와 동사는 위와 같은 형태상의 차이 외에 통사적인 기능에서도 뚜렷한 차이를 보인다. 명사는 한 문장의 주어, 목적어 노릇을 하며, 동사는 그런 기능을 못하고 대신 서술어 노릇을 하는 것이 우선 큰 차이다. 그리고 명사는 '어느 책, 유익한 책'에서처럼 문장 안에서 관형사나 관형형과 관계를 맺는데, 동사는 '잘 읽었다, 유익하게 읽었다'에서처럼 부사나 부사형과 관계를 맺는다. 그러니까 조사의 결합을 일종의 굴절로 보지 않아도 명사는 통사적 특징만으로도 충분히 한 품사로서의 독립성을 확보하고 있는 셈이다. 동사와 형용사는 통사적 기능에서도 '매우 빠르다(*매우 읽었다), 가장 작다(*가장 뛴다)'와 '잘 뛴다(*잘 빠르다), 자주 읽는다(*자주 작다)'에서 보듯 부사를 취함에 있어 얼마간의 차이를 보인다. 대명사나 수사는 이 통사적 기능에서도 명사와 구별되어 독립된 품사로 분리될 근거가 이들에서처럼 손쉽게 손에 잡히지는 않는다.

어미나 조사를 취하지 않는 단어, 즉 비굴절 단어(uninflected word)들은 그 통사적 기능에 차이가 있는가 없는가를 검증해 보아야 하는데, '어느, 무슨, 새'류와 '잘, 이미, 훨씬'류는 차이가 있음이 드러난다. 즉 앞엣것들은 '어느 책, 무슨 이유, 새 가방'처럼 문장 안에서 명사와 관계를 맺으며, 뒤엣것은 '잘 읽었다, 이미 틀렸다, 훨씬 빠르다'처럼 동사나 형용사와 관계를 맺는 것이 그것이다. 여기서 앞엣것을 冠形詞, 뒤엣것을 副詞로 분류할 근거를 얻게 된다. '애, 응, 자, 아차, 어머나' 등은 感歎詞라 하여 독립된 품사로 분립시키는데, 이들은 어미나 조사를 취하지 않는다는 점에서는 관형사나 부사와 공통점을 가지지만, 문장의 어느 한 단어와 관계를 맺지 않는다는 점에서 그들과 구분된다. "애, 너 이리 좀 오너라"에서 '애'는 후속되는 문장 전체와 관계를 맺는다면 모를까 그 어느 한 단어와 관계를 맺지는 않는다. "응, 나도 가겠어"나 "아차, 내 정신 좀 봐"에서의 '응'이나 '아차'도 마찬가지인데 그만큼 감탄사는 다른 단어와의 관계에서 어떤 다른 품사보다도 疏遠하고 독립적이라 할 수 있고, 그것이 감탄사로 하여금 독립된 한 품사가 되게 하는 특징이라 할 수 있다.

품사와 의미

품사를 정의할 때 '사물의 이름을 나타내는 말' 또는 '사물의 동작을 나타내는 말', '사물의 상태를 나타내는 말' 등으로 하는 일이 많다. 그런데 이것은 명백히 意味(meaning)에 기준을 두고 하는 정의다. 같은 품사는 의미면에서도 공통점이 많아 이러한 방면에서 품사의 특성을 파악하는 일은 그 나름의 명분도 있고 도움을 주는 것도 사실이다.

그러나 품사란 단어들이 문장 안에서 일으키는 문법적인 행위의 양상에 따라 나누는 形式類(form class)라는 점에서 보면 의미에 의존하는 정의는 역시 품사의 본질과 거리가 멀다고 할 수밖에 없다. 또 실제로 다음 예문에서 보면 '※'와 '#어라'는 그 의미가 전혀 무엇인지도 모르면서 각각 명사와 동사라는 것을 알 수 있는데, 이는 '※'가 '저'라는 관형사의 꾸밈을 받고 '를'이라는 조사를 취하고 있다는, 그리고 '#어라'는 '빨리'라는 부사의 꾸밈을 받고 '-어라'라는 명령형 어미를 취하고 있다는, 형태와 통사 기능에서의 특징에 의거하는 것이다.

(1) 저 ※를 좀 보아라.
(2) 빨리 #어라.

예문 (1), (2)와 같은 극단적인 예가 아니더라도 의미가 품사 분류에 도움이 되지 않는 예는 허다히 있다. '아는 바가 없다'나 '어쩔 줄 모른다'의 '바'나 '줄'도 '사물의 이름을 나타내는'이라고 하는 의미를 기준으로 삼는다면 도저히 명사라는 것을 도출해 낼 수 없을 것이다. '움직임, 활동' 정도도 사물의 명칭인지 아닌지 판단하기 어렵고, '틀리다, 맞다'가 사물의 동작인지 상태인지도 판단하기 쉽지 않다. 품사 분류에서 의미는 보조적인 기준이 될 수는 있어도 결정적 기준은 될 수 없으며, 될 수 없을 뿐 아니라 오히려 멀리하고 경계해야 할 대상이기도 하다.

品詞論은 전통문법에서 큰 비중을 가지다가 구조언어학 및 변형문법에서는 표면에 별로 드러나지 않게 되었다. 그러나 단어가 문장에서 일으키는 여러 가지 문법적 행위가 결국 그 단어의 품사에 따라 결정되는 일이 대부분이므로 품사는 어느 문법 체계에서나 가장 기본적인 문법범주임에 틀림없다. 같은 품사 안에서도 自動詞니 他動詞니, 또 動作動詞니 情感動詞니 하는 여러 가지 하위 분류가 유용한데 이 경우에도 품사라는 문법범주가 늘 중요한 基點이 된다.

6.2. 국어의 품사 체계

앞 절에서 국어 품사가 어떤 문법적 성질에 의해 한 품사로서의 독립성을 인정받는지에 대해 논의하면서 국어에 어떠어떠한 품사가 있는지도 대개 윤곽이 드러났다. 이제 이를 바탕으로 국어의 품사 분류에 있어 쟁점이 되어 온 부분들을 좀 더 세부적으로 논의해 보기로 한다.

체 언

명사, 대명사, 수사를 묶어 흔히 體言이라 불러 왔다. 세 품사를 한데 묶어 기술하고자 할 때의 편의를 위해 창안한 용어일 것이다. 실제로 체언이라는 용어는 유용할 때가 많고, 그만큼 명사, 대명사, 수사는 공통점이 많다.

문제는 이처럼 공통점이 많은 세 품사를 각각 별개의 품사로 독립시킬 것인가, 그럴 만한 근거가 있는가 하는 점이다. 앞에서 형태적인 특성에서나 통사적인 특성에서나 대명사를 명사에서, 또는 수사를 명사에서 독립시킬 근거를 찾기 어려움을 지적한 바 있다. 그렇다면 체언이라는 용어를 빌릴 것도 없이 명사를 체언의 개념으로 쓰면, 즉 명사를 좁은 의미의 명사는 물론 대명사와 수사까지 포괄하는 개념으로 쓰면 되지 않느냐는 입론이 성립된다. 실제로 명사를 그런 넓은 의미로 쓰는 일이 많이 있기도 하다. 그런데 문제는 그리 단순하지 않다. 다른 한편에서 대명사, 수사가 여전히 유용하게 품사 이름으로 쓰이고 있기 때문이다.

길은 두 가지가 있을 수 있을 것이다. 하나는 이들을 별개 품사로 독립시키는 일이요, 다른 하나는 명사를 本名詞, 代名詞, 數詞로 나누어 이들을 넓은 의미의 명사의 하위류로 분류하는 길이다. 이것은 대명사, 수사가 지니는 독자성의 크기와 성격에 달려 있을 것이다. 비록 앞에서 품사 분류의 기준으로 삼을 만한 큰 문법적 성질에서는 이들을 명사와 대등한 별개 품사로 분립시킬 만한 특징이 간명하게는 찾아지지 않음을 논한 바 있지만 지금까지 미처 찾아내지 못한 특징들이 더 찾아질 수도 있을 것이다. 아니면 그간 이 품사와 관련된 논의들에서 지적되어 온 이들 고유의 특징만으로도(이에 대해서는 후술한다), 마치 큰 공통점에도 불구하고 몇 가지 작은 차이로 동사와 형용사를 가르듯이 이들을 각각 별개 품사로 독립시킬 수 있을 것이다. 이 책에서는 대체로 명사, 대명사, 수사를 나누어 기술하고자 한다. 그러나 때로는 명사를 체언의 개념으로 쓰는 일도 있다. 가령 명사구라고 할 때는 흔히 그러듯 대명사나 수사까지 포괄하는 개념으로 쓰게 되는 것이다.

수 사

체언 중 명사와 대명사는 장을 달리하여 자세히 다루겠으므로 여기에서는 수사에는 대해서만 간략히 몇 가지 밝혀 두고자 한다. 數詞는 사물의 수량이나 순서를 가리키는 단어들로 이루어진 품사다. 아래 예문 (1)에서 수량을, (2)에서 순서를 나타내는 예들을 볼 수 있다. 이처럼 수량을 나타내는 수사를 量數詞, 또는 基本數詞, 순서를 나타내는 수사를 序數詞라 한다. 수사는 (1a), (2a)의 경우와 같이 명사처럼 조사나 계사가 붙어서 문장의 성분이 되기도 하고, (1b), (2b)의 경우와 같이 명사를 수식하는 관형어의 구실을 하기도 한다.

(1) a. 사과 하나에 얼마예요?
b. 둘에 천 원입니다.
(2) a. 얘가 우리 첫째랍니다.
b. 그리고 얘는 둘째 아이예요.

양수사와 서수사가 모두 고유어 계열과 한자어 계열의 두 가지가 있다. 앞에 든 예들에서 '하나, 둘, 셋' 따위는 고유어 계열이고, '一, 二, 三' 따위는 한자어 계열이다. 서수사로서 '첫째, 둘째, 셋째'는 고유어, '第一, 第二, 第三' 따위는 한자어 계열이다.

수에는 가장 큰 수가 없지만, 가장 큰 수를 가리키는 수사 어휘는 어느 언어에나 한정되어 있다. 국어에서 고유어로 셀 수 있는 가장 큰 수는 '아흔아홉'으로서 그보다 더 큰 수, 즉 '百' 이상은 한자어와 고유어를 섞어서 세어야 한다. 중세국어에는 '온(百), 즈믄(千)'이라는 수사가 문헌상으로 나타나지만 현대국어에서는 모두 한자어로 대치되었다. 대체로 수 단위가 낮을 때는 고유어 수사가 쓰이지만 수가 커질수록 한자어가 선호되는 것도 하나의 특징이라 할 만하다. 예를 들면, '학생 아홉 명' 쪽이 '학생 구 명'보다 자연스럽지만 '학생 팔백 예순 일곱 명'보다는 '학생 팔백육십칠 명'이 더 낫다. 수학적 계산에서는 한자어가 쓰이는 것이 일반적이지만, 분류사가 없이 사람이나 사물을 셀 때는 고유어만이 쓰인다.

(3) a. 15 × 9=135
b. 십오 곱하기 구는 백삼십오
c. ?열 다섯 곱하기 아홉은 백 서른 다섯
(4) a. 쥐 일곱이면 고양이 하나를 이길 수 있을까?
b. *쥐 칠이면 고양이 일을 이길 수 있을까?

(5) a. 잘 키운 딸 하나 열 아들 안 부럽다.
b. *잘 키운 딸 일 십 아들 안 부럽다.

'열/십(十)' 이상의 수는 덧셈과 곱셈 방식으로 표현된다. 예문 (6a)는 덧셈, (6b)는 덧셈과 곱셈의 혼용, (6c)는 곱셈 방식으로 큰 수가 표현되는 것을 보여준다.

(6) a. 열 하나(열 + 하나), 십칠(10+7), 아흔아홉(아흔 + 아홉)
b. 이십오(2 × 10+5), 삼십육(3 × 10+6), 삼백육십오(3 × 100+6 × 10+5)
c. 이팔(2 × 8)청춘, 세 이레(3 × 7), 삼칠(3 × 7)일

수사는 통사적 기능으로 보아서는 명사와 비슷하고, 사물의 실질적 개념을 나타내지 못하고 어떤 명사의 수량을 나타낸다는 점에서는 대명사와 비슷하다. 예를 들면 '하나'라고 할 때 그것이 사람인지, 책인지, 연필인지가 상황에 따라 결정된다는 점에서 '나'라는 대명사가 상황에 따라 누구라도 가리킬 수 있는 것과 비슷하다. 수사는 관형어의 꾸밈을 자유롭게 받지 못한다는 점에서도 대명사와 비슷하다. 그만큼 수사는 독립된 품사로서의 독자성이 약한 면이 있다. 그러나 위에서 살펴본 것과 같은 수사만의 독자적 특성도 있고, 또 기술상 편리한 면도 있기 때문에 이 책에서는 수사를 일단 독립된 품사로 다루기로 한다.

용 언

체언과 짝이 되는 용어가 用言이다. 흔히 동사와 형용사를 묶어 부르는 이름으로 쓰이고 있다. 체언 때와 마찬가지로 동사와 형용사가 그만큼 공통점이 많다는 뜻인 것이다. 그래서 이미 앞(6.1.)에서 지

적한 바 있듯이 동사를 용언의 개념으로 쓰면서 형용사를 狀態動詞라 하여, 좁은 의미의 동사를 動作動詞로 분류하는 일도 있다. 그러나 이 책에서는 동사와 형용사는 별개의 품사로 다루며, 동사를 형용사까지 포괄하는 넓은 의미로는 쓰지 않으려 한다.

용언의 범주에 동사와 형용사 이외에 存在詞를 넣는 수도 있다. '있다'와 '없다'가 거의 총목록일 정도로 해당 단어가 적어 한 품사로 존립시키기는 빈약한데 그 형태적 특징이 특이하다 하여 독립 품사로 설정하는 것이다. 앞에서 우리는 동사와 형용사를 두 가지 형태적 특징으로 구분하였다. 그런데 '있다, 없다'는 그 특징 중 한 가지는 동사와 같고 다른 한 가지는 형용사와 같은 특징을 보인다. 즉 '있은, 없은'으로 활용하지 않고 '있는, 없는'으로 활용하는 것은 동사의 방식이며, '있는다, 없는다' 대신 '있다, 없다'로 활용하는 방식은 형용사의 방식이다. 따라서 이 현상만을 기준으로 삼는다면 '있다, 없다'는 동사도 아니요 형용사도 아니다. 존재사라는 품사가 그래서 탄생한 것이다.

(7) a. 나에게도 다 생각이 있다(*있는다).
    b. 나는 아무 생각도 없다(*없는다).
(8) a. 詩가 있는(*있은) 校庭
    b. 詩가 없는(*없은) 세상

그러나 앞에서도 지적하였듯이 겨우 단어 두 개로 한 품사를 설정하는 것은 우선 수의 균형에서 불안감을 준다. 그리고 동사와 형용사의 판별 기준으로는 앞의 두 특징 이외에 명령형 및 청유형의 성립 여부도 있었다. '있다, 없다'는 이 기준의 점검도 받아야 하는데 그 결과는 존재사의 성립을 어렵게 만든다. 우선 '없다'의 경우 '능력이 없어라'나 '능력이 없자'가 성립되지 않는다. 형용사의 특징을 그대로 보여 주고 있다. '없는'과 같은 특수한 활용형은 이 경우 별로 큰 의미를 가지기 어려울 것이다.

'있다'의 경우는 사정이 좀더 복잡하다. '없다'와 한 묶음이 될 '있다'가 있고 그렇지 못한 '있다'가 있는 것이다. '능력이 있어라'나 '능력이 있자'가 역시 성립되지 않는데 이때의 '있다'는 '없다'와 짝이 되는 '있다'로서 형용사에 넣어 좋을 것이다. 그런데 명령형과 청유형이 가능한 '있다'가 있다. 말하자면 동사로서의 '있다'가 있는 것이다.

(9) a. 너 여기서 꼼짝 말고 한 시간만 있어.
  b. 여기서 잠시만 더 있자/있읍시다.

두 가지 '있다'의 구별은 이들의 존대형에서 더욱 뚜렷이 드러난다. 동사 '있다'의 존대형은 '계시다'인데 '계시다'는 '계시는, 계시는구나, 계시는군요, 계신다'처럼 완벽한 동사쪽 활용형을 취하고 '계십시오, 계세요'와 같은 명령형도 자유롭게 쓰인다. ('계시자, 계시세, 계십시다'와 같은 청유형은 안 쓰이는데 그것은 화자가 자기 스스로까지 높이는 형식을 쓰기 거북해서일 것이다.) 반면 형용사 '있다'의 존대형은 '있으시다'로서 '없으시다'에서도 마찬가지인데 '있으신다, 있으시는구나, 있으시는군요'나 '있으십시오, 있으시자' 등이 허락되지 않는다.

(10) a. 저 집에는 할머니만 두 분 계신다(*계시다).
  b. 마침 댁에 계시는군요(*계시군요).
  c. 할머니는 여기에 계십시오.
(11) a. 할머니는 차비가 있으시군요(*있으시는군요).

b. *할머니는 차비가 있으십시오.

두 '있다'의 구별은 이들의 부정형에서도 뚜렷이 구별된다. 형용사 '있다, 있으시다'의 부정형은 '없다, 없으시다'인 반면 동사 '있다'의 부정형은 '안 있다, 안 계시다'나 '있지 않다, 계시지 않는다'여서 전혀 별세계를 이루고 있는 것이다. '말다'와 어울릴 수 있는 것도 물론 동사 '있다'뿐이다.

(12) a. 나는 차비가 {있다/없다/*안 있다}.
b. 할머니는 차비가 {있으시군요/없으시군요/*안 계시는군요}.
(13) a. 여기에 {안 있고/있지 않고/*없고} 어디에 갔니?
b. 요즈음엔 여기 {안 계시고/계시지 않고/*없으시고} 딸네 집에 가 계세요.

이상에서 보면 '있다'와 '없다'는 그리 단순히 묶이는 관계에 있지 않다. 그리고 비록 묶인다 해도 이들을 따로 떼어 한 품사로 삼는 일은 타당성이 약해 보인다. '없다'는 형용사요, '있다'는 두 품사를 겸하고 있어 형용사인 '있다1'과 동사인 '있다2'가 있다는 것이 우리의 결론이다.

계 사

용언의 한 종류로 指定詞가 설정되는 일도 있다. '이다'와 '아니다'가 그 총목록인데 '아니다'는 앞에서 이미 형용사에 넣었으므로 그렇게 되면 결국 '이다' 하나가 한 품사를 이루는 꼴이다. 존재사를 논의하는 자리에서도 말하였지만 이것은 우선 수의 균형에서 부자연스럽다.

그렇다면 '이다'는 무엇인가? 영어의 be 동사와 하는 일이 비슷한 것으로 인식하여 대개 繫辭(copula)로 부른다. 적어도 지정사처럼 한 품사를 대표하는 이름이 아니어서 무난한 이름이라 할 만하다. 다만 계사라 하면 용언의 어간을 떠올리게 되는데 '이다'의 '이'를 용언의 어간으로 볼 것인지의 문제는 그리 단순치 않다. 그러므로 계사는 '이다'의 성격이 그 어느쪽으로 해석되든 그것과 무관하게 편의상 부르는 이름인 셈이다.

'이다'는 敍述格助詞로 처리되는 수도 있다. 늘 명사에 결합되어 쓰이는 성질이 조사의 성질과 같아 조사이되 '사람이다, 사람이면, 사람이니, 사람인'처럼 활용하면서 명사로 하여금 서술어 노릇을 하게 한다고 해서 붙여진 이름이다. 그러나 명사와 다른 단어와의 관계가 아니라 명사와 어미를 결합시켜 주는 구실을 한다는 것은 아무래도 조사 본연의 모습이라고 하기 어렵다. 이 점에서 '이다'의 '이'가 적어도 조사는 아닐 것이다.

'이다'의 처리는 결국 '이'를 무엇으로 처리하느냐로 귀결된다. '이'는 분포상의 특징으로 보면 선어말어미와 상통하는 면이 있고, 그 기능을 보면 '사람답다'의 '-답-'과 마찬가지로 명사를 형용사로 바꾸는 파생접미사와 상통하는 바가 있다. 그러나 선행 요소가 용언 어간이 아니고 명사(어간이라는 용어를 쓴다면 명사 어간)라는 점에서 선어말어미라 하기도 어렵고, 파생접미사이기에는 어느 명사에나 결합한다는 분포상의 자유로움이 문제로 대두된다. 여기서는 어떤 결론을 내리기보다 후자 쪽 해석이 개연성이 더 크다는 언급만 해 두고자 한다. '-답-'만 하여도 파생의 영역을 넘는 넓은 분포를 보이고 파생접사에는 굴절 수준의 자유로운 분포를 누리는 것도 있어 '이'를 파생접사로 보는 일이 반드시 불가능하지만은 않을 것이다. 굴절성 파생접미사라고나 할까 명사에 자유롭게 결합하여 그 명사로 하여금 형용사, 또는 서술어 노릇을 하게 하는 요소가 곧 '이'라고 요약할 수 있을 것이다. 다만 여기에서는 계속 '계사'라는 이름으로 부르고자 한다.

관형사와 부사

冠形詞는 형태 변화를 하지 않으면서, 즉 격조사나 어미를 취하는 일 없이 뒤에 오는 명사나 명사구를 꾸며 주는 기능을 하는 품사다. 국어의 관형사는 그 수가 한정된 특이한 품사다. 명사나 동사, 형용사, 부사 따위는 그 목록이 몇 개인가 하는 질문을 하기 어렵지만 관형사는 대략 다음과 같이 그 목록을 제시할 수 있다.

(14) 이, 그, 저, 요, 고, 조, 갖은, 딴, 무슨, 다른, 몇, 別, 어느, 여느, 여러, 온, 온갖, 웬, 새, 헌, 옛, 맨, 各, 純, 全, 總, 한, 두, 세, 서, 석, 너, 네, 넉

관형사는 영어의 관사처럼 언제나 체언을 수식하는 자리에만 나타날 수 있으므로 다른 품사에 비해 자립성이 떨어지는 면이 있다. 국어는 근간 성분의 생략이 잘 일어나서 하나의 단어가 한 문장을 대신해서 쓰이기가 쉽지만 관형사의 경우에는 체언과 분리되어 홀로 쓰일 수가 없다. 관형사에는 어떤 조사도 붙을 수 없으며, 거의 모든 자립 형식에 붙을 수 있는 '-요'도 붙을 수 없다. 이 점은 같은 수식어인 부사와도 구별되는 점이다.

(15) a. 이 옷이 마음에 드니?
b. 별로/별로요/별로야/별로 안 들어/별로 마음에 안 들어.
c. 별로가 아니라 무척이야.

(16) a. 새 책을 샀니, 헌 책을 샀니?

b. *새/*새요/*새야/새 책/새 책을 샀어.
c. *새가 아니라 헌이야.

관형사는 용언의 활용형과 비슷하게 보이는 경우도 있다. 용언 어간에 어미 '-은'이 결합되어 관형어로 쓰일 경우에 그러하며, 그와 같은 용언의 활용형 중에는 관형사로 굳어진 것도 있기 때문이다. 예문 (17)을 보면 관형사 '다른'은 형용사 '다르다'에서 온 것이기는 하지만 활용을 하지 않고 그 형태가 고정되어 있으며 의미도 '다르다'에서 꽤 멀어졌다. 이에 비해 형용사 '다르다'는 여러가지로 활용하며 어떤 형태로 활용하더라도 본래의 의미와 달라지는 법이 없다.

(17) a. 이것은 마음에 안 드네요. 다른 것은 없어요? ("another") - 관형사
b. 배운 사람은 어디가 달라도 다른 법이다. 어디가 다르냐 하면 인사성부터가 다르다. ("different") - 형용사

관형사에 '다섯, 여섯, 일곱'이나 '오, 육, 칠' 등의 수사를 포함시키는 수가 있다. 즉 수사는 모두 다음 예문에서 보듯이 명사 앞에서 그 명사를 꾸미는 구실도 하므로 동시에 관형사이기도 하다는 것이다.

(18) a. 다섯 학교가 일차전을 통과하였다.
b. 일곱 마을이 몽땅 잿더미가 되었다.
c. 마음씨 고운 칠 공주가 한 자리에 모였다.

그러나 명사를 꾸미는 일은 다음 예문 (19)에서 보듯이 명사이면 다 가지고 있는 성질이어서 수사 고유의 특성이라 하기 어렵다. 관형사는 어느 경우나 어미변화를 하지 않는 단어라는 절대적 기준이 충

족되어야 하는데 수사는 그 요건을 충족시키지 않는다. 모든 수사가 동시에 관형사이기도 하다는 것은 분류체계로서도 이상하다고 하지 않을 수 없다.

(19) a. 겨울 풍경이 아름답다.
b. 책 주인이 누구니?
c. 커피 향기에 갑자기 옛 친구 얼굴이 그리워진다.

'的'이 결합된 명사를 동시에 관형사이기도 한 것으로 처리하는 수도 있다. 역시 명사를 꾸미는 구실을 하기 때문이라는 것이다.

(20) a. 적극적 태도
b. 소모적 논쟁
c. 知的 유희

그러나 이 경우 역시 명사의 일반적인 특성일 뿐이어서 이들만 특별히 관형사로 해석하는 것은 수긍하기 어렵다. 어미변화를 하지 않는 단어만 관형사가 될 수 있다는 점을 각별히 유의해 둘 필요가 있을 듯하다.

副詞는 형태변화를 하지 않으면서 뒤에 오는 말을 꾸며 주는 기능을 하는 품사라는 점에서는 관형사와 같다. 그러나 부사는 다음 예문에서 보듯이 그 수식 대상이 다양하다. (21)에서 보듯이 동사, 형용사와 같은 용언을 비롯하여 부사를 꾸미기도 하고 제한된 조건에서이지만 명사나 관형사를 수식하기도 한다. 또 (22)와 같이 문장 전체를 꾸미기도 한다. (21)과 같이 하나의 성분을 수식하는 부사를 成分副詞, (22)와 같이 문장전체를 수식하는 부사를 文章副詞라고 한다. 특히 (22c)와 같이 앞 문장의 의미를 뒷 문장에 이어주는 구실을 하는 부사를 接續副詞라 한다.

(21) a. 영희는 피아노를 매우 잘 친다.
b. 이제는 좀 편하게 살아야겠다.
c. 조금 더 새 것은 없어요?
d. 저 소나무 바로 옆에 서 있는 사람 아주 미인이지?
e. 맞아, 바로 그 연필이다.
f. 좀 자극적이었지만 꽤 환상적이었어.

(22) a. 과연 우주는 끝이 없을까?
b. 아무쪼록 다시는 그런 나쁜 꾀임에 빠지지 말아라.
c. 그리고 아무 말도 하지 않았다.

성분부사는 다시 程度副詞, 處所副詞, 樣態副詞 등으로 세분하는 수도 있다. 그러나 어떤 통사적인 특징에 의해서이기보다는 의미론적인 기준에 의한 것으로 기술의 편의를 위한 분류인 성격이 크다. 이 책에서는 이러한 하위류의 용어는 쓰지 않으려 한다.

조 사

품사 분류에 있어 문제가 되는 것 중의 하나는 助詞의 처리 문제다. 조사는 우선 단어인지 아닌지가 검토되어야 한다. 품사는 語類, 즉 단어의 유이기 때문에 단어가 아닌 것은 아예 품사 분류의 대상조차 될 수 없기 때문이다. 그런데 조사는 단어이기에는 다른 품사의 단어들에 비해 자립성이 너무 약하고, 또 다른 단어(명사)와의 사이에, 가령 '책을, 책에서'에서 '책'과 '을'이나 '책'과 '에서' 사이에 休止를 개입시키기도 어렵다. 이 점을 들어 조사, 특히 격조사를 용언의 어미와 같은 굴절접사로 보고 格語尾(case ending), 또는 曲用語尾(declensional ending)라 부르는 경우도 있다.

그러나 조사는 곡용어미로 보기에는 그 분리성이 강하여 '책만을, 책만이'처럼 다른 단어와의 사이에 일반 단어는 아니지만 어떤 다른 형태소가 들어가기도 한다. 또 뒤에서 논의하듯이 조사는 생략되는 일도 자주 있는데 곡용어미가 생략된다는 것은 자연스럽지 못하다. 조사는 말하자면 단어인 듯도 하고 아닌 듯도 한 바로 그 경계선에 있는 성질을 가지고 있는 셈이다. 여기에서는 일단 조사를 단어로 다루고자 한다. 조사를 단어로 보면 독립된 품사가 되어야 하는 것은 당연하다. 명사와의 관계에서 보이는 특징이 어떤 다른 품사와도 같지 않기 때문이다.

이상에서 그 독립성이 인정된 국어 품사를 정리하면 다음 아홉 품사가 될 것이다. 이들 중 필요한 몇몇 품사에 대해서는 장을 달리하면서 논의를 계속하기로 하겠다.

(23) 국어의 품사
명사, 대명사, 수사, 동사, 형용사, 관형사, 부사, 감탄사, 조사

참고 남기심 · 고영근(1993), 서정수(1996), 유길준(1909), 이남순(1982), 이익섭(1973), 이익섭 · 이상억 · 채완(1977, 1982, 1983)

제 7 장 명사와 대명사

7.1. 명사의 종류

명사는 뒤에 조사를 취하고 관형어의 꾸밈을 받는 특성을 가진 품사임을 앞에서 논한 바 있다. 아울러 대체로 사물의 명칭을 나타내 주는 품사임도 지적하였다. 명사는 이 세 가지 면에서 몇 종류로 나누어 볼 수 있다.

국어 명사는 먼저 自立名詞와 依存名詞로 나눌 수 있다. 자립명사는 전형적인 명사로서 이렇다 할 제약을 받지 않음에 반해서 의존명사는 반드시 관형어를 동반하고서라야 쓰일 수 있고, 뒤에서 따로 상술할 여러 가지 제약도 안고 있다. 普通名詞와 固有名詞로 나누는 일은 어느 언어에서나 볼 수 있다. 고유명사는 人名, 地名을 비롯하여 기관의 이름, 상표 이름 등 고유한 이름을 나타내는 명사로서 한 명사가 포괄하는 범위에서 그러한 제약이 없는 보통명사와 구별된다. 이 절에서는 고유명사에 대해서만 몇 가지 설명을 더 베풀고 의존명사에 대해서는 절을 달리하여 논하고자 한다. 그리고 대명사나 수사를 명사의 한 하위류로 나누는 일은 앞에서 밝힌 대로 여기서는 하지 않기로 한다.

고유명사는 흔히 "이름이 뭐지?"라는 질문에 대한 응답으로 나올

'이름'에 해당하는 명사라고 할 수 있다. "네 이름이 뭐더라?" "저 산 이름이 뭐였지?" "이 강 이름 아니?" "영호가 다니는 회사 이름이 뭐랬지?" 등이 모두 고유명사를 유도하는 질문들이다. '이름'은 '이름 없는 꽃'이나 '나무 이름 알아맞히기'에서처럼 보통명사의 명칭을 가리키기도 한다. 그러나 "그 개 이름 있니?"라든가 "그 개 이름이 뭐니?"라고 할 때에서도 드러나듯이 '이름'은 고유 명칭을 함축할 때가 일반적이며 품종을 물을 때는 대개 "이 나무가 무슨 나무니?"하는 식으로 묻게 된다. 따라서 고유명사는 어디에 이러한 이름을, 더 정확히 말한다면 고유한 이름을 붙이면 그 이름에 해당하는 명사라고 보아 크게 어긋남이 없다.

그러나 고유 명칭이 모두 고유명사는 아니다. '만남의 광장'이나 '맑은 강 살리기 협의회'처럼 구로 된 고유 명칭도 있기 때문이다. 고유명사는 고유 명칭 중 명사인 것, 즉 단어인 것만 해당하는 것이다.

고유명사는 해당 항목이 하나밖에 없기 때문에 관형어와의 어울림에 제약을 받는다. 특히 여러 개 중 하나를 선택하는 의미를 나타내는 '어느'나 '이, 그' 등이나 복수의 개념이 들어 있는 '여러, 많은, 모든' 등의 관형어와 잘 어울리지 못한다. 복수 접미사 '-들'과의 결합이나 수량사구의 구성에서도 물론 제약을 받는다.

(1) a. 어느 강이 더 유명한가요?
  b. *어느 한강이 유명하니?
  c. *산나물은 그 오대산에서 많이 난다.
(2) a. 여러 사람들이 보따리 다섯 개씩 들고 왔다.
  b. *여러 세종이/*세종들이/*세종 다섯이

그런데 이러한 제약이 풀리는 경우도 있다. 同名의 고유 명칭이 여럿 있을 때에 (3)과 같은 표현이 가능하며, 어느 한 사람으로 그 패거리를 함께 지칭할 때 (4)와 같은 표현이 쓰인다. 그리고 '이, 그'나 '우리'가 선택의 의미가 없이 쓰일 때는 (5)와 같은 표현도 쓰이는 수가 있다.

(3) a. 우리 반에도 지영이가 세 명 있어.
  b. 어느 지영이가 더 예쁘니?
(4) 영희들은 해마다 열심히 와.
(5) 이 김민호로 말할 것 같으면 일찍이 우리 청주가 배출한 대한의 아들로서….

7.2. 의존명사

의존성과 형식성

앞에서 밝힌 대로 의존명사는 반드시 그 앞에 관형어가 수식하고 있어야만 문장에 쓰일 수 있다. 단독으로 문장에 쓰일 수 없으므로 의존적이며, 그래서 의존명사라 부르는 것이다.

(1) a. 순희는 비싼 것만 좋아한다.
  b. *순희는 것만 좋아한다.
(2) a. 좀더 넓은 데로 가자.
  b. *데로 가자.
(3) a. 나는 다 잘될 줄 알았다.
  b. *나는 다 줄 알았다.

자립성 유무뿐 아니라 그 의미에 있어서도 자립명사와 의존명사는 다른 점이 있다. 의존명사는 실질적이고 개념적인 의미를 갖지 못하고 형식적이며 추상적인 의미를 갖는다. 의존명사를 形式名詞라고도 하는데 이는 이 특징에 근거한 것이다. 의미가 형식적이고 추상적이기 때문에 의존명사의 의미는 고정되어 있지 않고 문맥에 따라 주어진 자립명사의 의미에 대응되는 의미로 해석되는 경우가 대부분이다. 가령 (1a)의 '비싼 것'은 '비싼 물건' 정도이지만 가게에 가서 사과를 사면서 '더 비싼 것'이라고 하면 '더 비싼 사과'를 뜻할 것이며, 시험장에서 '아는 것도 못 썼다'고 할 때는 '아는 문제'의 의미일 것이다. 의존명사에 따라서는 앞의 (3)의 '줄'이나 다음 (4)의 '뿐, 것, 대로'에서 보듯 특별히 어떤 명사에 대응되는 의미라고 쉽게 그 의미를 끄집어내기 어려운 때도 있다.

(4) a. 다만 모르고 있을 뿐, 우리의 운명은 미리 정해져 있는 것일까?
b. 애초 계획한 대로 추진해 갑시다.

분포상의 제약

의존명사는 그 앞에 반드시 관형어가 와야 하므로 이미 문장의 첫머리에는 올 수 없다는 분포상의 제약을 안고 있는 셈이다. 그런데 의존명사는 여기에 더하여 대체로 국한된 격조사와만 결합하여 특정한 성분으로만 쓰이는 제약도 아울러 가지고 있다. 즉 심한 경우는 서술어로만 쓰이는 것이 있는가 하면 주어로만 쓰이기도 하고 어떤 것은 목적어로만 쓰여 문장의 어떤 자리에나 나타나지는 못한다. 예를 들면, 다음 (5a)에 보인 '것, 데' 따위는 별 제약이 없고, (5b)는 그보다 제약이 크기는 해도 여러 성분이 될 수 있지만, 나머지들은 (6)에 제시한 대로 괄호 속의 조사하고만 결합하여 큰 제약을 안고 있다. 그 중에서도 (6e, f)의 것들은 어떤 조사와도 결합하지 못하고 '하다, 싶다'와 직접 결합하여 파생어를 형성하는가 하면 (6g)의 것들은 조사를 취하지 않은 채 부사어 노릇을 하여 그 제약이 크다. (7)-(12)에서 실례도 아울러 보인다.

(5) a. 것, 데, 바, 이,
　b. 노릇, 때문
(6) a. 나위, 리, 수, 지, 법, 턱 (+ 주격조사 '이/가')
　b. 줄, 체, 척 (+ 대격조사 '을/를')
　c. 김, 바람, 통 (+ 처격조사 '에')
　d. 따름, 뿐, 나름 (+ 계사 '이다')
　e. 만, 뻔 (+'하다')
　f. 성, 듯 (+'싶다')
　g. 만큼, 대로, 양, 겸
(7) a. 나는 그 일을 잊을 수가 없다.
　b. 고향을 떠난 지가 몇 해던가.
　c. 그이는 남을 속여 본 적이 없답니다.
(8) a. 사랑이 슬픔인 줄을 진작 알았더라면.
　b. 영희는 쓸데없이 잘난 척을 해서 남의 반감을 사곤 했다.
(9) a. 우리는 모두 열심히 노력할 따름/뿐이다.
　b. 그러니까 우리는 이제 비긴 셈이다.
　c. 직장에서 잘 지내는 것은 제 할 나름이다.
(10) a. 떡 본 김에 제사 지낸다.
　b. 차가 너무 막히는 바람에 결혼식에 늦었다.
　c. 물가가 너무 오르는 통에 시장 가기가 겁난다.
(11) a. 하마터면 큰일날 뻔했구나.
　b. 아무래도 내가 실수를 한 성싶다.
　c. 아파트 단지에 살구꽃이 피니 고향에라도 온 듯하다.

(12) a. 나는 묵묵히 내 일을 할 뿐, 남의 일에 간섭하고 싶지는 않다.
b. 대학에 합격한 영희가 천하라도 얻은 양 기뻐하고 있다.
c. 그때 나는 될 대로 되라는 심정이었다.

의존명사는 그 앞에 오는 관형형의 어미도 자유롭게 취하지 못하는 경우가 많다. 아래 예문에서 볼 수 있듯이, 의존명사 '것, 줄' 등은 '-는, -ㄴ/은, -ㄹ/을, -던' 등을 자유롭게 취하는 편이지만, 대부분의 의존명사들은 제약을 많이 받는다.

(13) a. 나는 순희가 {주는, 준, 줄, 주던} 것이 무엇인지 궁금했다.
b. 온달은 평강공주가 {오는, 온, 올, 왔던} 줄을 몰랐다.
(14) a. 개가 이 일을 {알, *아는, *안, *알던} 턱이 없지.
b. 그분이 {잊을, *잊는,*잊은, *잊던} 리가 없지.
c. 하마터면 큰일 {날, *나는, *난, *나던} 뻔했다.
d. 저 사람이 우리 집에 {다니는, 다닌, *다닐, *다니던} 지가 얼마나 됐지요?

의존명사는 상위문의 서술어에도 제약이 있는 경우가 대부분이다. 의존명사 중 여러 가지 면에서 가장 제약이 없는 '것'은 역시 별다른 제약이 없으나, 예컨대 '나위, 리'는 '있다, 없다'만을, '줄'은 '알다, 모르다' 따위 인식동사만을 서술어로 취할 수 있다.

(15) a. 심 봉사는 더할 나위 없이 효성스러운 딸을 두었다.
b. 심청이가 효녀라는 사실이야 두말 할 나위가 있나?
(16) 심청이가 아버지의 말을 거역할 리가 {없다, 있나?}
(17) 심 봉사는 심청이가 팔려간 줄을 {알았다, 몰랐다}.

의존명사는 형식명사라는 이름 외에 不完全名詞라는 이름으로 불리기도 한다. 역시 단독으로 쓰이지 못하는 의존성을 근거로 붙인 이름이지만 이상에서 보면 의존명사는 그야말로 불완전한 명사라는 것을 알 수 있다. '달라, 다오'와 같이 활용이 제약되어 있는 동사를 不具動詞라 하는데 거기에 맞추어 不具名詞라고 불러도 좋을 만큼 의존명사는 그 종류에 따라서는 온전치 못한 특성을 고루고루 갖추고 있기도 하다. 의존성으로 한 묶음이 되었지만 내적으로 불완전성에서 여러 등급으로 갈린다는 것을 의존명사의 큰 특징으로 삼아야 할 것이다.

7.3. 분류사

의존명사와 분류사

의존명사 중에는 특별히 數量 單位 依存名詞라고 불러 앞에서 본 여느 의존명사와 구별하는 특별한 종류가 있다. 반드시 그 앞에 관형어가 와야 문장에 쓰일 수 있다는 점에서 앞에서 본 일반 의존명사와 한 부류로 묶이지만, 그 관형어가 이 경우에는 수량을 나타내는 수사(및 수관형사)라는 점에서, 그리고 그 의존명사들 역시 결국엔 모두 수량을 나타내는 단위라는 특성을 가지는 것들이라는 점에서 일반 의존명사와는 엄연히 구별되는 부류다.

수량 단위 의존명사는 分類詞(classifier)라고도 한다. 분류사란 셀 수 없는 대상을 셀 수 있게 단위화해 주거나, 셈의 대상이 되는 명사의 의미론적 특성을 명시해 주는 기능을 하는 단어를 일컫는데 국어의 수량 단위 의존명사는 수량의 단위를 나타내 주면서도 한편으로는 셈의 대상이 되는 명사의 의미론적 자질을 표시해 주기 때문이다. 가령 다음 예문 (1a)의 '마리'는 그 앞의 명사가 식물이나 광물이 아니요 사람도 아닌 동물이라는 것을 알려 주는 기능도 있으며, (1b)나 (1c)에는 그 앞에 명사가 나타나 있지 않아도 '권'은 이 단위의 대상이 책이라는 것을 나타내 주며, '척'은 배 종류를 얘기하고 있음을 알려 준다.

(1) a. 새 한 마리가 외로이 앉아 있다.
b. 한 권에 얼마지요?
c. 세 척밖에 안 보이는데요.

그러나 분류사는 반드시 수량 단위 의존명사와 일치하는 개념은 아니다. 다음 예문 (2)에서 보듯이 의존명사만이 분류사의 기능을 하는 것은 아니기 때문이다. 분류사는 기원적으로 일반 명사이던 것이 분류사로 기능하게 되면서 의존명사가 된 것이 많다. 그 중에는 자립성을 잃고 완전히 의존명사로만 굳어진 것이 있는가 하면, 어떤 것은 '되'나 '말'의 경우처럼 容器의 이름이 바로 그 용기에 담긴 물질을 세는 분류사가 되어 자립명사와 의존명사의 기능을 겸하는 것도 있고, 또 어떤 것은 (3)의 '사람, 뿌리'처럼 일반 명사가 문맥에 따라 분류사의 구실을 하는 것도 있다.

(2) a. 쌀 한 말에 팥 한 되만 사 오너라.
b. 곡식도 무게로 달아 파니 이제 되와 말은 보기 어렵게 되었다.
(3) a. 한 교실에 열 사람씩 들어가세요.
b. 파 한 뿌리만 더 넣으면 양념이 알맞겠다.

여기서는 (3)과 같은 예는 제외하고 분류사라는 이름 밑에서 주로 수량 단위 의존명사의 특성을 살피고자 한다.

분류사의 종류

분류사는 영어를 비롯한 인구어에는 발달되어 있지 않은 데 반해 국어에는 그 수가 수십 개에 이른다. 국어의 분류사가 이처럼 수효가 많아진 것은 분류사가 단순히 수량 표시에 그치지 않고 명사의 의미 자질을 세분해서 나타내도록 분화되어 있기 때문일 것이다. 가령 '학생 다섯 개, 집 다섯 개, 병아리 다섯 개, 연필 다섯 개' 식으로 의미 자질에 관계없이 모두 '개'로 통일한다면 분류사의 수가 많아질 턱이 없을 것이다. 그런데 우리는 그것을 아주 세분해서 구분할 뿐 아니라, 그 안에서도 다시 '다섯 살'과 '오 세'로 갈리는가 하면 '다섯 명'과 '다섯 분'으로 갈리기도 한다.

그런데다가 분류사가 명사의 의미자질에 의해 자동적으로 결정되는 것이 아니라 화자의 사회적, 심리적 상황 설정에 의해 선택되기도 한다. 예컨대, 물이 유리창에 붙어 있을 때는 '한 방울'이지만 시험관에 들어 있을 때는 '1 cc'로 단위화되고, 우물에서 이고 올 때는 '한 동이', 요리할 때는 '한 컵', 마실 때는 '한 모금'이 된다. 또 고사리를 예로 들면, 산에 나 있는 상태에서는 '한 포기', 꺾어서 바구니에 넣으면 '한 줄기', 상품으로서 시장에 나온 데친 나물로는 '한 쾌기', 데쳐 말려서 한 줌씩 묶으면 '한 모숨', 열 모숨을 엮으면 '한 두름'이 된다. 이래저래 그 종류가 무척 많은데 이제 그 목록을 쓰이는 분야별로 들어 보면 다음과 같다.

(4) 보편적인 분류사

사과 한 개, 돌 한 개, 지갑 한 개, 별 한 개, 모자 한 개, 화분 한 개, 파이프 한 개, 3개 읍(시, 도), 3개 대회, 3개 회사, 3개 회원국

(5) 의생활에 관계된 분류사

광목 한 동(1동=50필), 옥양목 한 필, 원피스 한 감, 양복 한 벌, 버선 한 죽(1죽=10벌), 신발 한 켤레, 양말 한 짝, 실 한 오리, 털실 한 타래, 바늘 한 쌈(24개), 바느질 한 땀

(6) 식생활에 관계된 분류사

벼 한 톨, 상추 한 닢, 열무 한 단, 파 한 뿌리, 소금 한 자밤, 고등어 한 손, 미역 한 줄기, 배추 한 통, 사과나무 한 그루, 곶감 한 접, 밤 한 톨, 소 한 바리, 돼지 한 마리, 닭 한 수, 계란 한 꾸러미, 청어 한 뭇(1뭇 = 생선, 자반 10마리), 오징어 한 축, 북어 한 쾌, 소주 한 고리(1고리 = 열 사발), 담배 한 대, 담배 한 개비, 소화제 한 알, 보약 한 첩, 밥 한 끼, 냉면 한 사리, 김 한 톳, 콩 한 되, 쌀 한 말 ; 논 한 마지기, 밭 한 뙈기

(7) 주생활에 관계된 분류사

집 한 채, 방 한 칸, 아파트 한 동

(8) 문자생활에 관계된 분류사

책 한 권, 책 한 질, 시 한 편, 종이 한 장, 연필 한 자루

(9) 기계, 기구류에 관계된 분류사

차 한 대, 대포 한 문, 대포 한 발, 총 한 방, 낫 한 자루, 배 한 척, 철사 한 뼘, 밧줄 한 발

분류사와 수량사구

앞의 예에서 보듯이 국어의 분류사는 '두 장, 세 명'처럼 반드시 그 앞에 수사가 와야 하며, 다시 그 앞이나 뒤에 수량 표시의 대상이 되는 명사를 두는 구성을 이룬다. 수사가 셈의 대상이 되는 명사와 결합된 구성을 흔히 數量詞句라 이르는데, 국어의 수량사구는 분류사

의 유무와 명사, 수사, 분류사의 어순에 따라 다음과 같이 네 가지 유형으로 나타난다.

(10) 수량사구의 유형
a. 명사 - 수사 : 사람 둘, 학생 셋, 난장이 일곱
b. 수사 / 수관형사 - 명사 : 두 사람, 세 학생, 일곱 난장이
c. 명사 - (수사 / 수관형사 - 분류사) : 사람 두 명, 학생 세 명, 난장이 일곱 명
d. (수사 / 수관형사 - 분류사)의 - 명사 : 두 명의 사람, 세 명의 학생, 일곱 명의 난장이

수량사구의 네 가지 유형 중에서 분류사가 없는 구성은 분류사가 있는 구성에 비해 제약이 따른다. (10a) 유형은 목록을 나열할 때 주로 사용되며, (10b) 유형은 명사가 사람이면서 고유어 수사일 때 주로 사용되어 그 사용 범위가 한정되어 있다. 가장 제약없이 쓰이는 구성은 (10c) 유형이고, (10d)는 주로 문어에서 사용되며 제목과 같이 전체를 한 단위로 인식할 때 사용된다.

수량사구에서 볼 수 있는 제약 중 주목을 끌어 온 것으로 (10c) 구성에서 수사와 분류사 사이의 호응과 관련되는 제약도 있다. 아래 예문 (11)과 같이 '세 / 서 / 석' 및 '네 / 너 / 넉'이 후속 분류사에 따라 달리 선택되는 것이 그 하나며, (12)와 같이 분류사가 한자어계냐 고유어계냐에 따라 그 앞에 같은 계열의 수사를 취하는 현상이 다른 하나다. 다만 '名'이나 '個'는 '열 명, 15명' '서른 개, 30개' 등으로 아무런 제약을 보이지 않는 것으로 보아 한자어계냐 고유어계냐에 따른 제약이 일반적인 제약이라 하기는 어렵다.

(11) a. 세, 네 {개, 자루}
b. 서, 너 {말, 되, 푼}
c. 석, 넉 {냥, 대, 잔, 달}
(12) a. {한, 두, 세, 스무} 살
b. {일, 이, 삼, 이십} 세

7.4. 대명사

대명사의 특성

代名詞(pronoun)는 명사가 쓰일 자리에 그 명사를 대신하여 가리키는 단어들을 가리킨다. 따라서 대명사는 대체로 대체될 수 있는 명사를 전제로 하여 파악되고, 그 특징도 명사와의 비교에서 파악되는 것이 일반적이다. 가령 다음 예문 (1)에서 '그것'은 구체적으로 무엇인지 (1)의 문장만으로는 알 길이 없다. 만일 '그것' 자리에 '연필'이라는 명사를 썼다면 이러한 궁금증은 없어진다. 대명사는 이처럼 그것이 어떠한 명사를 가리키고 있는가가 관심사가 되는 특성을 가진다.

(1) 그것을 어디서 사 왔니?

대명사는 또 狀況指示(deixis)에 얽매여 있다는 특징을 가진다. '연필'이나 '안창호'는 누가 말하든 '연필'이요 '안창호'다. 철수에게는 '연필'인 것이 숙희에게는 '지우개'나 '만년필'이 될 수 없다. '안창호' 역시 철수에게도 '안창호'요 숙희에게도 '안창호'다. 그러나 '나'라는 대명사를 예로 보면 그렇지 않다. 같은 철수를 놓고 철수는 '나'라고 하지만 숙희는 '너'라고 한다. 즉 '나'는 상황에 따라서 철수를 가리킬 수도 있고 숙희를 가리킬 수도 있으며, 또 때에 따라서는 철수 아버지를 가리킬 수도 있다. 같은 연필을 두고도 "그것 어디서 사 왔니?"에서처럼 '그것'이라고 할 수 있지만, "이것 말이니? 이건 형이 준 거야"에서처럼 '이것'이라고 말할 수도 있다. 상황에 따라 같은 연필이 '그것'이 되기도 하고 '이것'이 되기도 하는 것이다.

이처럼 화자를 基點으로 하여 화자 자신이나 그 주변의 것을 가리키는 말을 狀況指示素, 또는 단순히 指示素(話示素, 狀況素)라고 하는데, 대명사는 이러한 狀況指示的인 기능을 가진 전형적인 부류다. 명사에도 가령 '오늘'이나 '어제'와 같은 단어처럼 상황지시적인 성질을 가지는 단어들이 있지만, 대명사는 이러한 성질을 그 주된 특성으로 가지고 있다는 점에서 명사와 구별된다.

대명사의 종류

대명사는 지시 대상이 무엇인가에 따라 나뉘고, 또 그러한 것들이 화자를 基點으로 하여 얼마나 멀고 가까운 데 있는가에 따라 나뉜다. 1인칭, 2인칭, 3인칭, 또는 近稱, 中稱, 遠稱 등의 구분이나 事物代名詞, 處所代名詞의 구분이 모두 이에 근거하는 것이다. 이 중 여러 언어에서 가장 보편적으로 쓰이는 구분이 1인칭(first person), 2인칭(second person), 3인칭(third person) 대명사로 나누는 구분이다. 1인칭 대명사는 화자가 스스로를 가리키는 대명사이며, 2인칭 대명사는 말을 듣는 상대인 청자를 가리키는 대명사다. 그리고 3인칭 대명사는 화자·청자 이외의 제3의 인물이나 사물을 가리키는 대명사를 말한다.

여기서 하나 지적하여야 할 일은 종래 우리나라 대명사의 구분에서 '그것, 그것들'을 아무도 3인칭 대명사로 분류하려 들지 않았다는 점이다. 영어의 it, they가 아무런 저항감 없이 3인칭 대명사라고 불리는 일과 좋은 대조가 아닐 수 없다. '人稱'이라고 할 때의 '人'에 지나치게 얽매여 사람을 가리키지 않는 '그것' 등을 3인칭이라 하는 것을 받아들이지 못한 데서 비롯된 현상이었던 듯하다. 도무지 대명사를 人稱代名詞, 事物代名詞, 處所代名詞로 나누어 '인칭'을 '사물'이나 '처소'와 대등한 개념으로 인식한 것부터 이상하였다. 굳이 사람을 가리키는 대명사를 사물이나 처소를 가리키는 대명사와 구분하려면, '인칭대명사' 대신 '인물대명사'를 하나 설정하여 이들을 모두 3인칭 대명사의 하위류로 분류하여야 할 것이다. 이것은 近稱, 中稱, 遠稱의 구별이 국어 3인칭 대명사의 특징이라고 한마디로 묶을 수 있는 점에서만도 훨씬 체계적임이 분명하다. 이를 표로 보이면 다음과 같다.

(2)

		근 칭	중 칭	원 칭
3인칭 대명사	인물대명사	이이, 이분	그, 그이, 그분	저이, 저분
	사물대명사	이것	그것	저것
	처소대명사	여기	거기	저기

대명사와 경어법

국어 대명사의 특징 중의 하나는 敬稱과 謙讓稱이 平稱과 구별되어 있다는 점일 것이다. 겸양칭은 1인칭에 한정되는 것이지만 '나, 우리'에 대하여 '저, 저희'와 같은 별도의 겸양칭이 마련되어 있다. 또

경칭은 2인칭의 경우 '너'에 대하여 '자네, 당신, 그대' 등이 구별되어 쓰이고 있다. 다만 경칭의 쓰임은 제약이 커서 아주 높이 존대할 인물을 가리킬 때에는 대명사보다 명사를 직접 쓰는 일이 일반적이다. 極尊待의 경우 '어르신'이 쓰이나, 이도 대명사가 아니라 명사다.

(3) a. 선생님께서 저를 부르셨습니까?
 b. 할아버지들은 이쪽으로 오시고, 할머니들은 잠깐만 더 기다리십시오.
 c. 박사님도 저희들과 같이 가시지요.

(4) 어르신께서 그렇게만 해 주신다면 저희들로서는 더 바랄 것이 없습니다.

2인칭 대명사 대신에 명사를 직접 쓰는 것은 꼭 존대해야 할 대상에게만 한정되는 것은 아니다. 하위자에 대해서도 그렇게 할 수 있는데, 그러한 경우 대명사를 쓰는 것보다 상대방을 보다 존중하는 표현이 된다.

(5) 이번에는 {영희가, 네가} 엄마를 도와 주겠니?

(6) {김 계장이, 당신이} 알아서 처리하시오.

'당신'은 상대방을 '너'보다는 높여 부르는 대명사이기는 하되 같은 등급이거나 아래 등급에 속하는 사람을 얼마간 대접해 줄 때 쓰이는 것이므로 부부 사이와 같은 특수한 상황이 아니면 잘 쓰이지 않는다. 비슷한 등급의 사람에게 '당신'을 쓰면 "누구보고 당신이라 해?" 라고 是非가 붙는 일이 있는 것도 '당신'이 그리 높은 등급의 대명사가 아니기 때문이다. '자네'는 '당신'보다도 상대방을 덜 높이는 것이므로 물론 존칭 대명사가 아니다. '그대'는 높이는 정도가 '자네'나 '당신' 정도지만 詩的인 표현에 쓰이는 특수 용도의 대명사다.

존대해야 할 대상에게 2인칭 대명사를 쓸 수 없는 사실과 함께, 화자와 청자간에 특별한 사회적 관계가 있을 때 1인칭 대명사를 잘 쓰지 않는 점도 특기할 만하다. 화자와 청자가 가까운 친족 관계이거나 교사와 학생 사이일 때는 (7)-(9)에서처럼 화자가 자신을 1인칭 대명사로 표현하지 않고 청자가 부르는 호칭으로 자신을 가리키는 경우가 많다. 그러나 청자가 자식이나 손자라도 어른이 되었거나, 대학 교수와 제자 사이처럼 청자가 성인이 된 경우는 그러한 표현을 잘 쓰지 않는다. 또한 이러한 표현은 상위자가 하위자에게 말할 때로 한정되며, (13)과 같이 그 반대의 경우에는 쓸 수 없다. 그러나 (14)처럼 하위자가 자신을 제3자로 객관화시켜 지시어 '이'와 함께 쓸 때는 대명사가 아니라 호칭으로 쓰기도 한다.

(7) 악아, {엄마, 아빠} 잠깐 다녀올게.
(8) 그 문제가 너무 어렵니? {삼촌이, 고모가, 이모가} 도와줄까?
(9) 철수야, 선생님하고 얘기 좀 할까?
(10) 김철수 군, {나, *교수님}하고 얘기 좀 할까?
(11) 김 과장, {나, *사장님}하고 얘기 좀 할까요?
(12) 김 선생, {나, *교장 선생님}하고 얘기 좀 합시다.
(13) 아빠, {제가, *아들이, *딸이} 안마해 드릴게요.
(14) 아버지, {이 아들이, 이 딸이} 나중에 편히 모실게요.

복수형

1인칭과 2인칭에는 '우리, 너희'와 같은 복수형이 따로 발달되어 있는데, 이들의 쓰임에는 몇 가지 특징이 있다. 그 중 하나는 한 개인의 소유나 소속 관계를 나타낼 때에 이들 복수 대명사가 쓰인다는 점이다. 영어라면 my father, my sister, my wife, my son이라고 할 것을 '내 아버지, 내 누나'가 아니라 '우리 아버지, 우리 누나, 우리 마누라, 우리 아들'로 말한다. '아버지, 누나, 아들'과 같은 가족을 한 개인의 소유로 인식하지 않고 다른 가족과 共用으로 소유하는 관계인 것으로 인식하는 데서 온 용법이라 생각된다. '우리 마누라'는 이에 유추된 특이한 용법일 것이다. 그러나, '우리 아내'니 '너희 마누라, 너희 아내'라고는 말하지 않는다. '아들'의 경우는 '내 아들'도 자주 쓰이며, 2인칭에서 '너희 아들'은 이상하고, '네 아들, 자네 아들'이 자연스럽다. '아버지, 누나'는 역시 '너희 아버지, 너희 누나'가 쓰이고 '네 아버지, 네 누나'는 이상한데, 복수형이 따로 없는 '자네, 당신'의 경우는 '자네 아버지, 당신 누님' 등으로 쓰인다.

'집, 동네, 논(밭), 학교, 나라'와 같이 일반적으로 한 개인의 소유로보다는 한 가족이나 어떤 구성원의 공동 소유로 인식되는 것들 앞에서는 더구나 '우리, 너희' 등의 복수 대명사가 쓰인다. 여기서도 'my country'와 '우리나라'의 대립되는 용법을 볼 수 있다. '내 나라 내 민족'이나 '내 쉴 곳은 내 집뿐이리' 등은 영어 등에서 영향을 받은, 혹은 그 번역체인 특이한 쓰임일 것이다. '논(밭)'이나 '집'을 '내 논'이나 '내 집'으로 표현하는 경우는 "저것은 아들 집이고, 저건 마누라 집이고, 이건 내 집이야"라든가, "저건 형 논이고, 이건 내 논이야"처럼 그야말로 한 개인의 소유임을 드러내 표현하지 않을 수 없는 경우일 뿐인 듯하다.

'우리, 저희, 너희'는 복수 표시의 '-들'을 다시 첨가하여 '우리들, 저희들, 너희들'로도 쓰인다. 일반적으로는 '우리'나 '우리들'은 (15)나 (16a), (17a)에서 보듯이 별로 다른 의미를 가지지 않으며,

또 서로 넘나들며 쓰인다. 다만 (16b)와 (17b)에서처럼 '우리들'이나 '너희들'이 여러 명 각자의 무엇을 가리킬 때에는 '-들'이 필수적으로 쓰여야 한다. 이 때 '-들'은 '우리들 아버지' 대신 '우리 아버지들'처럼 소유 대상인 명사에 연결될 수도 있는데, (16a)와 (17a)에서처럼 '저희들, 너희들'이 같은 형제 자매인 경우일 때는 '너희 아버지들'과 같은 표현은 불가능하다.

(15) a. 저희는(저희들은) 나중에 가겠어요.
b. 왜 우리(우리들) 한테만 그 무거운 책임을 지우려고 하지?
(16) a. 저희(저희들) 집은 그 동네에서 한 채밖에 없던 기와집이어서 누구나 쉽게 찾을 수 있었습니다.
b. 저희들 집은 각각 다른 곳에 있습니다.
(17) a. 너희(너희들) 아버지는 회사에 다니시니?
b. 너희들 아버지는(너희 아버지들은, *너희 아버지는) 다 같은 회사에 다니시니?

복수 대명사 중에서 지적될 만한 다른 한 특징으로는 1인칭의 '우리'는 '나'와는 달리 화자만을 가리키지 않는다는 점이다. '우리'에는 화자 이외에 때로는 청자, 때로는 제3자가 포함되며, 때로는 청자와 제3자가 모두 포함되는 수가 있다.

(18) 우리들은 지금부터 친구 사이이니 앞으로 사이좋게 지내자.
(19) 너는 우리들의 계획을 어떻게 생각하니?

같은 1인칭 복수형이더라도 '저희'는 청자를 포함하여 일컬을 수 없다. '저희'는 상대방을 높이고 화자 및 그 同類를 낮춘 표현이므로 존대될 청자를 이에 포함시키는 일이 현실적으로 허용될 수 없기 때문일 것이다.

7.5. 3인칭 대명사

용법의 제약

국어의 3인칭 대명사는 좀 복잡한 체계를 가진다. 국어에는 애초 3인칭 대명사가 잘 발달되어 있지 않았던 듯하다. '이, 그, 저'가 있으나 그 쓰임이 아주 한정되어 있고, 대부분은 이들이 관형사로서 '애, 이, 분' 등과 같은 명사, 또는 의존명사와 결합하여 된 '애, 걔, 이이, 그분' 또는 '것'과 결합된 '이것, 그것, 저것' 등과 같은 복합어가 3인칭 대명사의 主宗을 이루고 있음이 우선 그러하다. 더구나, 국어는 先行 名詞를 대명사로 받는 이른바 代名詞化 현상이 3인칭의 경우 매우 미미하여 3인칭 대명사의 쓰임은 그만큼 제약되어 있기도 하다. 한 예로 '어머니'나 '나무'를 소재로 하여 글을 쓰거나 이야기를 한다고 할 때 그 '어머니'나 '나무'가 '그분', '그것'이나 어떤 다른 대명사로 대체될 가능성이란 아주 희박하다. 이것은 사물을 가리키는 명사가 쓰일 때도 마찬가지다.

(1) 저희 어머니는 올해 마흔 두 살이십니다. 어머니의 고향은 강원도의 한 小邑인데, 어머니는 아홉 살 때까지만 거기서 사시고 그 이후에는 줄곧 서울에서 사셨다 합니다.
(2) 나무는 德을 가졌다. 나무는 주어진 분수에 만족할 줄 안다. 나무로 태어난 것을 탓하지 아니하고, 왜 여기 놓이고 저기 놓이지 않았는가를 말하지 아니한다. (이양하 : '나무')

앞 문장의 명사를 대명사로 받지 않고 동일한 명사로 반복하는 이 현상은 국어의 한 특징이라고 할 수 있는데, 이것이 국어 3인칭 대명사의 쓰임을 제약하고 또 그 발달을 더디게 만든 한 원인이기도 할 것이다.

'이, 그, 저'는 '그'를 제외하고는 '-들'과 결합하여 복수가 되어야 비로소 사람을 가리키는 인물대명사로 쓰이며, 이러한 '그, 이들, 그들, 저들'도 일반 대화에서 쓰이는 일은 거의 없고 주로 글이나 기도문 등에 쓰인다. 특히 3인칭 여성을 가리키기 위한 '그녀'도 퍽 후세에 만들어져 쓰이기는 하나, 이 역시 글에서밖에 쓰이지 않는다.

(3) a. 너 내일 그 사람을(?그를) 만나 보겠니?
 b. 저 사람들은(?저들은) 누구니?
(4) a. 아무 욕심도 없는 저들을(이들을) 보살피소서.
 b. 그는 그녀에게 끝내 답장을 보내지 않았다.

반면, '얘, 쟤, 걔, 이이, 저이, 그이, 이분, 저분, 그분' 등은 일반 대화에서 주로 쓰이고 설명문 등 일반적인 글에서는 잘 쓰이지 않는다. 사람을 가리키는 3인칭 대명사는 전체적으로 그 쓰임이 상당히 제약되어 있다고 할 수 있다. 이는 1인칭과 2인칭의 대명사가 어떤 명사를 대신한다기보다 이야기의 벽두부터 대명사로 나타나는 것이 일반적인 것과 대조적이다. 화자나 청자를 다음의 (5b), (6b), (7b)에서처럼 대명사로써가 아니라 명사로써 지칭하는 일도 없지 않으나 이것은 오히려 예외적이며, 이 경우에는 오히려 명사가 대명사를 대신하는 것으로 느껴진다.

(5) a. 이번에는 네가 가거라.
 b. 이번에는 철수가 가거라.

(6) a. 나로 말할 것 같으면
b. 이 사람으로 말할 것 같으면

(7) (누구니?)
a. 저예요.
b. 철수예요.

'이, 그, 저' 중 '이'와 '그'는 앞 문장에서 나온 사실을 되받아 가리키는 代用의 기능을 갖지만 '저'는 그러한 용법으로는 쓰일 수 없고 언제나 지시의 기능만을 한다. 또 '저'는 어느 경우에나 그 단독으로 3인칭 대명사로 쓰이는 일은 없어서, '이, 그'에 비해 '저'의 기능이 다소 이질적이라고 할 수 있다. 이들과 '것'이 결합하여 사물을 가리키는 '이것, 그것, 저것'은 이야기에서나 글에서나 자유롭게 쓰인다.

처소대명사

국어의 3인칭 대명사 중에는 장소를 가리키는 '여기, 거기, 저기'도 있다. 近稱, 中稱, 遠稱으로 갈라지는 체계가 나머지 3인칭 대명사와 평행적이다. 전통적으로 근칭, 중칭, 원칭이라는 용어를 써 오기는 했지만 이들이 떨어진 거리로 구별되는 것이 아니라, '여기'는 화자에게 가까운 쪽, '거기'는 청자에게 가까운 쪽, '저기'는 화자 청자에게서 모두 떨어져 있으면서 눈에 보이는 곳을 가리킨다. '거기'는 (9)에서처럼 '그'의 대용적 용법을 그대로 유지하여 앞의 말이나 생각 속의 장소를 가리킬 수 있으나, '여기'는 '이'의 대용 기능에도 불구하고 지시적으로만 쓰일 수 있다.

(8) 너 어디서 전화하는 거니? 거기(*저기)가 어디니? 여기서 하는 말 잘 들리니?

(9) 고향 땅이 여기서 몇 리나 되나? 푸른 하늘 끝 닿은 저기가 거긴(*여긴)가.

장소를 가리키면서 不定稱으로 쓰이는 대명사로 '어디, 아무데'가 있는데, 이는 말할 것도 없이 각각 '누구'와 '아무'와 맞먹는 대명사들이다.

가끔, '이리, 그리, 저리'를 방향을 가리키는 대명사로 인식하는 일이 있는데, 이들은 대명사로보다는 부사로 쓰이는 단어들로 보인다. '*그리가, *그리를, *그리에서'와 같이 格助詞를 취하는 일이 불가능하므로 대명사의 자격을 부여하기 어렵기 때문이다. '이리로, 그리로'처럼 '로'를 취하기는 하는데, 이들은 오히려 부사에 '로'가 결합된 특수 현상으로 이해하는 것이 좋을 듯하다.

부정칭

3인칭 대명사 중에는 先行 체언을 되받아 가리키는 再歸代名詞 '저, 자기, 당신'도 있다. 이에 대해서는 절을 달리 하여 뒤에서 다시 다루겠다. 국어의 인칭대명사에는 위의 것들 이외에 '누구, 아무', '어디', '어느것' 및 '아무'에 '개' 등이 결합된 '아무개', '아무것', '아무데' 등이 있다. 전자를 흔히 未知稱, 후자를 不定稱이라 구분하는데, 이것들은 쓰인 환경에 따라 (특히 '이나'나 '도' 및 '이라도'와 같은 특수조사 앞에 올 때는) 큰 차이 없이 쓰이는 일이 많으므로 두 가지를 不定稱 하나로 묶어 이해하는 것이 더 간편한 면도 있다.

(10) a. 그 이야기는 누구(아무)도 모른다.
b. 누구(아무)라도 좋으니 한 사람만 빨리 불러 오너라.

c. 누구(아무)나 붙들고 통사정을 하고 싶은 심정이었다.

'누구'는 의문대명사로도 쓰인다는 점이 '아무'와 다른 점이다. '누구'가 의문대명사로(즉 who의 의미로) 쓰일 때에는 정해지지 않은 어떤 사람의 뜻으로(somebody의 의미로) 쓰일 때와 억양에서 차이를 일으킨다. 즉, 전자일 때는 文末 抑揚(terminal contour)이 下降調가 되며, 후자일 때는 上昇調가 된다.

(11) a. 누가 왔니? ↘(온 사람이 누구니?)
b. 누가 왔니? ↗(누군가 거기에 왔느냐 안 왔느냐?)

7.6. 재귀대명사

'그'와 '자기'

再歸代名詞(reflexive pronoun)는 줄여서 再歸辭(reflexive)라고도 하는 것이로서, 先行하는 同一體(coreference), 즉 先行詞(antecedent)를 다시 가리킬 때 일반 대명사와는 구별되는 특별한 형태로 나타나는 대명사를 말한다. 다음 예문들에서 보면 선행사가 '나'나 '너' 등 1인칭, 2인칭일 때는 그 대명사를 다시 받을 때에도 '나'와 '너'로 받게 된다. 그에 반해 선행사가 3인칭일 때는 '그, 이이, 그이, 저이' 등과는 전혀 다른 형태인 '자기'와 같은 대명사가 쓰임을 볼 수 있다.

(1) a. 나는 내 이름 字도 못 쓴다.
b. 너는 네 이름 字도 못 쓰는구나.

(2) a. 그이는 자기 이름 字도 못 써요.
b. 철수는 자기 반에서 일등만 한답니다.

'자기'는 3인칭 대명사의 하나이지만 '그'와는 몇 가지 다른 점이 있다. '자기'는 앞에 있는 명사(주어)를 바로 받지만 '그'는 그렇지 않아서, 만일 '자기' 대신에 '그'를 쓰면 의미가 달라지게 된다.

(3) a. 김 씨는 김 씨의 아내를 사랑한다. (또다른 김 씨)
b. 김 씨는 그의 아내를 사랑한다. (제3자)
c. 김 씨는 자기의 아내를 사랑한다. (김 씨 자신)
(4) a. 철수는 영수를 그의 집에서 만났다. (제3자/철수/영수)
b. 철수는 영수를 자기 집에서 만났다. (철수)

'자기'는 반드시 문장 안에 선행하는 명사와 호응해야 하기 때문에 문장 첫머리에서 쓸 수 없지만 '그'는 꼭 그렇지는 않다. (5c)와 같이 예외적으로 '자기'가 문두에 나타나는 때가 있는데, 상황이나 문맥에 의해 화자 청자에게 동일한 대상으로 제시되어 있는 경우에 한한다.

(5) a. {그, *자기}는 올해로 마흔을 넘겼다.
b. {그, *자기}의 이름은 무엇일까?
c. 자기가 뭔데 나서는 거야?

재귀대명사의 형태

국어의 재귀대명사는 앞에서 보았듯이 3인칭뿐이다. '자기' 이외에 '저, 당신' 및 '저'의 복수형인 '저희'가 있는데, 이들은 다 '자기'의 변종이라 할 것들이어서 모두 3인칭이다. '저, 저희, 당신'은 전술한 일반 대명사와 형태가 같으나 그들과 용법을 달리하고 '자기'와 일치하는 용법을 가지므로 '자기'와 같은 재귀대명사임이 분명하다.

'자기, 저, 당신'은 선행사의 경어법 등급에 따라 결정된다. '저'와 '자기'는 거의 자유롭게 넘나들며 쓰이지만, '저'가 '자기'보다는 선행사를 조금 낮추어 말할 때 쓰인다. 가령 (6a)와 (6b)를 비교해 보면 선행사가 똑같은 '중'이지만 (6a) 쪽이 '중'을 좀더 낮추어 말한 느낌을 받게 된다. 그리고 (7)에서 '자기'는 자연스러워도 '저'는 쓰이기 어려운 것도 '오빠, 아저씨, 김 박사' 등이 '저'로 재귀될 만큼 낮은 신분이 아니기 때문인 것으로 해석된다.

(6) a. 중도 제(←저의) 머리는 못 깎는다.
    b. 중도 자기 머리는 못 깎는다.

(7) a. 오빠는 종일 자기(*제) 방에서 꼼짝도 않아요.
    b. 저 아저씨는 우리가 자기(*저)를 놀리는 줄 아나 봐.
    c. 김 박사는 자기(*제) 주장을 끝까지 굽히지 않았다.

재귀사로서의 '당신'은 아주 한정된 환경에서만 쓰이는데, 우선 선행 명사가 존칭 명사여야 된다. 그러나, 선행 명사가 그러하더라도 '사장님, 국장님, 사단장님' 등 公的인 관계의 사람들에 대한 이야기를 公的인 자리에서 할 때 '당신'은 잘 어울리지 않는다. 화자가 어린 사람일 때도 '당신'을 쓰기는 어렵다.

(8) a. 아버님은 오늘 종일 당신 방에만 계세요.
    b. 할아버지께서는 당신이 하시고 싶으신 일은 꼭 하신단다.

이상에서 보면 '저, 자기, 당신' 중 가장 널리 쓰이는 것은 '자기'다. '저'가 쓰인 자리에는 대체로 '자기'가 들어갈 수 있고, '당신'

과 같은 제약을 따로 받는 것이 없을 뿐만 아니라 중립적인 일반 서술문에 가장 적합하기 때문이다.

재귀대명사 '저'의 복수형인 '저희'는 '우리, 너희'처럼 '집, 논, 아버지, 어머니'와 같은 명사 앞에 잘 쓰인다. '자기들, 당신들'은 선행사가 복수일 때 쓰인다. 그 때에는 '우리들, 너희들'과 마찬가지로 '저희'에 다시 '-들'이 결합된 '저희들'이 쓰이기도 한다. '저' 대신에 '자기'를 쓸 수는 있어도 '저희' 대신에 '자기들'은 쓸 수 없다.

(9) a. 철수는 아까부터 저희(*자기들) 집 앞을 왔다 갔다 하고 있다.
b. 큰댁 할머니는 종일 당신(*당신들) 집 주위를 서성거리고 계시는군요.

(10) a. 학생들은 자기들(저희들, *자기)한테 지급되는 장학금이 어디서 오는 것인지 전혀 모르고 있었다.
b. 할아버지와 할머니는 밤낮 당신들(*당신) 손자 걱정만 하고 계셨다.

선행사의 조건

국어의 재귀대명사는 앞에서 밝혔듯이 3인칭뿐이다. 국어의 재귀대명사는 이 이외에도 몇 가지 조건을 더 가진다. 그 하나는 선행사가 사람을 비롯한 有情名詞이어야 한다는 것이다. 선행사가 '나무, 돌, 무지개, 평화, 성격' 등 無情物이거나 추상명사일 때는 재귀대명사가 되받을 수 없다. 그러나 이러한 제약은 '자기, 당신'에만 한정되어서, 다음과 같이 '저'의 경우는 무정물이나 有情性이 낮은 벌레에도 쓸 수 있다.

(11) a. 이 책은 그것을(*저를, *자기를) 지은 사람보다 그 사이사이에 삽화를 그린 사람 때문에 유명해졌다.
b. 고슴도치도 제(자기) 새끼는 함함하다고 한다.

(12) a. 호랑이도 제 말 하면 온다.
b. 김 씨는 사과를 제 값을 못 받아서 속이 상했다.
c. 풀 한 포기, 바위 하나라도 다 제 자리가 있다.
d. 달팽이도 제 집이 있는데 사람이 제 집이 없다니.

그리고 국어의 재귀대명사는 원칙적으로 선행사가 주어나 화제일 때 쓰이는 경향을 보인다. 다음 예문 (13)에서 재귀대명사 앞에 명사가 두 개 있을 때 그 재귀대명사는 우선적으로 주어를 가리키게 된다. 그러나 그것이 절대적인 것은 아니어서 문맥에 따라서는 중의적이거나, 주어가 아닌 것에 호응하는 것으로 해석해야 할 경우도 있다.

(13) a. 창호는 영수가 자기를 바보라고 생각하는 것이 우스웠다.
   i j i/j
b. 창호는 영수에게 자기 집으로 가자고 졸랐다.
   i j i/*j
c. 창호는 영수를 자기 집에 데려다 줬다.
   i j ?i/j

참고 고영근(1989a), 김영희(1981), 남기심 · 고영근(1993), 서정수(1996), 유동준(1983), 이남순(1982), 이익섭(1973, 1978), 이정민(1974), 이병모(1995), 이필영(1987), 임동훈(1991a), 임홍빈(1987b, 1991a, b), 장경희(1980), 장석진(1993b), 채완(1982, 1983, 1990b, 1996), 郭秋雯(1996)

제 8 장 격과 조사

8.1. 격의 기능

격조사가 格을 담당한다고 할 때 격조사의 지위와 격의 개념에 대해서는 여러가지 해석이 가능하다. 격조사의 지위만 하여도 曲用語尾(declensional ending)라 하여 활용어미와 대등한 굴절접사로 간주하는 견해로부터 비록 의존형식들이지만 독립성도 얼마간은 가진 단어로 분류하기까지 다양하다.

그리고 격에 대해서는 변형생성문법의 격 이론이 도입되면서 격을 심층격과 표면격으로 나누어 표면상의 격 관계를 부정하고 심층격을 중심으로 논의하게 되기까지 실로 다양한 길이 모색되어 왔다. 또 최근의 지배-결속 이론에서는 격을 통사적인 문장 구성에서 어느 명사구가 지니고 있는 추상적인 기능으로 파악하고, 하나의 조사가 가지는 의미나 기능이 여러가지라 하더라도 그 의미들은 하나의 추상적인 의미로부터 유도되었다는 쪽으로 접근하기도 한다.

그러나 수십 가지가 되는 국어 조사의 존재와, 그 기능의 다양성은 그리 쉽사리 그 전모를 드러내지 않으려는 듯하다. 여기서는 형태를 중시해 온 전통적 입장에 서서, 조사를 일단 격조사와 특수조사로 나누고, 격조사를 다시 주격, 대격, 처격, 구격, 공동격의 조사로 나누어 설명해 가기로 하겠다.

8.2. 주격조사

주격 표시의 형태

주격조사란 그 조사가 결합된 명사나, 명사 상당의 구나 절이 그 문장의 주어임을 나타내 주는 조사라는 뜻이다. '이/가'가 이에 해당하는 조사로, 이 조사가 결합된 것이면 그것이 다음 예문 (1), (2)에서와 같이 명사이든 명사구나 명사절이든 그 문장의 주어임을 드러내 보여 준다.

(1) a. 학생들이 노래를 부르고 있다.
 b. 고향집의 감나무가 그립다.
(2) a. 어떻게 사느냐가 가장 중요한 문제다.
 b. 그가 남몰래 소년 가장을 도와 왔음이 밝혀졌다.

그러나 主格을 표시하는 조사로는 '이/가'만이 유일한 것이 아니어서, 尊稱名詞 다음에는 '께서'가, 단체나 기관이 주어가 될 때에는 '에서'가 쓰일 수 있다.

(3) a. 선생님께서 돌이를 칭찬하셨다.
 b. 할머니께서 우리들에게 옛날 이야기를 많이 해 주셨다.
(4) a. 나라에서 장님들을 위한 큰 잔치를 벌였다.
 b. 당국에서 때마침 적절한 조처를 취하였다.

'께서'나 '에서'는 어원적으로 조사 '께', '에'에 '서(<이셔)'가

결합한 것들이다. 그러나 '께서'는 자유롭게 주어 자리에 쓰여 주격 조사로서의 구실을 훌륭히 함에 비하여 '에서'는 '나라, 정부, 체육회, 학교, 우리 동네, 우리 반' 등 이른바 단체 명사 뒤에만 쓰이고, 또 서술어도 아주 한정된 서술어만을 취한다. 예를 들면 다음과 같은 문장은 성립하지 않는다.

(5) a. *우리 학교에서 더 유명한 학교다.
    b. *당국에서 책임이 더 크다.

이 제약은 대개 이렇게 이해된다. 그 문장에 '누군가가'를 넣어서 문장이 될 때는 '에서'가 주어 자리에 쓰이지만, 그렇지 않을 때는 (5)에서처럼 그럴 수 없다. 여기에서 '에서'는 진정한 주격조사가 아닐 것이라는 짐작을 얻게 된다. (4)에서의 '에서'는 역사적으로 '∼에 ∼가 있어'와 같은 구조가 굳어진 것이므로 '집에서(집에 (네)가 있어) 놀아라'의 '에서'와 같은 성격의 처격조사로서, 그 문장들의 주어는 '그 단체에 속해 있는 누군가가' 정도로 해석될 수 있을 것이다.

이중주어문

국어의 문장 구조에서 특이한 점의 하나로 자주 지적되는 것은 하나의 문장에 주격조사가 두 번 나타나는 경우가 있다는 점이다. 그러한 문장을 흔히 主格重出文 또는 二重主語文이라 부른다.

(6) a. 철수가 발이 제일 크다.
    b. 댁의 누님이 눈이 참 예쁘군요.
(7) a. 토끼가 꾀가 많다.

b. 할아버지가 돈이 제일 많으시다.

이중주어문이란 하나의 서술어에 대응되는 주어가 두 개 있는 문장이라는 뜻이다. (6)～(7)과 같은 문장에서 주격조사를 동반한 명사(및 명사구) 둘을 모두 주어로 인식한 것이다. 그리하여 이들을 大主語와 小主語로 구별하거나 間接主語, 直接主語라고 부르기도 한다. '크다, 예쁘다, 많다'와 같은 서술어에 의미상 직접적으로 이어지는 것은 '발, 눈, 꾀, 돈'이며, '철수가, 누님이, 토끼가, 할아버지가'는 간접적으로 '발이 크다, 눈이 예쁘다, 꾀가 많다, 돈이 많다'와 같은 節 전체에 걸린다고 해석하는 것이다.

생성문법에서는 대체로 두 주격조사 중 하나는 심층에서 다른 격이었던 것이 표면에서 '이/가'를 취한 것으로 보아 주격조사가 두 번 쓰였다 해도 이중주어문으로 보지 않으려는 입장을 취한다. 혹은 앞의 주어를 話題(topic)로 보아 문장 전체를 지배하는 것으로 보고, 뒤의 주어를 評言(comment)의 주어로 보는 관점도 있다. 그러나 그 어느쪽도 국어 이중주어문의 속성을 시원히 풀어 주지는 못하고 있다. 학교문법에서는 (6a)의 '발이 크다'를 서술절로 보아 '발이'를 서술절의 주어로 처리하고 있다. 이중주어문을 하나의 내포문으로 본 것이다. 이때 문제가 되는 것은 서술절만으로는 온전한 문장이 못 되고 뭔가 더 보충되어야 할 것 같은 느낌을 준다는 것과, 왜 서술절에 올 수 있는 것이 그처럼 한정되어야 하느냐(후술) 등이다. 거기다가 (7b)의 경우 '많으시다'가 경어법상으로 직접주어인 '돈이'가 아니라 '할아버지'와 호응하여 선어말어미 '시'를 취하는 점이 서술절 이론으로는 잘 풀리지 않는다는 문제도 있다.

다음 예문 (8)은 두 번째 주격조사가 수량사구일 때 나타나는 특이한 구조인데, 이것도 이중주어문으로 보는 일이 흔히 있다. 그러나 이때는 (9)에서처럼 주격조사가 어느 한쪽에서 생략되는 일이 많고, 또 (10)에서 보듯이 주어 구성에만 한정된 것이 아니어서 여느 이중주어문과는 성격이 다르다. '학생'과 '다섯', '장미'와 '두 송이'는 각각 일종의 同格 구성을 이룬 것으로 보아야 할 것이다.

(8) a. 학생이 다섯이 찾아왔다.
 b. 꽃병에 장미가 두 송이가 꽂혀 있다.
(9) a. 학생이 다섯 찾아왔다.
 b. 학생 다섯이 찾아왔다.
(10) a. 학생을 다섯(을) 대표로 보냈다.
 b. 학생 다섯에게 우수상을 줍시다.
 c. 학생 다섯으로 한 팀이 될까?

수량사 구성 이외의 이중주어문은 서술어가 형용사인 것이 일반적이다. 위 예문의 '크다, 예쁘다, 많다'도 다 형용사이지만 '길다, 넓다, 검다, 희다, 좋다, 나쁘다, 바쁘다, 적다, 있다, 없다' 등 대부분의 형용사들은 이중주어문을 매우 자연스럽게 만든다. 형용사 이외에는 피동사가 이중주어문에 많이 쓰이는 편이며, 그 이외에는 그 쓰임이 아주 한정되어 있지만 명사 서술어나 몇몇 동사가 쓰이는 수가 있다. 이러한 쓰임이 국어의 이중주어문을 주어가 하나인 다른 구조로 해석하는 일을 어렵게 하는 요인의 하나이거니와, 한마디로 이중주어문은 서구어에서는 찾아보기 어려운 국어의 매우 특징적인 문형임에 틀림없다. 때로 "경복궁이 정원이 잔디가 아름답다"류로 多重主語文을 논하기도 하나 여기에서는 그것들을 정상적인 국어로 보기 어렵다는 판단 아래 다루지 않았다.

(11) a. 철수네 집이 마당이 가장 넓다.
b. 어린 아이가 태도가 꽤 훌륭하구나.
(12) a. 내가 무슨 재산이 그리 있겠니?
b. 혜순이가 욕심이 통 없구나.
(13) a. 철수가 성적이 떨어졌다.
b. 철호가 벌써 마음이 바뀌었나봐요.
(14) a. 나는 그 이야기만 들으면 머리가 지끈거려요.
b. 나는 허리가 쑤셔요.
(15) a. 내가 이 집이 단골이다.
b. 네가 음악이 취미라지?

주격조사의 비주어 용법

주어로 해석할 수 없는 명사구에 '이/가'가 결합되는 경우도 있다. 그 중 하나는 다음과 같이 補語가 서술어의 필수 성분으로 나타나는 유형이다.

(16) a. 철수가 반장이 되었다.
b. 영호가 반장이 아니지?

학교문법에서는 서술어가 '되다, 아니다'인 문장에서 '반장이'와 같은 위치에 나타나는 '이/가'를 補格助詞라고 하여 별도의 격으로 설정하고 있다. 그러나 보어는 다른 언어에서도 흔히 주어와 같은 격을 취하므로 (16)의 '반장이'류의 '이/가'는 주격의 기능 중 하나로 보는 편이 나을 것이다.

다음과 같은 예문들에 쓰인 '이/가'는 특히 그 용법이 특이하다. (17a)의 '이/가'는 그 용법이 미묘한데, 정상적이라 할 (17b)의 '을/를' 자리에 '이/가'가 쓰임으로써 어떤 의미차가 생기는지 뚜렷이 잡아내기 어렵다. '떡을'은 분명히 '먹고'에 직접 걸리는 데 비해 '떡이'는 '싶다'에 걸리게 되는 것으로 보이는 차이가 우선 주목된다. 그만큼 (17a)는 이중주어문의 형식을, 아니면 예문 (16)류의 문형을 닮으려고 한 문장으로 분석해 볼 수 있음직하다. 예문 (18)의 '이/가'는 또다른 용법으로 쓰인 것으로 이 자리에 쓰이는 '을/를'과 함께 정상적인 용법이라 보기는 어렵다. '-지'가 이끄는 구를 명사구로 만들고 싶은 심리에서 나온 용법으로, 다만 이 경우에도 '이/가'가 주격조사로서 인식되어 쓰이고 있는 점만은 변함이 없다고 보아야 할 것이다.

(17) a. 나는 떡이 먹고 싶었다.
　　b. 나는 떡을 먹고 싶었다.
(18) a. 영희는 함께 섞이고 싶지{가, 를} 않았다.
　　b. 갑순이를 보낸 갑돌이는 밥이 먹히지{가, 를} 않았다.

언어의 정보 전달 기능의 측면에서 '이/가'는 흔히 '은/는'과 비교되는 수가 있다. '은/는'의 쓰임이 '이/가'의 그것과 흡사한 면이 있어 자연히 두 가지를 비교하게 되는 것인데 대체로 '은/는'이 주어진 정보를, '이/가'가 새로운 정보를 나타낸다.

(19) a. 누가 시집을 갔어요?
　　b. 갑순이{가, *는} 시집을 갔대요.
(20) 옛날에 저 깊은 산골에 호랑이{가, *는} 살았는데, 그 호랑이{*가, 는} 착한 사람을 도와 주는 영물이었대.

8.3. 대격조사

목적어와 대격조사

'을/를'은 타동사문의 목적어 뒤에 결합되어 쓰이는 것이 그 주된 용법이다. 아래 (1)에서 '매미'와 '소설'은 각각 그 문장의 목적어이며, 거기에 '을/를'이 결합되어 있음을 볼 수 있다. 또 (2)에는 그러한 조사가 표면에 나타나 있지는 않지만 그 자리에 조사를 넣는다면 '을/를'이 들어가야 할 자리라는 것을 알 수 있다. 이처럼 '을/를'은 목적어라는 문법적 관계를 드러내 주는 격조사로 이해되기 때문에 흔히 目的格助詞, 또는 달리 말하여 어떤 행위가 미치는 대상을 가리켜 주는 격조사라 하여 對格助詞라 부른다.

(1) a. 아이들이 매미를 잡는구나.
    b. 영희가 벌써 소설을 읽어요.
(2) a. 아이들이 매미 잡느라 정신이 없구나.
    b. 영희가 벌써 그 소설 다 읽었나 봐요.

대격조사는 주격조사와 함께 국어 격조사의 쌍벽이라 할 만하다. 주격과 대격은 격이라 할 때 우선 떠오르는 가장 대표적인 격이기도 하다. 그런데다가 앞에서 보았듯이 격조사의 생략 현상에서나 어미 '-지' 뒤에 결합되는 일에서나 두 조사는 서로 한 부류로 움직이는 양상을 보여 준다.

특수목적어

대격조사의 용법 중에는 좀 특수하다고 할 만한 용법이 있다. 먼저 이른바 同族目的語(cognate object) 자리에 '을/를'이 쓰이는 경우다. 동족목적어란 그 의미가 그 목적어를 지배하는 동사의 의미와 동류인 목적어를 말한다. '꿈을 꾸다'의 '꿈', '잠을 자다'의 '잠', '웃음을 웃다'의 '웃음', 또 만일 '노래를 노래한다'고 말한다면 '노래'가 이에 해당한다.

(3) a. 창호는 늘 호쾌한 웃음을 웃는다.
b. 아기가 잠을 잘도 잔다.

그런데 이런 동족목적어를 거느리는 동사는 대개 자동사다. 자동사이면서 목적어를 취하는 것이다. 예문 (3)에서 '웃다, 자다'는 보통 때라면 자동사로 쓰이는 것들인데 '웃음, 잠' 등의 동족목적어를 취하고 있다. 결과적으로 타동사로 쓰인 것이다. 이처럼 동족목적어는 자동사로 하여금 타동사 노릇을 하게 해 주는 특수한 목적어이며, 마찬가지로 이때의 타동사는 동족목적어만 취할 수 있는, 그 쓰임이 매우 한정된 타동사들이다. '(꿈을) 꾸다, (춤을) 추다' 등은 늘 타동사로 쓰이는 것이지만, 역시 동족목적어라는 한정된 목적어만을 취하는 점에서 같은 종류의 타동사들이다.

다음으로 비록 詩的인 표현이지만 다음 문장에서의 '을/를'의 용법도 주목을 요한다. 즉 '울다, 살다'는 전형적인 자동사들인데 '비애를, 삶을'과 같은 목적어를 취하고 있다. 말하자면 '꿈을 꾸다'나 '웃음을 웃다'처럼 동족목적어를 취하는 타동사 용법으로 쓰인 것이다. 詩가 그 특유의 권능으로 이들 자동사를 그처럼 變容시킨 것이라 할 수 있다.

(4) a. 나는 이 아침의 비애를 우노라.

b. 그들은 그들 나름의 위대한 삶을 살고 갔다.

한편 '가다, 걷다, 기다, 날다, 다니다, 떠나다, 뛰다, 지나다'와 같은 이른바 移動動詞가 '을/를'을 취하는 현상도 특수한 경우에 속한다.

(5) 30분을 걸어서 학교에 도착했다.
(6) 비행기로 하루를 날아서야 남극에 닿았다.
(7) 이 밤중에 어디를 가느냐?
(8) 수미는 서울에서 대학교를 다녔다.
(9) 제비가 푸른 하늘을 난다.
(10) 한달음에 십 리를 뛰었다.

이들 이동동사들은 '30분, 하루, 하늘, 대학교, 어디' 등과 같은 시간 및 장소 관련의 표현을 목적어로 취하는 것이 특징이다. 이같은 구성들 중에는 '대학교를→대학교에, 하늘을→하늘에서, 어디를→어디로' 따위로 다른 조사를 허용하는 경우도 있으나 그 의미가 다르기 때문에 기저에서 어떤 다른 조사였던 것이 표면에서 '을/를'로 바뀌었다고 설명할 수도 없다. 더욱이 (5), (6), (10)의 경우는 다른 조사를 대신할 수도 없으므로, 이동동사는 한편으로는 자동사이지만 다른 한편으로는 목적어를 취하는 특수 부류라고 할 수밖에 없을 것이다.

다음과 같이 명사 자체가 이동의 목적을 나타내는 표현일 경우에도 자동사 '가다'의 목적어가 된다. (11)은 특정한 목적을 위해 가는 장소, (12)는 행위 자체를 나타내는 명사이다. (11)은 '을/를' 대신에 '에'도 가능하지만 (12)는 '을/를' 자리에 '에'가 불가능하다.

(11) 수미는 일요일에 {박물관, 시장, 극장, 설악산, 당구장}을 간다.
(12) 철수는 토요일에 {낚시, 구경, 등산, 해수욕, 목욕}을 간다.

대격조사의 重出

대격조사의 쓰임 중 한 문장에 두 개의 대격조사가 쓰이는 현상도 주목의 대상이 되어 왔다. 그 가장 대표적인 예는 (13)에서처럼 '명사구 + 수량사구'의 構文에서 '을/를'이 양쪽에 다 쓰이는 예에서 볼 수 있다. 이들은 앞에서 이중주어문을 다루면서 보았던 (14)와 완전히 평행적이다. 앞에서 예문 (14)와 같은 경우 '장미'와 '다섯 송이', 또는 '학생'과 '셋'의 관계를 일종의 同格 관계로 보았었는데 그것은 (13)에서도 마찬가지일 것이다.

(13) a. 장미를 다섯 송이를 샀다.
b. 학생을 셋을 데리고 왔다.
(14) a. 장미가 다섯 송이가 피었다.
b. 학생이 셋이 왔다.

(13), (14)에는 명사와 수량사 양쪽에 주격, 또는 대격조사가 다 결합되어 있지만 일반적으로는 다음의 (15), (16)에서처럼 그 중 어느 한쪽에만 결합된다. (13), (14)의 경우가 그만큼 격을 더 선명히 드러내는 결과가 될지는 모르나 문장을 명사 다음에서 한 번 끊어 말하는 듯하여 얼마간 더 부자연스러운 문장이 되는 듯한 느낌도 준다. 그만큼 이들의 격조사 중출 현상은 이중주어문의 경우와는 달리 정상적인 현상으로 보기 어려운 면이 있다.

(15) a. 장미를 다섯 송이 샀다.

b. 장미 다섯 송이를 샀다.
(16) a. 학생이 셋 왔다.
b. 학생 셋이 왔다.

대격조사가 한 문장에서 두 번 쓰이는 것으로 주목받아 온 다른 한 경우는 (17)과 같이 어떤 전체 뒤에 그 일부를 가리키는 말이 올 때 그 전체와 일부에 '을/를'이 함께 나타나는 경우다. 그러나 (17)과 같은 문장은 아주 정상적인 單文이라고 보기 어렵다. 즉 '나를'과 '송아지를' 다음에 쉼표를 하나 찍으면 좋을 문장이다. 다시 말하면, (17a)의 경우 '나를 잡았다'라고 하려다 좀더 상세히 표현하려고 '허리를'을 추가한 문장으로 해석된다. (17)을 (18)과 같은 문장의 한 축약형으로 보는 것이다.

(17) a. 창호는 나를 허리를 잡았다.
b. 영희는 송아지를 엉덩이를 때렸다.
(18) a. 창호는 나를, (더 정확히 말하면 내) 허리를 잡았다.
b. 영희는 송아지를, (더 정확히 말하면 그) 엉덩이를 때렸다.

8.4. 속격조사

속격과 소유

명사와 명사 사이에 나타나 두 명사를 더 큰 명사구로 묶어 주는 조사 '의'를 흔히 屬格(genitive), 또는 所有格(possessive)을 나타내는 기능을 한다고 하여 속격조사, 또는 소유격조사라 부른다. 이처럼 더 큰 명사구를 이룰 때 '의'는 앞 명사로 하여금 뒤의 명사를 수식하는 구실을 하게 한다. 이 때문에 '의'는 冠形格助詞라 불리기도 한다.

속격이나 소유격은 일차적으로 한 명사가 다른 명사에 소속되는(또는 소유되는) 관계에 있음을 나타내 주는 기능을 하며, 그래서 붙여진 이름이기도 하다. 실제로 다음 (1)에서 '의'는 '머리카락'이 '언니'에게 소속되어 있고 '자연'이 '한국'에 소속된 것임을 나타내 주고 있다.

(1) a. 언니의 머리카락
 b. 한국의 자연

그러나 다음 예들에서 볼 수 있듯이 '의'로 묶여지는 두 명사(구)의 의미 관계는 반드시 所有主와 被所有物의 관계에 국한되지만은 않는다. 즉 '목표'가 '하나'에 속해 있다든가 '계절'이 '독서'에 소속되는 관계라고는 말하기 어렵다.

(2) a. 향가의 연구
 b. 한 줌의 모래
 c. 사랑의 노래
 d. 독서의 계절
 e. 오늘의 요리
 f. 하나의 목표
 g. 열흘만의 生還

속격은 전통적으로 문법적인 기능을 하는 격의 하나로 인식되어 왔다. 국어의 '의'도 어떤 일정한 의미를 나타내 주는 기능을 가지고 두 명사에 어떤 의미 관계를 부여해 주는 것으로 이해하기보다는 두 명사를 '수식어 + 피수식어'의 통사적 관계로 묶어 보다 큰 명사구를 만들어 주는 기능을 하는 조사로 이해된다.

속격의 기능

格은 원칙적으로 명사가 서술어에 대해서 가지는 관계를 나타내 주는 문법범주다. 이 점에서 속격은 격 중에서 예외적인 존재다. 속격은 명사와 명사 사이의 관계를 나타내 주는 일을 담당하기 때문이다. 深層格을 중시하는 格文法 체계에서 속격을 격의 하나로 인정하지 않는 것은 바로 이에 말미암는다. 심층에서는 앞 명사와 어떤 서술어 사이의 관계를 보여 주는 격이 표면에서 '의'로 變形을 일으켰다고 해석하여 속격을 인정치 않는 것이다. 예를 들면, 다음 (3)에서 '김 군의'는 '김 군이 쓴'과 관련되는 것으로 심층에서는 주어이며, '백마 고지의'는 '백마 고지를 탈환'으로 풀어 심층에서는 목적어로 이해하려는 것이 그것이다.

(3) a. 김 군의 논문은 매우 훌륭하다.
b. 백마 고지의 탈환은 대단히 큰 전과였다.

이러한 관점에서 보면, '의'에 의해 묶이는 두 명사의 관계는 상당히 여러가지로 상정될 수 있다. 또 때로는 심층의 어느 한 가지 격으로만 한정시켜 해석하기 어려운 때도 있다. 심층에서의 이들 두 명사의 관계가 명쾌히 밝혀지면, 심층을 설정하는 일의 타당성은 어떻든, '의'로 묶인 명사구의 의미를 파악하는 데 큰 도움을 줄 것이다.

그러나 여기서는 그러한 심층격 때문에 속격을 격으로 인정치 않는 입장보다는 속격을 독립된 격의 하나로 인정하고, 그 기능을 두 명사구를 보다 큰 명사구로 묶는 것으로 이해하는 입장을 취하고자 한다.

다음과 같은 예문에서 그같은 기능이 더욱 분명히 드러난다.

(4) a. 학생으로서의 본분
b. 日常으로부터의 탈출
c. 敵地에서의 승리

(5) 이기느냐 지느냐의 문제가 아니라 몇 대 몇으로 이기느냐의 문제였다.

앞의 예문 (4)는 조사가 결합된 명사구에 다시 '의'가 결합된 구성으로 예전에는 없던 일종의 번역투로서, '학생의 본분', '일상의 탈출', '적지에서 거둔 승리' 등으로 표현하여야 맞는다는 논란의 표적이 되기도 하는 구성이다. 그러나 '적지의 승리'나 '적지에서 거둔 승리'가 주지 못하는 효용이 있어 '적지에서의 승리'류는 자리를 잡아 가고 있으며 심지어 '맏아들에의 기대'와 같은 표현도 쓰이고 있다. 그것은 어떻든 이 구성의 '의'는 두 명사구를 한 명사구로 묶는 기능을 한다는 점을 아주 분명하게 보여 준다. 영어에서는 'Gift from the Sea'나 'An Appointment in Hawaii'처럼 전치사가 직접 명사를 묶어 주는데 국어에서는 전치사와 비슷한 기능을 하는 조사가 홀로는 그러한 일을 하지 못하고('*바다로부터 선물', '*하와이에서 약속') 반드시 거기에 '의'를 덧붙여야(아니면 '바다의 선물'처럼 아예 '의'로 대체해야) 한다. 이 점은 예문 (5)에서 다시 확인되는데 명사구를 묶어 더 큰 명사구 구성을 이루게 하는 '의'의 기능은 그만큼 확고하고 넓다고 할 수 있다.

8.5. 처격조사

처격조사의 용법

처소나 지향점, 또는 시간적, 공간적인 범위를 나타내 주는 격을 處格(locative)이라 하는데, 국어의 처격을 가장 잘 대표하는 조사는 '에'다. 즉 '에'가 가장 대표적인 處格助詞다. 처격은 어떤 일이 일어나는 처소를 나타내 준다고 해서 붙여진 이름이겠는데, 처격은 그러한 처소, 즉 어떤 일이 일어나는 범위뿐만 아니라, 어떤 행위가 그쪽으로 향해 가는 指向點(direction)을 가리키는 기능도 가지는 것이 일반적이다. 국어의 '에' 또한 그러한 기능을 가져 다음의 (1)이 공간적인 범위를, 그리고 (2)가 지향점을 가리킨다. 이 중 (2)의 '에'를 向格助詞라 하여 처격조사와 구별하려는 시도도 없지 않은데 이는 처격의 범위를 너무 좁게 이해하는 길일 것이다.

(1) a. 산에 나무가 많다.
b. 고목에 꽃이 피었다.
c. 어제는 종일 집에 있었다.

(2) a. 신랑 집에서 신부 집에 함을 보낸다.
b. 창호는 도서관에 갔고, 영수는 김포 공항에 나갔다.
c. 창호는 그 고난을 이기고 대학에 입학하였다.

그러나 위의 (1)과 (2)의 차이는 '에' 자체에 의해서이기보다 '에' 다음에 오는 서술어에서 비롯된다. '가다, 보내다, 도착하다' 등의 동사가 오면 '에'는 지향점을 가리키게 되는 것이 그것이다. (1)이나 (2)에서의 '에'의 기능은 다같이 공간적인 범위를 가리키는 일이라 할 수 있을 것이다. 다음 (3)의 예문들도 마찬가지로, 추상적인 공간이나 지향점을 나타내는 것으로 해석된다.

(3) a. 흘러간 노래에 좋은 노래가 많다.
b. 이 약은 신경통에 좋다.
c. 그 옷은 내 마음에 들지 않는구나.

처격조사 '에'는 위에서 말한 공간적인 범위뿐만 아니라 시간적인 범위를 가리키기도 한다. 이것은 처격의 일반적인 특성의 하나인데 다만 이때는 범위만 가리킬 뿐 지향점을 가리키는 일은 없다. '에'는 (5)에서처럼 單位를 가리키기도 한다. 그런데 이것도 어떤 범위를 한정하여 주는 것이므로 처격의 일반적인 용법의 하나로 간주되어야 할 것이다.

(4) a. 진달래는 이른 봄에 핀다.
b. 어머니는 새벽에 물을 길어 오시곤 하셨다.
c. 너는 아침 몇 시에 일어나니?
(5) a. 쌀 한 말에 얼마지요?
b. 한 반에 다섯 개씩 돌려라.
c. 이 시계는 하루에 1분씩 늦는다.

처격조사 '에'는 위에서의 쓰임과는 구분되는 것으로 보이는 특이한 의미를 나타내는 수도 있다. 다음 예문 (6)의 '에'는 이유나 원인을 나타내다고 하여 理由格助詞라고 불리기도 한다. 그렇게 따로 이름을 붙일 정도로 처격의 용법에서 멀어졌다고는 보기 어려우나 처격조사의 전형적인 용법과 거리가 있는 것만은 확실하다.

(6) a. 태풍에 나무가 쓰러졌다.
b. 천둥 소리에 모두들 깜짝 놀랐다.
c. 리듬 체조 선수들의 묘기에 관중들은 넋을 잃었다.
d. 그 아름다운 경치에 반하여 영수는 해마다 설악산을 찾는다.

관용적 용법

'에'가 일종의 관용구를 구성하여 그 쓰임이 더욱 특이해지는 경우도 있다. 이들의 '에'는 선행하는 명사(특히 의존명사)와 분리가 거의 불가능할 정도로 굳어진 것이 특징이다. 이와 같이 '에'가 선행 형식과 공고히 결합되어 하나의 의미 단위로 기능하는 예들은 아래 예들 외에도 '김에, 동시에, 단박에, 순식간에, 밖에, 외에, 졸지에, 차에, 터에, 중에, 만에, 세상에, 천만에, 하에, 반면에, 판국에' 등 많은데 이때의 '에'에서는 그 관용구적인 성격 때문에 자연히 처격 본연의 의미가 빛을 잃고 있다.

(7) a. 철수는 얼떨결에 거짓말을 하고 말았다.
b. 나는 홧김에 만년필을 집어던졌다.
c. 나도 노파심에 한 마디 하겠다.
d. 싼맛에 그 물건을 사겠다고?
e. 선생님 덕분에 잘 지내고 있습니다.
f. 누구나 제멋에 산다.

(8) a. 낙랑공주는 사랑 때문에 조국을 버렸다.
b. 피의자가 묵비권을 행사하는 바람에 사건은 미해결로 남게 되었다.
c. 그는 정이 많은 탓에 가끔 손해를 본다.
d. 구경꾼이 몰려드는 통에 담이 쓰러졌다.
e. 사람이 죽어가는 판에 무슨 체면을 따지고 있겠니?
f. 이쁜이는 갑순이 대신에 시집을 갔다.

'에'는 특정한 동사, 또는 그 중에서도 어느 특정 활용형과 결합하여 관용구를 형성하는 일도 많다. 즉 '~에 비하여, ~에 대하여, ~에 대해서, ~에 따라, ~에 의하여, ~에 의하면, ~에 관하여, ~에 불과하다' 등인데, 이때에도 '에'의 처격적 의미는 매우 약하게 나타난다.

(9) a. 형에 비하여 형수가 더 너그럽다.
b. 그분에 대해서 우리는 아무것도 모른다.
c. 사람에 따라 이야기가 조금씩 다르더라.
d. 이순신 장군에 의해 거북선이 만들어졌다.
e. 60년대만 해도 우리나라의 1년 수출액은 1억 달러에 불과하였다.

여 격

처격조사 '에'와 깊은 관련을 가지는 조사로 '에게'가 있다. '에게'와 관련하여 與格(dative)을 설정하고 '에게'를 與格助詞라 부르는 일도 있다. 특히 '주다'류의 동사와 어울려 그 주는(授與하는) 일과 관련되어 쓰인다고 하여 붙여진 이름이다. 그러나 다음의 예문들을 비교해 보면 '에게'가 하는 일은 '에'가 하는 일과 완전히 일치하여 이들을 구분할 만한 근거가 없음을 깨닫게 된다.

(10) a. 화초에 물을 주어라.
b. 목마른 사람들에게 물을 주어라.

(11) a. 그 조사 결과를 국회에 보고하였다.
b. 그 조사 결과를 장관에게 보고하였다.

(12) a. 아이들을 친정에 맡겼다.
b. 아이들을 누님에게 맡겼다.

(13) a. 그 책임은 회사에 있다.
b. 그 책임은 나에게 있다.
(14) a. 이 색깔은 네 방에 가장 잘 어울리겠다.
b. 이 색깔은 철수에게 가장 잘 어울리겠다.

앞의 예문들에서 우선 눈에 띄는 것은 '주다'라는 동사 앞에 '에게'만 오는 것이 아니고 '에'도 온다는 것, 또 '에게'는 '주다'류의 단어하고만 어울리는 것이 아니고 '있다'나 '어울리다' 등 전혀 다른 의미의 단어와도 잘 어울린다는 점이다. 이는 '주다' 때문에 '에게'에 여격조사라는 이름을 붙일 일도 아니며, '에게'를 여격조사라 한다면 '에'에 그 이름을 못 붙일 것도 없다는 것을 뜻한다. 그런데다가 (10)-(14)에서 '에'와 '에게'가 어떤 다른 의미나 기능을 나타낸다고 하기도 어렵다. 따라서 굳이 '에게'만을 여격조사라 하여 처격조사와 구분할 근거는 어디에서도 잘 발견되지 않는다.

(10)-(14)에서 보면 '에'는 無情物에 쓰이고, '에게'는 有情物(특히 사람)에 쓰이는 것을 볼 수 있다. 이렇게 보면, '에'와 '에게'는 결국 같은 의미를 가지면서 상보적 분포를 가지는 관계여서 한 형태소의 두 이형태라는 결론을 얻게 된다. 그렇다면 '에게'도 결국 처격조사의 하나라고 하여야 할 것이다.

다만, '에'와 '에게'가 상보적 분포를 가진다고 할 때 몇 가지 유의할 점이 있다. 그 하나는 '에게'가 유정물에 쓰인다고 하지만 그 逆이 반드시 眞은 아니라는 점이다. 즉 무든 유정물 다음에 '에게'가 쓰이는 것은 아니다. 저 앞의 예문 (9)도 좀 특수하긴 하여도 결국 그러한 예인데, 유정물(특히 사람)이더라도 '에게'보다 '에'가 쓰이는 예들을 더 보면 다음과 같다.

(15) a. 키 큰 사람에 싱겁지 않은 사람이 없다.
b. 그 아버지에 그 아들이다.
c. 요즈음 사람에는 별 사람들이 다 있다.

따라서 '에'와 '에게'의 관계는 좀더 면밀히 천착될 여지가 있는 것도 사실이다. 그러나 우리는 일단 여격을 독립시키지 않고 처격에 포함시키고자 한다. 그리고 처격 중에서도 이 여격 부분만 따로 언급할 필요가 있을 때는 여격 내지 여격조사라는 용어를 사용하고자 한다.

'한테'와 '더러'

'에게'와 거의 같은 기능을 하는 조사에 '한테'와 '더러'가 있다. 이들의 차이는 대체로 문체적인 차이로서 '에게'가 얼마간 文語的인 표현임에 비하여 '한테'와 '더러'는 口語的인 표현이라 할 수 있다. '한테'는 동물 뒤에도 자연스럽게 쓰여 그 점 '에게'보다 분포가 넓은 면이 있다. '더러'는 '한테'와 거의 같은 뜻으로 쓰이나 그 쓰이는 환경이 훨씬 제한되어 있음이 다르다. 즉 '더러'는 반드시 사람 뒤에만 분포되면서, 어울리는 서술어도 '말하다'류('이야기하다, 묻다' 등)의 몇몇 동사에 국한되어 있는데, 그나마 젊은 층으로 갈수록 그 쓰임이 위축되는 추세를 보인다.

(16) a. 이것은 언니한테{에게, *더러} 보내라.
b. 그 결정권은 너한테{에게, *더러} 있어.
c. 소설책은 철호한테{에게, *더러} 제일 많아요.
d. 형이 동생한테{에게, *더러} 큰소리를 쳤다.

(17) a. 그것은 형더러{한테, 에게} 물어봐.
b. 철호더러{한테, 에게} 심부름 좀 갔다 오라고 해라.

'한테'나 '더러'가 尊稱名詞 다음에 쓰일 때는 '에게'와 마찬가지로 '께'로 바뀐다. (17a)의 '형'을 '선생님'으로 바꾸면 "그것은 선생님께 여쭤 봐"로 되는 것이 그 예다. 그만큼 '에게, 한테, 더러'는 그 기능을 같이하는 조사들이라고 할 수 있다. 만일 '에게'를 '에'와 묶어 처격조사라 한다면 '한테'와 '더러'도 처격조사에 속하여야 할 것이다.

'에서'와 '에게서'

처격조사 '에'와 밀접한 관련을 가지는 조사로 '에서'도 있다. '에서'는 특히 '에'와 매우 비슷한 의미를 보이면서 '에'가 취하는 동일한 장소 표시의 명사에 잘 쓰임으로써 흔히 '에'와 비교되어 인식되곤 한다. 가령 다음 예문에서 '에'와 '에서'의 의미차를 찾기란 매우 어렵다. 흔히 외국인들이 어떤 때 '에'를 쓰고 어떤 때 '에서'를 쓰는지를 구별하기 어려워한다는 이야기를 자주 듣는다. 만일 (18)-(20)의 예문을 영어로 번역한다면 '에'와 '에서'는 같은 전치사로 번역될 것이다. 그만큼 두 조사의 쓰임은 구별하기 어려운 점이 있다.

(18) a. 학생들이 모두 교실에 남았다.
 b. 학생들이 모두 교실에서 공부한다.
(19) a. 이 산나물은 지리산에 많다.
 b. 이 산나물은 지리산에서 난다.
(20) a. 쥐가 저 구멍에 숨었다.
 b. 쥐가 저 구멍에서 죽었다.

이들 예에서 보면 '에'와 '에서'의 쓰임은 전적으로 서술어에 의해서 결정되는 듯이 보인다. 즉 '있다, 많다, 숨다' 등은 '에'하고만 어울리며, '공부하다, 죽다' 등은 '에서'하고만 어울린다. 이 이외에도 가령 서술어 자리에 '놀다'라는 동사가 오면 '(마당)에서'가 오게 마련이며, '모이다'라는 동사가 오면 '(마당)에'가 오게 마련이다. 이렇게 보면, '에'와 '에서'는 후속되는 동사 및 형용사에 따라 자동적으로 그 분포가 결정되는 관계에 있는 것으로 보인다.

그러나 이러한 분석을 어렵게 하는 특성도 이들은 가지고 있다. 다음 예들이 그것을 단적으로 잘 보여 준다. 즉 (21)에서 '에'와 '에서'는 오히려 정반대의 의미를 보인다. '에'는 到達點, '에서'는 出發點을 나타내 주는 것이다. 여기서는 그 분포에 있어서도 다같이 '오다'와 어울려 상보적이 아님을 보여 준다.

(21) a. 창호가 부산에 왔다.
　　b. 창호가 부산에서 왔다.

그렇다면 (21)의 '에서'와 (18)-(20)의 '에서'는 다른 '에서'인가? 그렇게 보아 앞의 것을 在格助詞, 뒤의 것을 奪格助詞라 하기도 한다. 이것은 '집에 있다'의 '에'와 '집에 갔다'의 '에'를 각각 처격조사와 향격조사로 구분하는 입장과 같다. 그러나 우리는 향격을 따로 설정하지 않고 그것을 처격에 포함시켰었다. '에'가 방향을 나타내게 되는 것은 '에' 자체보다는 후속되는 서술어 '가다'류의 동사 때문인 것으로 해석한 것이다. '에서'에 대해서도 이와 같은 해석을 할 수 있을 것이다. '에서'가 출발점을 나타내는 것은 앞의 (21b)나 다음 (22)에서 보듯 '오다, 돌아오다, 들여오다, 물러나다'류의 동사 때문이라 할 수 있기 때문이다.

(22) a. 우리나라는 옛날부터 많은 文物을 중국에서 들여왔다.

b. 마파람은 남쪽에서 불어 오는 바람을 말한다.
c. 그 사람은 이제 모든 公職에서 물러났다.

'에서'의 이러한 의미는 '에게서'나 '한테서'에서도 발견된다. 이는 '에게, 한테'가 '에'와 공통되는 의미를 가지던 것만큼 당연할 것이다. 그러나 '더러'의 짝이 되는 '더러서'는 쓰이지 않는다.

(23) a. 누나한테서 너에게 편지가 왔구나.
b. 그 책 누구한테서 빌려 왔니?
c. 이 이야기는 지난 번 그이한테서 들었어요.

'에서'는 도착점을 나타내는 '까지'와 짝을 이루어 장소나 시간의 출발점을 나타내 주는 일에도 많이 쓰이는데 이때는 '에서' 다음에 '부터'를 덧붙이기도 한다. 한편 '에게서, 한테서'와 짝을 이루는 '까지'는 그 앞에 '에게, 한테'를 동반하여야 하는 점이 주목을 끈다.

(24) a. 열 시에서 한 시까지 일했다.
b. 서울에서 대전까지 다섯 시간이나 걸렸다.
c. 이 철새는 알라스카에서부터 남미까지 이동한다.
d. 이 편지가 너한테서 나한테까지 오는 데 며칠이나 걸렸는지 아니?

이상에서 보면 '에서, 한테서' 등의 '서'는 '에, 한테'에 어떤 의미를 더하는 것을 알 수 있고, 따라서 '에서'를 '에'의 한 이형태로 보기는 어려움을 깨닫게 된다. (18)-(20)에서는 비록 그 쓰임이 아주 비슷하지만 거기에서도 '서'가 어떤 의미를 덧붙임으로써 후속되는 동사들의 성격이 결정되는 것으로 보면 '에서'는 '에'와 구별되어야 할 조사임이 분명하다. 이들도 결국 처소를 가리키는 일을 담당하기 때문에 처격조사이되 '에'와는 구별되는 또 하나의 다른 처격조사라 보아야 할 것이다. 다만 여격조사처럼 필요에 따라 처격조사의 한 하위류로 재격조사나 탈격조사와 같은 이름이 필요할지 어떨지는 상황에 따라 결정하여야 할 것이다.

8.6. 구격조사

구격조사의 용법

具格(instrumental)이란 어떤 일을 하는 데 쓰이는 재료나 도구 및 수단을 가리키는 격을 말한다. 이러한 격의 자리에 쓰이는 조사, 즉 具格助詞로 '로/으로'가 있다.

(1) a. 어머니가 콩으로 메주를 쑤신다.
b. 찹쌀가루와 팥으로 시루떡을 만든다.
c. 시멘트로 지은 집보다 나무로 지은 집이 물론 더 쾌적하지요.
(2) a. 가위로 색종이를 오려서 무얼 만들까?
b. 나는 겨울에도 냉수로 세수를 한다.
c. 볼펜으로 쓴 글씨보다 붓으로 쓴 글씨가 훨씬 더 품위가 있다.
(3) a. 창호는 피나는 노력으로 끝내 성공하였다.
b. 어떤 일이든 우격다짐으로 해결하려고 해서는 안 된다.
c. 그 사람은 죽음으로 자신의 결백을 증명하려 한 것입니다.

위의 (1)은 재료, (2)는 도구, (3)은 수단에 '로/으로'가 쓰인 예들이다. 이들은 대체로 '～을 가지고'로 바뀔 수 있는 의미를 가지고 있어 구격의 가장 본질적인 의미로 쓰인 예들이라 할 수 있다.

그런데 국어의 '로/으로'는 이들과는 다른 의미로도 쓰이는 일이 많다. 그 하나는 '으로'가 원인을 나타내는 경우다. 이 때는 '～을 가지고'로는 해석되지 않으며, 대신 '～ 때문에' 또는 '～로 인하여(말미암아)'로 해석된다. 그러나 이것도 결국은 넓은 의미로 도구와 수단의 일종이라 할 수 있으므로, 아래 (4)에서의 '로/으로'도 구격 조사의 용법의 하나라고 보는 데는 큰 무리가 없을 것이다.

(4) a. 가뭄으로 금년 농사는 흉작을 면키 어렵게 되었다.
b. 그의 갑작스러운 逝去로 학계가 큰 비탄에 빠졌다.
c. 너의 합격 소식으로 우리 집안은 요즈음 온통 축제 분위기란다.

향격과 자격격

'로/으로'가 구격 본연의 의미와 다른 의미로 쓰이는 또 하나의 경우는 대체로 향격의 의미로 쓰이는 경우다. 즉 (5)-(6)을 보면 시간적, 공간적 범위 내지 방향이나 지향점을 나타내고 있다. 그리고 (7)에서는 역시 방향을 가리키기는 하나 '～를 통과하여'라는 뜻으로 쓰임으로써 '～를 향하여, ～에'의 뜻을 가지는 (6)에서의 용법과 얼마간 구분된다. (8)도 근본적으로 (6)에서와 같은 의미이나 이동보다는 변화와 관련되는 점에서 역시 얼마간 구분되는 예들이다.

(5) a. 약속 시간을 열두 시로 정했다.
b. 우리가 서울을 떠난 지 올해로 10 년째이다.

(6) a. 고기를 잡으러 바다로 갈까요, 고기를 잡으러 강으로 갈까요?

b. 我軍은 끝도 없이 남으로 남으로 밀리고 있었다.
c. 집 뒤로는 산이 둘러 있고, 집 앞으로는 개울이 흘렀습니다.
(7) a. 너 어디로 돌아 오느라 이제 오니?
b. 도서관으로 질러 오면 아주 가깝습니다.
c. 산길로 가다가 여우를 만났다.
(8) a. 황무지이던 곳이 큰 도시로 바뀌었다.
b. 그는 그 뒤 곧 중령으로 승진하였다.
c. 구미호가 처녀로 변했다.

다음 (9)와 (10)에서의 '로/으로'는 앞의 것들과 또다른 의미를 보여 준다. 대체로 '~의 資格으로'라는 의미를 가진다고 할 수 있다.

(9) a. 그들은 한평생 다정한 친구로 지냈다.
b. 김 씨는 호남 제일의 갑부의 맏아들로 태어났다.
(10) a. 함 박사님을 회장으로 추대합시다.
b. 최 진사는 결국 칠복이를 사위로 삼았다.

'로서'와 '로써'

이처럼 자격을 가리키는 '로/으로' 다음에는 '서'가 덧붙는 일이 흔히 있다. 이것은 도구나 수단의 '으로' 뒤에 '써'가 덧붙는 일과 대조적이다. '써'는 어원적으로 '쓰어'에서 온 것으로 결국 앞에서 말한 '~을 가지고'와 마찬가지 의미를 가진다고 할 수 있는데 '서'에는 그러한 의미가 없어 여기에서도 (9)-(10)의 '로/으로'의 쓰임이 구격 본연의 의미와 확연히 다름을 확인하게 된다.

(11) a. 학생으로서 지켜야 할 일이 따로 있고, 선생으로서 지켜야 할 일이 따로 있다.
b. 우리는 分斷國으로서의 난제를 슬기롭게 풀어 나가야 한다.

c. 가장 대표적인 예로서 영국 국회를 들 수 있다.

(12) a. 죽음으로써 나라를 지키자.

b. 그들은 오로지 잡담으로써 허송세월을 하고 있었다.

c. 그의 행동은 우리 상식으로써는 도저히 이해할 수 없다.

그런데 '서'나 '써'와의 결합이 방위를 나타내는 '으로'에서는 일어나지 않는다. '산으로서 갔다'나 '산으로써 갔다' 등이 모두 불가능한 것이다. 이렇게 보면 '로/으로'는 결국 세 가지 다른 종류로 나뉜다는 것을 알 수 있다.

관용적 용법

'로/으로'는 관용구를 구성하기도 한다. '주로, 덕택으로, 억지로, 막무가내로, 차례로, 대체로, 건성으로, 통째로, 자유자재로, 참으로, 정말로, 진실로, 밤낮으로, 날로(새로워지는)' 등이 그 대표적인 예들이다. 이때의 '로/으로'는 대체로 선행 형태와 분리가 거의 불가능한 것이 특징인데 관용구의 특성상 이들에서 구격조사로서의 의미를 추출하기는 쉽지 않다. 그러나 굳이 설명하자면 이때의 의미는 방위보다는 도구, 수단, 자격의 의미로 풀이된다. 가령 '진실로'는 '진실을 가지고', '적극적으로'는 '적극성을 가지고', '밤낮으로'는 '밤낮을 써서' 등으로 풀이가 가능한 것이다. 다음 예문의 경우도 관용구적인 용법으로 쓰인 것으로 역시 (13a)의 '내가 알기로는'은 '내가 아는 것을 가지고는', 즉 '나의 판단으로써'의 뜻으로, (13b)의 '진 것으로'는 '진 것이라는 자격(상태)으로'라는 뜻으로 풀이할 수 있을 법하다. 그러나 전체적으로 이들의 '로/으로'는 (14)에서도 확인되듯이 구격조사로서의 기능이 매우 희미해진 경우라고 보아야 할 것이다.

(13) a. 내가 알기로는 그는 아직 독신이다.
b. 그때까지만 해도 우리는 우리 편이 다 진 것으로 생각했다.
(14) 그는 어린이들로 하여금 희망과 용기를 가지도록 일생 동안 헌신하였다.

이상에서 보면 '로/으로'의 쓰임은 상당히 복잡한 편에 속한다. 아마 국어의 조사 중 가장 다양한 용법을 가지는 것일지 모른다. 이러한 '로/으로'를 모두 구격조사 이름 밑에 넣어 어떤 한 의미 특성으로 묶어 인식하는 일이 가능한지는 아직 숙제다. 구격조사로 묶는다면 역시 몇 개의 하위류를 설정하여야 할 것이다.

8.7. 공동격조사

'함께'라는 의미 기능

共同格(comitative)이란 어느 다른 것과 서로 짝의 관계에 있음을, 그와 짝을 이루어 어떤 상황에 관여됨을 나타내 주는 격을 뜻한다. '와/과' 및 '하고'가 대표적 共同格助詞로서 이들은 이른바 交互性을 가지는 對稱動詞들 앞에 쓰여 두 명사가 짝을 이루어 '서로' 또는 '함께' 어떠함을 나타내 주는 구실을 한다.

(1) a. 철수와 영희가 결혼했다.
b. 철수는 동생과 사이좋게 지냈다.
c. 나는 이 행복을 千金과도(千金하고도) 바꾸지 않겠다.
(2) a. 인생은 과연 뜬 구름과 같은 것일까?
b. 산의 맛은 바다의 맛과 크게 다르다.

c. 쑥바귀는 민들레와 비슷하다.

앞의 예문들에 쓰인 '결혼하다, 바꾸다, 사이좋게 지내다, 같다, 비슷하다' 따위는 짝이 없이 단독으로는 성립되지 않는 행위나 상태이다. 그래서 반드시 명사가 둘이나 그 이상이 있어야 하는데 그러한 명사들이 이러한 행위를 이루는 짝의 관계에 있음을 드러내 보이는 것이 바로 공동격조사다. 이처럼 짝과 함께라야 성립되는 행위의 동사(및 형용사)들을 交互性 對稱動詞(또는 對稱形容詞)라 하는데 앞의 예문에 쓰인 것들 이외에 아래 (3)에 열거한 예들이 더 있다. 이들은 말하자면 공동격조사 '와/과'나 '하고'를 늘 달고 다니는 단어들이라고 할 수 있다.

(3) 만나다, 헤어지다, 싸우다, 사귀다, 친하다, 악수하다, 어긋나다, 부딪치다, 교환하다, 통화하다, 관계가 있다(없다, 깊다, 많다), 다르다, 닮다

앞의 예문 중 (2)의 '와/과'를 (1)의 것과 구별하여 두 명사를 비교하는 일을 한다고 하여 '보다, 처럼'과 아울러 比較格助詞로 분류하는 일도 있다. 그러나 (1)과 (2)에서의 이들의 용법은 어느것이나 두 명사가 짝이 되어 '서로' 어떻다는 것을 나타내 준다는 공통점을 가지므로 동일한 共同格助詞로서의 쓰임이라 보아 좋을 것이다.

한편 다음 예문의 '믿다, 의지하다' 따위는 보통은 일반 타동사들이지만 '서로'를 취하면 공동격조사를 취한다.

(4) 철수와 영희가 서로 {믿었다, 의지했다, 도왔다, 싫어했다}.

접속의 기능

'와/과'는 앞에서와는 달리 순수히 두 명사를 접속시켜 주는 일에도 널리 쓰인다. 널리 쓰일 뿐 아니라, 이것이 '와/과'의 보다 주된 기능이라고 할 만큼 '와/과'는 이 기능으로 더 널리 쓰인다.

(5) a. 창호와 영수는 모범생들이다.
b. 나는 고등학교 때 국어와 생물을 좋아하였다.
c. 이 가수는 한국과 일본에서 인기가 높다.
d. 제주도와 울릉도의 풍물은 소중히 보존되어야 합니다.

이 (5)에서의 '와/과'는 여러 면에서 앞의 (1)-(2)에서 본 '와/과'와 다른 특성을 보인다. 당장 그 의미에서, 이 경우에는 서로 짝이 되고 힘을 모아 함께 어쩌고 어떻다는 것이 아니라 두 명사 각각이 그런 것이 한 자리에 모인 결과로 "앞뒤의 명사 모두"라는 의미를 나타내어 완연한 차이를 보인다. 짝을 이루어 함께 어쩌는 기능을 협동의 기능이라면 이쪽은 그야말로 단순한 병렬 내지 접속의 기능인 셈이다.

특수조사와의 결합이나 어순의 자유로움에서도 이들은 뚜렷한 차이를 보인다. 즉 접속 기능의 '와/과'는 그 다음에 '은/는'이나 '도, 만' 등의 특수조사를 결합할 수 없고, 또 '명사+와'를 그 뒤의 명사 다음으로 옮겨 어순을 바꿀 수도 없는데 (1), (2)의 '와/과'는 그렇지 않은 것이다.

(6) a. *나는 국어와도(국어와는) 생물을 좋아하였다.
b. *나는 생물을 국어와 좋아하였다.

(7) a. 누구나 영호하고는(영호하고만) 사이좋게 지낸다.
b. 영호하고는 누구나 사이좋게 지낸다.

그리고 접속 기능일 때는 단순한 병렬이어서 두 명사 중 하나를, 즉 '명사$_1$+ 와'나 '와 + 명사$_2$' 중 하나를 떼어 내어도 그 나머지로써 훌륭한 문장이 되는 데 반해, (1), (2)에서는 두 명사가 협동을 해야 하는 관계이므로 '와/과'를 동반한 명사구를 빼어 버리면 불완전한 문장이 되고 만다.

(8) a. 나는 생물을 좋아하였다./나는 국어를 좋아하였다.
b. 영수는 모범생이다./창호는 모범생이다.

(9) a. ?철수는 사이좋게 지냈다.
b. ?나는 이 행복을 바꾸지 않겠다.
c. ?쏨바귀는 비슷하다.

이상에서 본 몇 가지 차이에 근거하여 접속기능의 '와/과'는 흔히 공동격조사와 구별하여 接續格助詞(또는 接續助詞)라 부른다. 접속조사라 함은 이를 격조사로 볼 수 없다는 뜻을 함축하는데, 속격조사의 예외가 있기는 하지만, 이 조사가 명사와 동사의 관계를 나타내 주는 조사가 아니라는 데 그 주된 근거를 두는 것으로 보인다. 격조사라 본다면 두 명사를 대등하게 병렬·접속시키는 기능인 만큼 매우 특이한 격조사임에 틀림없다.

접속조사가 쓰인 (5)류의 문장은 흔히 두 문장이 접속된 것이 공통된 요소를 생략하여 압축된 것으로 이해한다. 즉 (5a)는 '창호는 모범생이다'와 '영수는 모범생이다'의 두 문장이 통합된 것으로 분석하는 것이다. (5)의 문장들이 (8)에서처럼 한 쪽 명사구를 떼어 내고도 온전한 문장이 되는 것도 이 문장들의 이러한 生成 절차에 말미암은 것으로 이해된다(이에 대해서는 제15장에서 다시 다룬다). 어떻든 접속조사의 기능이 공동격조사 본연의 기능과 차이가 있는 것은 분명하여 이들을 그대로 공동격조사에 넣어 다룬다면 앞에서 다른 조사에 대해서 그랬던 것처럼 접속조사, 또는 접속격조사라는 하위류를 설정하여야 할 것이다.

8.8. 비교격조사 및 호격조사

앞에서 중요한 격조사는 거의 다 망라하였다. 이제 남은 것은 比較格助詞와 呼格助詞 정도다. 이들에 대해서 간략히 기본적인 특징을 서술하기로 한다.

비교격조사는 정도 및 우열을 비교할 때 쓰이는 조사로, 가장 대표적인 비교격조사로는 '보다'가 있다. '보다'가 쓰이면 서술어 앞에 '더'와 같은 정도부사가 오는 일이 일반적이다.

(1) a. 오늘이 어제보다 더 덥다.
    b. 노인이 청년보다 더 잘 뛰는구나.

역시 정도나 우열의 비교에 쓰이나 그 다름이 아니라 같음을 나타내는 비교격조사로 '처럼, 만큼' 및 '같이'가 있다.

(2) a. 호수가 거울처럼 맑구나.
    b. 창호 키가 벌써 형만큼 컸구나.
    c. 곰같이 미련한 놈.

'같다, 다르다, 비슷하다' 앞에 쓰이는 '와'도 비교격조사의 일종으로 볼 수 있음을 앞(8.7.)에서 밝힌 바 있다. 그러면서도 거기에서 그것을 '서로'와 함께 쓰이는 특징을 들어 공동격조사에 포함시켰었다. 따라서 여기에서 '와'는 비교격조사에서 빼기로 한다.

호격조사는 누구를 부를 때 쓰이는 조사로서 '아/야'가 있다. 이들은 원칙적으로 사람 이름 다음에 쓰인다. '아가, 꼬마'처럼 이름 대신으로 불리는 명사에 쓰이는 것은 자연스러우나 그렇지 않은 경우는 의인화하고, 또 인명화한 절차를 밟은 경우라 할 수 있다.

(3) a. 영숙아, 어서 일어나. 벌써 일곱시다.
b. 창호야, 빨리 와서 이것 좀 도와 줘.
c. 아가야, 이리 온.

(4) a. 가노라 삼각산아, 다시 보자 한강수야.
b. 나비야, 나비야, 이리 날아 오너라.
c. 님아, 내게로 오라.

호격조사는 해라체를 쓸 정도의 사람에게만 쓰이는 것이 원칙이다. 그래서 상대를 등급을 좀 높여 부를 때는 호격조사를 생략해야 한다. '형, 아버지, 선생님'처럼 윗사람을 부를 때 '아/야'를 못 쓰는 것이나('아버지요'나 '선생님요' 또는 '형아'는 사투리이다) 동생을 이름을 못 부르고 '동생'이라 부를 때에도 '동생아'라고 부르지 못하는 것은 이들이 사람 이름이 아니어서이기도 하지만 해라체를 사용할 대상이 아니기도 하기 때문일 것이다. 이 점에서 (7)의 '엄마야, 누나야'는 '엄마, 누나'를 정겨운 존재로 만들기 위해 파격을 한 것이라 할 수 있다.

(5) a. 창호, 나 좀 보세.
b. 동생, 요즘 어디 불편해?
(6) a. 형, 어디 가?
b. 할머니, 저 왔어요.
(7) 엄마야, 누나야, 강변 살자.

호격조사로 '여/이여' 및 '이시여'가 쓰이기도 한다. 이것들은 '아/야'의 존대형으로 '아/야'가 생략되었을 때보다도 더 상대를 높이는 기능이 있다. 그러나 이 조사는 일상 대화에서는 쓰이지 못하고 기도문이나 詩的 표현 등에만 쓰인다.

(8) a. 주여, 여름은 참으로 길었습니다.
b. 꿈이여, 다시 한번.
c. 님이시여, 그대 앞에 꿇어앉게 하소서.

이상으로 격조사를 전부 보았다. 워낙 가짓수가 많고 용법이 다양해 그 분류 체계를 수립하기가 쉽지 않음을 여러 곳에서 보았다. 국어 격조사의 종류를 몇으로 해야 할지, 어느 조사를 어디에 소속시켜야 할지, 둘을 하나로 통합해야 할지 하나를 둘로 분리해야 할지가 계속 논의의 대상이 되어야 할 것이다. 여기서는 형태 중심으로 주로 그 용법을 살펴보는 데 주력하였다.

8.9. 격조사의 생략

국어에서 격은 격조사에 의해 표시되는 것이 일반적이지만 어순에 의해 표시되기도 한다. 다시 말해서 격조사가 생략되기도 하는 것이다. 다음 예문에서 괄호 안의 격조사를 생략하고 말하여도 극히 자연스러운데, 때에 따라서는 생략하고 말해야 오히려 더 자연스러운 문장이 됨을 볼 수 있다.

(1) 이 책(이) 누구(의) 책이지?
(2) 영희(의) 언니(의) 책.
(3) 서울(에) 가서 누구(를) 만나려고?
(4) 너(가) 숙제(를) 다 했니?

격조사 생략의 조건은 아직 그리 분명하지 않다. 앞의 (1)-(4)를 보면 조사가 있고 없고의 차이가 거의 없다. 조사가 없는 쪽이 보다 구어적이고 문장이 짧은 편이 긴 쪽보다 생략이 쉬운 정도의 차이가 있을 뿐이다. 다음 예문 (5)는 문장이 꽤 길어서 조사를 모두 생략하면 다소 거북한데, 그것도 정보 처리가 복잡해지기 때문이지 조사가 없다고 해서 의미관계가 불분명해지거나 하지는 않는다. 또 (6a)와 (6b)를 비교해 보면 (6a)는 행선지를 묻고 있는 말이고 (6b)도 그러한데, (6b)의 경우는 행선지를 묻기보다는 하나의 인사말처럼 관용화되어 쓰이기도 하는 반면 (6a)는 그러한 용법으로는 다소 어색하다. 그리고 물음에서 조사를 생략했으면 대답에서도 생략하는 편이 더 낫다. 어떻든 격조사 생략은 어떤 조건의 지배를 받는 것은 분명해 보인다.

(5) ?철수(가) 영희(를) 만나서 서점(에) 가서 책(을) 샀다.
(6) a. 어디에 가십니까?—인천에 갑니다. / ?네, 어디에 좀 갑니다.
　　b. 어디 가십니까?—인천 갑니다. / 네, 어디 좀 갑니다.

조사 중에서도 특히 주격조사와 대격조사가 잘 생략된다. 그것은 어순만으로도 주격과 대격은 쉽게 판별되기 때문일 것이다. 그러나 문법적 관계가 아무리 분명하더라도 내포문의 주어나 초점, 새로운 정보에 결합된 조사는 잘 생략되지 않는 경향을 보인다.

(7) a. 여기가 율곡이 태어난 곳이다. (새로운 정보, 내포문의 주어)
　 b. 옛날 옛날 깊은 산속에 수돌이라는 나무꾼이 살고 있었습니다. (새로운 정보)
　 c. 왜 네가 가니? (초점)
　 d. 동생은 야구를 제일 좋아한다. (초점)

속격조사 '의'의 경우는 생략된 자리에 다른 조사가 대신 들어갈 가능성이 거의 없다는 점에서는 '이/가'나 '을/를'과 같지만, (9)에서 보듯이 '의'가 소유 관계가 아닐 때는 문맥과 관계없이 '의'의 생략이 불가능하다. (8)에서는 의미상으로 보아서는 '의'가 생략될 수 있을 것 같은데도 불가능한데, '나'뿐 아니라, '너, 그'에도 해당된다.

(8) {*나, 나의, 내} 친구 / {영희, 영희의} 친구
(9) a. {*젊은날, 젊은날의} 고뇌
　 b. {*평화, 평화의} 종소리
　 c. {*철수, 철수의} 오해
　 d. {*7년만, 7년만의} 외출
　 e. {*시골, 시골의} 아름다운 풍경
　 f. {*독서, 독서의} 계절

반면 'NP_1의 NP_2' 구성에서 NP_1과 NP_2의 의미 관계가 소유주-피소유주, 전체-부분이거나 친족관계일 때는 '의'가 잘 생략된다.

(10) 영희(의) 책, 책상(의) 서랍, 철수(의) 누나

'의'가 '우리' 다음에 놓일 때는 그 어느 경우와도 다른 특징을 나타낸다. 다음 예문 (11)과 (12)에서 그 대립되는 양상을 볼 수 있는데, 대체로 '집, 동네, 마을, 학교, 班, 나라, 조국' 등과, 친족어인 '아버지, 어머니, 마누라, 남편, 아들, 딸, 아주머니, 할아버지' 따위와 '선생님, 애인' 등이 '우리'를 선호하고 '우리의'를 기피하는 것으로 보인다. 그런데 이 경우가 '의'를 취하는 것은 (12a)에서 보듯이 '우리의 어머니'가 '우리 어머니'와 달리 추상화된 의미임을 나타내기 위해서인 것으로 해석된다.

(11) a. 그리운 {우리, ?우리의} 어머니
b. {우리, ?우리의} 마을에서 가장 오래된 정자
c. 이 사람이 {우리, ?우리의} 마누라야.

(12) a. 熊女는 마침내 시련을 이기고 {?우리, 우리의} 어머니가 되었다.
b. 영원히 변치 않을 {?우리, 우리의} 맹세

그런데 이상의 현상을 격조사의 '생략' 현상으로 보지 않고 '不定格'의 개념으로 설명하는 견해도 있다. 주격, 대격, 속격에서 조사가 실현되지 않는 경우는 단순한 생략이 아니라, 통합관계만으로 격표시가 가능하여 격조사 없이 격을 표시하는 부정격이라는 것이다. 이는 처격, 구격, 공동격조사들의 경우와 달라서, 주격, 대격, 속격은 구조에 얽매여 있는 것들이기 때문에 다른 조사로 회복될 가능성이 거의 없지만, 처격, 구격, 공동격은 회복이 꼭 일방적인 것이 아닌 차이가 있다는 것이다. 다시 말해서 주격, 대격, 속격은 겉으로 아무것

도 나타나지 않은 상태의 부정격이 본래의 것이고 필요한 경우에 구체적인 개별 조사를 가지는 반면, 나머지 격들은 격조사가 있는 것이 본래의 것이고 어떤 이유가 있을 때 조사가 생략된다고 보는 것이다. 부정격의 도입은 주격조사와 대격조사를 격조사로 보기보다 특수조사로 보는 데까지 이어지는데 어느쪽의 해석이나 그 나름의 이점이 있으나 여기에서는 부정격의 개념을 도입하지 않고 있다.

참고 김광해(1984), 김완진(1970), 남기심(1993), 남기심·고영근(1993), 민현식(1982), 선우용(1994), 송석중(1993), 안병희(1966), 유동석(1986, 1995), 이광호(1988), 이남순(1988, 1988b, 1992), 이익섭(1973), 이익섭·임홍빈(1983), 정인상(1980), 채완(1977), 홍윤표(1978, 1990), 홍재성(1987)

제 9 장 특수조사

9.1. 격조사와 특수조사

이미 앞 장에서 그 윤곽이 드러났듯이 국어에는 조사가 매우 다양하게 발달하여 있다. 국어로 하여금 첨가어로서의 자격을 가지도록 해 주는 것이 바로 조사와 어미로서, 비록 어미보다는 덜하여도 그 종류와 용법이 매우 많고 다양하다. 그 분포도 매우 다양하여 체언을 비롯하여 부사, 용언의 활용형 등 한 단어뿐 아니라 모든 종류의 어절과 문장에도 결합되며, 심지어 (8)에서처럼 어근에까지도 결합될 수 있다. (3)에서와 같이 하나의 명사에 조사가 겹쳐서 붙을 수도 있다.

(1) 이슬비가 내린다.
(2) 비가 몹시도 세차게 온다.
(3) 내가 그를 본 것은 학교에서가 아니라 극장에서였다.
(4) 사지는 않더라도 일단 입어나 보세요.
(5) 서로 양보하는 모습이 참 보기가 좋구나.
(6) 가뭄을 겪어 보아야 비가 얼마나 고마운 것인가를 알게 된다.
(7) 그것은 결국 누가 고양이 목에 방울을 다느냐의 문제다.
(8) 방이 깨끗도 하다.

조사는 여러 면에서 어미와 상통하는 성격의 요소라는 인상을 준다. 무엇보다 조사는 자립형식이 아닌 의존형식으로서 그 자체로 한 독립된 문장 성분을 이루지 못하고 늘 어디에 덧붙지 않고서는 제 기능을 수행하지 못한다는 점에서 어미와 비슷한 점이 많다. 그러나 어미는 어미 없이는 선행 형식이 자립성을 가질 수 없는 데 반해, 조사 자체는 자립성이 없더라도 선행 형식은 조사 없이 자립성을 가진다는 점에서 둘의 성격은 엄연히 구별된다. 오히려 조사는 어근에 붙는 특수한 경우를 제외하고는 자립형식에만 결합될 수 있다. 그리고 조사는 전술하였듯이 생략되는 경우도 있어 어미에 비하면 자립성도 얼마간은 가지고 있다고 할 수 있다.

조사는 그 분포와 용법의 차이에 따라 우선 크게 두 종류로 나뉜다. 格助詞와 特殊助詞가 그것이다. 격조사는 명사(체언) 뒤에 연결되어 그 명사의 格을 나타내 주는 조사로서 말하자면 기본조사이며, 특수조사는 어떤 한 가지 格을 담당하지 않을 뿐 아니라 아예 격 표시와 같은 문법적 기능은 없이 의미를 담당하는 것을 주임무로 하는 조사를 말한다. 특수조사는 그 분포도 명사 뒤에 한정되지 않고 부사나 몇몇 활용형 뒤, 심지어는 '하다' 앞의 어근 뒤에조차 연결되는, 그야말로 특수한 조사다. 구체적인 예로 격조사 '을/를'은 그 형태만 보면 대격조사라는 것을 알 수 있고 따라서 그것이 결합된 명사구는 그 문장의 목적어이리라는 기대를 가질 수 있다. 그리고 그것은 원칙적으로 명사에, 아니면 명사의 자격으로 쓰인 말에만 결합된다. 그러나 특수조사는 다음 예문 (9)에서 보듯이 그 사정이 매우 다르다.

(9) a. 사과도 과일이다.

b. 나는 사과도 좋아한다.
c. 그 사과 영희도 하나 주어라.
d. 왜 앉지도 않고 바로 가니?
e. 이렇게 재미있는 영화는 한 번도 본 적이 없다.
f. 그 문제는 아직도 풀리지 않고 있다.
g. 조용도 하고 깨끗도 하다만 너무 비싸다.

즉 '도'는 주어 자리, 목적어 자리, 처격 자리에 두루 쓰이고 있을 뿐만 아니라 '앉지'나 '늦게'와 같은 활용형이나 '아직, 빨리'와 같은 부사 뒤 및 '조용, 깨끗'과 같은 어근 뒤에서 쓰이고 있음을 볼 수 있다. 그만큼 '도'는 어떤 한 격을 담당하는 형태라고 보기는 어렵다. 이 점은 다음 예문 (10)에서처럼 이미 다른 격조사가 쓰인 자리에 특수조사가 덧붙은 경우에 더욱 뚜렷해진다. 즉 (10a)에서 보면 처격은 이미 '에'로, (10b)에서 구격은 이미 '으로'로 실현되어 있고, 거기에서 '도'는 '다른 것을 포함하여 이것 또한'이란 의미를 더하여 주는 일만 하고 있을 뿐 어떤 격의 표현에 관여하지 않고 있음이 뚜렷이 드러난다.

(10) a. 등산은 육체적인 건강에도 좋고 정신적인 건강에도 좋다.
b. 그 분은 왼손으로도 글씨를 잘 쓰셨다.

그런데 특수조사는 때로 격조사와 혼동되기 쉬울 때도 있다. 특수조사도 주로 명사 뒤에 연결되어 쓰이는 데다가 격조사에 따라서는 어떤 특수조사를 만나면 생략되기 때문에, 마치 그 특수조사가 격의 표시 기능까지를 하는 것으로 생각하게 만들기 때문이다. 앞의 (9a-c)의 예가 바로 그러한데, 특히 다음 예문 (11)에서와 같은 '은/는'은 그 용법이 주격조사 '이/가'의 그것과 너무 흡사하여(이에 대해서는 7.2.에서 다시 논한다) 때로 주격조사로 잘못 인식되는 일조차 있다. (종래 독립격조사니 절대격조사니, 또는 배제격조사, 주제격조사 등 어떻든 격조사의 하나로 이름을 붙이려는 시도가 많았다.)

(11) a. 한글은 음소문자다.
 b. 철수는 붓글씨를 잘 쓴다.

특수조사 중 '은/는, 도'는 주격, 대격, 속격의 자리에서는 반드시 격조사를 탈락시키는 반면, '만, 까지, 부터' 등은 이들 격조사와도 잘 통합하는 경향을 보인다.

(12) a. 영수만이 끝내 의리를 지켰다.
 b. 나만의 진정한 친구는 누구일까?
 c. 멀리 있어도 나만을 생각해 주세요.
(13) a. 여기까지가 우리 땅이다.
 b. 이달까지의 적자가 얼마인지 아십니까?
(14) 그분{이, 은, *이는, 도, *이도} 아들의 성공을 위해 매일 기도를 한다.
(15) 내 친구{의, 는, *의는, 도, *의도} 딸이 내일 결혼한다.
(16) 철수는 추리소설{을, 은, *을은, 도, *을도} 좋아한다.

이렇게 보면, 어떤 격의 자리에 특수조사가 단독으로 쓰인 것은 격조사가 그 자리에서 생략된 결과로서, 비록 격조사가 그 자리에 안 쓰였어도 격은 그 생략된 격조사가 담당하는 것이며 특수조사는 그 조사들 하나하나가 담당하고 있는 의미적 기능을 나타내 준다는 것이 밝혀진다. 아울러 격조사와 특수조사는 서로 비슷한 성질을 가지고 같은 자리를 나누어 가지며 서로 뒤엉키는 관계에 있으면서도 그 역할을 분명히 분담하는 관계에 있음도 다시 확인된다.

9.2. '는'

특수조사는 앞에서 논한 대로 격과는 무관하게 어떤 의미를 대표하는 조사들이다. 따라서 이들에게 어떤 이름을 붙인다면 '배제조사'라든가 '대조조사'와 같은 의미 관련의 이름이 붙게 될 것이다. 그러나 이들에게 이런 부류의 명칭은 아직 정립되어 있지 않다. 여기에서는 특수조사 중 대표적 몇 가지를 그 어형별로 하나씩 살펴보기로 한다.

대조와 배제

'은/는'(이하 '는'으로 대표함)은 특수조사 중 가장 널리 쓰이면서 그 의미와 용법도 가장 복잡한 조사다. 이 조사에서 일차적으로 드러나는 의미는 '對照' 내지 '排除'다.

(1) a. 이 식물이 습지에서 잘 자란다.
    b. 이 식물이 습지에서는 잘 자란다.

(1a)는 습지가 아닌 곳에서는 어떠한지 아무런 함축을 하고 있지 않지만 (1b)는 습지가 아닌 곳에서는 그 식물이 잘 자라지 않을 것이라는, 아니면 잘 자랄지 어떨지 모르겠다는 대조의 의미를 함축하고 있다. 말을 바꾸어 습지 이외의 곳은 배제하는 의미를 함축하고 있다고 할 수도 있다. '는'이 가진 이러한 대조·배제의 의미는 다

음 예들과 같은 접속문에서 가장 뚜렷이 드러난다.

(2) a. 서쪽 하늘에 샛별은 떴지만, 달은 아직 뜨지 않았다.
b. 나는 생물은 좋아하지만 화학은 싫어한다.
c. 나는 밥 먹을 때는 오른손으로 먹고, 글씨를 쓸 때는 왼손으로 쓴다.

(3) a. 소나무는 상록수지만, 낙엽송은 낙엽수다.
b. 철수는 총명하지만, 동생은 그렇지 않아요.

그런데 '는'이 배제의 의미를 함축한다고 할 때 유의할 점은 그러한 함축은 어디까지나 함축으로서, 실제로 다른 자매 항목을 모두 배제하는 것은 아니라는 점이다. 다시 말해서 (1b)는 (4a)의 의미일 수도 있으나 그보다는 (4b)를 의미하는 것이다.

(4) a. 이 식물이 습지에서는 잘 자라지만 다른 곳에서는 잘 자라지 않는다.
b. 이 식물이 습지에서는 잘 자라지만 다른 곳에서는 어떨지 잘 모르겠다.

이런 점에서 '는'은 '만', '도'의 의미와 비교된다. 후술하겠지만, '도'는 가능한 자매 항목을 포괄하고 '만'은 배제하는데, '는'은 가능한 자매 항목에 대해 중립적인 입장을 취함으로써 '는, 도, 만'이 의미상의 상관성을 가지는 것이다. 그런데 이러한 의미상의 상관성에도 불구하고 '는'은 이 중 특별히 주목을 요한다. 의미가 '도'나 '만'에 비해 분명치 않기 때문이다. 즉 다음 예문 (5)에서 '습지에서도'라고 하면 '다른 곳에서도'의 의미가 분명히 드러나고 '습지에서만'이라고 하면 '다른 곳은 다 빼고'의 의미가 저절로 드러나는데

'습지에서는'이라고 하면 그처럼 양쪽 끝의 분명한 의미를 잡아내기 어렵다. 이는 예문 (5)를 영어로 번역해 보면 더욱 선명하게 드러난다. 즉 (5a)나 (5b)에는 too나 only 등으로 '도' 및 '만'이 덧붙음으로써 추가된 의미를 전달할 수 있는 데 반해 (5c)의 '습지에서'와 '습지에서는'의 차이를 나타내 주기는 쉽지 않다.

(5) a. 이 식물이 습지에서도 잘 자란다.
  b. 이 식물이 습지에서만 잘 자란다.
  c. 이 식물이 습지에서는 잘 자란다.

화제와 알려진 정보

'는'이 文頭의 주어 자리에 쓰일 때는 특히 그 의미가 쉽게 잡히지 않는다. 다음 예문 (6)에서 (6c)나 (6d)는 이 경우에도 (6b)와 확연히 의미차가 나는데, (6a)에서는 앞의 (1b)나 (5c)에서 확인되던 대조 및 배타의 의미조차 잘 잡히지 않는다.

(6) a. 어린이는 나라의 보배다.
  b. 어린이가 나라의 보배다.
  c. 어린이도 나라의 보배다.
  d. 어린이만 나라의 보배다.

(6a)에서처럼 문두의 주어 자리에 쓰인 '는'은 흔히 문장의 話題(또는 主題, topic)를 표시해 주는 것으로 해석하고 있다. 국어에서 화제의 개념은 일찍이 유길준(1909)에서 總主語, 박승빈(1935)에서 '文主', 최현배(1946)에서 '논술의 제목'이라는 용어로 인식된 바가 있는데, 화제는 評言(또는 說明, comment)의 짝이 되는 말로 한 문장

이 주어와 서술어로 갈릴 때의 주어처럼 한 문장에서 설명되는 내용의 주제가 되는 부분, 즉 그 설명 내지 언급의 대상이 되는 부분을 가리킨다. 문장을 주어 - 서술어의 구조로 파악하기보다 화제 - 평언의 구조로 파악할 때의 개념인 것으로 대체로 '~로 말할 것 같으면' 정도의 의미로 풀이된다.

그렇다면 구체적으로 (6a)의 '어린이는'과 (6b)의 '어린이가'의 차이는 무엇인가? 가장 쉽게 드러나는 차이는, '는'이 쓰인 경우는 관심의 초점이 서술부에 놓임에 반해 '가'가 쓰인 경우는 주어에 초점이 놓인다는 점이다. (6)에서도 마찬가지만 이 점 다음 (7)에서 좀더 잘 드러나는데, (7a)에서는 관심의 초점이 '우리 반 반장이다'임에 반해 (7b)에서는 '누가 우리 반 반장인고 하니 다른 사람 아닌 철수가'처럼 '철수'가 관심의 초점이라는 것이다.

(7) a. 철수는 우리 반 반장이다.
　　b. 철수가 우리 반 반장이다.

다른 한 차이는, 앞의 초점의 차이도 결국 이 차이에서 파생된 결과이며 '는'이 화제의 기능을 하는 것도 이 특징에서 비롯되는 것인데, 주격조사가 새 정보(new information)에 쓰이는 데 반해 '는'은 이미 알려진 정보(old information)에 쓰인다는 점이다. 이는 특히 예문 (8)과 같이 어떤 새 이야기를 꺼낼 때 '는'이 쓰이기 어려운 현상에서 두드러지게 나타난다. (9)는 알려진 정보를 나타내는 '는'이 기대되지 못한 놀라움의 표현에는 어울리지 못함을 보여 준다. '는'은 알려진 정보에 붙는 조사이므로 (10)과 같이 의문사에는 붙지 못하고, (11)과 같이 부정대명사에 결합되었을 때는 전체부정을 나타낸다.

(8) a. 옛날 옛날 먼 나라에 마음씨 착한 오누이가(*오누이는) 살았습니다.
b. 이 무렵 이 나라에는 마마라는 무서운 병이(*병은) 돌고 있었습니다.
(9) a. 개구쟁이 철수{가, *는} 다 점잔을 빼네!
b. 세상에! 철수{가, *는} 뉴스에 나오네!
(10) a. 너는 이 세상에서 무엇{이, *은}이 제일 갖고 싶니?
b. 우리 나라에서 어디{가, *는} 겨울에 제일 추울까?
(11) a. 사홀을 굶은 마당에 무엇은 못 먹을까.
b. 언제는 네가 얌전했니?

또 '는'은 내포문의 주어 자리에는 적절하지 못하다. 그 자리가 알려진 정보, 또는 화제가 놓이기 적절치 못한 자리이기 때문일 것이다. 만일 (13)과 같이 내포문의 주어 자리에 '는'이 쓰이는 경우가 있으면 그때는 대조의 뜻을 나타낸다.

(12) a. 가을{이, *은} 오는 소리가 들린다.
b. 네 주장{이, *은} 옳았음을 우리는 나중에야 깨달았다.
(13) a. 향기는 좋은 모과가 못생긴 모양 때문에 대접을 못 받는다.
b. 머리는 나쁘지만 힘은 센 철수가 골목대장 노릇을 한다.

'는'이 (14)에서처럼 정의나 속담, 격언 따위에 적절히 쓰인다는 점도 주목할 만하다. 정의 등은 이미 알려진 정보를 설명의 대상으로 삼는 방식이어서 (14)에서의 '는'의 쓰임은 '는'의 기능을 이해하는 데 중요한 열쇠가 될 것이기 때문이다. 흔히 국어의 특이한 면으로 지적되어 온 이중주어문도 예문 (15)와 같이 (화제-평언(주어-술어)) 구조로 해석될 수 있는 경우가 많다.

(14) a. 소나무는 상록수다.
b. 가재는 게 편이다.
c. 키 큰 사람은 싱겁다.

(15) a. 철수는 머리가 좋다.
b. 우리 할머니는 인정이 참 많으시답니다.
c. 떡은 호박떡이 제일이지.
d. 얼굴은 명희가 제일 잘 생겼지요.

이상에서의 진술을 요약하면 '는'이 주어 자리에서 화제를 나타내 주는 기능을 한다는 것이었다. 주어 자리에서 '는'이 화제의 의미를 가지는 것은 주어 자리 및 문두라는 위치가 큰 작용을 하는 것으로 해석된다. 이 조건이 화제를 이끌기에 가장 좋은 자리이기 때문이다. 또한, 주어가 아닌 성분이라도 문두에서 '는'이 결합한 것이면 어느 것이나 화제를 나타내는 특성이 있다.

(16) a. 훈민정음은 세종이 혼자 직접 창제하였다.
b. 습지에서는 이 나무가 잘 자란다.
c. 고구마는 네가 먹어라.
d. 그런 마음가짐으로는 아무것도 하기 어렵겠다.

이상에서의 논의와 관련하여, '는'의 의미를 대조와 화제로 완전히 분리하여 두 가지 별도의 의미를 가지는 것으로 이해하느냐, 아니면 어느 한쪽의 의미를 기본적인 것으로 보아 되도록 화제 한쪽으로, 또는 대조 한쪽으로 통합하는 방향으로 이해하느냐 하는 문제가 제기될 수 있다. 그런데 이 문제는, 화제란 무엇이며 그 범위는 어떻게 잡을 것인가의 문제도 아직 덜 풀려 있을 뿐 아니라 국어에서 '화제-평언'의 구조가 차지하는 비중을 어떻게 잡아야 하느냐의 문제와 관련되는 것으로 간단치 않아 아직도 하나의 숙제라 해야 할 것이다. 여기에서는 대체로 '는'의 의미를 대조 쪽에서부터 접근하여 그것이 화제의 기능까지 확산한 것으로 기술하여 왔다. '는'이 비록 그 쓰임의 범위가 더 크다 하더라도, 되도록이면 '도'나 '만'과 같은 특수조사가 일반적으로 보이는 행태에 맞추어 보려 한 것이다.

9.3. '만'과 '도'

'만'은 여러 후보 중 유독 그것이 선택됨을 가리켜 주는, '오직'이라는 의미를 더해 주는 특수조사다. 가령 (1)은 '습지' 이외의 지역은 전부 배제된다. 이러한 '만'의 의미는 (2)에서도 마찬가지다.

(1) 이 식물은 습지에서만 잘 자란다.
(2) a. 이 도령이 춘향이를 손만 잡았다.
  b. 한 마디만 더 들어 주세요.
  c. 혜순이는 꼭 만년필로만 글씨를 쓴다.

'만'이 가진 '오직'의 의미는 수량 표현에 결합했을 때 그 수량이 적다는 함축을 가져온다.

(3) A: 이것 얼마예요?
  B: 천 원만 내세요.
  A: 천 원이나요? 백 원만 깎아 주세요.

한편 '도'는 어떤 다른 것에 그것이 함께 포함됨을 뜻하는 일에 쓰인다. 그만큼 '도'는 '만'과 대립되는 의미를 가진다고 할 수 있다.

즉 (4)는 그 식물이 잘자라는 곳으로 습지 이외의 지역이 더 있음을 뜻하여, 앞의 (1)에서 습지가 다른 지역에서 떨어져 나오던 것과 반대되는 상황이 된다. (5)의 예문들에서도 '도'의 의미는 선명하게 드러난다.

(4) 이 식물은 습지에서도 잘 자란다.
(5) a. 너희들 배 고프지? 나도 배가 고프구나.
b. 철수는 정말 學究的인 친구다. 그러나 놀기도 잘 한다.
c. 혜순이는 만년필로도 글씨를 잘 쓴다.

'도'에는 다음과 같이 극단 예시의 기능이 있다. 어떤 일이 극단적인 경우에 성립하므로 나머지 경우에는 당연히 성립함을 나타낸다. 또한 (7)과 같이 부정문에서 부정대명사에 '도'가 결합되면 전체 부정이 된다.

(6) a. 원숭이도 나무에서 떨어진다.
b. 만물박사도 모르는 게 있는 법이다.
c. 시앗을 보면 길가의 돌부처도 돌아앉는다.
(7) a. 아무도 그 문제는 못 푼다.
b. 그 사람 고집은 누구도 못 꺾는다.

9.4. '조차'와 '마저' 및 '까지'

이들은 대개 '도'와 비슷한 '또한, 역시'라는 의미를 가진다. 그리하여 다음 예문에서 보듯 네 조사는 서로 바뀌어 쓰일 수 있다.

(1) a. 너{도, 조차, 마저, 까지} 나를 못 믿는구나.
b. 아내{도, 조차, 마저, 까지} 그의 곁을 떠났다.

그러나 그 세부에 들어가면 이들 네 조사는 미묘한 차이를 일으키며 자기만의 영역을 얼마큼씩 가지고 있다. 우선, '조차'는 화자가 기대하지 못한 일에 쓰인다는 제약을 가진다. (1a, b)도 그러한 예이지만 다음 (2)도 같은 예다. 만일 여기서 'F학점'을 'A학점'으로 바꾸어 말하면 이상한 문장이 된다. 이때 '도'는 어느쪽으로 말하여도 괜찮은 것과 대조적이다.

(2) 우등생인 철호조차 F학점을 받았다.

'조차'는 명령문 및 청유문에는 잘 못 쓰이는데, 명령이나 청유는 이미 기대를 하고 말하는 문장이기 때문일 것이다.

(3) a. *너조차 내일 일찍 오너라.
b. *여러분조차 함께 일터로 나갑시다.

'마저'는 '조차'와 아주 가까운 뜻을 가지나, '하나 남은 마지막'이란 의미가 더 강하고 또 기대되는 일에도 쓰이는 일이 있는 점 등이 다르다. 즉 (4b)는 이제 김 씨에게 남은 재산은 아무것도 없다는 의미가 된다.

(4) a. 올 가을에는 막내{마저, *조차} 시집을 보내야겠습니다.
b. 김 씨는 사업 실패로 집마저 팔았다.

'까지'는 '조차'와 매우 비슷하지만 역시 기대되는 일에도 쓰인다는 점이 다르다. 그 점에서 '마저'와 매우 가까워 두 조사의 차이는 아주 미묘한데, 대개 '마저'는 주로 그 결과가 화자에게 불리한 일에 쓰임에 대해 '까지'는 그렇지 않은 일에도 쓰인다는 차이가 있는 것으로 보인다.

(5) a. 이제는 네 이름{까지, 마저, 조차} 생각나지 않는구나.
   b. 이번 대회{까지, 마저} 지면 할 말이 없을 텐데.
(6) a. 그 깍쟁이가 내 선물{까지, ?마저, *조차} 사 왔다.
   b. 그 깍쟁이가 내 선물{?까지, ?마저, 조차} 안 사 왔다.

'까지'는 '조차'와 비교하여 주어 이외의 자리에서 긍정문에 잘 쓰인다는 특징도 지적될 만하다. (6a)에서 '조차'가 쓰이지 못하는 것은 그것이 긍정문에서 주어 자리가 아닌 데 쓰였기 때문이다.

'까지'에는 '부산에서 서울까지'나 '3월에서 7월까지' 등에 쓰이는 용법도 있다. 이러한 '까지'는 '도'로 대체될 수 없다는 점에서 앞의 용법과 구별된다.

9.5. '나'와 '나마', '라도'

이들은 자음으로 끝나는 명사 다음에서는 '이나, 이나마, 이라도'로 실현되고, 나머지 환경에서는 '나, 나마, 라도'로 실현되어 받침 다음에서 '이'를 가진다는 공통점을 가진다. 그 '이'는 계사 '이다'의 활용형이 화석화된 것으로 보이나 공시적으로 양자간의 의미가 너무 현격하게 다르고, 또 이들은 명사 다음뿐만 아니라 부사나 용언의 활용어미 다음에도 결합되는 등 계사의 활용형에는 없는 특성들이 있어 특수조사라 여겨진다.

'나'의 의미

'나'는 다른 것들을 버리고 어느 하나를 선택하였을 때 쓰되, 그 선택이 마음에 차지 않는 차선의 선택일 때 쓰인다. 즉 '~는 안 되니/되고 ~나'와 같은 구성을 내재하고 있다고 할 수 있다.

(1) a. 할 일도 없는데 영화 구경이나 가자.
 b. 재미도 없는데 빨리 끝나기나 했으면 좋겠다.
 c. 그런 것은 장난감으로나 쓰면 알맞겠다.
 d. 우승은커녕 예선에서 떨어지지나 말아라.

(1a)에서 '영화 구경'은 그것이 최선의 길이기 때문에 선택된 것이 아니고 최선의 선택이 배제되었기 때문에 차선책으로 선택된 것이다. 불만스럽고 성에 차지 않는 상황에 '나'가 쓰였다는 점에서 (1)의 예들은 공통성을 가진다.

그러나 '나'는 거의 정반대의 상황에도 쓰인다. 이는 특히 희망을 나타내는 조건문, 명령문에서 그러하다. 예를 들면,

(2) a. 나도 1등이나 한번 해 보았으면.
 b. 너희들은 다른 일 생각지 말고 우승이나 해라.
 c. 멋진 자가용이나 한 대 생기면 아무것도 더 바라지 않겠다.

등에서 '1등, 우승, 자가용'은 모두 성에 차는 것들이다. 그러나 이들 (2)에서의 '나'의 용법도 근본적으로는 (1)에서의 그것과 같은 것으로 해석된다. 그것으로 성에 차기는 하지만 그보다 더 나은 상황을 내면에 깔고 우선 이것으로 自慰自足하겠다는 뜻이 (2)의 예문들에

깔려 있기 때문이다. '나'의 보다 근본적인 의미는 따라서 우선 그 상황으로 自慰自足하겠다는 의미라고 고쳐 생각하는 것이 옳을지 모른다.

'나'에는 위에서 본 것처럼 화자의 주관적인 평가가 함축되어 있는데, 이 때문에 '나'는 객관적인 서술에는 잘 쓰이지 않는다.

(3) a. ?*잔디는 다 죽고 잡초나 무성하였다.
    b. ??사람들은 먹을 것이 떨어지니 맹물이나 마시고 있었다.

한편 '나'가 '누구, 무엇, 어디, 언제' 등의 의문사와 결합하여 긍정문을 이루면 '~이든지' '모두'와 같은 의미를 가진다. '누구, 무엇' 등은 아직 정하여지지 않은 미정의 대상인데, 그 미정의 것을 선택하게 되니 결국 '모두'의 뜻을 가지게 된 것인지 모른다. 이들이 의문문을 이룰 때는 위의 뜻으로도 쓰이지만 전술한 선택의 의미로 쓰이기도 한다.

(4) a. 누구나 자기 잘못을 잘 모른다.
    b. 이 꽃은 어디에서나 잘 자란다.
(5) a. 저놈은 언제나 저렇게 까부니?
    b. 저놈은 언제나 셈이 들까?
(6) a. 이것은 무엇으로나 쓸 수 있겠지요?
    b. 이것은 무엇으로나 쓸 수 있을까?

'나'는 위와 같은 선택의 의미보다 과장이나 강조의 의미를 더 강하게 띠는 수도 있다. 이는 '나'가 수량사 다음이나 정도부사 다음에 쓰였을 때 그러하다.

(7) a. 덤을 다섯 개나 주더라.
b. 너를 못 본 지가 벌써 8년이나 되었구나.
(8) a. 오늘은 무척이나 덥구나.
b. 오죽이나 못났으면 제 나이도 모를까.

'나마'의 의미

'나마'는 '나'와 매우 비슷한 의미를 가지는 특수조사로서, 무엇보다 이들 조사에 의한 선택이 최상의 것이 아니라는 점에서 둘은 공통된다. (1), (2)의 '나'를 다음 (9)에서와 같이 '나마'로 고쳐 말할 수 있는 점에서 이를 확인할 수 있다. 그리고 (10)에서도 마찬가지로 두 조사가 넘나들며 쓰이는 것을 볼 수 있다.

(9) a. 이 돈으로 영화 구경이나마 갈 수 있을까?
b. 수석은커녕 떨어지지나마 말아라.
(10) a. 선풍기{나, 나마} 하나 있었으면 좋겠다.
b. 내 팔자에 병원에{나, 나마} 갈 수 있을까.

그러나 '나'와 '나마' 사이에는 미묘하지만 분명한 의미차가 있다. '나'는 객관적인 상황으로 보아 만족할 만하지만 더 좋은 상태에 대한 욕심을 부리는 상황에서 쓰일 수 있는데, '나마'는 그러한 상황에는 쓰이기 어렵다.

(11) a. 나도 전교 1등{이나, *이나마} 한 번 해 보았으면 원이 없겠다.
b. 너는 공부{나, *나마} 열심히 하여라.
c. 우리도 자가용{이나, ?*이나마} 하나 사자.

만일 욕심을 줄여 '전교 1등'이 아니고 '우리 반 1등'으로 하면

'나마'가 쓰일 수 있으며, 또 남들은 다 고급 자가용이나 자가용 비행기를 가지고 있는 상황에서 '고물 자가용이나마' 하나 사자는 것은 성립된다. '나마'는 그만큼 남들의 생각이나 주위의 상황으로 보아 큰 욕심이 아니라고 판단되는 상황에 쓰이는 것에 비해 '나'는 그러한 제약을 받지 않는다고 할 수 있다. 다음 예문에서의 두 조사의 쓰임의 차이도 이러한 규모(욕심의 정도)의 차이에서 말미암는 것으로 해석된다.

(12) a. 한 술{이나마, *이나} 나누어 먹자.
b. 이 나이에 계장{이나, *이나마} 해서 무얼 하겠니?

(13) a. 고물 자가용이나마 타고 다닐 수 있으니 얼마나 다행이니?
b. 겨우 고물 자가용이나 타고 다니게 됐으니 한심스럽구나.

'나마'는 이처럼 작은 욕심, 다시 말하면 겸허의 의미를 동반한다. 그 때문에 '나'처럼 최상의 상황이 아닌 것으로 自足을 하면서도 그 自足이 '나' 때보다 그 상황을 보다 긍정적으로 받아들이는 自足이라 해석된다. 또 '나'에 의한 선택이 자의에 의한 것일 수도 있는 데 반해, '나마'에 의한 선택은 자의에 의한 것이 아니라 타의에 의해 불만스러운 상황이 선택된다는 차이가 있다. 아래 (14)에서 '나'가 쓰이면 '보잘 것 없는 물건', 또는 '헌 옷'이 화자의 자의에 의해 선택된 것이 되어 화용론적으로 매우 어색하지만, '나마'를 쓰면 그보다 더 좋은 것을 선택하고 싶었지만 부득이 그러한 상황에 처하게 된 것이 되어, 화자는 더 좋은 것을 주고 싶었다는 표현으로서 오히려 사교적인 말로 받아들여진다.

(14) a. 보잘 것 없는 물건{이나마, *이나} 받아 주세요.

b. 헌 옷{이나마, *이나} 수재민에게 보냅시다.

'라도'의 의미

'라도'의 의미는 '선택이 불가능한 이상적 선택을 대신하는 마지막 수단'이다. 최선의 선택이 아니라는 점에서는 '나, 나마'와 비슷하지만, 차선의 선택이 아닐 뿐만 아니라 마지막 수단이라는 점에서 차선의 선택인 '나, 나마'와 구별된다. 여기서 최선의 선택이란 객관적인 것이 아니라 주관적인 것, 즉 화자의 의도에 달린 것이라는 점을 예문 (16)에 의해 알 수 있다. '라도'는 선택이 불가능한, 가능성이 가장 적은 경우를 나타내므로 (17), (18)과 같은 예문에서 극단의 예시를 가리키기도 한다. (19)에서 보듯 '누구라도, 어디라도, 무엇이라도'와 같은 '부정대명사 + 라도'는 전칭양화의 기능을 하기도 한다.

(15) 자주 찾아오지 못하면 소식이라도 자주 전해라.
(16) a. 싼 것이 다 팔렸으면 비싼 것이라도 주세요.
b. 비싼 것이 다 팔렸으면 싼 것이라도 주세요.
(17) a. 왜 그렇게 안달을 하니? 화로에 엿이라도 붙여 놓았니?
b. 뭘 그렇게 꼭 움켜쥐고 있어? 그 안에 금송아지라도 들었나?
(18) a. 그런 어려운 문제는 천재라도 풀 수 없다.
b. 어려운 때일수록 한 푼이라도 아껴야 한다.
c. 금방 귀신이라도 나타날 듯한 괴기한 분위기구나.
(19) a. 언제라도 좋으니 한 번 찾아 주십시오.
b. 그런 상황이라면 누구라도 화가 나지.

9.6. '야'

'야'의 기본적인 의미는 '대조'이다. 대조를 나타내는 점에서는 '는'과 비슷하지만 그 위에 '물론, 당연히'라는 의미를 함께 나타내는 점에서 '는'과 구별된다. 한마디로 '는'보다 화자의 주관적인 느낌이 더 들어가는 조사라 할 수 있다.

(1) a. 수철이가 힘이야 세지요. 공부를 못해 그렇지.
b. 많이야 주겠니? 주기야 주겠지만.
c. 물론 밉지야 않겠지.

위 예문의 '야'는 대체로 큰 의미 변화 없이 '는'으로 대체될 수 있다. 그만큼 두 조사는 공통점이 크다. 그러나 '야'는 '는'보다 그 쓰임이 훨씬 제약되어 있다. 당장 (1a)를 '수철이가 힘이야 세다(셉니다)'라고만 고쳐도 부자연스러운 문장이 된다. 다음 예문에서도 '는'은 자연스럽게 쓰이는데 '야'가 쓰이기는 매우 어려움을 볼 수 있다. '당연히, 물론'이라고 하는 의미와 거리가 먼 문장들이기 때문일 것이다.

(2) a. 저 산에{는, *야} 벌써 눈이 덮였구나.
b. 너{는, *야} 합격하여라.
c. 싫어요, 저{는, *야} 아무곳에도 안 가겠어요.
d. 나{는, *야} 어디로(언제) 갈까?

그러나 반대로, '야'는 쓰이는데 '는'이 쓰이지 못하는 경우도 있다. '야'가 '서'나 '라'와 결합하여 '서야, 라야'의 형태로 쓰일 때 그러하다.

(3) a. 나야 무얼 알겠니?
 b. 누가 너야 잡아 가겠니?
(4) a. 나는 어제서야 그 소식을 들었다.
 b. 너는 어디 갔다가 이제서야 오니?
 c. 겨우 대회 이틀 전에서야 선수들이 출국하였다.
(5) a. 이제는 내년 6월에라야 다시 만나겠구나.
 b. 이 꽃은 온실에서라야 잘 자란다.

'야'는 뒤에 '말로'를 결합시켜 쓰이기도 한다. 이 때의 '야'도 '는'으로 대체되지 않는데, '야말로' 전체의 의미는 '는 정말' 정도의 뜻을 가진다. '야'로 선택된 것을 좀더 범위를 한정하면서 강조하는 뜻을 '말로'가 추가한다고 할 수 있다.

(6) a. 저 여자야말로 내가 찾고 찾던 女人像이다.
 b. 『별의 왕자』야말로 너희들에게 꼭 추천하고 싶은 책이다.
 c. 이 마을에서야말로 그 사람이 왕이다.

다음의 (7)과 같이 '야'가 대조되지 않는 상황에서 쓰이면 감탄, 강조의 효과를 가져오므로 시나 노래 따위에서 자주 쓰인다. 감탄, 강조의 '야'는 '야말로'와 대치할 수 없다.

(7) a. 나두야 간다./ 나의 이 젊은 나이를 눈물로야 보낼 거냐./ 나두야 간다. (박용철, 「떠나가는 배」)
 b. 이제야 빛내리, 이 나라, 이 겨레!

참고 김승곤(1994), 남윤진(1997), 성광수(1979), 유동석(1995), 양인석(1973), 이지양(1985), 채완(1977, 1995), 홍사만(1983)

제 10 장 문장의 종결

10.1. 어미의 종류

서론에서 간략히 언급하였듯이 국어는 어미가 대단히 많아 그 종류도 다 헤아리기 어려울 정도일 뿐 아니라 많은 문법 현상이 이 어미에 의해 결정된다. 우리는 앞으로 이 어미들을 중심으로 이루어지는 갖가지 문법 현상을 몇 장에 걸쳐 살펴보려 하거니와 그 이전에 여기에서 어미를 그 분포와 기능에 따라 몇 종류로 분류해 두는 것이 좋을 듯하다.

어미는 우선 先語末語尾(prefinal ending)와 語末語尾로 나눌 수 있다. 어미는 용언 어간 다음에 분포하므로 결과적으로 그 용언의 끝에, 다시 말하면 한 단어의 끝에 놓이는 것이 일반적이다. 어말어미란 그처럼 단어 끝에 분포하는 어미라는 뜻으로서 국어의 어미는 대부분 이에 속한다. 그런데 어미 중에는 어말에 놓이지 못하고 그 어말어미 앞자리에만 분포되는 부류가 있다. 이러한 어미를 선어말어미라 한다. 그러므로 어간과 어말어미 사이에 분포하는 어미가 곧 선어말어미인 것이다.

어말어미는 다시 그것이 한 문장을 끝맺는 기능을 하느냐, 아니면 그러지 못하고 그 다음으로 문장이 더 이어지게 하느냐에 따라 終結

語尾와 非終結語尾로 나눌 수 있다. 종결어미는 결과적으로 문장의 끝에 놓이게 되므로 요즈음은 文末語尾(sentence-final ending)라 부르는 일이 많다. 한 문장을 종결짓는다는 뜻의 종결어미나 한 문장의 끝에 분포하는 어미라는 뜻의 문말어미나 다 좋은 이름이되 그 초점이 얼마간 다르므로 그때그때 적절히 골라 쓰면 될 것이다.

비종결어미는 종래에는 連結語尾와 轉成語尾로 나누었다. 두 가지가 다 그것으로 한 문장이 끝나지 않는 점에서는 같으나, 전성어미는 한 문장을 명사나 관형사 및 부사와 같은 단어의 자격으로 전성시키는 기능을 하는 어미라 하여 따로 분류한 것이며, 나머지는 단순히 한 문장을 다음 문장으로 이어 준다고 해서 연결어미라 한 것이다. 그런데 요즈음은 전성어미란 용어를 쓰는 일이 드물고 직접 명사형 어미 또는 명사화 어미와 같은 방식으로 부르는 경향이 높아졌다. 연결어미도 흔히 接續語尾로 바꾸어 부르고 있다. 그러나 연결어미와 접속어미는 반드시 그 개념이 일치하는 것이 아니어서 주의를 요한다(이에 대해서는 제 15 장 참조).

연결어미는 내용적으로 대등절을 이끄는 어미와 종속절을 이끄는 어미로 갈리므로 對等語尾, 從屬語尾 등의 용어를 만들어 쓸 수도 있을 것이다. 그러나 후술하겠지만 이 책에서는 종속어미를 모두 부사형어미로 돌리고 연결어미는 대등어미의 뜻만으로 쓰고자 한다. 따라서 접속어미도 여기서는 대등어미만 가리키는 용어로 쓰이게 된다.

이상을 예와 함께 표로 보이면 다음과 같다. 연결어미, 전성어미 등의 용어가 표에 들어 있으나 이 책에서 그 용어들은 거의 쓰이지 않을 것이다. 연결어미라는 개념과의 혼동을 피하기 위해 접속어미를 쓸 것이며 전성어미는 앞에서 지적한 대로 표면에 내보내지 않고 직접 명사형 어미 등의 용어를 쓰고자 한다.

- 어미
  - 선어말어미 … 읽 - 었 - 다, 읽 - 겠 - 다, 읽 - 으시 - ㄴ다
  - 어말어미
    - 종결(문말)어미 … 읽 - 었 - 다, 읽 - 는다, 읽 - 어라, 읽 - 느냐
    - 비종결어미
      - 연결(접속)어미 … 읽 - 고, 읽 - 으며
      - 전성어미
        - 명사형 어미…읽 - 음, 읽 - 기
        - 관형사형 어미…읽 - 는, 읽 - 을
        - 부사형 어미…읽 - 도록, 읽 - 게

이상의 어미 중 이 장에서는 종결어미, 즉 문말어미에 대해서 살펴보기로 하겠다. 그리고 선어말어미에 대해서는 그 어미들이 담당하는 범주에 따라 시제, 경어법 등의 장에서 다루고, 연결어미와 전성어미에 대해서는 마지막 장에서 '접속과 내포'라는 이름 밑에서 다루고자 한다.

10.2. 종결어미의 종류와 기능

종결어미의 기능

終結語尾(또는 文末語尾)는 문장을 종결지으면서 상대경어법을 표시해 주고, 또 平敍文, 疑問文, 命令文, 請誘文과 같은 문장의 종류를 결정하는 등 여러 중요한 기능을 수행한다. 아울러 화자의 심리적 태도를 나타내는 敍法(mood)을 표시하기도 한다. 예문 (1)에서는 종결어미에 의해 문장의 종류가 구별되는 것을 볼 수 있고, (2)에서는 종결어미에 의해 화자의 다양한 심리적 태도가 표현되는 것을 볼 수 있다. 또 (1)과 (2)에 사용된 종결어미를 [+존대]의 자질을 가진 어미

로 바꾸면 각각 (3), (4)와 같이 되어 종결어미가 상대경어법에 관여함을 볼 수 있다.

(1) a. 영희가 학교에 간다.
　　b. 영희가 학교에 가니?
　　c. 영희야, 학교에 가라.
　　d. 영희야, 학교에 가자.
(2) a. 영희가 학교에 갔지.
　　b. 영희가 학교에 갔군.
　　c. 영희가 학교에 갔어.
　　d. 영희가 학교에 갔네.
　　e. 영희가 학교에 갔을까?
(3) a. 영희가 학교에 갑니다.
　　b. 영희가 학교에 갑니까?
　　c. 선생님, 학교에 가십시오.
　　d. 선생님, 학교에 가시지요/가십시다.
(4) a. 영희가 학교에 갔지요.
　　b. 영희가 학교에 갔군요.
　　c. 영희가 학교에 갔어요.
　　d. 영희가 학교에 갔네요.
　　e. 영희가 학교에 갔을까요?

종결어미의 종류

종결어미는 그 수만 해도 수십 가지에 이르는데, 그 목록과 각 어미의 기능이 아직까지 완전히 정리되었다고 보기 어렵다. 게다가 복합어미까지 있기 때문에 형태소 분석 여부에 따라 그 수가 달라질 수도 있다. 아래에 주요 종결어미의 목록을 단순어미를 중심으로 들어본다. 어미를 문장 종류별로 분류하여 제시하는 방법도 있으나 '-어'

같은 것은 평서문, 의문문, 명령문, 청유문을 다 이끌 수 있으므로 그러한 방법은 적절하지 않다. 편의상 경어법의 등급에 따라 형태들을 제시하고자 하는데 두 등급에 걸치는 형태는 임의로 어느 한쪽에 소속시킨다. 또 해요체는 대체로 반말체에 '-요'를 결합시킨 것이므로 따로 제시하지 않는다.

(5) 해라체 어미 : -다, -느냐, -니, -자, -어라, -마, -구나, -ㄹ라, -렴
  a. 문법 공부가 재미있{다, 구나, 느냐? 니?}.
  b. 열심히 문법 공부를 하{아라(→ 해라), 자}. 낙제할라.
  c. 열심히 해 보렴. 안 되면 내가 도와 주마.
  d. 여전히 건강하{냐, 니}? 감기 걸릴라. 조심해라.

(6) 반말체 어미 : -거든, -게, -군, -나, -네, -ㄴ가, -데, -어, -ㄹ까, -지
  a. 내가 이번 춘향제에서 춘향으로 뽑혔{거든, 군, 네, 어, 지}.
  b. 네가 춘향이{게, ㄴ가, 데, 야, 을까}?
  c. 영희는 향단이로 뽑혔{나, 어, 지, 을까}?
  d. 그럼 어서 춘향이 옷을 입{어, 지}.

(7) 하게체 어미 : -게, -세, -ㄹ세, -네
  a. 자네 오래간만일세. 차나 한 잔 하세.
  b. 그럼 이만 줄이겠네. 서울 오면 전화 하게.

(8) 하오체 어미 : -오, -소, -구려, -ㅂ시다
  a. 오랜만이오. 당신도 많이 변했구려.
  b. 박제가 되어 버린 천재를 아시오?
  c. 오랫동안 이 순간을 기다려 왔소. 솔직하게 이야기해 봅시다.

(9) 합쇼체 어미 : -습니다, -습니까, -십시오
  a. 무궁화꽃이 피었{습니다, 습니까?}.
  b. 어서 오십시오. 화면에 표시되는 지시에 따라 글자판을 눌러 주십시오.

(10) 기타 : -음, ㄹ것, -라, -랴
  a. 아파트 단지 내에 통과 도로 없음. 자동차는 돌아갈 것.
  b. 지나간 젊음이여, 다시 오라.
  c. 아니 땐 굴뚝에 연기 나랴?

10.3. 문장 유형

전술하였듯이 문장은 어떤 부류의 어미로 끝맺어지는가에 따라 敍法과 문장의 종류가 결정된다. 문장의 종류는 흔히 문장 유형(sentence type)이라 부르는데 文章型이라 불러도 좋을 것이다. 국어 문장형은 일반적으로 크게 平敍文, 疑問文, 命令文, 請誘文으로 나눈다. 여기에 感嘆文, 約束文, 許諾文 등을 따로 설정하기도 하나 크게 보아 약속문과 감탄문을 평서문의 한 부류로, 허락문은 명령문의 한 부류로 보기도 한다. 의문문에 대해서는 절을 달리하여 다루므로 여기서는 의문문을 제외한 나머지 문장 유형을 살펴보고자 한다. 서법은 반말체 어미를 중심으로 뒤(10.5.)에서 따로 다루기로 하겠다.

10.3.1. 평서문

평서문을 만드는 종결어미는 문어체의 대표적인 어미인 '-다'를 비롯하여, 구어체를 형성하는 '-구나, -군(요), -네(요), -데(요),

-오, -어(요), -지(요), -습니다' 등이 있다. '-다'는 청자의 존재 여부에 대해 중립적이고 문어뿐 아니라 구어체에서도 사용되어 그 쓰임이 가장 포괄적이다. 청자가 설정되어 있지 않은 경우에는 상대경어법에 대해 중립적이며, 청자가 설정되어 있을 때는 상대경어법상 해라체에 해당된다. '-다'를 제외한 어미들은 대체로 청자가 설정되어 있으며, 따라서 상대경어법상 어느 한 등급에 속하게 된다(제 14장 경어법 참조).

(1) 달이 밝{다, 구나, 군, 네, 데, 으오, 아, 지, 습니다}.
(2) 철수가 공부를 잘 하{ㄴ다, 는구나, 는군, 네, 데, 오, 아(>해), 지, ㅂ니다}.

평서문 어미는 환경에 따라 약속문이나 감탄문에서 쓰이기도 한다. 이처럼 하나의 종결어미가 반드시 한 가지 화법에만 대응되는 것은 아니어서, 평서문이니 감탄문이니 하는 구별이 어미 자체만으로는 잘 되지 않는 수가 많다.

(3) 아! 달도 밝다. (감탄문)
(4) a. 일기예보에서는 오늘 밤에 구름이 많이 낀다더니 달이 밝구나. (평서문)
b. 아! 달도 밝구나. (감탄문)
(5) a. 네가 간다면 나도 가지. (평서문)
b. 우리 아이가 합격하면 한턱 내지. (약속문)
(6) a. 눈이 옵니다. (평서문)
b. 걱정 마세요. 제가 꼭 갑니다. (약속문)

어미 '-다'는 아무런 선어말어미 없이 어간에 바로 연결되어 쓰이는 독특한 용법이 있다. 즉 시제나 서법이 전혀 표현되지 않고 서술되는 내용 자체만을 전달하는 것이다. 대표적인 용법을 보면 예문 (7)과 같이 사전에 올리는 표제어의 형태가 바로 '-다' 결합형이며, 또한 용언의 뜻풀이도 '-다' 결합형이다. 그 밖에 소설이나 영화 제목, 신문 기사의 제목 같은 특수한 용법으로 쓰여서, 화자의 주관을 가능한 한 개입시키지 않고 내용 자체만을 전달하고자 할 때 사용된다. 이러한 용법의 '-다'는 주로 동작동사 어간에 결합된다. 형용사의 경우 현재형에 바로 '-다'가 결합되어 외견상 '동사어간+다'와 같지만, '형용사 어간+다'는 언제나 현재형으로 해석될 뿐 동사의 경우처럼 그 의미가 구별되지는 않는다.

(7) 가다 : ① 목적한 곳을 향하여 움직이다 ② 떠나다 (사전 뜻풀이의 일부)
(8) a. 바람과 함께 사라지다
b. 어니스트 캠핑 가다 (미국 영화 제목)
(9) 나무들 비탈에 서다 (황순원의 소설 제목)
(10) 한국 축구팀 월드컵 본선에 진출하다 (신문 기사 제목)

10.3.2. 명령문과 청유문

명령문에 쓰이는 종결어미는 '-어라, -라, -어, -게, -오, -ㅂ시오, -소서' 등이다. 예문 (1)은 현대 국어의 일반적인 명령문 어미의 쓰임을 보여 주고 있다. '-ㅂ시오'(예 : 합시오, 옵시오)는 개화기의 언어 자료에서는 널리 찾아볼 수 있으나, 현대국어 화자들은 '-시-'가 선행되지 않은 형태로는 거의 쓰지 않는다. (2)의 '-소서'도 일상어로는 쓰이지 않고, 史劇이나 기도문과 같은 특수한 문맥에만 존재한다. (3)의 '-라'는 존대 선어말어미 '-시-'가 개입될 수 있어 해라체의 '-라'와는 구별되는 어미로서, 개인을 대상으로 한 발화에서는 쓰이지 않고 노래나 구호와 같이 불특정 다수를 청자로 하여 공개적으로 발화되는 경우에 쓰이는 것이 특징이다.

(1) 도서관에서는 조용히 하{어라(→해라), 어(→해), 게, 오, 시-ㅂ시오}.
(2) a. 마마, 통촉하시옵소서.
 b. 신이여, 저들을 용서하소서.
(3) a. 통일이여, 어서 오라.
 b. 나를 따르라.
 c. 독재자는 물러가라.
 d. 기대하시라, 개봉 박두.

청유문은 명령문과 비슷하지만 청자의 행동을 유발하는 명령문과는 달리 화자도 참여하여 청자와 공동으로 어떤 행동을 할 것을 제안하는 형식이다.

(4) 오늘 점심이나 같이 하{-자, -세, -ㅂ시다}.

그러나 국어의 청유문은 공동 행동의 제안을 나타내는 용법으로만 쓰이는 것이 아니라 다른 기능도 있다. 아래 예문 (5B)에서는 화자(엄마) 자신의 행동에 청유문을 썼으며, (6)에서도 화자만이 내릴 텐데 청유문을 썼다. 또 (7)은 내용상으로는 명령문이지만 청유문을 썼다. 이러한 용법은 화용론적으로 설명될 수 있다. (5B), (6)은 주된 행동은 화자 혼자서 하지만 그 행동을 하기 위해 청자의 협조가 필요한 경우이다. (5)에서는 A가 손가락을 내밀어야 B가 볼 수 있으며, (6)에서는 다른 승객들이 비켜 주어야 화자가 버스에서 내릴 수 있으므로, 행위 자체는 다르지만 공동 목적을 위해 청자가 협조해 주어야 한다는 점에서 청유문을 쓴 것이다. (7)은 조금 다른 경우로서, 반장이 같은 반 학생들에게 '명령'을 하기에는 다소 권위가 모자라므로 명령문으로 표현하면 반감을 사게 될 것을 우려하여 자신의 공동 행동을 부각시키는 청유문으로 표현한 것이다. (8)에서는 아기가 힘들어하는 약 먹기를 어머니가 함께 해 줄 것처럼 표현하여 아기의 망설임을 덜어 주고자 하는 의도에서 청유문을 쓰고 있다.

(5) A: 엄마, 농구 하다 손가락을 다쳤어요.
B: 어디 보자.
(6) (혼잡한 버스 안에서 사람들 사이를 뚫고 나오며) 좀 내립시다.
(7) (자습 시간에 시끄럽게 떠드는 학생들에게 반장이) 조용히 합시다.
(8) (어머니가 아기에게) 자, 착하지. 이리 와서 약 먹자.

10.3.3. 약속문, 허락문, 감탄문

약속문 어미로는 '-마, -ㄹ게'를 들 수 있는데, '-마'는 젊은층에서는 거의 쓰지 않아서 점차 없어져 가는 어미로 보인다. '-지'도 평서문 어미이지만 청자에게 화자의 의견을 제시하는 과정에서 약속의 효력을 나타낼 수 있다. '-마'와 '-ㄹ게'는 (1), (2)에서 볼 수 있듯이 주어가 1인칭일 때만 쓸 수 있다. 약속은 그 효력을 발휘하기 위한 適正條件(felicity condition)이 충족되었을 때, 즉 청자가 그것을 원하고 또 화자가 그 약속을 지킬 의도와 능력이 있을 때만 성립된다. 따라서 (3)과 같이 청자가 원하지 않는 내용은 '-마, -ㄹ게' 약속문으로 표현되지 못한다.

또 약속은 어떤 행위 내용을 담고 있어야 하므로 (4)와 같이 상태성

어간에는 '-마, -ㄹ게'가 쓰이지 못한다. 그러나 (5), (6)을 보면 '-지'에는 그러한 제약이 없음을 알 수 있는데, '-지'는 본래 약속문에 쓰이는 어미가 아니라 주어가 1인칭이면서 약속의 적정조건에 부합될 때 간접 화행으로서 약속의 효력을 나타내는 어미이므로 약속법에 따르는 제약을 받지 않는 것이다. (5)에서 주어가 1인칭이 아니거나, 1인칭이더라도 서술어의 내용이 약속으로서 부적합한 (6)과 같은 경우는 화자의 의견 제시로서의 의미만을 갖는다. 평서문 어미인 '-ㄴ다'도 (7)처럼 약속문을 형성할 수 있다. 이런 점에서 약속문을 평서문의 하나로 보기도 한다.

(1) 내가 너를 제주도에 데리고 가{마, ㄹ게, 지}.
(2) *{네, 철수}가 영희를 제주도에 데리고 가{마, ㄹ게}.
(3) *내가 너를 혼내 주{마, ㄹ게}.
(4) a. *내가 예쁘마.
 b. *내가 훌륭한 선생이마.
(5) {내, 네, 철수}가 영희를 제주도에 데리고 가지.
(6) 내가 {너, 철수}를 혼내 주지.
(7) 내가 3시에 데리러 간다. 기다려.

허락문 어미로는 '-렴, -려무나'를 대표로 들 수 있다. '-구려'도 허락문을 구성하지만 젊은층에서는 거의 쓰지 않는다. 젊은층에서는 허락문 어미를 따로 쓰는 것보다는 (9)처럼 평서문 어미 '-어'를 통용하는 것이 일반적이다. 그러한 경우 명령문과 잘 구별되지 않으며, 특별히 허락문이라는 범주를 따로 세울 필요는 없어 보인다. 허락이라는 상황 자체가 상위자가 하위자에게 행하는 것이므로 상대경어법의 등급상 해요체나 합쇼체에 해당하는 어미가 없으며, (10)에서 보듯이 어미 뒤에 '-요'가 결합되어 등급을 높이는 것도 불가능하다.

그러나 어미 '-어'로 통용할 경우에는 그러한 제약이 없다.

허락문은 발화 현장의 일에 대하여 쓰이는 것으로서, (11)과 같이 시제 선어말어미가 선행하지 못하고 언제나 어간에 직접 결합된다. 또 어떤 행위를 허락하는 것이므로 (12a)와 같이 형용사 어간에는 결합되지 못하는데, (12b)와 같이 상태변화를 나타내는 '-어지-'가 결합된 경우에는 가능하다. 그러나 이때는 허락이 아니라 충고의 의미를 나타내게 된다. (13)에서 보듯이 否定 허락의 경우에는 부정 명령의 경우와 마찬가지로 조동사 '말-'이 사용된다.

(8) a. 가고 싶으면 가{렴, 려무나, 구려}.
　　b. 가기 싫으면 그냥 집에 있{으렴, 으려무나, 구려}.
(9) a. 가고 싶으면 가(요).
　　b. 가기 싫으면 그냥 집에 있어(요).
(10) *가고 싶으면 가{렴, 려무나, 구려}요.
(11) a. *가고 싶었으면 갔으렴.
　　b. *가기 싫었으면 가지 말았으렴.
　　c. *가기 싫겠으면 가지 말겠으렴.
(12) a. *좀 더 착하렴.
　　b. 좀 더 착해지렴.
(13) 가기 싫으면 가지 {말, *않으}렴.

감탄문 어미로 대표적인 것은 '-구나, -군, -구려' 등과 같은 소위 '-구-'계 종결어미들이다. 그러나 앞서도 지적했듯이 평서문과 감탄문이 어미만으로는 잘 구별되지 않는 듯하다. 감탄문을 따로 설정할 수도 있지만 '-구나, -군, -구려' 등의 공통적인 의미인 '새로 앎'에서 감탄의 의미가 파생되는 것으로 볼 수도 있다. 어떤 대상이나 상황을 새로 알게 되거나, 이미 알고 있던 대상이라도 새롭게 인식하게 될 때 감탄하게 되는 것이다. 그리고 이때 어미는 꼭 '-구나, -군, -구려' 등으로 제한되는 것 같지도 않다. (15), (16)에서는 어미 '-ㄴ가, -다, -어, -어라'가 쓰여 감탄을 표현하고 있다. (17)도 앞뒤 맥락이 주어지지 않은 상황에서는 감탄문인지 아닌지가 확실히 드러나지 않는다.

(14) (매일 보던 달이지만 어느 순간 새롭게 인식할 때) 달도 밝{다, 구나, 군, 구려, 네, 지요}!
(15) 녹차의 어린 이파리 한 봉지 / 이것이 우러나 / 이렇게도 원숙한가 / 서럽다 화두 30년 (고은, 「녹차 한 잔」)
(16) a. 아이구, 추{워, 워라}!
 b. 앗, 뜨거{워, 워라}!
(17) 새들도 세상을 뜨는구나. (황지우, 「새들도 세상을 뜨는구나」)

10.4. 의문문

앞에서 평서법, 명령법, 청유법 등의 종결법 유형을 다루면서 의문법은 이쪽으로 미루었었다. 의문법은 그 용법이 좀더 복잡하고 부수되는 사항들도 많기 때문이었다. 여기에서도 주로 의문문을 실현해주는 문말어미의 용법을 살피게 되겠지만, 국어 의문문에 얽힌 현상들을 좀더 기본적인 문제에서부터 세부적인 문제에 이르기까지 종합적으로 다루어 나가고자 한다.

10.4.1. 의문의 구성

질문과 대답

의문은 화자가 알지 못하는 어떤 일을 알고자 하는 의도를 일으키는 현상이다. 그리고 그 의문을 언어로 표현하면 질문이 된다. 질문은 원칙적으로 대답을 요구하는 언어행위이다. 대답하지 않는 것도 대답의 한 방식이지만, 대답을 한다고 해서 반드시 질문이 요구하는 답을 말한다고 볼 수도 없다. 예를 들면 아래 (1)과 같은 질문에 대해 (2)와 같은 다양한 대답이 가능한데, 상황에 따라서는 어떤 예상치 못한 대답도 더 나올 수 있다.

(1) 이번 일요일에 시간 있으세요?

(2) a. 네, 있어요/아뇨, 없어요.
b. 날씨가 좋으면 등산을 갈 거고 비가 오면 비디오나 보려고 해요.
c. 일요일엔 꼼짝 않고 쉬고 싶어요.
d. 시골 계신 어머니께서 모처럼 들르시겠다는군요.
e. 왜요?
f. 이번 일요일에 시간 있느냐고요?
g. 영자 씨랑 헤어진 모양이죠?

위의 (2)의 대답 중 질문에 대해 직접 답을 준 것은 (2a)이고, (2b)는 그래서 시간이 있다는 것인지 없다는 것인지 애매한 태도를 취한 대답이며, (2c, d)는 '시간이 없다' 쪽이다. (2e, f, g)처럼 대답을 하지 않고 질문을 되던지는 경우까지도 있다. 즉 의문문의 문제를 대답의 영역으로까지 확대시켜 보면 그것은 또다른 과제가 되는 것으로, 화용론적 조건까지도 고려해야 함을 알 수 있다.

自 問

질문은 화자 자신을 향해 묻는 경우와 청자를 설정하고 묻는 경우가 있다. 예문 (3), (4)의 '-을까'는 화자 자신에게 묻는 자문을 나타내는 어미인데, 청자가 있을 때는 마치 화자 자신에게 묻는 듯한 형식을 취함으로써 청자의 대답을 유발하는 간접 화행을 나타내기도 한다. 청자의 의견을 묻는 질문에서는 청자와의 상호 관계에 따라 '-을까요'를 쓸 수 있다. 그러나 예문 (6)에서 보듯 청자가 설정되어 있을 때 쓰는 일반 의문문을 자문에 쓰지는 못한다.

(3) A: 이 옷이 나에게 잘 어울릴까(요)?
B: 그럼, 아주 잘 어울리는걸.
(4) A: 내일 학교에 안 가도 될까(요)?
B: 아니 학교에를 안 가다니, 물론 꼭 가야지.
(5) A: 그 사람이 날 정말 사랑할까(요)?
B: 글쎄, 그건 나도 잘 모르겠네.
(6) a. (거울을 보며 혼잣말로) *이 옷이 나에게 잘 어울리니?
b. (내일 제출할 숙제가 하기 싫어서 혼잣말로) *내일 학교에 안 가도 되니?
c. (혼잣말로) *그 사람이 날 정말 사랑하니?

'-을까'는 동작성을 띤 동사와 결합되면 화자의 의도를 표현하는데, 이러한 自問도 마찬가지로 자신의 의도를 청자가 알아차리게 함으로써 청자의 어떤 반응(대답이나 행동)을 유발할 수 있다. 청자는 화자의 제안에 동의하지 않으면 새로운 제안으로, 동의하면 그 제안을 실행하라는 명령문으로 대답하게 된다. '-을까'는 이와 같이 청자의 의도를 묻는 것이 아니라 화자의 의도를 청자에게 알리는 특수한 의문문을 구성한다. 그러나 (8)에서 보듯이 〈동작성 동사 + 으니?〉는 화자의 의도를 나타내는 질문에서는 쓸 수 없다. 화자의 의도 여부를 남에게 물을 수는 없기 때문이다.

(7) A: 내가 먼저 갈까?
B: 아니, 내가 먼저 갈게. / 그래, 너 먼저 가라.

(8) a. (화자의 의도를 말할 때) *내가 먼저 가니?
b. (청자의 의견을 물을 때) 이 옷이 나에게 잘 어울리니?
c. (화자가 모르는 사실을 물을 때) 내일 학교에 안 가도 되니?
d. ('그 사람'의 마음을 알 것 같은 친구에게) 그 사람이 날 정말 사랑하니?

'-을까'는 주어가 '우리'가 되면 화자의 제안에 대한 상대방의 동의 여부를 묻는 의미가 된다.

(9) 우리 영화나 보러 갈까?
(10) 우리 숙제 먼저 하고 놀까?

그런데 '-을까'는 시제 선어말어미 '-었-'과 결합하면 다음 (14)에서 보듯 의도나 제안의 의미를 나타내지 못한다. 의도나 제안은 아직 일어나지 않은 일에 대해서만 가능한데, '-었-'은 이미 일어난 일을 가리키기 때문이다. '-었을까'는 자문이나 청자를 설정한 질문으로 모두 가능하다.

(11) A: 지금쯤 비행기가 제주 공항에 도착했을까?
B: 아마 그렇겠지. / 아직 도착 안 했을걸.

(12) 내가 결혼식 때 저 드레스를 입었으면 어울렸을까?

(13) 저 별들은 어디에서 왔을까?
(14) a. *우리 영화나 보러 갔을까?
b. *내일 내가 먼저 갔을까?

의문문의 구성

국어의 의문문은 주로 疑問詞와 疑問語尾에 의해 표현된다. 억양에 의해 표현되는 경우도 있는데, 반말체와 해요체는 평서문과 의문문의 어미가 같아서 억양에 의해 구별된다.

(15) a. 날씨가 좋아(요). (↘ 평서문)
b. 날씨가 좋아(요)? (↗ 의문문)
(16) a. 비가 와(요). (↘ 평서문)
b. 비가 와(요)? (↗ 의문문)
(17) A: 비가 오는구나.
B: 비가 온다고? (↗ 의문문)
A: 응, 비가 온다고. (↘ 평서문)

그러나 원칙적으로는 의문을 표현하기 위한 의문사나 의문어미가 참여하여 의문문을 구성하는 것이 일반적이다. 또한 의문사나 의문어미의 참여 양상에 따라 의문문의 종류가 결정된다. 먼저 국어의 의문사와 의문어미의 구체적인 목록을 보기로 한다.

국어의 의문사에는 의문대명사, 의문관형사, 의문부사, 의문동사/형용사가 있다. 의문사는 설명의문에서 설명 대상이 되는 未知項을 표시한다.

(18) a. 의문대명사: 무엇, 누구, 얼마, 몇, 언제, 어디
b. 의문관형사: 무슨, 어느, 몇, 웬
c. 의문부사: 왜, 언제, 어디

d. 의문동사/형용사 : 어찌하다, 어떠하다

(19) a. 우리 나라 초대 국무총리가 누구지요?
b. 졸업생들 중 몇이 취직했습니까?

(20) a. 우리 학교 학생 수는 몇 명입니까?
b. 어느 것이 더 클까요?

(21) a. 학은 왜 한 다리를 들고 설까?
b. 언제 수학여행을 가니?

(22) a. 명월이 만공산하니 쉬어 간들 어떠리?
b. 이같은 난국을 어찌하면 극복할 수 있겠소?

의문어미는 어느 요소보다도 국어 의문문을 만드는 데에 핵심적인 역할을 하는데, 경어법의 각 등급에 따라 의문문을 구성하는 대표적인 어미들을 보이면 다음과 같다.

(23) a. 누가 제일 먼저 왔{니, 느냐}?
b. 누구 키가 제일 작{으니, 으냐}? (해라체)

(24) a. 누가 제일 먼저 왔어?
b. 누구 키가 제일 작아? (반말체)

(25) a. 누가 제일 먼저 왔나?
b. 누구 키가 제일 작은가? (하게체)

(26) a. 누가 제일 먼저 왔소/가오?
b. 누구 키가 제일 작소/크오? (하오체)

(27) a. 누가 제일 먼저 왔어요?
b. 누구 키가 제일 작아요? (해요체)

(28) a. 누가 제일 먼저 왔습니까?
b. 누구 키가 제일 작습니까? (합쇼체)

위의 예문들을 보면 해라체와 하게체는 어간이 동사일 때와 형용사일 때 각각 어미가 달라짐을 알 수 있다. 일반 의문문에서는 이같은 어미들이 경어법적 상황에 따라 적절히 사용된다. 특수 의문문에서는 특정한 어미가 선택적으로 사용되는데 이들에 대해 뒤에서 다시 의문문의 종류에 따라 하나씩 나누어 설명하기로 한다.

10.4.2. 일반 의문문

의문문은 질문의 성격에 따라 몇 가지로 나누어 볼 수 있다. 우리가 일반적으로 의문문이라고 부르는 것은 대개 일반 의문문에 속할 것이다. 그런데 의문문에는 그에 비해 특수성을 가지는 것이 몇 가지 더 있다. 이를 뒤에서 하나씩 보기로 한다. 먼저 가장 널리 쓰이는 일반 의문문부터 보겠거니와 일반 의문문은 다시 가부 의문문, 선택 의문문, 설명 의문문으로 갈라 볼 수 있다.

가부(찬부) 의문문

가부 의문문은 화자의 질문에 대해 可否 또는 贊否를 대답하기를 요구하는 의문문이다. 흔히 '예 - 아니오'라고만 대답하라고 요구할 때의 바로 그 질문이어서 '예 - 아니오 질문(yes-no question)'이라 부르기도 한다. 가부 의문문은 의문사 없이 의문어미와 억양으로만 구성된다. 가부 질문에 대한 대답은 '응(네/예)/아니(아니오)'만으로 이루어지기도 하고, '응(네/예)/아니(아니오)'에 덧붙여 질문을 되받아 부정문 또는 긍정문의 형태로 바꾸어 가부를 표시하기도 한다. 질문이 부정문일 경우에도, 화자의 물음에 긍정하는 대답이면 '응(네/예)'이, 부정하는 대답이면 '아니(아니오)'가 쓰이는 것이 국어의 특징이다.

(1) A : 그 영화 재미 있니?
B : 응, 재미 있어. / 아니, 재미 없어.
(2) A : 회의에 가실 거예요?
B : 네, 갈 거예요. / 아뇨, 안 갈 거예요.
(3) A : 그 영화 재미 없니?
B : 응, 재미 없어. / 아니, 재미 있어.
(4) A : 회의에 안 가실 거예요?
B : 네, 안 갈 거예요. / 아뇨, 갈 거예요.

선택 의문문

선택 의문문은 둘 또는 그 이상의 선택항 중에서 하나를 골라 응답하기를 요구하는 의문문이다. 이 질문에는 '네/아니오'와 같은 대답이 필요 없다.

(5) A : 국문과에 갈 거니, 불문과에 갈 거니?
B : 국문과에 갈 거야.
(6) A : 너는 축구가 좋으니, 농구가 좋으니, 야구가 좋으니?
B : 농구가 좋아.
(7) A : 너 소풍 갈 거니, 안 갈 거니?
B : 갈 거야.

설명 의문문

설명 의문문은 의문사가 사용되는 질문으로서, 단순히 예, 아니오로 대답하는 것이 아니라 의문사가 가리키는 부분에 대하여 그 내용을 설명해 주기를 요구하는 의문문이다.

(8) A : 너희 학교 교장 선생님은 누구시니?
B : 이수일 선생님이십니다.

(9) A: 우리 학교 학생 수는 몇 명입니까?
B: 840 명입니다.
(10) A: 학은 왜 한 다리를 들고 설까?
B: 두 다리를 들면 넘어지니까.
(11) A: 이같은 난국을 어찌하면 극복할 수 있겠습니까?
B: 온 국민이 단합하여 이겨 내야 하겠지요.

의문대명사 중에는 다음과 같이 의문문을 구성하지 않을 때도 사용되는 것이 있다. 즉 不定代名詞로서의 용법이다. 화자가 분명하게 알지 못하거나, 알고 있으면서도 의도적으로 불분명하게 표현할 때 부정대명사가 쓰인다. 특히 (15)-(17)과 같이 부정대명사에 특수조사 '나'가 결합되면 全稱量化의 의미를 갖게 된다.

(12) 누가 아까부터 너를 기다리더라.
(13) 인부들 몇이 도로 공사를 하고 있다.
(14) 얼마쯤 기다리다 보면 소식이 올 거요.
(15) 아이가 원한다고 해서 {어느 것, 무엇}이나 다 사 주는 것은 오히려 해가 된다.
(16) 언제나 마음은 태양.
(17) 누구나 저 잘난 맛에 산다.

이처럼 의문대명사가 부정대명사와 형태가 같기 때문에 다음과 같은 표현은 重義的이다. 즉 예문 (18)-(20)에서 a의 '누구, 무엇, 언제'는 각각 부정대명사로서, 문장의 초점은 각각 서술어에 놓인다. 즉 '왔는지 안 왔는지', '있는지 없는지', '만났는지 안 만났는지'를 묻는 것으로, 그것이 누구이거나 무엇이거나 하는 따위는 문제가 되지 않는다. 따라서 (18)-(20)의 a는 가부 질문이다. 반면, b의 '누구, 무엇, 언제'는 의문대명사로서 문장의 초점은 '누구, 무엇, 언제'가 되고, 바로 그 '누구, 무엇, 언제'의 답을 요구하고 있는 것이다. 즉 (18)-(20)의 b는 설명 질문이다.

(18) a. 누가 왔어요? (↗) —네, 왔어요./ 아니오, 안 왔어요.
b. 누가 왔어요? (↘) —철수가 왔어요.
(19) a. 안에 무엇이 있어요? (↗) —네, 있어요. / 아니오, 없어요.
b. 안에 무엇이 있어요? (↘) —사과가 있어요.
(20) a. 언제 영이를 만났어요? (↗) —네, 만났어요. / 아니오, 못(안) 만났어요.
b. 언제 영이를 만났어요? (↘) —지난 일요일에요.

10.4.3. 확인 의문문

확인 의문문은 화자가 이미 알고 있거나 믿고 있으면서 그것을 청자의 동의를 구하여 확인하기 위한 의문문으로, 영어의 附加 質問 (tag question)과 비슷하다. 확인 의문문은 어미 '-지'에 의해 표현되는 것이 대표적이다.

어미 '-지'는 뒤(10.5.2.)에서 자세히 논의하겠지만 의미상 이미 알려진 정보를 나타내는 것이 핵심적 기능이다. 어미 '-지'는 예문 (1)에서 보듯 평서문에서는 화자의 의견이나 짐작을 나타내며, 예문 (2)에서처럼 행동주가 1인칭일 때 서술어가 '-었지' 형태가 되면, 실제로는 청자가 모르는 사실이라 하더라도 청자가 알고 있거나 동의한다는 것을 전제하는 표현이 되어, 화자가 자신의 행동을 정당화하거나 기정사실화하는 의미를 나타내게 된다. '-지'는 또한 화자 자신이나 청자가 이미 알고 있는 상황을 상기하거나 확인하는 경우에도 쓰여, 예문 (3)에서처럼 이 어미가 의문문에 쓰이면 확인 의문문이

된다.

(1) a. 이제부터 나도 열심히 공부해야지.
b. 일손이 필요하면 내가 도와 주지요.
c. 참, 내가 그 책을 순이한테 빌려 줬지.
d. 순이는 어렸을 때부터 참 영리했지요.

(2) A : 뒤뜰에 뛰어놀던 병아리 한 쌍을 보았어?
B : 보았지.
A : 어쨌어?
B : 이몸이 늙어서 몸 보신하려고 먹었지.

(3) a. 남아 있던 떡 네가 먹었지?
b. 우리 수학여행 가서 재미있었지?
c. 영이가 토요일에 결혼한다지?

확인 질문은 질문 내용 자체가 새로운 정보가 아니고 청자가 이미 알고 있다고 믿는 내용을 묻는 것으로서, 새로운 정보를 요구하는 '-어(요)?' 질문과 대조적이다. 위의 예문 (2)에서 A는 새로운 정보를 요구하기 때문에 계속 '-어'로 묻고, 이에 대해 B는 이미 청자도 알고 있었던 것처럼 표현하기 위하여 계속 '-지'로 대답한다. 다시 말해서, 아래 예문에서 (4a)는 '시켰다'는 전제를 가지고 청자에게 확인하는 물음이고, (4b)는 '자장면을 시켰는지 안 시켰는지'를 몰라서 묻는 것이다. 즉 어미 '-어'는 새로운 정보를 나타내는 것이다. 따라서 '-어'에 의한 질문은 (4b)'와 같이 선택 질문으로 바꿀 수 있지만, '-지'에 의한 질문은 선택 질문으로 바꿀 경우 화자의 전제가 긍정이 되었다 부정이 되었다 하여 일관성이 없으므로 비문이 된다.

(4) a. 아저씨, 자장면 시키셨지요?
b. 아저씨, 자장면 시키셨어요?

(4)′ a. *아저씨, 자장면 시키셨지요? 안 시키셨지요?
b. 아저씨, 자장면 시키셨어요? 안 시키셨어요?

확인 의문문은 '-지 않니'에 의해 나타나기도 한다. '-지 않니(-잖니)'는 겉으로 보기에는 '-지'의 否定과 같지만 실제로는 부정의 뜻이 없고 화자가 알거나 믿는 사실을 청자에게 확인하는 확인 질문이 되 '-지'에 의한 질문에 비해 확인의 의미가 더 강해서 거의 확신하고 묻는 형식이다.

(5) a. 남아 있던 떡 네가 먹었지 않니? 아무리 아니라고 해도 소용없어.
b. 우리 수학여행 가서 재미 있었지 않니? 그게 생각이 안 나?

'-지 않니(-잖니)'에 의한 확인 질문은 외견상 장형 부정문과 흡사하지만 다르다. 우선 억양에서 확인 질문은 하강조, 장형 부정문은 상승조이며, 둘째, 과거 선어말어미가 개재될 때 확인 질문에서는 본동사 어간에 붙는 데 반해, 장형 부정문에서는 '아니하(않)-' 뒤에 붙는다. 또한 장형 부정문은 평서문으로도 쓸 수 있지만 확인 질문은 당연히 의문문으로만 가능하다.

(6) a. 남아 있던 떡 네가 먹지 않았니? (↗) —장형 부정문
b. 남아 있던 떡 네가 먹었지 않니? (↘) —확인 질문

(7) a. 남아 있던 떡 네가 먹지 않았다.
b. *남아 있던 떡 네가 먹었지 않다.

10.4.4. 특수 의문문

수사적 의문문

수사적 의문문은 형태상으로는 의문문이지만 의미상으로는 긍정, 또는 否定 斷言이다. 수사적 질문이 긍정문이면 강한 부정을, 부정문이면 강한 긍정을 나타낸다. 즉 (1)은 (2)와 같은 의미로 해석된다. 수사적 질문은 화자가 모르는 사실을 알기 위해 묻는 진정한 질문이 아니기 때문에 청자의 대답을 필요로 하지 않는다.

(1) a. 불의를 보고 가만히 있을 수 있단 말인가?
b. 내가 그걸 모를 것 같니?
c. 내가 아무러면 널 안 도와 주겠니?

(2) a. 불의를 보면 가만히 있을 수 없다.
b. 나는 그것을 안다.
c. 내가 널 도와 주겠다.

특히 不定代名詞 '누구, 어디, 언제, 무엇' 따위가 조사 '는'과 결합해서 수사적 질문을 구성하면 질문의 내용과 반대되는 전체 부정, 혹은 전체 긍정이 된다. 그런데 그러한 전체 부정, 혹은 전체 긍정의 의미가 평서문일 때는 〈부정대명사 + 나〉에 의해 표현된다는 점이 흥미롭다.

(3) 누구는 그걸 모르겠니?
(3)′ 누구나 그걸 안다.
(4) 어디는 별 수 있니?
(4)′ 어디나 별 수 없다.

(5) 언제는 내가 남의 신세를 졌니?
(5)′ 언제나 나는 남의 신세를 안 졌다.
(6) 개가 무엇은 안 먹니?
(6)′ 개는 무엇이나 잘 먹는다.

수사적 의문문은 속담이나 격언에서 자주 쓰인다. 의문문의 형식이면서 오히려 긍정이나 부정의 효과를 강화하는 효능이 크기 때문일 것이다.

(7) 공든 탑이 무너지랴?
(8) 아니 땐 굴뚝에 연기 나랴?
(9) 첫술 밥에 배 부르랴?
(10) 늙은 말이 콩 마다 하랴?

메아리 의문문

이른바 메아리 질문(echo question)이라 하는 것으로 상대방의 말을 확인하기 위해 그 말을 되풀이해서 묻는 의문문이다. 메아리 의문문은 어미 '-어(요)'와 '-고(요)'에 의해서만 구성되는 것이 특징적이다. 메아리 질문은 화자가 상대방의 말을 잘 알아듣지 못했거나 상대의 말에 이의를 제기하는 의미로 상대의 말을 되풀이하는 것이기 때문에 대답을 요구한다. 그리고 그 대답에서는 또다시 반복 질문을 되풀이하는 특이한 형식이다.

(11) A: 날씨가 무척 덥네.
B: 날씨가 더워/덥다고?
A: 응, 날씨가 더워/덥다고.
(12) A: 기차가 벌써 떠났어.

B : 기차가 벌써 떠났어 / 떠났다고 ?
A : 응, 기차가 벌써 떠났어 / 떠났다고.

(13) A : 내일 영화 구경 가자.
B : 내일 영화 구경 *가 / 가자고 ?
A : 응, 내일 영화 구경 가자고.

(14) A : 너 내일 부산에 가라.
B : 내일 부산에 *가 / 가라고 ?
A : 응, 너 내일 부산에 가라고.

(15) A : 언제 부산에 가십니까 ?
B : 언제 부산에 *가요 / 가느냐고요 ?
A : 예, 언제 부산에 가시느냐고요.

(16) A : 나 직장 그만둘까 ?
B : 직장을 그만둬 / 그만둔다고 ?
A : 응, 나 직장 그만둘까 한다고.

위의 예문들에서 보듯이, 메아리 질문은 평서문, 청유문, 명령문, 의문문에 대해 모두 가능하다. 특히 (12)와 같이 어미 '-어(요)'로 끝나는 평서문에 대한 메아리 질문은 어미의 교체 없이 상대방의 말을 그대로 되풀이하는 점도 눈에 뜨인다. 그러나 어미의 선택에서 '-어'가 불가능한 경우가 있는데, 예문 (14), (15)가 그러하다. 이들은 모두 메아리 질문을 던지는 사람 자신에 관한 내용이기 때문에 몰라서 묻는다고는 볼 수 없으므로 새로운 정보를 나타내는 '-어'가 불가능한 것으로 해석된다. (14)를 다음과 같이 A에 관한 진술로 바꾸면 메아리 질문에서 '-어'가 가능한 것에서 그러한 점을 확인할 수 있다.

(14)′ A : 나 내일 부산에 간다.

B : 내일 부산에 가/간다고?
A : 응, 나 내일 부산에 가/간다고.

요청 의문문

요청 질문은 의문문의 형식으로 요청이나 명령의 의도를 전달하는 일종의 간접 話行이다. 직접적으로 명령문의 형식을 취하지 않고 청자에게 그러한 일을 할 의도나 능력이 있는지를 묻는 것으로서, 청자에게 선택권을 돌리는 것처럼 표현하므로 보다 정중한 요청의 효과를 거둘 수 있다. 예문 (17), (18)은 청자의 의도를, (19)-(21)은 청자의 능력을 묻는 형식을 취한 요청, 즉 완곡한 명령이다. 대체로 의도를 묻는 질문보다 능력을 묻는 질문이 더 정중하다. 능력이 없어서 할 수 없는 것은 어쩔 수 없으니 안 해 주어도 괜찮다는 여운을 주기 때문이다. 그러나 이런 경우 실제로 능력이 없어 해 줄 수 없는 일을 요청하는 (21)과 같은 경우는 화용론적으로 따져 보면 아무 효과도 없는 부적정한 요청이다.

(17) 문 좀 닫아 주시겠어요?
(18) 학교 가는 길에 편지 좀 부쳐 줄래?
(19) 모자 좀 벗어 주실 수 있을까요?
(20) 이 짐 좀 같이 들어 줄 수 있니?
(21) 저 달 좀 따다 주실 수 있으세요?

요청 질문은 위의 예문들과는 정반대의 의도로 사용되기도 한다. 부정사 '못'을 사용한 부정문의 형식으로 물으면 강압적인 명령이 된다. '못' 부정문의 요청 질문은 청자가 화자의 요구를 이행할 능력이 있는지를 묻지만, 사실은 청자에게 그러한 능력이 없을 리가 없다는 전제를 깔고 있어서, 수행하지 못하는 경우에는 의도가 없어서 수행할 수 없는 것으로 몰고 가는 효과가 있다. (22)의 A는 B가 알지만 말 못 한다고 하든 몰라서 말 못한다고 하든, B가 알면서도 말 안 한다는 전제를 계속 밀고 나가고 있다. (23)에서처럼 화자의 요구를 이행 못할 이유가 전혀 없을 경우에는 달리 대답이 필요 없다. 그것은 질문이 아니라 명령이므로 명령에 이의가 없으면 대답할 필요 없이 명령에 따르면 되는 것이다. 따라서 (24)와 같이 요청 질문을 경어법상의 상위자에게 하면 어색하다.

(22) A: 너 정말 솔직히 말 못 하겠니?
B: 죽어도 말 못 해.
B′: 난 정말 몰라.
A: 그렇게 시침떼지 말고 어서 말 해.
(23) A: 너희들 조용히 좀 못 하겠니?
B: (조용해진다.)
(24) ?선생님, 큰 소리로 강의 좀 못 하시겠어요?

10.5. 반말체 종결어미의 의미

종결어미는 상술한 문장 유형만을 나타내 주는 것이 아니라, 평서문이면 평서문, 의문문이면 의문문 안에서 다시 화자의 심리적 태도를 다양하게 표현해 준다. 그 중에서도 주로 구어로 쓰이는 반말체와 해요체가 그 종류도 많고, 그에 따라 다양한 서법적 기능을 나타내어 흥미를 끈다. 그에 따라 여기서는 반말체 종결어미만을 따로 떼어 그 중에서도 비교적 논의가 활발히 진행된 몇몇 형태들의 의미를 살펴보고자 한다.

반말체는 해요체와 더불어 학교문법에서 각각 두루낮춤과 두루높임이라고 부를 만큼, 일상 대화를 기준으로 보면 현대국어에서 가장 널리 쓰이는 등급이다. 그런데 해요체는 대체로 반말에 '-요'를 붙인 형태이므로 따로 언급할 필요를 느끼지 않는다. 특별한 경우가 아닌 한 반말체에는 거의 모두 '-요'를 붙일 수 있고, 그 의미도 반말체 어미에 '-요'를 붙인 정도만 다르기 때문이다.

10.5.1. '-어'

어미 '-어'는 평서문, 의문문, 명령문, 청유문에 두루 쓰여서 반말체 중에서도 가장 널리 쓰이는 어미이다. 예문 (1)은 문장 끝에 마침표를 찍으면 평서문, 물음표를 찍으면 의문문이 되는데, 평서문, 의문문에 따라 억양도 각각 달라진다. (2)는 명령문, (3)은 청유문이다. '-어'는 인칭이나 시제에서도 특별한 제약이 없다.

(1) a. 서울은 겨울에 몹시 {추워, 춥겠어, 추웠어}. (↘) / ? (↗)
b. 영희가 {왔어, 왔겠어, 왔었어}. (↘) / ? (↗)
c. 영희가 합격할지 {걱정이야, 걱정이겠어, 걱정이었어}. (↘) / ? (↗)
(2) a. 영희 먼저 먹어.
b. 어서 학교에 가.
(3) a. 우리 내일 대공원에 가.
b. 차나 한 잔 같이 해.

'-어'는 원칙적으로 청자가 있을 때 사용되는 어미이다. '-지'가 혼잣말에도 가능하고, '-네'와 '-군'은 혼잣말에 더 잘 어울리는 어미인 데 반해, '-어'는 혼잣말에는 잘 쓰이지 않는다.

(4) (혼자서 비 오는 창 밖을 내다보며)
  a. *비가 와.
  b. 비가 오{네, 는군}.
(5) (비 오는 날 우산을 안 가지고 집을 나서려다 다시 들어가며)
  a. ??아 참, 우산 가져가야 해.
  b. 아 참, 우산 가져가야지.

'-어'는 감탄의 의미를 나타내기도 하는데, 감탄을 나타낼 때는 청자를 의식하지 않은 혼잣말로 나타난다. 상황에 따라 청자가 존재할 수도 있지만 청자를 높이는 '-요'가 통합되지 못하는 점에서 청자를 향하여 하는 말이 아니라는 것을 알 수 있다.

(6) a. 아이구 추워.
  b. *아이구 추워요.
(7) a. 아유 깜짝이야.
  b. *아유 깜짝이에요.

10.5.2. '-지'

어미 '-지'도 '-어'와 마찬가지로 평서문, 의문문, 명령문, 청유문에 두루 쓰인다. 여러 면에서 '-어'와 비교되면서도 '-어'와 확연히 다른 의미를 가지고 있어 주목을 요하는 어미라 할 만하다.

(1) a. 영화 구경 가는 것이 {좋지, 좋았지, 좋겠지}. (↘) / ? (↗)
  b. 영희가 {왔지, 왔겠지, 왔었지}. (↘) / ? (↗)

c. 영희가 이번에는 합격하겠지. (↘) / ? (↗)

(2) a. 영희 먼저 먹지.

b. 어서 학교에 가지.

(3) a. 우리 내일 대공원에나 가지.

b. 차나 한 잔 같이 하지.

어미 '-어'와 '-지'는 얼른 보기에는 그 쓰임이 별 차이가 없는 듯이 보이나, 의외로 여러 면에서 그 차이가 확인된다. 무엇보다 '-어'는 새로운 정보를 나타내는 데 반해 '-지'는 청자가 그 사실을 알고 있다고 화자가 전제하는 경우에 쓰인다. 즉 주어진 정보를 나타낸다. 화자와 청자가 '영희'에 대해 같은 정보를 공유하고 있으면서 서로 비슷한 예측을 할 때는 아래 (4)처럼 말하겠지만, 화자가 무엇인가 청자가 모르는 새로운 자료를 근거로 '영희'의 합격을 예측하고 있다면 (5)와 같이 말할 것이다.

(4) A : 영희가 이번에는 합격하겠지.

B : 그렇겠지.

(5) A : 영희가 이번에는 합격하겠어.

B : 그래? 그렇다면 얼마나 좋을까.

또한 이같은 의미 때문에 화자가 몰라서 묻는 (6)과 같은 의문문에서는 '-지'를 쓸 수 없다. (7a)는 청자가 당연히 갈 것으로 알거나 믿으면서 그것을 확인하는 물음이고, (7b)는 청자가 갈 건지 안 갈 건지를 몰라서 묻는 물음이다(10.4.3. 확인의문문 참조). 또 예문 (8)과 같이 화자가 새로 안 사실에 대해서는 '-지'를 쓸 수 없다.

(6) a. *내일 영화 구경 갈 거지? 안 갈 거지?

b. 내일 영화 구경 갈 거야? 안 갈 거야?

(7) a. 내일 영화 구경 갈 거지?
b. 내일 영화 구경 갈 거야?

(8) A: 찌개 맛 좀 봐라. 맛있니?
B: 네, 맛있어요./ *네, 맛있지요.

'-지'가 주어진 정보를 나타낸다는 사실은 다음 (9)와 같은 용례에서도 확인할 수 있다. 상황을 유치원 교사가 아동들에게 묻는 것으로 설정한다면 (9a)가 (9b)보다 낫다. a는 실제로는 아동들이 모를 수도 있지만, 잘 알고 있다고 전제하고 알고 있는 것을 잘 기억해 내서 말하라는 식으로 표현해서, 청자인 아동들의 입장을 더 존중하고 있기 때문이다. 이에 비해 b는 중립적인 시험 질문, 즉 아무런 전제 없이 청자가 아는지 모르는지를 묻는 것이거나 실제로 화자가 몰라서 묻는 것이기 때문에, 청자의 입장이 고려되지 않은 질문이므로 a보다 덜 친절하게 들린다.

(9) a. 여러분, 그림에 있는 오리가 모두 몇 마리지요?
b. 여러분, 그림에 있는 오리가 모두 몇 마리예요?

'-지'에는 다음과 같은 특이한 용법이 있다. (10)-(12)에서 a와 b는 종결어미만이 다르지만 그 의미는 상당히 차이가 난다. b는 명령문이지만, a는 명령문이 아니라 이미 일어난 어떤 사건이나 상황이 화자가 원하는 방향으로 되지 않은 것에 대해 못마땅함을 표시하는 표현이다. 이같은 용법도 '주어진 정보'라는 '-지'의 의미와 관련되는 것으로서, '나를 극장에 데리고 가는 것'이나 '나 먹을 것을 남겨 놓는 것'은 새로운 사실이 아니라 청자도 알고 있고 당연히 그래야 하는 것이었는데 그렇게 하지 않았다는 식의 표현인 것이다.

(10) a. 나도 좀 극장에 데리고 가시지.
b. 나도 좀 극장에 데리고 가셔(가시 - 어).
(11) a. 나 먹을 것도 좀 남겨 놓지.
b. 나 먹을 것도 좀 남겨 놔(놓 - 아).
(12) a. 시거든 떫지나 말지.
b. 시거든 떫지나 말아.

화자가 거의 확신하면서 되묻는 것이 '-지'이므로, (13), (14)와 같은 관용적 표현은 의문이 아니라 단언의 의미에 가깝다. 따라서 (13), (14)는 청자의 대답을 필요로 하지 않는다. (15)도 관용적 표현으로서, 화자가 진작부터 가지고 있던 믿음을 재확인하는 의미이다.

(13) a. 용용, 죽겠지?
b. *용용, 죽겠어?
(14) (상대가 예측하지 못한 어떤 상황을 제시하며)
a. 요건 몰랐지?
b. *요건 몰랐어?
(15) a. 그러면 그렇지.
b. *그러면 그래.

이상 살펴본 것과 같이, '-지'와 '-어'의 가장 두드러진 차이는 각각 '주어진 정보'와 '새로운 정보'를 나타내는 것으로서, (16)과 같이 새롭게 어떤 사실을 발견할 때는 '-지'가 불가능하고 '-어'만이 쓰이는 것에서 분명히 드러난다. (16)에서 a는 정말 혜성이 보인다는 사실을 처음 발견하고 그 사실을 밝히는 평서문에서는 쓸 수 없다. 그 때는 b만이 가능하다. c는 혜성이 보인다는 것을 화자는 알고 그것을 청자에게 확인시키는 것이므로 '-지'가 쓰였다. d는 혜성이 보이는지를 화자는 모르는 상태에서 청자에게 그 여부를 묻는 질문이다.

(16) a. *망원경으로 보니까 정말 혜성이 보이지. (평서문)
b. 망원경으로 보니까 정말 혜성이 보여.
c. 망원경으로 보니까 정말 혜성이 보이지?
d. 망원경으로 보니까 정말 혜성이 보여?

10.5.3. '-게'

하게체의 '-게'와 형태가 같으나 그와 전혀 다른 별개의 반말체 어미인 '-게'가 있다. 이 '-게'는 다음과 같이 평서문과 의문문에 쓰인다.

(1) a. 너 빨리 시집가라. 손자 좀 안아 보게.
b. 우리 언제 좀 만나자. 실컷 수다나 떨게.
(2) a. 내가 넌줄 아니? 그런 사람을 좋아하게.
b. 이 사람이 까마귀 고기를 먹었나? 자꾸 잊어버리게.
c. 맛이 없니? 통 먹지를 않게.
(3) a. 그런 짓 하다간 큰코 다치게?
b. 공부를 그렇게 열심히 하다간 일등 하게?
(4) a. (앞 사람의 눈을 두 손으로 가리며) 누구게?
b. 우리 반에서 누가 지각 대장이게?
c. 닭이 먼저게? 달걀이 먼저게?
(5) a. 벌써 가게?
b. 네가 직접 해 보게?

위의 예들 중 (1)은 (6)과 같이 '-게' 부사절을 가진 복합문으로 바꿀 수 있다. 즉 (1)의 '-게'는 종결어미가 아니라 부사절을 이끄는 부사형 어미이며, (1)은 주절과 종속절이 자리를 바꾼 도치문으로 해석된다. 그러나 (2)에서 '-게' 부사절을 앞 문장의 부사절로 보내거나, (3)의 앞뒤 절을 도치시키면 자연스러운 문장이 되지 않는다. 오히려 (3)의 앞뒤를 바꾸면 (9)처럼 도치된 문장으로 이해된다.

(6) a. 손자 좀 안아 보게 너 빨리 시집가라.
    b. 실컷 수다나 떨게 우리 언제 좀 만나자.
(7) a. *그런 사람을 좋아하게 내가 넌줄 아니?
    b. *자꾸 잊어버리게 이 사람이 까마귀 고기를 먹었나?
    c. *통 먹지를 않게 맛이 없니?
(8) a. *큰코 다치게 그런 짓 하다간?
    b. *일등 하게 공부를 그렇게 열심히 하다간?
(9) a. 큰코 다치게? 그런 짓 하다간.
    b. 일등 하게? 공부를 그렇게 열심히 하다간.

따라서 (2), (3)의 '-게'는 종결어미로 볼 수밖에 없겠다. (2)의 '-게'는 의문문과 짝이 되어 쓰이는데, 그러한 의문을 갖게 된 동기를 제시하는 부분이 '-게' 문장이다. 즉 "'-게' 문장과 같은 일이 생기다니, 그 이유가 '의문문의 내용'인가/일까?"라는 의미이다. (2a)의 '내가 넌줄 아니? ~게'는 관용적 표현으로서, '내'가 '너'일 수는 결코 없으므로, 화자 자신에 대한 어떠한 사실을 강하게 부정하는 표현이다.

(4), (5)의 '-게'도 (3)의 경우와 마찬가지로 의문 종결어미이다. 그러나 의문문이라도 (3)과 (4)의 '-게'는 그 용법이 각각 다르다.

(3)은 의문의 형식이기는 하지만 진정한 의문이 아니라 반어적 표현으로서, 어떤 지나친 행동을 경계하거나 금지하는 의미로 해석되며, 따라서 다른 의문 어미로 바꿀 수 없다. 그러나 (4)는 진정한 의문문으로서 다음과 같이 다른 의문 어미로 바꾸어도 자연스럽다. 더구나 (4c)처럼 선택 의문문을 구성할 수도 있으므로 의문 어미로서의 기능을 의심할 이유는 없다.

(10) a. *그런 짓 하다간 큰코 다칠까?
b. *공부를 그렇게 열심히 하다간 일등 할까?

(11) a. (앞 사람의 눈을 두손으로 가리며) 누구일까?
b. 우리 반에서 누가 지각 대장일까?

(5)의 '-게'는 연결어미 '-려고'로 바꿀 수 있어 부사형 어미가 아닌가 생각할 수도 있지만 명백히 의문의 기능을 수행하고 있으므로 의문 종결어미로 보아야 할 것이다. (5)는 2인칭의 의도를 묻는 의문문이다.

10.5.4. '-네'

어미 '-네'는 다음과 같이 평서문에 쓰인다. '-네'는 하게체의 '-네'와 그 형태가 같지만 용법에 있어 구별된다. 반말의 '-네'는 혼잣말이나 혼잣말의 형식을 빈 간접 화행(indirect speech act)인 데 비해, 하게체의 '-네'는 청자를 설정한 대화에서 쓰인다. 예문 (1)-(3)은 반말체이고, (4)는 하게체이다. 반말의 '-네'는 혼잣말의 형식을 빈 간접 화행일 경우에는 반말의 특성에 따라 '-요'가 붙어서 해요체를 구성하며, 혼잣말일 때는 자신에게 경어를 쓰는 것이 어색하므로 '-요'가 붙지 못한다. 그러나 하게체의 '-네'는 청자가 설정되어 있을 때만 쓰는 어미인데도 (4)′와 같이 '-요'가 붙지 못한다. 하게체와 해요체는 분명히 구별되는 등급이기 때문이다.

(1) a. 비가 오네.
b. 지금쯤 영희가 부산에 도착했겠네.
c. 영희가 우산을 두고 갔네.

(2) a. 이런! 지갑을 안 가지고 왔네.
b. 내 참 별꼴을 다 보겠네.
c. 이렇게 비가 오는데 우산이 없으니 야단났네.

(3) a. 산에는 꽃이 피네, 꽃이 피네. (김소월, 「산유화」)
b. 오매! 단풍들것네. (김영랑, 「오매 단풍들것네」)
c. 가네, 가네, 갑순이. 갑순이 울면서 가네. 아홉 살 새색시가 시집을 간다네. (대중가요, 「새색시 시집가네」)
d. 저 산은 내게 내려가라 내려가라 하네. 지친 내 어깨를 떠미네. (대중가요, 「한계령」)

(4) a. 그럼 난 이만 가 보겠네. 잘 있게.
b. 그럼 이만 줄이겠네. 잘 있게. (편지에서)
c. 이렇게 자네를 다시 만나다니, 감개가 무량하네.

(4)′ a. *그럼 난 이만 가 보겠네요. 잘 있게.
b. *이렇게 자네를 다시 만나다니, 감개가 무량하네요.

(1)-(3)의 예문들을 볼 때 '-네'가 쓰이는 환경은 대략 세 가지로 나눌 수 있다. 첫째, 혼잣말로서 명령의 간접화행 기능을 수행하는 경우, 둘째, 진정한 혼잣말의 경우, 셋째, 감탄의 기능을 수행하는 경우이다. 예컨대 (1a)는 청자가 있는 경우와 없는 경우를 모두 상정할 수 있다. 청자가 없는 혼잣말이라면 화자 스스로 우산을 사러 혹은 가지러 가거나 외출을 포기하거나 할 것이고, 청자를 의식한 간접

화행이라면 옆에 있는 청자가 다음과 같은 반응을 보일 것으로 기대하는 발화이다.

(5) a. 우산 줄까? (우산을 가져다 준다)
b. 그럼 빨래 걷어야 되겠네. (빨래를 걷으러 나간다)
c. 그럼 체육 안 하겠구나. (체육복을 가방에서 꺼낸다)

(2)는 혼잣말인데, 사실상 진정한 혼잣말과 간접 화행은 엄격히 구별되지 않는다. 정말로 옆에 아무도 없다면 그와 같은 말을 마음속으로 할 뿐이지 실제 소리 내서 말하는 경우는 드물 것이기 때문이다. (2a)를 정말 혼잣말로 했더라도 그 말을 듣는 사람이 있다면 반응을 보일 것이다. 버스를 탔을 경우라면 옆의 친구가 차비를 대신 내 주든가, 아니면 운전기사의 눈총과 묵인 아래 공짜로 가든가, 어느 쪽도 안 되면 할 수 없이 도로 내려야 할 것이다. 도로 내려야 했다면 혼잣말이 간접화행의 효력을 발생시키지 못하고 혼잣말로만 끝나고 만 것이라 하겠다. (2b)도 혼잣말이지만 '별꼴'을 보이고 있는 사람 옆에서라면 강한 반발이나 비난의 효과를 거둘 수 있다. (2c)도 누군가가 우산을 빌려 주든지 차를 태워 주든지 하는 것을 기대하며 하는 말일 가능성이 크다.

(3)은 어미 '-네'가 시나 노래 가사에서 친숙하게 사용되는 것을 보여 준다. '-네'는 화자가 새로운 사실을 발견하여 그 사실을 놀라움이나 감탄의 감정을 더하여 말할 때 쓰이는데, 시나 노래에서 사용되면 감탄의 의미와 함께 '-네'의 구어적 특성이 더해져 마치 옆에서 말하는 것처럼 친근한 느낌을 준다.

'-네'는 새로운 사실을 발견했을 때 쓰는 어미이므로, (6a)처럼 당연한 사실이거나, (6b)처럼 이미 알고 있던 사실이거나, (6c)처럼 화자가 직접 경험하지 않은 일에 대해서는 쓰지 못한다. 그러나 (7)과 같이 몰랐을 리가 없는 사실에 대해서도 쓰는 경우가 있는데, 내일부터 방학이라는 사실을 몰랐다가 지금 처음 안 것처럼 표현함으로써 방학이 와서 기쁘다는 것을 과장하여 나타내고 있다. 이러한 용법에서는 '새로 앎'보다 감탄의 의미가 두드러진다. 위의 (3a)나 (3b)도 당연한 자연 현상이므로 새로움보다는 감탄을 표현하기 위하여 '-네'가 쓰인 것으로 해석된다.

(6) a. ??해가 동쪽에서 뜨네.
  b. 우리 아이는 지난 토요일에 약혼식을 했어요. 그리고 다음 달에 {결혼해요, *결혼하네요}.
  c. *그거 먹어 보지는 못했지만 맛이 없네요.
(7) 선생님, 내일부터 방학이네요!

'-네'는 발화 현장에서 새로 지각하여 알게 된 사실을 나타내어, 과거에 지각한 사실을 나타내는 '-더-'와 대비된다. 아래 예문 (8)은 과거에 지각한 사실을 나타내는데 비해 앞의 예문 (1)은 현장에서 지각한 사실을 나타내는 것을 알 수 있다. (9)와 같이 어떤 사실을 알게 된 시점을 과거로 옮기면 이미 놀라움이나 감탄은 사라져 버리므로 현장의 놀라움이나 감탄을 표현하는 감탄사와 어미 '-더라'가 어울리지 않는다.

(8) a. 비가 오더라.
  b. 지금쯤 영희가 부산에 도착했겠더라.
  c. 영희가 우산을 두고 갔더라.
(9) a. *이런! 지갑을 안 가지고 왔더라.
  b. *오매! 단풍들겠더라.

'-네'는 다음과 같이 의문문에서도 쓰인다. '-네'가 의문문에 쓰일 때는 주로 선어말어미 '-겠-'과 결합하여 可否 질문을 나타낸다. 즉 화자가 그러하리라고 추측하고 있는 사실에 대해 청자에게 가부를 묻는 질문이다. 이러한 의미 특성 때문에 화자가 내용을 모르고 묻는 의문사 의문이나 선택 의문에서는 쓰이지 못한다. '-겠네'가 평서문에서 쓰이면 화자의 추측을 나타내는데, 평서문과 의문문이 억양으로만 구별된다. 평서문과 의문문이 같은 형태인 다른 종결어미의 경우와 마찬가지로 말끝을 올리면 의문문, 내리면 평서문이다.

(10) a. 지금쯤 영희가 도착했겠네?
b. 어젯밤에 추워서 혼났겠네?
c. 선생님, 오늘 비가 와서 체육 못 하겠네요?

(11) a. *언제쯤 영희가 도착했겠네?
b. *지금쯤 영희가 도착했겠네? 안 도착했겠네?

'-네'는 새로이 알게 된 사실을 나타내므로 다음과 같이 1인칭에 관한 서술에서 제약을 받는다. (12c, d)는 '내'가 관찰자의 입장에서 '나'의 상황이나 행동을 묘사할 경우, 예컨대 꿈 속이라든지 사진을 보면서라면 가능한 표현이다. 이런 점에서 '-네'의 인칭 제약은 선어말어미 '-더-'와 비슷하다. (13c, d)도 각각 앞에 '꿈속에서 보니', 또는 '사진을 보니' 정도를 덧붙이면 자연스럽게 성립한다.

(12) a. 내가 일등이네.
b. 내가 실수를 했네.
c. *내가 웃고 있네.
d. *내가 책을 읽네.

(13) a. 내가 일등이더라.

b. 내가 실수를 했더라.
c. *내가 웃고 있더라.
d. *내가 책을 읽더라.

10.5.5. '-군'

어미 '-군'은 평서문에 쓰여서, 새로 알게 된 사실을 화자 스스로 확인하는 혼잣말에 사용되는 종결어미이다. 그런 점에서 '-네'와 비슷한데, 앞서 살펴본 '-네'의 예문에서 종결어미를 '-군'으로 바꾸어 보자.

(1) a. 비가 오는군.
b. 지금쯤 영희가 부산에 도착했겠군.
c. 영희가 우산을 두고 갔군.
(2) a. 이런! 지갑을 안 가지고 왔군.
b. 내 참 별꼴을 다 보겠군.
c. 이렇게 비가 오는데 우산이 없으니 야단났군.
(3) a. ?* 산에는 꽃이 피는군, 꽃이 피는군.
b. ?* 오매! 단풍들것군.
c. ?* 가는군, 가는군, 갑순이. 갑순이 울면서 가는군. 아홉 살 새색시가 시집을 간다는군.
d. 저 산은 내게 내려가라 내려가라 하는군. 지친 내 어깨를 떠미는군.

위의 예문들에서 우리는 노래나 시에서 '-네' 대신 '-군'을 썼을 때 매우 어색하거나 그 느낌이 사뭇 달라지는 것을 볼 수 있다. 그 이유는 우리에게 익숙해진 詩句를 바꾸었기 때문에 생소한 면도 있지만, '-군'에는 '-네'가 가진 놀라움이나 감탄의 의미가 약하고 대신 혼잣말의 기능이 크기 때문일 것이다. '-군'에 의해 새로이 알게 되는 사실은 화자가 전혀 예측하지 못했던 것이 아니라 어느 정도 짐작을 하고 있던 것을 확인하는 정도라 할 수 있다. 따라서 전혀 예상하지 못했던 상황을 알게 되어 감동하거나 감탄하는 내용에는 '-군'이 어색한데, 반복법을 쓰거나 감탄사를 더하여 감탄의 의미를 강조한 경우는 특히 그러하다. (3)을 (3)′와 같이 전혀 뜻밖의 사실이 아닌 내용으로 바꾸면 자연스러워지거나 또 시나 노래가 아니더라도 예문 (4)-(6)과 같이 놀라움이나 감탄을 강하게 나타내는 문맥에서는 '-군'이 쓰일 수 없는 것이 모두 이 때문이다.

(3)′ a. (3월이 되니) 산에는 꽃이 피는군.
b. (날씨가 서늘해지는 것을 보니) 곧 단풍들겠군.
c. (누군가 했더니) 갑순이가 울면서 가는군. (알고 보니) 아홉 살 새색시가 시집을 간다는군.
(4) a. (화재 현장을 발견하고) *불이군!
b. 뭐가 반짝거리나 했더니 반딧불이군.
(5) a. (창밖에 어른거리는 낯선 그림자를 보고) *도둑이군!
b. (영화를 보며) 주인 남자가 들어오는 줄 알았더니 도둑이군.
(6) a. (난로에 잘못 손이 닿는 순간) *앗, 뜨겁군!
b. 다리미 코드를 뺀 지 한참 되었는데 아직도 뜨겁군.

'-군'과 '-네'의 다른 점으로는 선어말어미 '-더-'가 '-군'과는 통합이 가능하지만 '-네'와는 불가능한 점을 더 들 수 있다. 그만큼 '-네'에는 '현장에서의 지각'이라는 제약이 강한 반면, '-군'은 과거에 지각한 사실에 대해서도 쓸 수 있다는 차이가 있다.

(7) a. 내일이면 공사가 끝나겠더군.

b. 철수는 합격했더군.
c. 갑순이가 시집을 가더군.

(8) a. *내일이면 공사가 끝나겠더네.
b. *철수는 합격했더네.
c. *갑순이가 시집을 가더네.

(7)은 '공사가 내일 끝날 예정임', '철수의 합격 사실', '갑순이가 시집가는 것'을 알게 된 것은 과거이지만, 그 사실을 현장에서 처음 말한다는 의미이다. 따라서 '-더군'은 청자가 없는 상황, 즉 혼잣말에서는 매우 어색하다. 어떤 대상을 처음 지각한 순간 입 밖으로 말은 하지 않았더라도 생각으로라도 이미 혼잣말이 수행되었다고 보아야 하기 때문이다. 다시 말해서, 과거에 지각한 사실을 그 후에 자기 자신에게 처음 안 사실처럼 말하는 상황은 매우 어색한 것이다. 여기서, 청자가 설정된 상황에서의 '-군'의 의미 기능은 '처음 앎'이라기보다는 '처음 말함'이라고 하는 것이 더 적절하다.

한 예를 더 든다면, '갑순이'의 결혼을 전혀 예상하지 못했었다면 청첩장을 받는 순간 (9)와 같이 반응하는 것이 더 자연스럽고, 오랫동안 끌던 혼담이 마침내 결실을 거둔 것이라면 (10)이 더 자연스럽다.

(9) 어머, 갑순이가 시집을 가네.
(10) 드디어 갑순이가 시집을 가는군.

또한 '-군'은 동일 서술어를 반복하는 경우에 맨 처음 발화에 결합된다. 여기서도 '-군'의 '처음 말함'의 기능을 확인할 수 있다.

(11) a. 잘했군, 잘했어.
b. *잘했어, 잘했군.

새로이 알게 된 사실을 처음으로 말하는 것이 '-군'의 본질적 기능이므로 1인칭에 대한 서술에서는 어색한 경우가 있다. 한 예로 (12a)와 같이 화자의 의지를 나타낼 때가 그러하다. 그런데 (12b)는 어떤 근거를 새로 알고 그것을 토대로 추측을 하는 것이므로 자연스럽다. 또 (13a)는 화자 자신의 일을 관찰자 시점에서 새로이 알게 되었다는 의미여서 일반적인 환경에서라면 어색한데 (13b)는 자신이 이미 실수를 한 사실을 새삼스럽게 깨닫게 되는 것이므로 자연스럽다. (14a)도 (13a)와 같은 이유로 어색하지만, (14b, c)는 새롭게 처해진 화자의 상황이나 상태를 새로이 알게 되는 것이므로 자연스럽다. 반면에 (15)는 화자가 새롭게 처한 상황이 아니므로 '-군'이 어울리지 않는다.

(12) a. *그럼 난 이만 가 보겠군.
　　 b. 내일은 내가 갈 수 있겠군.
(13) a. ?*내가 실수를 하는군.
　　 b. 내가 실수를 했군.
(14) a. ?*내가 학교에 가는군.
　　 b. 기록을 보니 내가 일등이군.
　　 c. 이렇게 자네를 다시 만나니 감개가 무량하군.
(15) a. *나는 너무나 마음이 아팠군.
　　 b. *나는 밤새 잠을 못 잤군.

(16)을 보면 '-네'는 2인칭의 행동에 대한 서술에서 제약을 받지만, (17)을 보면 '-군'은 청자를 명시적으로 설정한 대화에서도 사용된다. 그런데 청자가 설정된 대화에 쓰일 때의 '-군'은 반말체가 아니라 하게체로 보인다. (17)에서 보면 2인칭 대명사로 '너'는 어색하고('너'에 대해서는 '-구나'가 적절하다) '자네, 당신'이 어울리

기 때문이다. 다시 말해서, '-군'은 청자를 설정했을 때는 하게체, 혼잣말일 때는 반말체이다. 자기 자신에게 하게체를 쓴다고 보기는 어렵기 때문에 중립적인 등급인 반말체로 보아야 할 것이다. (18a)에서는 '-했군'은 혼잣말, '미안해/미안하네/미안해요/미안합니다'는 대화이므로, 반말인 '-했군'의 등급과 별개로 각 등급이 모두 가능하다. 반면에 (18b)는 '-했군요'에서 이미 청자를 설정하고 있으므로 뒤에 이어지는 말도 그에 걸맞는 등급만이 올 수 있다. (19)도 비슷한 경우로, '-군'이 혼잣말로도 쓰일 수 있고 대화로도 쓰일 수 있음을 보여 준다. (20)에서는 대화에서라면 경어를 써야 할 청자가 현실적으로 존재하는데도 마치 없는 것처럼 반말을 쓰고 있으며, 그것이 간접 화행으로서 청자의 어떤 반응을 유발하고 있음을 볼 수 있다.

(16) a. 내가 지갑을 안 가지고 왔네.
 b. {*너, *자네, *당신} 지갑을 안 가지고 왔네. 내가 빌려 줄까?
 c. ?*너 지각했네.
 d. ?*너 오늘 예쁘네.

(17) a. 내가 지갑을 안 가지고 왔군.
 b. {*너, 자네, 당신} 지갑을 안 가지고 왔군. 내가 빌려줄까?
 c. {*너, 자네, 당신} 지각했군.
 d. {*너, 자네, 당신} 이제 보니 순 엉터리로군.

(18) a. 내가 실수를 했군. {미안해, 미안하네, 미안해요, 미안합니다}.
 b. 제가 실수를 했군요. {미안해요, 미안합니다}.

(19) a. (혼잣말로) 김 과장이 자리에 없군. (옆 자리의 직원에게) 김 과장님 어디 가셨어요?

b. 김 과장님이 자리에 안 계시네요. 어디 가셨어요?

(20) A: 김 과장이 자리에 없군. (돌아가려고 한다)

B: (옆 자리의 직원이) 무슨 일이신데요?

참고 고성환(1987), 고영근(1989a), 곽용주(1996), 김광해(1983), 김동식(1981), 김하수(1979), 노대규(1981), 박재연(1998), 윤석민(1996), 서정수(1996), 심재기 외(1984), 이익섭(1986), 장경희(1985), 장석진(1985, 1993), 한길(1991)

제 11 장 시 제

11.1. 시제의 범주화

국어의 시제 범주

어떤 행위나 사건이나 상태가 언제 일어났느냐에 따라 그것을 언어적으로 달리 표현하는 일이 있다. 가령 다음 예문에서 '무얼 하고, 책을 읽는' 행위가 '어제'인가 '지금'인가에 따라 '했니'와 '하니', 또는 '읽었어'와 '읽어'로 각각 구별하여 표현하고 있다. 이처럼 어떤 상황, 다시 말하면 어떤 행위, 사건, 상태의 시간적 위치를 언어적으로 나타내 주는 문법범주를 時制(tense)라 한다.

(1) a. 어제 무얼 했니?
  b. 책 읽었어.
(2) a. 지금 무얼 하니?
  b. 책 읽어.

시제의 가장 일반적인 대립은 현재(present), 과거(past), 미래(future)의 三分 대립이거나, 현재와 과거의 二分 대립이다. 자연 세계의 시간에서는 현재, 과거, 미래의 구분이 어느 사회에서나 다름이 있을 수 없지만, 이것이 언어에서 어떤 형식으로 구별되어 나타나지 않는 한 시제 범주로서 인정할 수 없으므로 시제의 체계는 언어마다 같지 않다. 현재, 과거, 미래로 三分되는 언어도 있고, 현재(정확히는 非過去 non-past)와 과거로 二分 대립만 가지는 언어도 있으며, 또는 이 어떤 것과도 다른 시제 체계를 가지는 언어도 있다.

'-겠-'과 '~을 것'

국어에서 '-겠-'을 미래를 나타내는 형태소로 인식하여 未來時制를 설정하는 일이 흔히 있다. 그러나 다음 (3)과 (4)에서 보듯이 '-겠-'은 현재의 일에도 쓰이고 과거의 일에도 쓰인다.

(3) a. 걔들은 지금 한창 신나게 놀고 있겠구나.
　　b. 서울은 지금 참 춥겠다.
(4) a. 이 토끼는 어제쯤 죽었겠어요.
　　b. 젊으셨을 때 무척 미인이셨겠습니다.

즉 (3a, b)는 '지금'이라는 부사가 보여 주듯이 현재의 일이며, (4a, b)는 '어제'와 '젊으셨을 때'라는 말이 나타내 주듯이 과거의 일이다. 그럼에도 '-겠-'이 자연스럽게 쓰이고 있다. 이것은 '-겠-'이 미래시제 표시의 형태소가 아니라는 것을 뜻한다. (3)과 (4)에서의 '-겠-'은 추측을 나타내 줄 뿐이며, 다음의 (5)와 (6)은 각각 의지와 능력을 나타내 줄 뿐 시제를 표시하는 것은 아니다. 또 미래의 일은 다음 (7), (8)에서 보듯 '-겠-'이 없이도 표현된다.

(5) a. 나는 지금 떠나겠다.
　　b. 너는 내일 오겠니?
(6) a. 이 정도 설명하면 알아듣겠지?
　　b. 그래도 모르겠어요.

(7) a. 너는 언제 떠나니?
　　b. 내일 떠납니다.
(8) a. 그 일은 곧 끝납니까?
　　b. 3년 후에나 끝납니다.

이로 보면 국어에 未來時制를 설정할 근거는 어디에서든 찾기 어렵다. 따라서 국어에는 미래시제가 없다고 보는 것이 자연스럽다.

그런데 이처럼 '-겠-'이 시제가 아니라 추측이나 의도를 나타내는 서법 선어말어미라고 할 때, 역시 추측을 나타내는 '~을 것(거)'과는 어떤 차이가 있을까. 둘은 아주 비슷한 의미를 가지는 것처럼 보이지만 의외로 흥미로운 대조를 보인다. 추측은 입증되지 않은 판단으로서, 판단인 만큼 확실하든 불확실하든 어떤 근거를 필요로 하는데, 만일 판단 주체인 화자가 자신의 행동이나 상태를 판단의 근거로 삼을 경우에는 '-겠-'이 쓰이고, 타인이나 일반적인 사례에 근거하여 추측하는 경우에는 '~을 것'이 쓰이는 것이 그것이다. 다음 예문 (9)-(13)에서 그 차이가 뚜렷이 드러나는데, (10)에서 '너는 알겠니?'는 의문문이어서 결국 판단 주체에게 판단 근거가 있는 만큼 '겠'이 쓰인 것이다. 마찬가지로 (11a)에서는 판단의 근거, 곧 실력은 청자 쪽에 있는 것인데 화자가 판단한 것이므로 '모를 거야'가 되었고, (11b)는 다시 판단 근거가 화자 쪽에 있으므로 '알겠는데'가 되었다. (13a)에서 화자가 자신의 기준으로 판단해 버리면 '좋겠다'가 되고, 청자에게 판단을 맡기면 '좋을 거야'가 된다.

(9) a. 나는 춘향이만 보면 좋아 {*죽을 것이다, 죽겠다}.
　　b. 두드리라. 그러면 {열릴 것이다, *열리겠다}.
(10) 나는 아무리 생각해 봐도 해답을 {*모를 것이다, 모르겠다}.

너는 알겠니?
(11) a. 너는 아무리 생각해 봐도 해답을 {모를 거야, *모르겠다}.
b. 아니, 알겠는데.
(12) a. 그 음식 참 맛있겠다. (나도 먹고 싶다.)
b. 그 음식 참 맛있을 거야. (너 한번 먹어 봐.)
(13) a. 너 시집가서 {좋겠다, 좋을 거야}.
b. 좋긴 뭐가 좋아, 고생이지.

시제 표시의 형태들

국어에서 현재(비과거) 시제와 과거 시제의 대립은 뚜렷하다. 그것은 저 앞의 (1), (2)에서 볼 수 있듯이 선어말어미 '-었-'에 의해 형태적으로 뚜렷이 구별되어 표현된다.

그렇다면 국어의 시제 체계는 현재와 과거의 二分 대립인가. 이렇게 속단하기는 어려운 점이 있다. 국어에는 이 '-었-' 이외에 다음 (14)와 (15)에서와 같은 '-었었-'과 '-더-' 등의 시제 표시 형태들이 더 있기 때문이다.

(14) a. 너 어디 갔었니?
b. 너 어디서 넘어졌었구나.
(15) a. 시골 사람들은 참 부지런하더라.
b. 형은 책을 참 많이 읽었더라.

뒤에서 이들 시제 표시의 형태들 '-었-, -었었-, -더-'의 기능을 하나씩 서술해 나가기로 하겠다. 그리고 이들이 관형절 안에서는 어떠한 형태로 바뀌어 시제를 표현해 주는가도 아울러 서술하겠다.

시제와 관련되는 형태로 '-고 있다', '-어 왔다' 등도 주목을 받아 왔다. 그러나 여기서는 이 형식들은 다루지 않겠다. 이들은 각각

進行相과 完了相을 나타내는 형식으로 이해되는 일이 있지만, 그렇다면 '떠들어 댄다'의 '-어 대다'는 反復相이어야 하며, '익어 간다'의 '-어 가다'는 또 하나의 進行相이 되어야 하고, '숨을 거두고 말았다'의 '-고 말다'는 또다른 어떤 相이 되어야 할 것이다. '-고 있다'와 '어 오다(왔다)'의 '있다, 오다'는 이른바 보조동사로서 순수히 시제나 상 표시의 기능을 가지는 형태들이라고 하기는 어려워 보인다.

相(aspect)이란 어떤 상황의 시간적 위치가 아니라 그 시간의 내적인 구조를 나타내 주는 문법 범주로서 시제와 엄연히 다른 체계를 갖춘 언어도 있으나 대개는 시제와 묶이거나 그 구분이 불분명한 경우가 많다. 국어에서도 시제와 상이 별개의 체계로 운용되고 있다고 보기는 어려운 점이 많아 여기서는 어떤 相的인 현상으로 보이는 것이 있다 하더라도 일단 시제의 범주에 넣어 고찰하고자 한다.

'웃는다, 뛴다'의 '-는다, -ㄴ다'를 다시 분석하여 '는/ㄴ'을 진행을 나타내 주는 相 표시의 형태소로 인식하는 수도 있다. 형용사 '작다, 희다'의 어미 '-다'와 비교하여 '는/ㄴ'의 이러한 분석은 타당한 일면이 있다. 그러나 '는/ㄴ'이 진행상 표시의 형태소라면 왜 (16)에서 보는 바와 같이 '-다' 이외의 어미와는 쉽게 결합하지 못하는가 하는 문제가 잘 풀리지 않는다.

(16) 잘 웃어요(*웃는어요), 잘 뛰어요(*뛴어요), 왜 그리 웃니(*웃는니), 왜 그리 뛰니(*뛴니)

즉 '는/ㄴ'이 진행 표시의 형태소라면 '잘 웃는다'는 진행이고, '잘 웃어'나 '잘 웃어요', '잘 웃습니다'는 진행이 아니라고 하여야 하는 난관에 봉착하게 된다. 아직 숙제이긴 하지만, 이 절에서는 일단 '-는다/-ㄴ다'의 '는/ㄴ'을 독립된 형태소로 다루지 않으려고 한다.

11.2. 절대시제와 상대시제

기준시

시제에서 현재시제다 과거시제다라고 말할 때의 현재나 과거는 보통 發話 時點(moment of speaking)을 기준으로 한 분류다. 즉 어떤 상황을 이야기하는 때를 기준으로 하여, 그 상황이 일어난 때가 그 발화 시점과 같은 때인 현재라든가 그보다 前時인 과거라는 뜻을 가진다. 예를 들면, 어떤 두 사람이 전화로,

(1) a. 너 지금 무얼 하니?
 b. 나 지금 책 읽어.
(2) a. 너 어제 무얼 했니?
 b. 나 어제 책 읽었어.

와 같은 이야기를 나누었을 때, (1)의 '하니'와 '읽어'를 현재라 하는 것은 전화로 이야기하는 때를 기준으로 현재다. 즉 그 '하니'와 '읽어'가 전화하는 때와 같은 때의 상황이므로 현재다. 반면 (2)의 '했니'와 '읽었어'를 과거라 하는 것은 전화하는 때를 기준으로 보아 그것들이 전화하는 때보다 먼저 일어난 지나간 상황이므로 과거라 하는 것이다. 이럴 때 전화로 말하는 때처럼 어떤 상황의 시간적 先後 위치를 판가름하는 기준이 되는 때를 基準時(time reference)라 일컫는다.

기준시에는 두 가지가 있다. 앞에서 일반적으로 어떤 상황을 이야기하는 때, 즉 발화시가 기준시가 된다고 말하였는데, 그것을 다른 한 기준시와 구분하여 絕對基準時(absolute time reference)라 하고, 발화시가 아닌 어떤 다른 상황의 때로 삼은 기준시를 相對基準時(relative time reference)라 한다.

(3) a. 형이 와서 내가 읽는 책을 빼앗아 갔다.
b. 형이 와서 내가 읽는 책을 빌려 달라고 한다.

에서, (3a)와 (3b)의 두 '읽는'을 흔히 모두 현재라 한다. 그러나 말하는 때를 기준으로 보면 (3a)의 '읽는'은 '빼앗아 갔다'와 같은 때인 과거의 상황이다. '읽는'이 현재인 것은 '빼앗아 갔다'를 현재로 삼았을 때 그러하다. 다시 말하면, '읽는'을 현재로 이해하는 것은 절대기준시에 의해서가 아니라 '빼앗아 갔다'의 상황을 현재로 하는 상대기준시에 의해서다. 이처럼 시제 파악에서 기준시는 매우 중요한 의미를 가진다.

절대시제와 상대시제

이처럼 상대기준시에 의한 시제를 相對時制(relative tense)라 하고, 발화시, 즉 절대기준시를 기준으로 하는 시제를 絕對時制(absolute tense)라 한다. (1b)의 '읽어'는 절대시제로서의 현재요, (3a, b)의 '읽는'은 상대시제로서의 현재인 것이다.

(4) a. 음악을 듣고 있으니 마음이 즐겁다.
b. 음악을 듣고 있으니 마음이 즐거웠다.

에서 (4a)와 (4b)의 두 '듣고 있으니'는 형태가 꼭 같음에도 불구하고 절대기준시로 보면 (4a)는 현재의 상황이요, (4b)는 과거의 상황이다. 따라서 동일한 형태가 절대시제로 보면 (4a)에서는 현재요, (4b)에서는 과거가 된다. 시제를 절대시제로만 이해하려 하면 이처럼 기술이나 이해에 혼란을 주는 불편이 있다. 상대시제의 설정은 이러한 혼란을 막아 준다. (4a)와 (4b)의 '듣고 있으니'는 상대시제로는 모두 현재가 되기 때문이다. (4a)의 '듣고 있으니'는 '마음이 즐겁다'는 상황을 기준시로 하여서의 현재요, (4b)의 '듣고 있으니'는 '마음이 즐거웠다'는 상황을 기준시로 하여서의 현재다. 상대시제의 설정은 이처럼 같은 형태를 같은 시제로 이해할 수 있도록 하여 체계적인 이해의 길을 열어 준다.

상대시제는 (3)이나 (4)처럼 두 문장이 접속이나 내포에 의하여 한 문장을 이루었을 때 특히 유용한 개념이다. 국어의 시제는 접속문이나 내포문에서는 중화되는 수가 많기 때문이다.

(5) a. 봄은 가고 여름이 오는구나.
　　b. 봄이 가고 여름이 왔다.
(6) a. 일찍 자고 일찍 일어납시다.
　　b. 대원들은 누구나 일찍 자고 일찍 일어났다.

에서 (5b), (6b)의 '가고, 자고'는 과거의 상황인데 '-었-'이 없이 쓰였다. 시제가 중화된 것이다. 이럴 때 만일 '가고, 자고'를 현재형이라 한다면 상대시제의 개념을 도입하여 '여름이 왔다'나 '일찍 일어났다'의 상황이 일어난 과거를 기준시로 한 현재라고 이해하게 되며, 그러면 국어의 시제 체계가 한결 간명하게 이해된다. 국어의 상대시제에 대하여는 뒤에서 좀더 논의하겠다.

11.3. 과거시제

'-었-'과 과거

국어의 과거시제는 전술하였듯이 '-었-'에 의하여 표현된다. '-었-'이 과거 표시의 형태소인 것은 다음 예문들에서 그 '-었-'의 유무에 의하여 현재 상황과 과거 상황이 선명하게 갈라짐에서 명백히 드러난다. 즉,

(1) a. 아까는 창호가 제일 잘 뛰었다.
    b. 지금은 영수가 제일 잘 뛰는구나.
(2) a. 나는 어제 집에서 TV만 보았어.
    b. 나는 요즈음 잡지만 봐.
(3) a. 훈민정음은 1443년에 만들어졌다.
    b. 도자기는 지금도 흙으로 만들어진다.

에서 '뛰었다, 보았어, 만들어졌다'는 '아까'나 '어제'나 '1443년' 등과 어울려 과거의 상황을 나타내 주고 있고, 그와 짝이 되는 '뛰는구나, 봐, 만들어진다'는 '지금'이나 '요즈음' 등과 어울려 현재의 상황을 나타내 주고 있다. 여기에서 '-었-'이 하는 일이 과거시제를 나타내 주는 일이라 함은 의문의 여지가 없다.

'-었-'과 완료

그러나 국어의 '-었-'은 이러한 과거시제의 표시에만 쓰이는 것이 아니라, 完了를 나타내 주는 相的인 기능도 가지고 있다는 사실이 지적되어 왔다.

(4) a. 겨울이 가고, 봄이 왔다.
b. 합격 소식을 지금 막 들었다.

에서 '봄이 왔다'는 어제나 그저께나 지난 달에 그랬다는 말이기보다는 지금 봄이 와 있다는 뜻이며, 그래서 영어로 번역한다면 'Spring came'이 아니라 'Spring has come'이 될 뜻이다. '들었다'도 '지금 막'과 같은 부사와 어울려 쓰인 것에서 나타나듯이 과거의 상황이기보다는 현재의 상황을 보이는 것으로서, 이 경우 '-었-'은 단순한 과거의 일보다는 완료의 뜻을 나타내 주는 것이다.

다음 예문 (5)에서도 '가다가'와 '갔다가'의 차이는 극장까지 도착되었던 것인지 아닌지, 즉 그 완료의 여부에 있다고 해석되므로 '-었-'은 역시 과거의 의미보다는 완료의 의미를 나타내 주는 것으로 이해된다.

(5) a. 극장에 가다가 잊은 것이 있어 되돌아 왔다.
b. 극장에 갔다가 사람이 많아 되돌아 왔다.

그러나 '-었-'이 결합되었을 때 단순한 과거를 나타내는가, 완료 혹은 상태 지속의 의미를 나타내는가 하는 것은 어느 정도는 동사에 달려 있다. '늙다, 익다, 닮다' 같은 동사는 '-었-'이 결합되었을 때 과거가 아니라 현재의 상태를 나타낸다. 이들은 어떤 상황이나 상태가 과거로부터 비롯된 것은 분명하지만 그것이 꼭 어느 시점에 발생되었다고 규정짓기 어려운 특성을 지니고 있는 부류들이다.

(6) 올해 들어 내가 부쩍 늙었다.
(7) 아들이 꼭 제 아버지를 닮았다.
(8) 사과가 빨갛게 익었다.

한편 '결혼하다, 입다, (먼지가) 묻다' 따위는 '-었-'이 결합되어 상태를 나타내는 것은 '늙었다'류와 같지만 그 상태가 시작된 시점이 분명하다는 점에서 차이가 있다. 따라서 '결혼했다, 입었다'류는 특정한 동작이나 사건이 과거 어느 시점에 발생되었다는 과거의 의미로 해석될 수도 있고, 상태의 지속이라는 의미로 해석될 수도 있다.

(9) a. 영희는 올림픽 공원에서 결혼했다. (과거)
b. 영희는 이미 결혼했으니 잊어 버려라. (상태)
(10) a. 순희야, 옷 다 입었니? (과거)
b. 순희는 노란 원피스를 입었다. (상태)
(11) a. 놀부 아내가 밥주걱으로 홍부를 때려서 밥풀이 홍부 얼굴에 묻었다. (과거)
b. 네 얼굴에 밥풀 묻었다. 거울 좀 봐. (상태)

앞의 부류와는 달리 '웃다, 싸우다, (바람이) 불다, 걷다(步), 뛰다, 자다'와 같이 그 결과가 상태로서 남을 수 없는 동사에 '-었-'이 결합되면 현재 상태를 나타낼 수 없고 반드시 과거의 의미로만 해석된다.

(12) 영희는 영화를 보면서 내내 웃었다.
(13) 영희는 어제 영수와 싸웠다.
(14) 어젯밤에는 바람이 몹시 불었다.
(15) 영수는 그 놀라운 소식을 듣고 펄쩍 뛰었다.

이상과 같은 예들을 볼 때, '-었-'이 결합된 동사가 갖는 완료, 혹은 상태 지속의 의미는 '-었-'보다는 동사를 포함한 문맥에 달려 있으며, '-었-'은 그 동사가 나타내는 상태나 사건이 과거의 어느 시점에 비롯됨을 표시하는 과거 표시의 기능을 갖는 것임을 알 수 있다. 따라서 '-었-'의 일차적인 기능은 역시 과거시제의 표시라고 이해된다. 완료를 표시해 주는 기능은 적어도 현대국어에서는 특정한 경우에 나타나는 부차적인 기능인 것으로 보인다.

11.4. 대과거시제

과거와 대과거

과거시제의 '-었-'이 중복된 듯한 형태의 '-었었-'이 '-었-'과 대립되는 기능을 가지고 과거시제와 구별되는 시제를 형성한다는 사실은 일찍부터 인식되어 왔다. '-었었-'은 '-었-'에 의하여 표현되는 과거의 상황보다 한발 앞선 때의 상황을 나타내 주는 것으로 이해되어, 이 시제를 흔히 大過去時制라 부른다.

한 예로 다음 예문 (1a), (2a)의 상황은 (1b), (2b)의 상황보다는 더 먼 과거의 상황인 듯한 느낌을 준다. (2a)와 (2b)는 다 '어제'의 일이지만 (2a)는 그 일 이후에 어떤 일이 하나 더 있었다는 느낌을 주어 그러한 느낌을 주지 않는 (2b)의 상황과 구별되는 것이다.

(1) a. 작년에는 여기에 온통 코스모스가 피었었다.
    b. 벌써 코스모스가 피었구나.
(2) a. 어제 누나가 왔었다.
    b. 어제 누나가 왔다.

(1a), (2a)에는 비록 표면에 드러나지는 않지만 '-었-'으로 표현될 어떤 과거의 사건, '피었었다'나 '왔었다'보다 나중에 일어난 사건이 전제되어 있다고 할 수 있다. '올해는 다른 꽃이 피었지만'이

나, '누나가 그 후 돌아갔지만'과 같은 것이 그것이다. '-었었-'의 문장은 이처럼 '-었-'으로 표현될 상황이 내재해 있으면서 그것이 표면으로 드러나지 않는 것을 그 특징으로 한다.

가끔 다음 (3)과 같은 예문이 성립하는 것으로 말하는 일이 있고, 이로써 '-었었-'이 영어의 과거완료에 해당하는 기능을 나타내 주는 것으로 기술되는 일이 있지만, (3)은 정상적인 국어 문장이 아니다. '기차는 이미 떠나고 없었다'라고 말하는 것이 정상적일 것이며, (3)에서처럼 영어의 과거완료문을 번역한 듯한 자리에 '-었었-'이 그대로 쓰이는 것처럼 기술하는 일은 잘못이다. 국어에서 '-었었-'의 상황과 관련된 '-었-'의 상황이 표면으로 드러나는 일은 큰 제약을 받으며 극히 드물게만 나타난다. 아래 (4)에서 보면 '땄었다'와 관련하여 그보다 나중의 상황인 '땄다'가 표면에 드러나 있는데, 이러한 나중 상황의 제시는 필수적인 절차가 아니며 그것도 대개 한 문장 안에서보다 별개 문장에서 제시되는 꽤 허술한 방식에 의해서다.

(3) 내가 역에 도착하였을 때 기차는 이미 떠났었다.

(4) 김무길 선수가 금메달을 땄다. 그런데 이 선수는 지난 대회에서는 동메달을 땄었다.

대과거시제의 특성

'-었-'의 상황이 표면에 드러나든 안 드러나든 그 '-었-'의 상황은 '-었었-'의 상황과 동질적인 상황이어야 한다는 것이 '-었었-'의 쓰임에 부수되는 큰 제약의 하나인 듯하다. '동메달을 땄었다'에 대하여 '금메달을 땄다', '코스모스가 피었었다'에 대하여 '다른 꽃이 피었다', 또는 '아무 꽃도 피지 않았다', '왔었다'에 대하여 '돌아갔다'가 다 동질적인 관계에 있는 상황들이다. 이 점에서 '기차가 떠났었다'와 '내가 역에 도착하였다'는 그러한 동질적인 관계가 성립하지 않는 데서 '-었었-'이 쓰이지 못하는 것이라고 해석된다.

'-었-'의 상황은 '-었었-'의 상황과 같은 계열의 것이어야 하지만, 그 상황의 지속이라는 점에서는 서로 상반되는 일이 일반적이다. 메달을 땄다는 점에서는 내용이 같지만 한 번은 동메달이었고 한 번은 금메달이었다든가, 오고 가는 이야기인 점에서는 같은 내용의 이야기지만 한 쪽은 온 일이며 한 쪽은 돌아간 일이라는 점이 그러하다. 이 특징에 근거하여 '-었었-'의 기능을 과거에 행하여진 상황이 지속되지 못하고 단절되었음을 나타내 주는 것으로 이해하는 수가 있다.

그러나 '-었-'의 상황이 반드시 '-었었-'의 상황을 단절시키는 방향으로 상정되지만은 않는다는 점도 주목을 요한다. 다음 (5)에서 지금도 수학을 전공하려 하고 고등학교 때도 수학을 전공하려 했다는 상황을 상정할 수 있고, 또 이번 대회에도 금메달을 땄다는 상황을 상정할 수 있다. 즉, '-었-'으로 표현된 상황이 '-었었-'으로 표현된 상황을 반드시 단절시켰다고 보기 어려운 것이다.

(5) a. 나는 중학생 때도 수학을 전공하려 했었다.
  b. 김무길 선수는 지난 대회 때도 금메달을 땄었다.

이 점에서 '-었었-'은 그 후에 사태가 다른 모습으로 바뀐 어떤 상황을 나타내 준다기보다 그 후에 어떤 다른 과거의 상황이 있음을 나타내 주는 것을 주된 기능으로 하는 형태소라고 결론지을 수 있다. 그리고 과거의 상황보다 앞서는 때의 상황을 표시한다는 점에서 '-었었-'에 의한 시제를 대과거시제라고 불러 온 것은 적절했다고 할 수 있을 것이다.

대과거시제를 이처럼 과거시제와 대립시켜 놓으면 국어의 시제 체계는 현재, 과거, 대과거의 三分 체계인 것처럼 보인다. 그러나 대과거를 과거와 같은 층위에 놓고 시제 체계를 세우는 일은 어려운 점이 있는 듯하다. '-었었-'이 일단 쓰이면 과거보다 앞서는 대과거의 일을 가리켜 주기는 하지만, 그 쓰임이 크게 제약되어 있어 대과거의 일이라 하여 언제나 '-었었-'이 자유롭게 쓰이지는 않기 때문이다.

대과거는 차라리 일종의 상대시제로 파악하는 것이 국어의 시제 체계의 기술을 간편하게 하는 듯이 보인다. 그러면 국어의 시제는 현재와 과거의 두 시제로 갈리는 二分 체계로 될 것이며, 대과거는 '-었-'에 의한 과거를 기준시로 하였을 때의 과거인 상황을 표시해 주는 상대시제로서 기술될 것이다.

11.5. 회상시제

'-더-'의 분포와 이원성

선어말어미 '-더-'도 국어의 시제 표시에 큰 몫을 하는 형태소다. '-더-'는 그 '-더-'를 빼고 나면 현재, 과거, 대과거가 될 시제에 고루 쓰인다. 그리고 '-겠-' 다음에도 쓰여 편의상 미래시제를 인정한다 하여도 어느 시제에나 다 쓰이는 셈이다. 다음의 예문에서 '-더-'를 제거하면 각각 (1a), (2a), (3a), (4a)와 같은 현재, 과거, 대과거(및 미래)의 시제가 남는다. 그만큼 '-더-'는 나머지 시제와 대등한 지위에 있기보다는 그것들과 층위를 달리하는 어떤 다른 세계를 담당한다는 성격을 보여 준다.

(1) a. 요즈음 서울은 참 춥다.
　　b. 요즈음 서울은 참 춥더라.
(2) a. 사람들이 참 많이 모였구나.
　　b. 사람들이 참 많이 모였더구나.
(3) a. 누나가 두 번 왔었다.
　　b. 누나가 두 번 왔었더라.
(4) a. 탈선 사고가 났으니 한 시간 후에나 출발하겠다.
　　b. 탈선 사고가 났으니 한 시간 후에나 출발하겠더라.

그러면 '-더-'가 하는 일은 무엇일까. 앞의 예문에서 보면, (1b)는 (1a)에 비하여 서울에서 경험한 일을 다른 곳에 가서 회상하면서 전달 보고하는 말투이며, (2b), (4b)도 현장에서라면 각각 (2a), (4a)처럼 말할 것을 거기서의 이야기를 장소를 옮겨 말하는 투다. (3b)도 마찬가지여서, (3a)가 누나가 다녀 간 동일한 장소에서 하는 말임에 반해, 누나가 다녀 간 곳에서 들었거나 어떤 흔적을 보고 안 사실을 그곳과 다른 장소에 가서 회상하여 전달 보고하는 말투다. 여기서 '-더-'는 어떤 상황이 화자가 다른 때 다른 곳에서 경험한 것임을 가리켜 주는 기능을 가지고 있다는 사실을 알 수 있다.

여기서 우리는 '-더-'에 의한 시제가 二元的이라는 사실도 알 수 있다. '-더-'를 제외했을 때의 시제는 화자가 그 상황을 경험하던 당시의 바로 그 시제이기 때문이다. 즉 (1b)는 화자가 서울에서라면 (1a)처럼 말할 상황이며, 나머지들도 사정이 같다. 그러니까 '-더-'는 경험 당시의 시제를 그대로 살리되, 다만 거기에 '-더-' 하나만을 더 첨가하여 그것이 지금 말하는 시간과 장소에서 경험한 상황이 아님을, 그 층위를 달리하여 표시해 주는 일을 그 소임으로 한다는 것을 알 수 있다. 이렇게 보면 "다른 곳이나, 다른 때에 경험한 상황을 당시의 시제를 살리면서 옮겨와 그것을 회상하며 전달 보고하는 투로 진술하는 기능을 한다"고 하는 것이 가장 쉽게 추출되는 '-더-'의 대표적 기능이다.

그런데 '-더-'는 말하는 장소와 같은 장소에서 경험한 일에 쓰이는 수도 있다. 당장 앞의 (3b)는 화자가 출타 중에, 또는 병원에 입원하여 의식이 없는 사이에 누나가 다녀간 사실을 나중 알고 상황이 벌어진 바로 그 장소에서 할 수 있는 말이다. 또 다음 예문 (5)도 화자가 그 상황을 경험한 바로 그 자리에서 외출쯤 다녀온 청자에게 하는 말일 수 있으며, (6)도 바로 옆자리에서 노래 부른 사람에게 화자와 청자가 전혀 자리를 옮기지 않고 하는 말일 수 있다. 여기에서 '-더-'는 반드시 말하는 장소와 떨어진 장소에서 경험한 일에만 쓰이는 것은 아니라는 것이 드러난다. 그렇다면 앞의 '-더-'의 기능에 대한 진술에서 '다른 곳'은 빼야 할 것이다.

(5) 아침에 친구들이 찾아왔더라.
(6) 이 자리에서 들은 사람들이 다 그렇게 느꼈겠지만 네 노래 솜씨가 보통이 아니더라.

'-더-'의 제약

'-더-'가 "다른 때나 다른 장소에서 경험한 상황을 옮겨온다"고 할 때 그 상황은 화자가 그 현장에서 직접 체험하였거나 체득한 상황이다. 그러므로 '-더-'가 쓰인 문장은 '내가 겪은 바로는', '내가 확인한 바로는', '내가 깨달은 바로는', '알고 보니'와 같은 의미가 밑바닥에 깔려 있다고 해석되는 특성을 가진다. 다음 예문 (7a), (8a)가 특별한 상황이 아니라면 부자연스러운 것은 이러한 특성에서 오는 것이다.

(7) a. ?지구는 둥글더라.
   b. 위성 사진을 보니 정말 지구는 둥글더라.
(8) a. ?훈민정음은 1443년에 창제되었더라.
   b. 훈민정음이 1446년에 창제된 줄 알았더니 실은 1443년에 창제되었더라.

'-더-'는 이처럼 화자 자신이 체험하고 체득하여 알게 된 사실을 말하는 것이므로 타인의 내적, 심리적 경험을 표현하는 일에는 쓸 수 없다.

(9) a. 어젯밤에는 바람이 심해서 몹시 춥더라.
   b. *어젯밤에는 바람이 심해서 순희가 몹시 춥더라.
(10) a. 나는 할미꽃만 보면 고향이 그립더라.
   b. *순희는 할미꽃만 보면 고향이 그립더라.

한편 '-더-'는 남에게 전달 보고하는 투의 말에 쓰이므로 화자 자신의 외적인 경험을 말할 때에는 쓸 수 없다. 따라서 화자 자신에 대해 기술할 때는 내적인 경험이거나, 외적인 경험이라면 화자 자신을 객관화시켜 표현할 때에라야 가능하다.

(11) a. 나는 여기서는 아무것도 못 읽겠더라.
   b. 나는 그 이야기만 들으면 너무 신이 나더라.
(12) a. *그때 내가 그 말을 하더라.
   b. 비디오를 보니 내가 그 말을 하더라.
   c. 그때 내가 왜 그 말을 했더라?
(13) a. *내가 먼저 살던 동네로 가는 차를 타더라.

b. 꿈 속에서 내가 그 차를 타더라.
c. 나는 이사한 뒤에도 자꾸 먼저 살던 동네로 가는 차를 타게 되더라.

'-더-'의 기능

종래 '-더-'에 의한 시제를 흔히 回想時制라 불러 왔다. 앞에서 지적하였듯이 '-더-'가 과거의 일을 다시 돌이켜보며 말할 때 쓰이므로 이 命名은 타당했다고 평가할 만하다. 다만 회상이라고 해서 일반적인 회상이 회상시제의 범주에 포함되는 것은 아니라는 점은 주의할 필요가 있고, 아울러 그 회상의 성격을 좀더 정밀히 기술할 것이 요청된다.

'-더-'에 의해 표현되는 것은 일단 과거의 일들이다. 이 점에서 '-더-'에 의한 표현이 회상과 관련될 것은 당연하다. 그러나 그것이 회상이라면 아주 특별한 방식의 회상이다. 일반적인 회상은 '-더-' 없이도 얼마든지 표현될 수 있을 것이다. 가령 다음 예문에서 굳이 '-더-'가 쓰인 쪽만 회상의 기능을 한다고 하기는 어렵다. 과거에 대한 진술은 어차피 회상과 무관할 수 없기 때문이다.

(14) a. 어제 서울에서는 눈이 왔어.
b. 어제 서울에서는 눈이 오더라.

이 예문에서 주목되는 것은 동일한 사건의 진술이 (14a)에서는 과거형으로 되어 있는데 (14b)에서는 '-더-'를 빼고 보면 현재형으로 되어 있다는 점이다. 이에 대해서는 이미 앞에서 여러번 강조된 바 있는데, 이는 '-더-'가 하는 일이 단순한 회상이 아니고 현장 상황의 시제를 그대로 옮겨와 한 단계 다른 층위에서 진술하는 일임을 보여 주는 것이다. 즉 화자가 경험한 상황 자체는 똑같은 것을 (14a)는 그 상황을 과거의 사실 그대로 옮기는 데 반해, (14b)는 현장감을 살려 "여기 서울은 지금 눈이 오는군"과 같은 상황을 한 편에 깔면서 그것을 일종의 간접화법식으로 바꾸어 표현하고 있는 것이다.

이렇게 보면 '-더-'는 무엇을 단순히 회상하여 말하기보다는 그것을 현장감을 살려 옮겨와서 이야기하는 것을 더 주된 임무로 한다고 보아야 할 것이다. 어떤 사실을 알게 된 시점이 과거라는 것을 드러내 줌으로써 회상의 기능을 한편으로 맡고 있지만, 그 시점에 알게 된 내용 자체는 그 시점의 시제대로 옮겨 주는 일에서 그 독자성을 더 크게 발휘한다고 보는 것이다. 그러나 이것으로 회상시제라는 용어까지 바꿀 필요는 없을 것이다. 그래서 '-더-'를 "화자가 직접 경험하고 확인하고 체득한 상황을 시간 또는 공간을 옮겨 회상하고 전달 보고하는 기능을 가지는 회상시제 표시의 형태소"라고 정의해 두고자 한다.

끝으로 한 가지 가능성만 더 언급해 두고자 한다. 회상시제는 앞에서 말한 대로 다른 일반 시제와 층위를 달리하는 二元的인 체계를 가진다. 이 점에서 회상시제는 일종의 상대시제로 이해될 수 있을 법하다. 화자가 현장에서 어떤 상황을 알게 된 때를 기준시로 하면 '-더-'를 제외한 문장의 시제가 정연하게 성립하기 때문이다. 그렇다면, '-더-'는 어떤 상황이 상대기준시로 표현되고 있다는 것을 알려 주는 기능도 아울러 가지고 있다고 할 수 있을 것이다. 그렇다면 상대시제를 둠으로써 현장에서의 현재, 과거, 대과거를 그대로 옮겨 올 수 있고, 그만큼 현장감을 살려 전달 보고하는 표현 방식이 '-더-'에 의한 회상시제의 특징이라고 할 수 있을 것이다.

11.6. 관형절의 시제

'-는'과 '-은/ㄴ'

한 문장이 冠形節이 되어 다른 母文에 成分文으로 내포될 때에 그 성분문에도 時制가 일정한 형태로 구분되어 나타난다.

(1) a. 학생들이 요즈음 즐겨 듣는 음악을 나도 좋아한다.
    b. 어제 내가 들은 이야기는 알고 보니 전부 거짓말이었다.
(2) a. 여섯 시가 해가 뜨는 시간이다.
    b. 여섯 시가 해가 뜬 시간이다.

에서 (1a), (2a)의 '듣는, 뜨는'은 현재형이며 (1b), (2b)의 '들은, 뜬'은 과거형임을 알 수 있다. 동사 어간에 '-는'이 결합되었느냐 '-은/ㄴ'이 결합되었느냐로 이 구분이 생긴 것인데, '-는'과 '-은/ㄴ'은 한편으로는 문장을 관형절로 바꾸는 일을 하면서 다른 한편으로는 그 절의 시제를 나타내 주는 일을 하는 것이다. '-는'은 현재시제의 관형절 어미, '-은/ㄴ'은 과거시제의 관형절 어미라 부를 수 있을 것이다. 다만 관형절의 서술어가 형용사일 때는 다음 예문 (3), (4)에서 보듯 '-은/ㄴ'이 현재시제의 어미로 쓰인다.

(3) 저기 마당이 넓은 집이 우리 집이다.
(4) 형은 책이라면 아무리 비싼 책도 잘 산다.

'-던'

관형절을 만드는 어미로 '-는'과 '-은/ㄴ' 이외에 '-던'도 널리 쓰인다. '-던'은 과거의 상황을 나타내 준다는 점에서 동사에 쓰이는 '-은/ㄴ'과 비슷한 의미를 가지는 어미다. 그러나 다음의 짝에서 보듯이 두 어미의 의미가 똑같지는 않다.

(5) a. *어제 먹은 떡 어디 있니?
b. 어제 먹던 떡 어디 있니?
(6) a. 어제 공원에서 찍은 필름을 현상소에 맡겼다.
b. ?어제 공원에서 찍던 필름을 현상소에 맡겼다.
c. 어제 공원에서 찍던 필름 몇 장 남았니?

대체로 '-던'은 과거시제의 '은/ㄴ'과 비교하여 마저 끝나지 않고 중단된 상황을 나타내 주는 것으로 보인다. (5b)의 '먹던'에서는 아직 그 떡을 먹는 일이 완결되지 않았으므로 남아 있는 떡이 있지만 (5a)에서는 이미 그 떡이 남아 있을 수 없으므로 비문이 되었다. 마찬가지로 '찍던 필름'을 현상소에 맡기는 것은 어떤 긴급한 상황이 발생하여 찍지 않은 필름을 남긴 상태로 현상하는 경우가 아니라면 어색하다.

'-던'은 사건이나 행위가 순간적으로 이루어지는 순간동사에는 잘 쓰이지 못한다. '-던'은 미완결된 일에 쓰이는 것이므로 어떤 사건이나 행위가 중단될 수 없는 순간동사에는 쓰일 수 없는 것이다. 대체로 '-고 있다'가 결합될 수 없는 동사에도 '-던'이 잘 결합되지 않는 경향을 보이는데 이것도 같은 이치로 설명된다. 다만 복수 주어에 의한 반복적인 사건이나 행위인 경우에는 순간동사에도 '-던-'이 결합될 수 있다.

(7) a. *내가 학교를 졸업하고 있다.

b. *여기가 내가 졸업하던 학교다.

(8) a. *김 일병이 전쟁터에서 죽고 있다.

b. *김 일병이 죽던 전쟁터.

(9) a. 오늘도 많은 병사들이 전쟁터에서 죽고 있다.

b. 많은 병사들이 죽던 전쟁터.

이러한 특성에 의거하여 '-던'을 흔히 過去未完의 시제라고 부른다. 과거의 상황이되 완료되지 않은 상황을 나타내 주는 시제라는 뜻이다. 그런데, 이 과거미완과 과거의 시제가 대립되어 나타나는 것은 동사로 끝나는 관형절에서뿐이며, 형용사(및 '이다')로 끝나는 관형절에서는 그러한 대립이 없다. 즉 동사 관형절에서는 현재, 과거, 과거미완으로 三分되는 것이 형용사 관형절에서는 현재와 과거미완으로만 二分되어 나타난다.

(10) a. 잠자리를 잡는 아이

b. 잠자리를 잡은 아이

c. 잠자리를 잡던 아이

(11) a. 키가 가장 작은 아이

b. 키가 가장 작던 아이

(11b)에서 '작던'의 '-던'은 (10c)의 '잡던'의 '-던'과 같은 의미를 가진다. 그리고 (11a)의 '작은'의 '-은'은 비록 진행의 의미는 없지만 현재 상황을 나타내 준다는 점에서는 (10a)의 '잡는'의 '-는'과 일치한다. 그렇다면 (10b)의 '잡은'의 '-은'에 해당하는 어미가 형용사에는 없다는 결론이 된다. 이때 형용사 관형절의 '-은'이 동사 관형절의 '-는'과 '-은'의 기능을 겸하고 있다고 보아야 할지, 아니면 오히려 형용사의 '-은'이 동사의 '-는'보다는 '-은'에 가까운 것

으로 보고 형용사 관형절에는 진행의 자리가 완전히 공백으로 남는다고 하여야 할지는 확언하기 어렵다.

'-던'은 과거의 선어말어미 '-었-'과 결합하여 나타나기도 하는데, '-었던'이 '-던'에 비하여 어떤 다른 의미를 가지는지는 그리 뚜렷하게 드러나지 않는다. 대체로 '-던'으로 표현되는 과거를 기준시로 하였을 때 '-던'은 현재의 상황을 나타내고, '-었던'은 과거의 상황을 나타내 주는 듯하다. 즉 관형절을 기저문으로 바꾼다면 '입던'은 '입었다'로, '입었던'은 '입었었다'로 환원될 그러한 차이를 이들이 가지고 있다고 볼 수 있다.

(12) a. 거기는 내가 자주 가던 곳이다.
b. 거기는 내가 자주 갔던 곳이다.

(13) a. 이것은 네 형이 어렸을 때 입던 옷이다.
b. 이것은 네 형이 어렸을 때 입었던 옷이다.

'-을/ㄹ'

관형절을 만드는 어미로 '-을/ㄹ'도 널리 쓰인다. 그러나 이 어미는 어떤 시제를 대표하기보다는 추측이나 의지 등을 나타내 주는 기능을 가지는 것으로 파악된다. 즉 아래 (17)에서는 의지, 나머지에서는 추측을 나타내면서, (14)의 '놀고 있을'은 현재의 일이요, (15)의 '다 자랐을'이나 (16)의 '어제 왔을'은 과거의 일이므로 '-을/ㄹ'이 흔히 생각하듯 미래시제 표시의 어미가 아님이 밝혀진다. 일반 문장에 없는 미래시제가 관형절에 새삼 나타날 수 없음은 오히려 당연한 일일지 모른다.

(14) 지금 신나게 놀고 있을 친구들이 부럽군요.

(15) 이제는 다 자랐을 손자가 보고 싶다.
(16) 어제 왔을 편지가 왜 아직도 안 왔지?
(17) 갈 사람은 가고 있을 사람은 있자.

관형절과 기저문의 시제

이상의 관형절의 시제는 그 관형절의 기저문에서의 시제와 깊게 연관되어 있을 것이다. 가령 다음 (18a), (19a)에서의 시제는 각각 (18b), (19b)의 시제가 옮겨져 온 것이라 분석될 법하다. 그리고 (20a)의 '-을/ㄹ'은 '-겠-'과 함께 추측이나 의지를 나타내는 것으로 해석되었던 만큼 기저문에서 '-겠-'으로(어형상으로는 오히려 '-리-'로) 표시되었던 것이 옮겨져 온 것일 가능성이 매우 높아 보인다.

(18) a. 여섯 시가 해가 뜨는 시간이다.
b. 해가 여섯 시에 뜬다.
(19) a. 여섯 시가 해가 뜬 시간이다.
b. 해가 여섯 시에 떴다.
(20) a. 지금 신나게 놀고 있을 친구들이 부럽다.
b. 친구들이 지금 신나게 놀고 있겠다(있으리라).

그런데 이와 같은 관형절과 기저문의 관계가 '-던'의 경우에는 그리 명쾌하게 드러나지 않는다. '-던'은 형태상으로 회상시제의 '-더-'에 관형절 어미 '-ㄴ'이 결합된 것처럼 보인다. 그것은 관형절의 과거미완의 '-던-'이 기저문의 회상시제로부터 옮겨져 온 것이리라는 짐작을 불러일으킨다. 그러나 '-던-'과 '-더-'의 관계를 그렇게 묶어 생각하기 어렵게 만드는 문제들이 몇 가지 있다.

'-더-'는 어떤 상황을 층위를 사이에 하나 두면서 옮겨와 전달하는 의미를 가진다고 하였는데, '-던-'에는 그러한 의미가 없다. 그리하여 '-더-'는 화자 자신이 어쩌더라는 말은 상당히 큰 제약을 받는 데 반해, '-던-'은 그러한 제약을 받지 않는다. 또 '-던-'은 완료되지 않고 중단된 未完의 의미를 가진다고 하였는데 '-더-'는 그러한 의미의 제약도 받지 않는다.

(21) a. 그것이 내가 읽던 책이다.
b. *내가 그 책을 읽더라.
(22) a. 거기는 내가 여러 번 갔던 곳이다.
b. *내가 그곳에 여러 번 갔더라.
(23) a. *이 학교가 혜순이가 졸업하였던 학교다.
b. 알고 보니 혜순이는 이 학교를 졸업하였더라.

따라서 '-던-'의 '더'가 과연 회상시제의 '-더-'인지는 의문의 여지가 있다. 그러나 '던'이 기저문의 어떤 시제와 무관하게 독자적으로 발생한 어미라고 하기에는 관형절의 성격상 또 어려운 점이 있다. '-던-'이나 '-더-'는 다 과거의 상황을 나타내 주며, 그 상황을 회상하여 나타내 주는 기능을 가진다는 점에서는 공통성을 가진다. 이에 근거하여 '-던-'도 과거미완의 어미라고 하기보다는 회상시제의 관형절 어미라고 하여 '-더-'와 묶어 이해하고, 두 어미의 의미 차이는 기저문이 관형절이 되면서 일으킨, 또는 역사적으로는 같았던 의미가 종결어미문과 관형절에서 각각 다른 길을 밟은 데서 결과된 것으로 이해하는 길이 국어 시제를 더 체계적으로 이해하는 바른 길일지도 모른다.

참고 남기심(1978), 성기철(1976), 유동석(1981), 이남순(1981, 1994), 장경희(1985), 한동완(1996)

제 12 장 피동과 사동

12.1. 피 동

12.1.1. 능동문과 피동문

능동문에서 피동문으로

被動(passive)은 被動態라고도 불리듯이 能動(active), 또는 能動態와 함께 態(voice)의 하나로서 늘 능동을 기준으로 그와 대립되는 개념이다. 피동문은 원칙적으로 그에 대응되는 능동문을 가지며, 그 능동문을 바탕으로 하여 그 능동문에 어떤 절차를 가하여 만들어진다. 즉 아래 예문 (1), (2)에서 보듯이 첫째, 능동문의 목적어가 주어가 되고, 둘째, 능동문의 주어는 주격조사 대신 처격조사 '에/에게'를 취하여 부사어로 바뀌며, 셋째, 서술어인 타동사는 피동사로 바뀌는 일련의 절차를 거쳐 피동문이 만들어진다. 이 절차에서 이미 암시되어 있지만, 피동문의 짝이 되는 능동문은 타동사문이며, 자동사문이나 형용사문은 피동문으로 바뀔 수 없다.

(1) a. 어머니가 아기를 업었다.
　　b. 아기가 어머니에게 업혔다.
(2) a. 흰 눈이 온 들판을 덮었다.

b. 온 들판이 흰 눈에 덮였다.

이 과정에서 능동문이 더 기본적이면서 무표적이고 피동문이 파생적이며 유표적임은 피동사가 능동사에서 접미사의 첨가로 파생된다는 사실에서 명료히 드러난다. 이렇게 파생된 피동문은 그 형식만 달라지는 것이 아니라 능동문과는 사뭇 다른 성질을 얻게 된다. 타동사문이던 능동문이 피동문이 되면서 동시에 자동사문이 된다는 것도 그 중 하나다. 그리고 능동문에서는 전형적으로 그 주어가 행동주(agent)이던 것이 피동문에서는 능동문의 목적어이던 경험주(patient)가 주어가 되는 것도 큰 변화다. 아마 이것이 피동문이 되면서 입는 가장 큰 변화일 것이다. 왜냐하면 피동문이란 주어가 어떤 주체적인 의지를 가지고 하는 행위가 아니라 다른 힘에 의해 그야말로 피동적으로 입게 되는 상황을 담당하는 것을 主務로 하기 때문이다. 다시 말하면 참여자 역할의 관계를 나타내는 문법범주가 態인데 피동은 능동과 대립되는 쪽을 담당하게 되는 것이다.

앞의 절차에서 능동문의 주어가 부사어로 바뀌는 규칙은 좀 복잡한 편이다. 능동문의 주어가 유정명사일 때는 예문 (1)에서 보듯이 '에게'(또는 '한테')를 취하며 그 주어가 무정명사일 때는 예문 (2)에서처럼 '에'를 취한다. 그런데 만일 능동문에 이미 '에게'나 '에' 또는 '로'가 있을 때는 능동문 주어가 피동문에서 '에게'로 나타나지 못한다. 이때는 '에게' 대신 '~에 의해(서)'를 쓰게 되는데 사실 이것도 그리 국어다운 표현은 아니다. 특히 예문 (6)에서는 '~에 의해(서)'의 쓰임도 허용되기 어려워 보인다. 또 (7)에서처럼 '에게'가 특수조사 앞에서는 생략되는 현상도 있다.

(3) a. 김 씨가 박 씨에게 집을 팔았다.
b. 집이 {*김 씨에게, 김 씨에 의해} 박 씨에게 팔렸다.
(4) a. 도둑들이 보물을 강 밑에 묻었다.
b. 보물이 {*도둑들에게, 도둑들에 의해} 강 밑에 묻혔다.
(5) a. 영희가 가위로 색종이를 잘랐다.
b. 색종이가 {*영희에게, 영희에 의해} 가위로 잘렸다.
(6) a. 시장에서 동네 사람들이 야채를 팔았다.
b. 시장에서 야채가 {*동네 사람들에게, ?동네 사람들에 의해} 팔렸다.
(7) a. 나는 네모난 것만 잘 본다.
b. 나는(나에게는) 네모난 것만 잘 보인다.

이상에서 보면 피동문은 능동문을 모태로 하여 성립하는 것은 분명하면서도 국어의 경우 그 절차가 어떤 定型을 가지고 있다고 하기에는 어려운 면이 있음을 알 수 있다. 국어의 피동법이 몇 가지 특징과 제약을 가지고 있음을 뒤에서 보게 되는데 이것도 그 일면이라 할 수 있을 것이다.

능동문과 피동문의 관계

앞에서 피동문과 능동문의 관계를 전자가 후자를 전제로 해서 성립하는 것으로 서술하였다. 그런데 이 관계를 그렇게 파악하지 않고 양자가 별개의 뿌리를 가지는 것으로 보는 관점도 있어 이에 대한 검토를 조금은 해 두는 것이 좋겠다.

양자가 밀접한 관계에 있음은 우선 진리 조건(truth condition)에서 찾을 수 있다. 능동문에서 참인 것은 그 짝이 되는 피동문에서도 참이라는 것이다. 가령 앞의 (2a)의 "흰 눈이 온 들판을 덮었다"가 참이면서 (2b)의 "온 들판이 흰 눈에 덮였다"가 참이 아닐 수는 없다.

양자는 또 선택 제약(selectional restriction)에서도 밀접한 관계가 입증된다. 한 예로 다음 (8)에서 '풀다'는 주어로서는 유정명사, 목적어로서는 무정명사를 요구하는데 이 조건이 피동문에도 그대로 적용되는 것이다.

(8) a. 새 팀이 오랜 숙제를 풀었다.
  b. 오랜 숙제가 새 팀에 의해 풀렸다.

그런데 능동문을 피동문으로 바꾸었을 때 진리 조건이 어긋나는 경우가 있다. 특히 의지의 의미를 나타내는 일부 부사류를 동반하는 문장에서 그 예를 볼 수 있는데 가령 다음 예문에서 '기쁜 마음으로'는 능동문에서는 영희의 속성이었던 것이 피동문에서는 아기의 속성으로 바뀌는 것을 볼 수 있다.

(9) a. 영희가 아기를 기쁜 마음으로 업었다.
  b. 아기가 영희한테 기쁜 마음으로 업혔다.

피동문을 반드시 능동문으로부터 이끌어내지는 것으로 생각할 수는 없다는 견해는 대개 이러한 예들을 그 근거로 삼는다. 이런 것이 아니더라도 피동문은 능동문이 가지지 못하는 독자성을 분명히 가지고 있다. 피동문이 따로 존재하는 것은 바로 그 때문이기도 할 것이다. 그리고 그것은 능동을 피동으로 바꾸는 절차에서 이미 준비된 사항일 것이다. 그 가장 단적인 예가 다음 (10), (11)에서 보듯 명령문이나 청유문의 능동문은 피동문으로 바뀌지 못하는 일일 것이다. 예문 (9)에서의 현상도 그런 제약의 일종일 뿐 그것이 피동문과 능동문을 독립된 것으로 보아야 한다는 근거일 수는 없을 것이다.

(10) a. 책을 많이 읽어라.
b. *책이 많이 읽혀라.
(11) a. 신선한 과일을 자주 먹자.
b. *신선한 과일이 자주 먹히자.

12.1.2. 피동문의 형식

피동사에 의한 피동문

국어의 피동문은 우선 피동사에 의해 형성된다. 타동사 어간에 피동 접미사 '-이-, -히-, -리-, -기-'가 붙어서 피동사가 되고, 앞에서 밝힌 나머지 절차를 거쳐 피동문이 만들어지는 것이다. 그러므로 국어 피동문은 어떤 통사적 절차 이전에 타동사가 파생접사에 의해 피동사로 바뀌는 조어법적 절차가 중요한 몫을 한다.

그런데 모든 타동사가 피동사로 파생될 수 있는 것이 아니라, 일부 제한된 동사들만이 피동 접미사를 취할 수 있다. 우선 동사 '하다'를 비롯하여 접미사 '-하다'가 붙은 동사들은 피동사로 파생되지 못한다. '주다, 받다, 드리다, 바치다'와 같은 수여동사(ditransitive verb)와, '팔다(→팔리다)'를 제외한 '얻다, 잃다, 찾다, 돕다, 입다, 사다'와 같은 수혜동사(benefactive verb)도 피동사를 가지지 않는다. '알다, 배우다, 바라다, 느끼다' 따위 화자의 심리적 경험을 나타내는 경험동사(experiential verb), '만나다, 닮다, 싸우다'와 같은 대칭동사(symmetric verb)도 대응되는 피동사가 없고, 그 밖에 '던지다, 지키다, 때리다, 만지다' 등과 같이 어간이 '이'로 끝나는 동사 중 많은 것들도 피동 접미사를 취하지 못한다. 이제 피동 접미사를 취하는 타동사들의 목록을 접미사별로 보이면 다음과 같다.

(1) '-이-'가 붙는 동사들

개다, 깎다, 보다, 깔보다, 얕보다, 꺾다, 꼬다, 꿰다, 깨다(잠에서), 나누다, 낚다, 닦다, 덮다, 뒤덮다, 뜨다, 볶다, 들볶다, 매다, 얽매다, 묶다, 바꾸다, 뒤바꾸다, 섞다, 뒤섞다, 싸다, 둘러싸다, 에워싸다, 쌓다, 쏘다, 쓰다(書), 쓰다(用), 짜다(編), 쪼다, 차다, 트다, 파다, 치다(값을), 짚다

(2) '-히-'가 붙는 동사들

걷다, 긁다, 꼬집다, 꽂다, 닫다, 뒤집다, 막다, 먹다, 떼먹다, 맺다, 묻다, 파묻다, 박다, 처박다, 치받다, 들이받다, 밟다, 짓밟다, 뽑다, 꼽다, 손꼽다, 씹다, 짓씹다, 얹다, 얽다, 뒤얽다, 업다, 읽다, 잊다, 잡다, 사로잡다, 붙잡다, 접다, 찍다(撮), 찍다(pick)

(3) '-리-'가 붙는 동사들

가르다, 갈다(更新), 갈다(耕作), 갈다(grind), 걸다, 깔다, 끌다, 꿇다, 날다, 널다, 누르다, 짓누르다, 달다(掛), 매달다, 달다(무게를), 덜다, 듣다, 들다, 떨다, 뚫다, 뒤틀다, 비틀다, 말다, 몰다, 내몰다, 물다, 깨물다, 밀다, 내밀다, 벌다, 불다, 부르다, 붙들다, 빨다, 싣다, 쓸다, 휩쓸다, 썰다, 열다, 자르다, 찌르다, 털다, 팔다, 되팔다, 풀다, 흔들다, 뒤흔들다, 헐다

(4) '-기-'가 붙는 동사들

감다, 감다(머리를), 끊다, 담다, 뜯다, 빼앗다, 씻다, 안다, 앗다, 쫓다, 찢다

기타 방식의 피동

국어의 전형적인 피동문은 앞에서 본 피동사에 의해 만들어지지만 그것만이 국어 피동문의 유일한 방식은 아니다. 국어에는 조동사에 의해 피동이 표현되는 또다른 방식도 있다. 타동사에 '-어지다'가 결합되어 피동의 의미를 나타내는 방식이 그것이다. 특히 이 '-어지

다' 피동은 피동사에 의한 피동 표현이 불가능한 경우에 그 빈 자리를 메워 주는 구실을 하는 것으로 보여 흥미를 끈다. (8)에서 보듯 사동문이 주로 이 방식으로 피동문을 만드는 것도 이 점에서 주목할 만하다.

(5) 이 금관은 언제 만들어졌을까?
(6) 소원이 드디어 이루어졌다.
(7) 자기에게 주어진 기회를 놓치지 말아라.
(8) a. 의견들이 많이 좁혀지고 있다.
b. 사실은 결국 밝혀지기 마련이다.
c. 바둑 대회가 한 주일 늦추어진답니다.
d. 얼룩이 깨끗이 지워졌구나.

피동사 파생이 가능한 동사에도 '-어지다'가 연결되는 수가 없지 않고, 또 피동사에 다시 '-어지다'가 결합되는 수도 있다. '나뉘다, 닫히다'가 있는데 '나누어지다, 닫아지다'가 쓰이고, '보이다, 쓰이다, 잊히다, 찢기다'가 엄연히 있는데 '보여지다, 쓰여지다, 잊혀지다, 찢겨지다'가 쓰이는 것이 그것이다. 이들은 대부분의 경우 '-어지다'를 잘못 사용한 경우들인데 그러면서도 '잊혀진 일' 등이 자연스럽게 자리를 잡아 가고, '보여지다'와 '쓰여지다'가 각각 '보이다', '쓰이다'와 다른 용도로 독자적인 영역을 구축하려는 듯한 현상을 보인다. 사태를 좀더 지켜보며 무엇이 이런 현상을 일으키는지 그 원인을 캐 보도록 해야 할 것이다.

한편 '-어지다'가 결합되었으면서도 피동의 기능을 하지 않는 경우가 있음도 유의해 둘 필요가 있다. '-어지다'는 형용사와도 어울리는데 형용사에 '-어지다'가 결합되면 동사화하여 상태 변화를 나타낸다.

(9) 벌써 동쪽 하늘이 환해진다.
(10) 길이 넓어졌다.
(11) 얼굴에 여드름이 없어졌다.
(12) 여름철이 되면서 경기가 좋아지고 있다.
(13) 눈에서 멀어지면 마음에서도 멀어진다.

자동사에도 그리 자주는 아니지만 '-어지다'가 결합되는 수가 있다. 이때의 의미는 어떤 힘에 의해 그렇게 된다는 것이어서 피동의 의미와 상통하는 바가 있다. 그러나 짝이 되는 능동문이 없는 이 문장을 피동문이라고 할 수는 없다. 굳이 이름을 붙인다면 擬似 被動文이라고 할 수 있을 것이다.

(14) 억지로 울려니까 잘 울어지지 않는다.
(15) 졸업을 하고 나니 선생님 댁에 잘 가지지 않는다.

피동사도 성립되지 않고 '-어지다'로도 피동 표현이 실현되지 않는 '하다'류 타동사들은 그 '하다'를 '되다'로 바꿈으로써 피동 표현을 한다. 피동 표현의 제3 수단이라 할 수 있다.

(16) a. 한때는 몽고가 중국을 정복하였다.
b. 한때는 중국이 몽고에 정복되었다.
(17) a. 모든 회원들이 갖가지 방안을 발표하였다.
b. 모든 회원들에 의해 갖가지 방안이 발표되었다.

앞의 예문들을 보면 '되다'류 동사는 피동사가 하는 방식 그대로 능동문을 피동문으로 만드는 것을 볼 수 있다. 이 점에서 '정복되다,

발표되다' 등도 일종의 피동사라고 할 수 있을 것이다. '하다'류 동사 중에는 '되다'를 취하지 못하고, '모욕당하다, 고문당하다'처럼 '당하다'를 취하거나 '주문받다, 의뢰받다'처럼 '받다'를 취하여 피동적 표현을 충당하는 것들도 있다. 모두 달리 피동문을 만들 길이 없어 마련된 장치로, 이들이 쓰인 문장들도 모두 넓은 의미의 피동문으로 간주되어야 할 것이다.

한편 극히 예외적이지만 피동 접미사가 자동사에 결합된, 적어도 그처럼 보이는 예도 없지 않다. 겨우 몇 예에 불과하나 타동사문이라야 피동문이 될 수 있다는 원칙을 깨는 것이어서 각별한 주의를 요한다.

(18) a. 낙엽이 바람에 어지러이 날았다.
　　 b. 낙엽이 바람에 어지러이 날렸다.
(19) a. 종은 누구를 위해 우는가.
　　 b. 종은 누구를 위해 울리는가.

(18), (19)에서 각각 b가 a보다 자연스러운데, 그 이유는 의미론적으로 설명될 수 있다. '낙엽'이나 '종'은 '참새'나 '아기'와는 달리 자발적으로나 자력으로 날거나 울 수 없는 것이어서 자동사문으로는 부자연스럽다. 누군가(무엇인가)가 날리거나 울려야 날고 울 수 있는 것이므로 '낙엽'이나 '종'의 시점에서는 피동적으로 표현되어야 자연스러운 것이다.

그러나 통사론적으로는 그 해석이 쉽지 않은데 한 길은 그저 예외라고 해 두는 길일 것이다. 다른 한 길은 이들 피동사가 각각 사역동사 '날리다'와 '울리다'에서 파생되었다고 해석하는 길일 것이다. 피동사와 사역동사가 같은 모양을 하고 있지만 그것은 사실 '치다'에서

'치이다'가 되듯 '날리이다', '울리이다'로 표기하여야 되는데 접미사 '-이-'가 발음상 융합되어 잘 들리지 않는 탓에 제대로 표기에 반영하지 못한 때문이라고 풀이할 수 있을 것이다. 일부 방언에서는 사동사 '울리다'와 피동사 '울리다'가 성조로 구분되는데 이 뒤쪽 해석과 관련하여 음미해 볼 만하다고 생각된다.

12.1.3. 피동문의 쓰임과 제약

피동문을 못 만드는 능동문

앞에서 피동문은 능동문을 전제로 하여 양자가 변환되는 관계에 있는 것으로 기술하여 왔다. 하지만 국어의 경우 이 관계가 늘 원활한 것은 아니다. 가령 영어와 비교하여 능동문에서 기계적으로 피동문이 만들어지지는 않는 편이며, 어느 한쪽이 다른 한쪽보다 더 선호되는 경향도 보인다. 먼저 피동문으로 표현하면 부자연스러운 경우부터 보기로 하자. 타동사문의 목적어가 무정명사일 경우에 그러한데 이 경우라도 적절한 화용론적 상황이 주어지면 자연스럽게 받아들여질 수 있지만, 적어도 (1)-(3)의 b는 자연스러운 문장이라 하기 어렵다.

(1) a. 영이가 책을 다 읽었다.
 b. (?)책이 영이에게 다 읽혔다.
(2) a. 소가 풀을 뜯는다.
 b. (?)풀이 소에게 뜯긴다.
(3) a. 영이가 문고리를 잡았다.
 b. (?)문고리가 영이에게 잡혔다.

그리고 다음 예문들은 아예 어떤 형식으로든 피동문을 만들 수 없는 능동문들이다. (8)과 같은 사역문도 타동사문이므로 피동문이 가능할 텐데 많은 경우 피동문을 가지지 못한다. 어떻든 이들 예들은 국어의 능동문과 피동문이 자유롭게 변환되는 관계가 아니라는 점을 가장 극명하게 보여 주는 예들이기도 할 것이다.

(4) 나그네가 스님에게 길을 물었다.
(5) 그는 누구에게나 영어를 쉽게 가르쳤다.
(6) 선생은 틈만 나면 불우한 이웃을 도왔다.
(7) 그는 젊은 시절에 동양 철학을 공부하였다.
(8) a. 만담가가 사람들을 몹시 웃겼다.
b. 당국이 물가를 한꺼번에 너무 많이 올렸다.
c. 그 무렵 무지한 사람들이 야생 동물을 마구잡이로 죽였다.

능동문이 없는 피동문

앞에서와는 반대로 피동문은 있으면서 그 짝이 되는 능동문은 잘 쓰이지 않는 경우도 있고, 아니면 능동문을 아예 상정하기 어려운 경우조차 있다. 우선 한 예로 무정명사가 타동사문의 주어일 때는 능동문보다 피동문이 더 자연스럽게 받아들여지는 현상을 들 수 있다.

(9) a. (?)바람이 문을 열었다.
b. 문이 바람에 열렸다.
(10) a. (?)슬픔이 영희를 휩쌌다.
b. 영희가 슬픔에 휩싸였다.
(11) a. ?*불안감이 항상 그를 쫓는다.
b. 그가 항상 불안감에 쫓긴다.

다음으로, 대당되는 능동문을 상정하기 어려울 정도로 피동문 쪽으로만 쓰이는 경우를 보자. 다음 예문 (12)-(18)이 그 전형적인 예들이다.

(12) 가족들이 모두 감기에 걸렸다.
(13) 날씨가 많이 풀렸구나.
(14) 그는 만년에는 초야에 묻혀 살았다.
(15) 영희가 난처한 입장에 놓였다.
(16) 앞서 보낸 자식의 모습이 날마다 눈에 밟힌다.
(17) 더위가 한풀 꺾였다.
(18) 밤새 가위에 눌려서 한숨도 못 잤다.

이들은 국어 피동문의 독특한 의미 기능에 기인하는 것으로서, 감기를 걸리게 하거나 날씨를 풀리게 하는 것처럼 의지나 의도를 가진 주체를 설정하기 어려운 경우에 피동문을 쓰는 것이다. 그리하여 국어의 피동문에는 통상 '~에 의해'가 문장 표면에 드러나지 않는 경우가 많다. 이처럼 국어의 피동문은 주어인 피동주의 의도나 의지와 상관 없거나, 그 의도나 의지에 반해서 그러한 상황에 처하게 되었음을 효과적으로 나타내는 기능이 유난히 큰 것으로 풀이된다.

그리하여 국어에는 피동의 형태로만 표현되는 관용구들이 많이 있는데 그 목록을 보이면 다음 (19)와 같다. (20)은 '치를 떨다, 자리를 잡다, 발목을 잡다, 꼬리를 밟다, 가슴에 못을 박다, 체면을 깎다'와 같은 능동형이 가능하지만 피동 표현의 관용구가 더 잘 쓰이는 것들이어서 함께 제시해 두었다.

(19) 기가 막히다(*기를 막다), 눈이 뒤집히다(*눈을 뒤집다), 말이 안 먹히다(*말을 안 먹다), 누가 법에 걸리다(*누구를 법에 걸다), 일이 밀리다(*일을 밀다), 차가 밀리다(교통 체증 ; *차를 밀다), 그 일이 마음에 걸리다(*그 일을 마음에 걸다), 얹혀 살다

(*얹어 살다), 먹은 것이 얹히다(*먹은 것을 얹다), 속이 보이다 (*속을 보다), 맥이 풀리다(*맥을 풀다), 일이 손에 안 잡히다(*일을 손에 안 잡다), 손에 못이 박히다(*손에 못을 박다)

(20) 치가 떨리다, 자리가 잡히다, 발목이 잡히다, 꼬리가 밟히다, 가슴에 못이 박히다, 체면이 깎이다

이상에서 피동문은 분명히 능동문과 깊이 얽혀 있으면서도, 능동문이 있는 곳에는 늘 피동문도 있는 정도로 매여 있는 관계는 아님을 보았다. 앞에서 피동문의 독자적인 세계가 있기에 그를 위해 피동문이 존재하는 것이 아니냐는 이야기를 하였지만 국어의 경우는 피동문의 독자성이 유난히 크다는 점이 여기서 다시 한번 강조될 필요가 있을 듯하다.

12.2. 사 동

12.2.1. 사동문의 구조

사동문의 성격

使動(causative)이란 사동주가 피사동주로 하여금 어떤 행위를 하게 하거나 어떤 상황에 놓이게 하는 態(voice)의 하나다. 국어의 사동은 피동사가 만들어지는 방식과 흡사하게 사동 접미사에 의해 파생된 사동사에 의해 주도된다. 그 사동사가 애초의 문장에 새 사동주를 추가시키고 그 추가된 사동주로 하여금 애초의 문장에 서술된 내용을 일어나게 하여 말하자면 참여자 역할의 관계를 새로 짜는 것이다. 그런데 사동은, 피동이 능동이라는 확실한 상대 態를 가지는 것과는 달

리, 흔히 主動이라 부르는 짝은 있으나 그 主動이 뚜렷한 한 態를 대표하지는 않는 특징이 있다.

그러나 이 경우에도 주동이 일차적이고 사동이 파생적임은 사동사가 주동사로부터 접사에 의해 파생된다는 점에서 분명하다.

(1) a. 마당이 넓다.
  b. 인부들이 마당을 넓힌다.
(2) a. 아기가 잔다.
  b. 어머니가 아기를 재운다.
(3) a. 아이가 옷을 입는다.
  b. 어머니가 {아이를, 아이에게} 옷을 입힌다.

앞의 예문에서 보듯이 주동문은 형용사문이나 자동사문도 될 수 있고 타동사문도 될 수 있다. 사동문이 되는 절차는 주동문의 종류에 따라 약간 다른데, 형용사나 자동사에서 유래하는 사동문에서는 본래 주동문의 주어가 목적어로 바뀌고, 타동사에서 유래하는 사동문에서는 주동문의 주어가 목적어나 여격어로 바뀌는 절차를 밟게 된다. 이 결과 형용사문과 자동사문은 사동문이 됨으로써 타동사문으로 바뀌고, 타동사문에서 된 사동문은 여전히 타동사문이어서 사동문이라면 어느 것에서 유래했건 모두 타동사문이다.

사동사의 형식

사동사는 동사나 형용사의 어간에 사동 접미사 '-이-, -히-, -리-, -기-, -우-, -구-, -추-, -애-' 등이 결합하여 형성된다. 피동의 경우와 마찬가지로 사동 파생도 제한된 동사, 형용사에서만 이루어진다. 어간이 모음 '이'로 끝나는 동사, 수여동사, 대칭동사,

'-하다' 동사는 피동과 마찬가지로 사동사로 파생될 수 없다. 그러나 피동 파생이 불가능한 '알다'는 '알리다'로 사동 파생이 가능하며, 마찬가지로 '입다'도 '입히다'로 사동 파생이 가능하다. 그러나 어떤 동사가 사동 파생이 가능한가는 피동과 마찬가지로 규칙화하기는 어렵다. 파생이라는 기제 자체가 통사적 현상과는 달리 규칙화가 어려운 것이기 때문이다. 이제 사동사가 될 수 있는 주동사의 목록을 주동사의 품사별로(타동사, 자동사, 형용사의 순서로) 정리해 보기로 한다. 빈칸은 해당 예가 없는 것이며, 이들 외에 '-애-'는 겨우 형용사 '없다' 하나에만 결합되므로 따로 예시하지 않았다.

(4) '-이-'가 붙는 예
  a. 먹다, 보다, 쓰다, 누다
  b. 녹다, 죽다, 속다, 들다(入), 끓다, (싸움)붙다, 썩다, 기울다, (소금에)절다, (국물이)졸다
  c. 높다, 눅다

(5) '-히-'가 붙는 예
  a. 읽다, 입다, 업다, 잡다
  b. 익다, 눕다, 식다, 삭다, 앉다, 썩다, 굳다, 맞다, 묻다
  c. 밝다, 좁다, 굽다, 넓다, 덥다, 더럽다, 간지럽다

(6) '-기-'가 붙는 예
  a. 안다, 감다, 빗다, 벗다, 신다, 씻다, 맡다, 뜯다
  b. 웃다, 숨다, 남다, 옮다, 굶다, 굵다, 넘다(期限이)

(7) '-리-'가 붙는 예
  a. 알다, 들다(擧), 빨다, 벌다(사이가), 물다
  b. 울다, 놀다, 살다, 돌다, 얼다, 날다, 늘다, 붇다, 오르다, 흐르다, 마르다, 구르다, 부풀다, 걷다, 나돌다, 되돌다, 곯다

(8) '-우/-이우-'가 붙는 예
  a. 깨다, 지다, (북)돋다, 걷다, 쓰다
  b. 비다, 새다, 피다, 일다, 끼다, 찌다, 타다(불이), 차다(정원이), 자다, 서다, 트다, 뜨다,
  c. 크다

(9) '-추-'가 붙는 예
  a. 들다
  b. 맞다, 빗맞다
  c. 늦다, 낮다

앞의 목록에서 짐작되듯이 일부 사동사는 피동사와 그 외형이 일치한다. 즉 '보다, 잡다, 업다, 안다(抱), 읽다, 물다, 뜯다' 등은 피동사와 사동사의 형태가 똑같이 '보이다, 잡히다, 업히다, 안기다, 읽히다, 물리다, 뜯기다'이다. 그러나 이들이 피동사로 쓰였는지 사동사로 쓰였는지는 목적어를 취하느냐 않느냐는 기준 하나만에 의해서도 쉽게 구별된다.

(10) a. 저 멀리 남산이 보인다. (피동)
  b. 어머니가 아기에게 그림책을 보인다. (사동)

(11) a. 고전은 시대를 초월해서 읽힌다. (피동)
  b. 선생님이 철수에게 책을 읽힌다. (사동)

(12) a. 나는 어제 밤새 모기에게 뜯겼다. (피동)
  b. 목동이 소에게 풀을 뜯긴다. (사동)

사동 표현의 관용구

사동사에 이끌리는 문장이므로 사동문이 분명하지만, 다음 예문들과 같이 피사동주로 하여금 어떤 행위를 하게 하거나 어떤 상황에 놓이게 한다는 사동문의 의미 특성이 잘 드러나지 않고 의미상 타동사

로서의 기능만을 드러내는 것처럼 보이는 경우가 있다. 특히 피사동주가 추상명사이거나 무정명사인 경우에 그러하다.

(13) 그 증인은 끝까지 진실을 숨겼다(감췄다).
(14) 선생님이 종을 울렸다(쳤다).
(15) 할아버지가 자손들에게 유언을 남겼다(했다).
(16) 인부들이 이삿짐을 옮긴다(나른다).

이것들은 짝이 되는 주동문 '진실이 숨었다'나 '이삿짐이 옮는다'와 같은 문장이 쓰이기 어렵다는 점에서도 특이하다. 능동문의 짝이 마땅히 없던 피동문의 경우와 비슷한데, 그렇다고 이들을 사동문이 아니라고는 못할 것이다. 어느 경우든 일단 사동 접미사가 결합된 형태는 사동사로, 사동사가 서술어로 쓰인 문장은 사동문으로 보아야 하는 것은 피동문의 경우와 같다고 하겠다.

국어에는 다음과 같이 사동 형식으로 표현되는 관용구도 많다. 대체로 앞에서와 같은 용법이 발전한 결과일 것이다.

(17) 영희는 선생님의 칭찬을 듣고 낯을 붉혔다.
(18) 어머니는 오랫동안 아들의 소식을 듣지 못하여 애를 태웠다.
(19) 자식들이 속을 썩여서 부모님의 주름살이 날로 늘어간다.
(20) 김 씨가 바람을 피운다는 소문이 동네에 파다하다.
(21) 어머니가 옷에 풀을 먹인다.

피사동주의 의지보다는 사동주의 의지가 작용하는 것이 사동의 특성이지만, 사동 형식의 관용구에서는 사동주의 의지가 두드러지지 않는 경우도 있다. 즉 얼굴을 붉히거나 애를 태우는 것은 사동주의 의지에 의해 그렇게 되는 것이 아니라 오히려 사동주의 의지로 통제할 수 없는 것이며, 일부러 부모의 속을 썩이는 자식이 있다고 보기도 어려운 것이다. 이러한 점에서 사역의 의미가 거의 없는 사동사를 일반 타동사로 보기도 하는 것이다. 그러나 바람을 피우거나 풀을 먹이는 것 등은 사동주가 의지를 가지고 하는 행동이므로 한 가지로 말할 수는 없다.

관용구의 정의적 특성상 그러하지만, 사동 형식의 관용구에서는 본래의 주동 형식의 표현과는 그 의미가 상당히 멀어져 있음을 볼 수 있다. 주동과 사동이 모두 가능한 경우는 주동 표현에서 이미 관용어화한 것이 사동화했다고 볼 수 있지만, 위의 (20), (21)은 주동 표현이 불가능한 것들로서 그것들은 사동 표현 자체가 관용어로의 의미 변화를 겪은 것이다. 사동 형식의 관용구는 위의 예문들 외에 다음과 같은 것들이 더 있다.

(22) 애간장을 녹이다, 장가를 들이다, 비지땀을/구슬땀을 흘리다, 파리를 날리다, 불꽃을 튀기다, 고비를 넘기다

(23) 냄새를 피우다, 연막을 피우다, 올가미를 씌우다, 고삐를 늦추다, 허리띠를 늦추다, 명예를 더럽히다, 고집을 세우다, 돈을 굴리다, 화를 돋우다/돋구다, 전재산을 날리다, 사실을 숨기다, 숨을 돌리다, 마음을 돌리다

12.2.2. 장형 사동문

'-게 하다'에 의한 사동 표현

사동사에 의한 사동문과는 그 파생 과정이나 구조가 사뭇 다르나 그 의미 기능이 공통되는 바가 있어 일종의 사동문으로 간주되는 형식이 있다. 조동사 '-게 하다'에 의한 구성이 그것인데, '-게 하다'

는 접미사 사동이 불가능한 동사는 물론 가능한 동사 어간에도 결합되어 사동문을 형성한다. 그만큼 '-게 하다' 사동이 사동사 사동보다는 넓은 범위의 동사에 적용되는 셈인데, 그러나 다음 예문 (3)에서 보듯이 사동사 사동이 가능한 경우에 '-게 하다' 사동이 불가능한 경우도 있다. 즉 이들 두 가지 사동 방식은 표현 영역이 서로 다른 것이다. (3c, d)에서 보듯이, 대체로 피사동주가 추상명사이거나 무정물인 경우에는 '-게 하다' 사동이 잘 허용되지 않는다.

(1) a. 영희가 순희를 웃긴다.
    b. 영희가 순희를 웃게 한다.
(2) a. *영희가 순희를 가힌다.
    b. 영희가 순희를 가게 한다.
(3) a. 선생님이 학생 다섯 명을 교실에 {?남겼다, 남게 했다}.
    b. 학생 다섯 명만 {남기고, 남게 하고} 모두 떠났다.
    c. 네 동생 먹을 것만 {남기고, *남게 하고} 다 먹어도 좋다.
    d. 할아버지가 손자에게 유산을 {남겼다, *남게 했다}.

흔히 사동사 사동을 短形 使動, '-게 하다'사동을 長形 使動이라 하여 구별하는데, 이들 두 가지 사동법은 몇 가지 면에서 차이를 보인다. 우선, 통사 구조상으로 단형 사동은 단문이며 장형 사동은 복합문이다. 즉 장형 사동에서 '-게'는 내포문을 이끄는 어미인 것이다. 또한, 단형 사동과 장형 사동은 피사동주에 통합되는 격조사가 다르다. 장형 사동에서는 피사동주가 내포문의 주어이기 때문에 '가'가 통합될 수 있지만, 타동사문인 단형 사동에서는 피사동주가 목적어이기 때문에 주격조사가 통합될 수 없는 것이다.

(4) a. 어머니가 영희{*가, 를, 에게} 옷을 입혔다.

b. 어머니가 영희{가, 를, 에게} 옷을 입게 했다.
(5) a. 영희가 동생{*이, 을, *에게} 자기 방에 재웠다.
b. 영희가 동생{이, 을, *에게} 자기 방에 자게 했다.
(6) a. 인부들이 길{*이, 을, *에게} 넓혔다.
b. 인부들이 길{*이, 을, *에게} 넓게 했다.
(7) a. 영희가 병에 물{*이, 을, *에게} 가득 채웠다.
b. 영희가 병에 물{이, 을, *에게} 가득 차게 했다.

다음과 같은 예문에서도 장형과 단형 사동의 통사 구조가 근본적으로 다르다는 것을 알 수 있다. (8a)에서 '자기'는 어머니만을 가리키지만 (8b)의 '자기'는 아이일 수도 있고 어머니일 수도 있다. 내포문의 주어가 '아이'이기 때문에 '자기'의 선행사가 될 수 있는 것이다. 마찬가지로, (9a)는 어머니가 숟가락을 쥐고 있는 경우만을 가리키지만, (9b)에서는 중의적이어서 두 가지 해석이 다 가능하되 일차적으로는 아이가 숟가락을 쥐고 있는 것으로 해석된다. 내포문의 주어는 '아이'이기 때문이다.

(8) a. 어머니가 아이에게 자기 옷을 입힌다.
b. 어머니가 아이에게 자기 옷을 입게 한다.
(9) a. 어머니가 아이에게 숟가락으로 밥을 먹인다.
b. 어머니가 아이에게 숟가락으로 밥을 먹게 한다.

단형 사동과 장형 사동의 의미 차이

장형 사동과 단형 사동은 그 의미에도 차이가 없지 않다. 우선 앞서 살펴보았듯이 모든 경우에 장형과 단형이 나란히 성립하는 것은 아니고 어떤 때는 장형만이, 어떤 때는 단형만이 가능하기도 하므로 거기에서도 양자간의 어떤 의미차가 배태되어 있음을 보게 된다. 기본적으로는 장형 사동은 간접 사동을 나타내고, 단형 사동은 직접 사동을 나타낸다. 간접 사동이란 사동주는 피사동주가 어떤 행위를 하도록 야기하기만 할 뿐 사동주 자신이 그 행위에 참여하지 않는 사동이고, 직접 사동이란 사동주 자신이 행위에 직접 참여하는 것을 말한다. 예컨대 '어머니가 아이에게 밥을 먹였다'를 직접 사동으로 해석한다면, 어머니가 숟가락을 쥐고 직접 밥을 먹였다는 뜻이 된다. 반면에 '어머니가 아이에게 밥을 먹게 했다'를 간접 사동으로 해석한다면, 어머니가 직접 밥을 떠먹여 준 것은 아니고 밥을 먹을 여건을 마련해 주었다는 뜻이 된다.

그러나 직접 사동과 간접 사동에 대한 해석은 반드시 장형 단형이라는 사동의 형식이나 객관적인 상황에만 좌우되는 것은 아니다. 예컨대 교통사고로 아이를 잃은 어머니가 아이의 죽음에 대한 직접적인 행위를 하지 않고서도 스스로 그 책임을 느껴서 '내가 아이를 죽인 거야!'라고 괴로워할 수 있다. 또, '차를 태우다'와 '차를 타게 하다'를 비교해 보면, '차를 태우다'는 사동주가 피사동주를 안아서 차에 올려놓는다든지 하는 식으로 사동주의 물리적인 힘이 작용하는 것으로 해석된다. 그러나 다음 예문을 비교해 보면 그것이 꼭 장형, 단형의 차이에서 말미암는 것이 아니라는 것을 알 수 있다. 실제로는 간접 사동인 (10a)에서 장애인의 휠체어를 들어 준다든지 해서 사동주가 보다 적극적으로 개입할 수도 있고, (10b)에서는 그저 차를 세워 주기만 하면 되는 것이다. 그렇지만 (10a)에서는 피사동주(장애인)의 자발적 의지를 존중하기 위해 장형 사동을 썼고, 반면에 (10b)에서는 사동주(운전자)의 선택이 절대적이므로 단형 사동을 썼다.

(10) a. (장애인에게 양보를 하자는 취지에서) 장애인을 먼저 타게

합시다.

b. (막 출발하려는 차를 향해 손을 흔들면서) 나 좀 태워 주세요.

동사에 따라서는 사동주가 직접적으로 행위에 참여하기가 불가능한 경우도 있어서, 이 때는 단형 사동이라도 간접 사동으로만 해석된다. '읽히다, 웃기다, 울리다, 놀리다(遊)' 같은 동사들은 사동주가 그 행위에 아무리 가깝게 관여하더라도, 예컨대 '먹이다'에서 사동주가 숟갈을 들고 음식을 떠서 피사동주의 입에 넣어 주는 것과 같은 정도의 직접적인 행동은 불가능하다. 이러한 동사들은 단형 사동으로 표현되어도 간접 사동으로 해석된다. 그러나 이들 동사들도 각각 '읽게 하다, 웃게 하다, 울게 하다, 놀게 하다'와 같이 장형 사동이 가능한데, 단형 사동에 비해 사동주의 역할이 보다 소극적인 점에서 차이가 난다. 예컨대, '읽히다'는 수업 시간에 교사가 학생에게 읽도록 시킨다든지 하는 보다 적극적인 사역을 나타낸다면, '읽게 하다'는 읽으라고 책만 사 놓고 읽는 것은 확인하지 않는다든지 하는 정도로 소극적인 사역을 나타낸다. 그러므로 단형과 장형이 모두 성립하는 경우에는, 단형 사동이 간접 사동으로 해석되더라도 대응되는 장형 사동보다는 더 직접적이고 적극적인 사역을 나타낸다.

참고 남기심·고영근(1993), 박양규(1978), 서정수(1996), 손호민(1978), 송석중(1993), 우인혜(1993), 이남순(1984), 정인상(1983)

제 13 장 부정법

13.1. 부정문의 종류

부정사 '안'과 '못'

어떤 문장에 덧붙어 그 명제의 眞僞를 정반대로 바꾸는 일을 하는 요소를 否定辭(negative)라 하고 이런 부정사가 들어 있는 문장을 否定文이라 하여 부정사가 들어 있지 않은 肯定文과 구별한다. 국어의 대표적 부정사는 부사인 '아니/안'과 '못'이다. 국어 부정문은 가장 간편하게는 아래 예문 (1)-(3)의 b와 같이 긍정문의 서술어 앞에 이 '아니/안'(주로 '안'이 쓰인다)이나 '못'을 덧붙임으로써 만든다. 다만 후술하다시피 '못'은 형용사의 부정에는 잘 쓰이지 못한다.

국어 부정문은 다른 방식의 것도 있다. 아래 예문 (1)-(3)의 c와 같이 '아니/안'과 '못'이 '하다'와 어울려 된 복합어인 '아니하다/않다'와 '못하다'가 보조용언으로서 긍정문을 부정문으로 바꾸기도 하는 것이다. 이때는 긍정문의 문말어미를 '-지'로 바꾸고, 그 문말어미를 부정문의 끝으로, 즉 '아니하-/않-'(주로 '않-'이 쓰인다), 또는 '못하-'의 어미로 가져가야 하는 절차가 곁들여져야 한다. 따라서 '않다'와 '못하다'의 품사는 그 앞의 본용언의 품사에 따라 자동적으로 결정된다.

(1) a. 수미가 책을 읽는다.
 b. 수미가 책을 {안, 못} 읽는다.
 c. 수미가 책을 읽지 {않는다, *않다, 못한다}.
(2) a. 수미가 책을 읽니?
 b. 수미가 책을 {안, 못} 읽니?
 c. 수미가 책을 읽지 {않니, 못하니}?
(3) a. 나는 배가 아프다.
 b. 나는 배가 {안, *못} 아프다.
 c. 나는 배가 아프지 {않다, *않는다, *못하다}

앞의 두 가지 방식의 부정문을 구별하여 앞의 것, 즉 '아니/안', '못'이 서술어 앞에 위치하는 방식의 부정문을 短形 否定文이라 하고, '아니/안', '못'이 서술어 뒤에 위치하는 나중 방식의 부정문을 長形 否定文이라 부른다. 국어 부정문은 이처럼 단형과 장형의 두 가지 다른 방식이 병존하는 것 외에, '안'과 '못'에 의해 다시 갈리어 '아니(안)' 否定文, '못' 否定文으로 구분하여 부르기도 한다. 이에 대해서는 뒤에서 좀더 자세히 다루기로 하겠다.

여기서 '안'이나 '못'과 비슷하게 부정의 의미를 나타내는 접두사 '不', '否', '非'에 대해 언급해 두는 것이 좋겠다. 이들이 결합된 단어가 들어간 문장을 接頭 否定法이라 하여 부정문으로 보기도 하기 때문이다. 그런데 이러한 경우는 문장 전체의 뜻은 부정적이라 하더라도 통사적으로는 부정문으로 보지 않는다. 아래 예문에서 '미혼이다, 불확실하다'는 의미상 각각 '기혼이다, 확실하다'를 부정하는 것이라 하더라도, 그 자체를 서술어로 하는 긍정문일 뿐이다. '총각이다'도 '결혼하지 않았다'라는 부정적 의미를 담고 있지만 부정 서술어로 보지 않는 것과 마찬가지다. 따라서 여기에서는 이들을 논의 대상으로 삼지 않는다.

(4) a. 철수는 아직 미혼이다.
b. 철수는 아직 총각이다.
(5) a. 선거 결과의 예측이 불확실하다.
b. 선거 결과의 예측이 혼미하다.

반대로, 二重 否定法은 부정법이 하나의 문장에 두 번 적용되는 것으로 의미상 긍정이 되지만 통사적으로는 부정문이다.

(6) a. 철수는 군대에 안 가지 않았다.
b. 영희는 공부를 못 하지 않는다.

특수부정어 '말다', '없다', '모르다' 및 '아니다'

앞의 예문 (1)-(3)은 평서문과 의문문으로, '안/아니'와 '못'은 평서문과 의문문에만 쓰일 수 있다. 명령문과 청유문의 부정에는 이들이 쓰이지 못하고 보조동사 '말-'이 쓰여 장형 부정문만으로 실현된다.

(7) a. 수미야, 책을 읽지 {말아라, *않아라, *못하여라}.
b. 수미야, 책을 {*안, *못, *말} 읽어라.
(8) a. 수미야, 책을 읽지 {말자, *않자, *못하자}.
b. 수미야, 책을 {*안, *못, *말} 읽자.

앞에서 보면 '말-'은 '않-'이나 '못하-'에 해당하는 어간으로서 말하자면 부정사와 '하-'가 하나로 녹은 특수한 어간이라 할 수 있다. 즉 '않다'나 '못하다'는 복합어로서 부정사를 포함하고 있는데 '말다'는 부정사 없이 단일어로서 그들과 동일한 기능을 하는 매우 특수한 단어인 것이다. 그것은 어떻든 부정을 전담하는 이들 보조용언을 否定語라 부를 수 있을 것이다.

특수한 부정어로는 '없다'도 있다. '안 있다'나 '있지 않다' 대신 '없다'라는 단어를 쓰는 것이다. 이 경우도 말하자면 '안 있-'이 '없-'으로 녹은 것이라 할 수 있는데 이것은 보조용언으로서가 아니라 아예 '있다' 자리에 '없다'가 들어앉아 '말다'보다 더 특수한 부정어라 할 만하다. 다만 '있다'의 존대어인 '계시다'의 부정어는 따로 없으며, '-고 있다' 등의 보조동사의 '있다'도 부정어로 '없다'를 취하지 않는다.

(9) a. 우리 집 뒤에는 솔밭이 있었다.
b. 우리 집 뒤에는 솔밭이 {없었다, *안 있었다, *있지 않았다}.
(10) a. 이 약은 효험이 있구나.
b. 이 약은 효험이 {없구나, *안 있구나, *있지 않구나}.
(11) a. 지금 안 계십니다.
b. 요즈음은 여기에 계시지 않습니다.
(12) a. 아이들이 놀고 있어요.
b. 아이들이 놀고 {있지 않아요, *없어요}.

'모르다'도 '없다'와 비슷한 특수 부정어다. '안 알다', '못 알다' 대신 아예 '모르다'를 쓰는 것이다. 다만 이 경우에는 '알지 못하다'가 허락되는 점이 특이하다.

(13) a. 나는 그 사람을 잘 안다.
b. 나는 그 사람을 잘 {모른다, *안 안다, *알지 않는다, *못 안다, 알지 못한다}.

'아니다'도 특수 부정어라 할 만하다. '아니다'는 계사 '이다'의 부정어인데 이 경우에는 '아니다'가 '이다' 자리에 들어앉을 뿐 아니라 주격조사를 하나 더 도입하여 '체언 + 이다' 구성을 '체언 + 이 아니다'로 바꾸는 특이한 절차를 필요로 한다.

(14) a. 영희는 회사원이다.
b. 영희는 {*안, *못} 회사원이다.
c. 영희는 회사원이 {아니다, *못이다}.

이상에서 보면 국어 부정법은 꽤 특이한 면을 보인다. 앞에서도 언급하였지만 부정사가 '안'과 '못'으로 갈려 있는 것이나, 단형과 장형의 방식이 나뉘어 있는 것이 우선 그러하고, 나아가 '말다', '없다', '모르다', '아니다'와 같은 특수한 부정어가 발달되어 있는 것이 그러하다. 전체적으로 부정법을 적극적으로 운용하는 언어라 하여도 좋을 것이다.

13.2. 부정문의 의미와 제약

'아니' 부정문

국어 부정문은 부정사 '아니/안'을 취하느냐 '못'을 취하느냐에 따라 그 의미가 달라지는 것은 물론 여러가지 통사적인 조건도 달라진다. 어떤 부정사를 취하느냐에 따라 국어 부정문을 '아니' 부정문과 '못' 부정문으로 나누고, 또 명령문과 청유문에 '말다'가 쓰인 부정문을 '말다' 부정문이라 구별하고 이들의 의미와 제약을 살펴보기로 한다.

먼저 '아니' 부정문은 單純 否定을 나타내거나 意圖 否定을 나타낸다. 아래 예문에서 (1)은 단순히 비가 오지 않는 상황을 중립적으로 기술할 뿐이다. (2a)의 의미는 두 가지로 해석할 수 있는데, 하나는 (1)과 마찬가지로 중립적인 부정이고 또 하나는 화자의 의도나 의지를 나타내는 부정이다. 즉 화자가 무언가 학교에 가고 싶지 않은 이유가 있어서 안 간다는 뜻이다. 이와 같은 의도 부정의 의미는 (2b)와 같이 의도의 선어말어미 '-겠-'과 결합하면 더욱 분명해진다.

(1) 오늘은 비가 오지 않는다.
(2) a. 나는 오늘 학교에 가지 않는다.
 b. 나는 오늘 학교에 가지 않겠다.

의도나 의지의 의미를 나타낸다는 것이 '못' 부정문과 비교하여 '아니' 부정문의 특징인데 이것은 다음 예문 (3), (4)에서 뚜렷이 드러난다. '못' 부정은 의도는 있으나 능력이 없는 부정의 표현임에 반해 '아니' 부정은 능력은 있으나 의도가 없는 부정인 것이다. 따라서 (5)와 같이 의도는 있으나 능력이 없어서 하지 않는 경우에는 '아니' 부정이 쓰이지 못한다. (6)은 (1)과 마찬가지로, 의도나 능력 따위를 가질 수 없는 무정물 주어가 '아니' 부정에 쓰였을 때 중립적 부정으로 해석됨을 보여 준다. (5)와 (6a)는 외적 여건이 허용되지 않아서 어떤 일이 불가능하다는 점에서 같은 상황인데도, 유정물 주어인 (5)에서는 '못' 부정으로서 능력 부정을 나타내나, 무정물 주어인 (6)에서는 중립적 부정으로서의 '아니' 부정이 쓰이고 있다.

(3) 영자는 시집을 안 가는 거야, 못 가는 거야?
(4) 김진우 선수는 편파적인 판정에 항의하는 의미로 시합에 나가지 {않았다, *못했다}.
(5) 철수는 대문이 잠겨서 집에 들어가지 {*않는다, 못한다}.

(6) a. 벽이 단단해서 못이 들어가지 {않는다, *못한다}.
b. 물은 새지 {않는, *못하는} 그릇에 담아야지.

'안'은 '알다, 깨닫다, 지각하다, 인식하다'와 같은 화자의 인지를 나타내는 동사를 부정하지 못한다. 어떤 사실이나 대상이 일단 화자의 감각이나 지각에 포착되면 따로 의도하지 않아도 저절로 인지하게 되는 것이기 때문일 것이다.

(7) a. 나는 그런 사실을 {*안 알았다, *알지 않았다}.
b. 나는 그런 사실을 {*안 깨달았다, *깨닫지 않았다}.

'견디다'도 '안'을 취하지 못한다. '견디다'는 의미상 화자가 어떤 일을 감당할 능력이 있는지를 나타내는데 화자가 의도적으로 능력이 없을 수는 없으므로 '못'만이 허용되는 것이다. 그러나 비슷한 의미를 가진 '참다'는 두 가지 부정이 다 가능하다. (9B)에서 '안 참아요'는 참을 능력은 있지만 참을 의도가 없다는 뜻이고, '못 참아요'는 참을 의도가 있더라도 자기 성격이 그것을 감당할 능력이 없다는 뜻이다.

(7) a. 어떻게 1년도 {*안 견디고, *견디지 않고} 사표를 내?
b. 어떻게 1년도 {못 견디고, 견디지 못하고} 사표를 내?
(8) a. 좀 참지 왜 {안 참고, 참지 않고} 뛰쳐나왔니?
b. 좀 참지 왜 {못 참고, 참지 못하고} 뛰쳐나왔니?
(9) A: 시집가면 무슨 일이든 우선 참아야 하느니라.
B: 난 {안 참아요, 못 참아요}.

'못' 부정문

'못' 부정문은 의도는 있지만 능력이 부족하거나, 또는 타의에 의해 주체의 의지대로 되지 않는 일을 나타내므로 흔히 能力 否定, 혹은 他意 否定이라 불린다. 다음 예문 (1)은 전형적인 능력 부정, 타의 부정의 예이다.

(1) a. 아무리 낑낑거려도 이 바위는 도저히 {못, *안} 들겠다.
b. 시간이 모자라 몇 문제는 끝내 풀지 {못했다, *않았다}.

그런데 '못'은 주체가 의도를 가질 수 없는 경우에도 쓰이는 수가 있다. (2)는 능력이 없어서라기보다는 아이에 대한 사랑과 같이 주체의 의도를 가로막는 다른 요인이 작용한 경우이다. (3)은 능력이나 의도의 문제가 동식물에 대해 적용된 경우인데, 동식물이 생존하거나 번식하는 자연의 법칙도 넓은 의미에서 자연의 의도라고 볼 수 있다. (4)의 경우는 물리적인 현상으로, 강물이나 엑스레이, 돈 같은 것이 의도를 가질 수는 없어서 새로운 각도에서 해석이 필요하다. (4)와 같은 경우에 작용하는 의도는 강물 등의 의도가 아니라 사람의 의도라고 보는 것이다. 즉 강물은 잘 흘러야 하며 엑스레이라면 무엇이든 통과해야 하며 돈은 원활하게 돌아야 한다고 믿고 그렇게 되기를 바라는 사람들(화자)의 의도가 반영된 것으로 풀이하는 것이다. 그와 같은 의도가 작용하는 것으로 보기 어려운 (5)가 어색한 이유도 같은 논리로 설명된다. 만일 (5)와 같은 말을 듣는다면 청자는 '피가 흘러야 할 이유가 있나?' 또는 '물이 새지 않는 거야 좋지 않은가?' 하는 등의 의아함을 느끼게 된다. 부정이라는 의미 이외에 이와 같은 양태성을 동반하는 것이 '못' 부정의 특징이다. 이와 같은 양태적 특성은 중립적인 부정의 의미만을 나타내는 (6)과 비교해 보면 분명히 드러난다.

(2) a. 어머니는 회초리를 들었으나 차마 아이의 종아리를 때리지 못했다.
b. 선녀는 아이들 때문에 하늘나라로 올라가지 못했다.
(3) a. 강물이 오염되어서 고기들이 살지 못한다.
b. 극심한 소음으로 새들이 알을 부화시키지 못한다.
c. 토양이 산성화되어서 식물들이 잘 자라지 못한다.
(4) a. 강바닥이 높아져서 강물이 잘 흐르지 못한다.
b. 엑스레이가 통과하지 못하는 물질도 있다.
c. 돈이 원활하게 돌지 못하면 경제가 나빠진다.
(5) a. ??지혈대를 감았더니 피가 흐르지 못한다.
b. ??수도꼭지를 고쳤더니 물이 새지 못한다.
(6) a. 지혈대를 감았더니 피가 흐르지 않는다.
b. 수도꼭지를 고쳤더니 물이 새지 않는다.

'못'은 의도는 있지만 상황 조건이 맞지 않거나 능력이 없어서 이루어지지 않는 일에 쓰이기 때문에 의도를 나타내는 '-려고, -고자, -고 싶다' 구성에서는 쓰일 수 없다. 또한 동사 '망하다, 잃다, 염려하다, 고민하다, 걱정하다, 실직하다, 후회하다, 실패하다, 굶주리다, 헐벗다' 따위는 능력이 있다면 당연히 피하고자 하는 상황을 나타내므로, 하려고 하지만 능력이 없음을 의미하는 '못'과는 어울릴 수 없다.

(7) a. 나는 외국 여행을 {*못 가려고, *가지 못하려고} 한다.
b. 그는 장가를 {*못 가려고, *가지 못하려고} 한다.
(8) a. 그는 고향에 {*못 가고자, *가지 못하고자} 한다.
b. 철수는 친구를 {*못 만나고자, *만나지 못하고자} 한다.
(9) a. 그는 오랫동안 {*못 걱정했다, *걱정하지 못했다}.
b. 그는 경기가 좋아져서 {*못 실직했다, *실직하지 못했다}.

(10) a. 그는 고향에 {*못 가고 싶다, *가고 싶지 못하다}.
b. 철수는 영수를 {*못 이기고 싶다, *이기고 싶지 못하다}.

화자의 심리적 상태는 화자의 의도나 능력으로 어쩔 수 없는 경우가 대부분이므로 이 경우에도 '못'이 쓰이지 못한다. 그러나 '참다, 견디다'와 같이 화자의 의지로 조절이 가능한 경우는 가능하다.

(11) a. 이제는 무지개를 보아도 가슴이 {*못 두근거린다, *두근거리지 못한다}.
b. 갑돌이는 갑순이와 사랑에 {*못 빠졌다, *빠지지 못했다}.
(12) 국민들은 더 이상 독재자의 횡포를 {참지, 견디지} 못했다.

'못'은 원칙적으로 형용사문에는 쓰이지 않는다. 형용사가 드러내는 상태성은 화자가 하고자 하는 능력과 관계 있는 상황이 아닌 경우가 대부분이기 때문이다. 다만 '넉넉하다, 우수하다, 만족하다, 풍부하다, 넓다, 크다, 좋다'와 같이 바람직한 상황을 의미하는 서술어와 함께 쓰일 때는 능력이나 상황이 기대나 기준만큼 되지 않아서 부족하거나 아쉽다는 의미로 쓰일 수가 있는데, 이때는 반드시 장형 부정문만 가능하다.

(13) a. 영희는 키가 {*못 작다, *작지 못하다}.
b. 글의 내용이 {*못 모호하다, *모호하지 못하다}.
c. 고추가 {*못 맵다, *맵지 못하다}.
(14) a. 살림이 {넉넉하지 못해서, *못 넉넉해서} 대접이 소홀했습니다.
b. 요즈음은 형편이 {좋지 못합니다. *못 좋습니다}.
c. {*못 잘났으면서, 잘나지도 못했으면서} 웬 잘난 척은?

'못'은 화자의 능력을 부정하는 의미에서 발전하여 완곡한 거절, 또는 강한 거부와 같은 화자의 심리적 태도를 반영하는 용법으로도 쓰인다. (15)에서 B는 능력 부정으로서 '갈 의도는 있지만 갈 수 있는 여건이나 능력이 갖추어지지 않아서 안 가며 그래서 미안하다'는 표현이므로 A의 말을 최대한 존중하는 대답이 된다. 이때 실제로 갈 능력이나 여건이 안 되느냐 하는 것은 별개의 문제로서 (15B)는 일종의 사교적 표현인 셈이다. 그러나 (15B)′는 상대방의 말을 들을 의도 자체가 없다는 대답으로서, 그것이 사실에 근거한 표현이라 하더라도 상대방을 불쾌하게 할 수 있는 비사교적 표현이 되고 만다. 따라서 '죄송하지만'을 붙여도 별로 정중해지지 않는다. (16), (17)도 마찬가지로, 상황이 여의치 않다는 식으로 거절하는 사교적 표현이다.

(15) A: 이번에는 갈 거지?
　　B: 죄송하지만 이번에도 못 가겠어요.
　　B′: (?)죄송하지만 이번에도 안 가겠어요.
(16) A: 이번 주말 모임에 나오실 거지요?
　　B: 마침 선약이 있어서 {못, *안} 나가겠어요.
(17) A: 좀 더 드시지 왜 그만 드세요?
　　B: 배가 너무 불러서 더 이상 못 먹겠어요.

'못' 부정은 그 의미상 약속의 서법과는 당연히 어울리지 못한다.

(18) a. 네가 혹시 늦더라도 화 {안, *못} 낼게. 그 대신 꼭 와.
　　b. 내가 다시는 너를 {안, *못} 미워하마.

'말-' 부정문

명령문과 청유문을 부정할 때는 '안'이나 '못'이 쓰이지 못하고 보조동사 '말다'가 쓰임은 이미 앞에서 밝힌 바 있다. 그런데 명령문이나 청유문 외에도 '말-' 부정이 쓰이는 경우가 있다. '-지 말기(를) 바라다, -지 말기(를) 기원하다, -지 말기(를) 원하다, -지 말기를!, -지 말았으면!, -지 말면 좋겠다'와 같이 화자의 희망이나 기원을 표현하는 문장에서는 평서문으로도 가능한 것이다. 이 경우는 '아니' 부정도 가능하지만 그 의미가 약간 다르다. 즉 '아니' 부정의 의미가 중립적인 데 비해, '말다' 부정은 주체의 의지가 조금이라도 작용하는 부정이다. (19)의 경우 주체를 설정하기 어렵지만 '날씨'를 주재하는 어떤 손길을 가정하고 그 손길을 향해 기원하는 의미가 '말다' 부정에 수반된다. 마찬가지로 (20)도 '우리의 우정'의 주체인 '우리'가 의지를 가지고 우정이 변하지 않도록 노력한다는 의미가 '말기를'에 들어 있다.

(19) 입학시험 날 날씨가 춥지 {말았으면, 않았으면} 좋겠다.
(20) 우리의 우정이 영원히 변하지 {말기를, 않기를}!
(21) 마음이 약해지지 {말기를, 않기를} 바란다.
(22) 나는 네가 떠나지 {말았으면, 않았으면} 한다.

'말다'는 연결어미 '-고'와 결합하여 특별한 의미로 쓰이기도 한다. (23)의 '말고'는 정상적인 의미로 쓰인 것이나, (24)에서처럼 '~을 제외하고, ~가 아니라'의 뜻으로 관용화된 '말고'는 이러한 문맥에서의 연결어미 결합형이 문법화한 것이다. (24)의 '말고'를 '말다'의 활용형으로 볼 수도 있겠으나, 이미 동사로 보기는 어려울

만큼 문법화가 진행된 것으로 보인다. 우선 의미상으로 '금지'의 뜻과 달라졌으며, (24a)′처럼 동사 활용형으로 환원시킬 수 없는 경우도 있고, 또 (24b)는 (23a)와 (23b) 어느쪽으로도 해석이 가능하기 때문이다.

(23) a. 네가 가지 말고 동생을 보내라.
　　b. 네가 오지 말고 동생을 보내라.
(24) a. 너 말고는 내가 믿을 사람이 없다. ('너를 제외하고')
　　b. 너 말고 동생을 보내라. ('네가 아니라')
　　c. 연필 말고 볼펜 주세요. ('연필이 아니라')
(24)′a. *너 없지 말고 내가 믿을 사람이 없다.
　　c. 연필 주지 말고 볼펜 주세요.

'말-'은 동사와 반복 구성을 이루어 '-든지 말든지, -다 말다, -을락 말락, -거나 말거나, -을듯 말듯, -는둥 마는둥, -을까 말까' 등과 같은 관용구를 만들기도 한다.

(25) 네가 오든지 말든지 상관 없다.
(26) 영희가 보일듯 말듯하게 미소를 띠었다.
(27) 철수는 대학에 갈까 말까 망설인다.
(28) 철수는 밥을 먹는둥 마는둥 하고 학교에 갔다.

13.3. 단형 부정문과 장형 부정문

長形 否定文과 短形 否定文은 언중들이 대체로 같은 것으로 인식한다. 예컨대 '민수는 학교에 안 갔다/가지 않았다'와 같이 長短形이

모두 허용되는 대부분의 문맥에서는 그 의미 차이가 거의 없다.

단형과 장형 사이에 분명한 차이가 있느냐 없느냐, 또 두 가지 부정문의 기저구조가 같으냐 다르냐 하는 문제가 한동안 팽팽한 논쟁거리가 된 적도 있으나, 단형과 장형 사이에는 차이가 있다고 보는 입장이 일반적이다. 우선 표면구조로 볼 때 장형 부정문은 보문소 '-지'가 이끄는 보문을 가지는 구성이고 단형 부정문은 부정사 '아니(안)'를 가지는 단문으로서 분명한 차이가 있다든가, 또 부정 명령문과 부정 청유문을 구성하는 '-지 말아라/말자' 구성은 장형만을 허용하는 점 등을 지적할 수 있을 것이다. 그밖에 그 분포나 의미에서 어떤 차이가 더 있는지 몇 가지 점에서 비교해 보기로 한다.

부정의 영역

부정문에서는 부정의 영역(scope of negation)이 어디까지 미치는가에 따라 의미 해석이 달라진다. 예문 (1)의 구조는 (2)와 같이 두 가지로 해석될 수 있어 重義性을 갖는다.

(1) 공짜만 좋아하지 말아라.

(2) a. [공짜만 좋아하지] 말아라.—"(공짜도 좋아하되) 다른 것도 좋아해라"

b. [공짜만] 좋아하지 말아라.—"공짜만 제외하고 다른 것은 좋아해라/공짜만 싫어해라"

그런데 이러한 중의성은 단형보다는 장형에서 더 두드러지는 면을 보인다. (3a)의 '그는 밥을 먹고 가지 않았다'는 부정이 어디에 미치는가에 따라 (3)'와 같이 다양한 해석을 낳는다. 그에 비해 (3b)의 '그는 밥을 안 먹고 갔다'는 그러한 중의성이 보이지 않는다.

(3) a. 그는 밥을 먹고 가지 않았다.
b. 그는 밥을 안 먹고 갔다.
(3)′ a. 다른 사람이 밥을 먹고 갔다.—'그'를 부정
b. 그는 국수를 먹고 갔다.—'밥'을 부정
c. 그는 밥을 가지고 갔다.—'먹고'를 부정
d. 그는 밥을 먹었으나 가지 않았다.—'가지'를 부정

'다, 많은'과 같은 量化 표현이 있는 경우에는 전체 부정과 부분 부정으로 의미 해석이 갈리는데 이 특징은 장형과 단형에 다같이 적용된다. 즉 (4)는 두 가지가 다 (4)′와 같이 해석된다.

(4) a. 손님이 다 {안, 못} 왔다.
b. 손님이 다 오지 {않았다, 못했다}.
(4)′ a. 손님이 전혀 안 왔다.—전체 부정
b. 손님이 일부만 왔다.—부분 부정

이러한 중의성은 적절한 위치에 특수조사를 씀으로써 어느 정도 해소될 수 있다. 다음과 같이 특수조사 '는'이 있을 때는 반드시 부분 부정의 의미만을 갖게 되어 중의성이 해소된다.

(5) a. 손님이 다는 {안, 못} 왔다.
b. 손님이 다는 오지 {않았다, 못했다}.
c. 손님이 다 오지는 {않았다, 못했다}.

서술어의 제약

서술어가 어떤 것이냐에 따라 단형과 장형이 분포를 달리 하는 일이 있는데, 장형보다는 단형이 더 문맥에 제약을 받는다. (6)-(8)에서 보듯이 서술어가 복합어나 파생어일 때 단형 부정문의 성립이 어

려운 것이 우선 그러하다. 나아가 전체적으로 어간의 음절수가 3음절 이상인 경우에는 대체로 단형 부정문이 허용되지 않는 경향을 보인다. 그러나 아래 예문 (10), (11)에서 보듯이 이 제약은 그리 절대적인 것은 아니어서, 서술어에 따라서는 단형이 허용되기도 한다.

(6) 그런 {*안 신사다운, 신사답지 않은 ; *못 신사다운, 신사답지 못한} 행동을 하고도 부끄럽지 않니?
(7) 이 옷은 {*안 값싸다, 값싸지 않다}.
(8) 그 정보는 {*안 정확하다, 정확하지 않다 ; *못 정확하다, 정확하지 못하다}.
(9) 그는 성격이 {*안 너그럽다, 너그럽지 않다 ; *못 너그럽다, 너그럽지 못하다}.
(10) 나는 어제 밤을 새워 일했어도 {안 피곤하다, 피곤하지 않다}.
(11) 이 벽돌은 아주 단단해서 여간해서는 {안 부스러진다, 부스러지지 않는다 ; *못 부스러진다, *부스러지지 못한다}.

한편 서술어가 부정어 '모르다, 없다'인 문장에서도 '안' 부정문이 성립하는데 이때에도 단형은 허용되지 않는다.

(12) 민수는 그 사실을 {*안 모른다, 모르지 않는다}.
(13) 민수에게도 잘못이 {*안 없다, 없지 않다}.

관용적 용법

단형 부정문 중에는 의미가 특수화되어 관용적인 의미를 갖는 예들이 있는데, 그런 경우 '되다'만이 예외적이고 나머지는 장형 부정문으로 대치되지 못한다. 아래 예로 든 '못되다, 못살다' 따위를 비롯하여 '못쓰다, 못마땅하다' 등은 모두 복합어로서 사전에 등록되어 있다. 중립적 부정인 '아니' 부정보다 양태적 부정인 '못' 부정이 관용화하는 빈도가 높은 것도 지적할 만하다.

(14) a. 너 정말 {못됐구나, ?되지 못했구나}.—'성품이 고약하다'
b. {못된, 되지 못한} 녀석.—'성품이 고약하다'
(15) a. 우리 동네에는 특별히 {못사는, *살지 못하는} 사람이 없다.—'가난하다'
b. 아이구, 못살겠네.—'몹시 괴롭다'
(16) 어제 소개받은 사람은 너무 {못생겼어, *생기지 못했어}.—'용모가 추하다'
(17) 어린 동생과 싸우다니 {못난, *나지 못한} 녀석.—'어리석은'
(18) 함부로 불장난하면 {안돼, *되지 않아}.—금지
(19) 홍수 피해를 당했다니 참 {안됐다, *되지 않았다}.—'딱하다'

반대로 다음과 같은 관용어는 장형 부정문만 허용한다.

(20) 엎친 데 덮친 형편이라 {*못 죽어, 죽지 못해} 산다오.

(20)과 같은 예외가 있기는 하지만, 일반적으로 같은 의미를 나타내는 표현이 두 가지 이상이 있을 때는 장형보다 단형의 의미가 더 직접적이며, 특수화되어 관용어화하는 빈도도 높다. 예를 들면, '먹게 하다'보다 '먹이다' 쪽이, '죽을 것이다'보다 '죽겠다' 쪽이 의미상 주체의 작용이나 판단이 더 직접적이다. 또 아래 예문에서 볼 수 있듯이 '먹이다'는 '기르다, 사육하다', '죽겠다'는 '고통스럽다, 매우 ~하다'와 같은 관용적 용법을 갖지만 '먹게 하다, 죽을 것이다'에는 그러한 특수화된 용법이 없다. 부정문의 경우도 마찬가지로 단형이 더 의미가 특수화되기 쉽다는 것을 위의 예문들이 보여 주고 있는 것이다.

(21) a. 어머니가 돼지를 먹여서 자식들 공부를 시켰다.
b. 아이구, 더워서 죽겠다.
c. 나는 갑순이만 보면 좋아 죽겠다.

참고 김동식(1980), 남기심·고영근(1993), 서정수(1996), 송석중(1993), 이정민(1977), 임홍빈(1987a)

제 14 장 경어법

14.1. 국어 경어법의 체계

국어의 특징을 논할 때 흔히 외국어보다 敬語法이 훨씬 풍부하게 발달되어 있는 점을 든다. 그만큼 국어의 경어법은 세분되어 복잡한 체계를 이룬다.

경어법은 어떤 대상을 어느 정도로 禮遇하느냐를, 즉 얼마나 높여 대우하고 낮추어 대우하느냐를 언어적으로 표현하는 체계를 말한다. 가령 다음 예문 (1)에서 '친구'와 '아버지'에 대한 예우가 그 서술어에 '-시-'를 두느냐 않느냐에 의해 언어적으로 달리 표현되고 있다. '친구'는 화자와 대비되어 평등 관계로, 또는 아랫사람으로 대우한 것이며, '아버지'는 화자와 대비되어 尊者로 대우한 것이다.

(1) a. 저기 네 친구가 오는구나.
  b. 저기 아버지가 오시는구나.

경어법의 세 종류

국어의 경어법은 예우의 대상이 무엇이냐에 따라 세 가지로 구분된다. 그 하나는 (1)에서처럼 그 대상이 어떤 敍述(동작이나 상태)의

主體, 즉 한 문장의 주어인 경우다. (1)에서는 온다는 행위의 주체가 친구인가 아버지인가에 따라 대우를 달리한 것이다. 경어법의 다른 한 종류는 주체가 하는 행위가 미치는 대상을 예우하는 경어법이다. 한 예로 다음 예문 (2)에서 달리 예우의 대상이 된 것은 오빠와 할머니다. 즉 편지를 가져다 주는 행위의 주체가 아니라 그 행위의 대상이 되는 쪽이 경어법의 대상이 되는 것이다.

(2) a. 혜숙아, 이 편지 오빠한테 가져다 주어라.
b. 혜숙아, 이 편지 할머니께 가져다 드려라.

위의 두 경어법을 구분하여 흔히 전자를 尊待法이라 하고, 후자를 謙讓法이라 한다. 겸양법이란 (2b)에서 할머니가 존대되었다는 것은 곧 그 할머니에 대한 화자의 겸양을 표현하는 것이기 때문에 그 쪽에 비중을 두어 붙여진 이름이다. 여기에서는 이들이 다 같이 경어법에 속하는 두 다른 종류임을 명료히 하는 뜻으로 각각 主體敬語法과 客體敬語法으로 부르고자 한다. (1)에서와 같은 경어법은 '친구'나 '아버지' 같은 그 문장 서술어의 주체가 대우받는 대상이며, (2)와 같은 경어법에서는 그 주체의 행위가 미치는 객체인 '오빠', '할머니'가 대우받는 대상이 된다는 뜻이다.

경어법의 세 번째 종류는 말을 듣는 사람, 즉 聽者를 예우의 대상으로 하는 경어법이다. 앞의 두 경어법이 존대의 대상, 즉 주체나 객체가 현장에 있을 수도 있으나 없어도 쓰이는 경어법인 것과는 달리 이 경어법은 원칙적으로 청자가 현장에 있다고 하는 점이 특징이다. 그러면서도 그 청자가 구체적으로 누구인지 문장에는 나타나지 않는 점도 앞의 두 경어법과 다르다. 한 예로 다음 예문 (3)과 (4)

에서, 각각 a, b, c로 대우를 달리하여 표현한 것은 이 말을 듣는 청자가 누구냐에 의해서인데 문장에 드러나 있지 않은 청자가 영향력을 발휘하고 있는 것이다.

(3) a. 비가 온다.
 b. 비가 와요.
 c. 비가 옵니다.
(4) a. 아버지가 오신다.
 b. 아버지가 오세요.
 c. 아버지가 오십니다.

이처럼 청자를 예우의 대상으로 삼는 경어법을 흔히 恭遜法이라 부른다. 말을 듣는 사람을 얼마나 공손하게 대하느냐 하는 것을 나타내는 경어법이라는 뜻이다. 이것도 여기에서는 앞의 주체경어법이나 객체경어법의 용어에 맞추어 相對敬語法이라 부르고자 한다. 말을 듣는 상대방을 대상으로 삼는 경어법이라는 뜻이다. 그 상대방이란 곧 청자이므로 聽者敬語法이라 불러도 좋을 것이다.

상대경어법은, 뒤(14.4.)에서 다시 설명되지만, 다른 두 경어법이 누구를 높여 대우하느냐 않느냐로 二分되는 경어법인 데 반해, 청자를 어느 정도 높여 대우하느냐를 여러 등급으로 나누어 五分, 또는 六分으로 세분하는 경어법이라는 점에서도 그 독자성이 크다.

세 경어법의 조합

국어의 경어법은 이처럼 세 갈래로 갈리어 그것만으로도 복잡한 체계를 이루는데, 이것들이 다음 (5)에서 보듯이 다시 자유롭게 조합될 수 있기 때문에 더욱 복잡한 양상을 띤다. (5)는 상대경어법을 두 등급만 동원하여 보인 것인데 만일 다섯 내지 여섯 등급을 다 동원하여 (5)의 틀을 확충하면 국어 경어법이 얼마나 복잡한 체계를 가지는가가 더욱 여실히 드러날 것이다.

(5) a. 영희가 동생에게 과자를 주었다. (－주체, －객체, －청자)
 b. 영희가 동생에게 과자를 주었습니다. (－주체, －객체, ＋청자)
 c. 어머니가 영희에게 과자를 주셨다. (＋주체, －객체, －청자)
 d. 어머니가 영희에게 과자를 주셨습니다. (＋주체, －객체, ＋청자)
 e. 영희가 할머니께 과자를 드렸다. (－주체, ＋객체, －청자)
 f. 영희가 할머니께 과자를 드렸습니다. (－주체, ＋객체, ＋청자)
 g. 어머니가 할머니께 과자를 드리셨다. (＋주체, ＋객체, －청자)
 h. 어머니가 할머니께 과자를 드리셨습니다. (＋주체, ＋객체, ＋청자)

(5a)는 아무것도 존대의 대상이 되지 않은 문장이다. (5b)는 청자가, (5c)는 주체가, (5d)는 주체와 청자가 동시에 존대를 받은 문장이며, (5e)는 객체가, (5f)는 객체와 청자가, (5g)는 주체와 객체가 존대를 받은 문장이다. 그리고 마지막의 (5h)는 주체, 객체, 청자가 동시에 모두 존대를 받은, 국어 문장 중 가장 많은 대상이 한꺼번에 존대를 받은 문장이다. (각 예문 끝에 존대 여부를 그 대상 앞에 ＋와 －로 표시해 두었다.) (5a)-(5h)의 예문만으로도 국어의 경어법이 얼마나 풍부하게 발달되어 있는가, 또 그 체계가 얼마나 질서정연한 것인가를 볼 수 있다. 절을 달리하여 이 체계를 좀더 상세히 고찰해 보기로 하겠다.

14.2. 주체경어법

주체경어법의 대상

주체경어법은 전술하였듯이 한 문장의 주어를 어떻게 언어적으로 예우하여 표현하느냐 하는 경어법이며, 이는 그 대상을 높여 대우하느냐 않느냐로만 구분되는 二分 체계의 경어법이다. 높여 대우하지 않을 때는 어떤 특정한 형태소의 첨가 없이, 즉 無標로 표현되며, 높여 대우할 때만 서술어의 어간에 주체존대 표시의 선어말어미 '-시-'(어간말음이 자음일 때는 '-으시-')를 첨가하여 표현한다. 즉 여기서는 [+존대]냐 [-존대]냐만이 중요하며, 平待냐 下待냐의 구분은 문제되지 않는다.

'-시-'에 의하여 존대를 받는 대상은 사람인 것이 원칙이다. 다음 예문들에서 이 원칙이 쉽게 확인된다. (1a)는 가능해도 (1b)는 성립되지 않으며, 농부에게 소가 아무리 소중하고 조국을 잃었던 국민에게 태극기가 아무리 敬拜의 대상이 된다고 할지라도 다음 예문 (2)처럼 말하지는 않는다. 가끔 '비가 오신다'고 하는 수가 있으나 이는 비를 擬人化하여 말하는 특수한 용법이며, 하느님류는 대체로 '-시-'로써 존대를 받는데 이도 그들을 전지전능한 인간으로 의인화하기 때문일 것이다.

(1) a. 누가 오실까?
  b. *뭐가 오실까?
(2) a. *우리 소는 참 부지런하시다.
  b. *태극기가 감격스럽게 휘날리신다.

(3) a. 하느님이 다 굽어살피시겠지.
b. 신령님이 노하셨나보다.

화자와 대비된 주체

그런데 어떤 인물이 '-시-'로 존대를 받을 만큼 尊貴한 인물이라고 판정하는 것은 상대적이다. 학과의 조교는 경우에 따라서는 "우리한테 참 잘해 주셔"라고 '-시-'로써 높임을 받을 수도 있고, "누구에게나 잘해 줘"라고 그러지 않을 수도 있다. 누구와 對比되느냐에 따라 존귀한 인물이 되기도 하고 그러지 못하기도 하는 것이다.

주체와 비교 대상이 되는 인물은 원칙적으로 화자다. 화자가 자신과 대비하여 어떤 사람을 높여 대접해야 할 사람이라고 판단하면 이를 언어에 반영하여 '-시-'로써 존대하는 것이다. 앞의 예문 (1a)에서처럼 "누가 오실까?"라고 말할 때는 그 누구를 일단 자기보다 상위의 인물로 상정하여 그렇게 말하는 것이다. 이 점은 다음 예문에서 더욱 뚜렷이 드러난다. 즉 다음 예문들에서 '이분' 및 '과장님'이 '-시-'로써 존대된 것은 이 말을 하는 화자가 그들을 자기보다 높은 사람으로 판단하였기 때문이다. (4)에서 만일 '이분(교감 선생님)'이 '할아버지'와 대비되었다면 나이로나 사회적 신분으로나 존대받기 어려운 상황일지라도, 만일 이 화자가 그 학교 교사라면 자기와의 대비에서 이런 식으로 말하게 되는 것이다. (5)에서도 '과장님'은 '사장님'과 대비되어서가 아니라 화자와 대비되어 존대된 것이다.

(4) 할아버지, 이분이 저희 학교 교감 선생님이십니다.
(5) 예, 알겠습니다, 사장님. 과장님 들어오시는 대로 연락 드리겠습니다.

그런데 어떤 인물에 대한 존대 여부를 화자가 판정한다고 할 때 그 기준의 적용이 전적으로 화자 개인의 재량권에 달려 있는가의 문제가 제기될 수 있다. 누구를 높이느냐 않느냐의 가장 일반적인 판단 기준은 나이나 사회적 신분 등이다. 화자가 주체의 나이가 자기보다 위라든가, 나이는 위가 아니지만 자기 上司라든가와 같은 판단이 서면 그 주체를 '-시-'로써 높여 존대하게 되는 것이다. 그런데 우리는 선생이나 상관이 오는 것을 보고 학생들이나 부하들이 "떴다"라고 말하기도 하고, 또 때로는 "총장은 각성하라"와 같은 구호를 외치는 것도 볼 수 있다. 자기보다 상위자일지라도 그에 대한 존대 여부는 전적으로 화자의 마음먹기에 달려 있는 듯이 보인다. 자기 손자에게 "아이구, 우리 장군님이 오셨군"이라고 하는 경우도 마찬가지다.

그러나 이것은 예외적이고 변칙적인 경우고 화자의 재량권은 그리 크지 않다. 상대경어법에서 다시 보게 되겠지만, 경어법은 전체적으로 개인의 意圖的(volutional), 또는 策略的(strategic) 운용으로 결정되는 한 면이 있으나 그보다는 規範的(normative) 성격이 더 강한 것이다. 즉 경어법은 하나의 사회적 규범으로서 당사자도 어떤 경우에는 자기가 어느 정도로 대우를 받게 된다는 期待値가 있고, 제삼자도 어떤 경우 어떤 경어법이 적절한 것인지를 다 알고 있다. 남의 기대에 어긋나지 않게 하여 그들을 불편하지 않도록 해 주는 것이 예의범절이거니와 경어법도 그러한 예의범절의 하나인 것이다.

존대의 범위

어떤 경우에 '-시-'를 붙여 존경을 표시하느냐 하는 데에는 여러 가지 복잡한 기준이 작용한다. 나이, 항렬, 사회적 지위, 친분 관계 등과 함께, 최종적으로 존대하려는 화자의 판단과 의도가 합해져서 결정되는 것이다. 그러면서 존대하려는 인물의 어느 부분까지를 존대의 범위에 넣어야 하느냐의 문제가 복잡하게 얽힌다. '-시 -'가 쓰이는 분포를 좀더 구체적으로 보기로 한다.

'-시 -'의 쓰임이 주체와 화자와의 대비에서가 아니라 주체와 청자와의 대비에서 결정되는 수도 있다. 시부모 앞에서 며느리가 자기 남편에 대하여 말하는 (6)은 전자의 예이며, 자기 친구나 부인에 대한 이야기를 그들의 자식들에게 말하는 (7)은 후자의 예가 된다. 즉 평소 같으면 '집에 안 오셨다', '그 친구 집에 들어왔을까', '당신 어디 가' 등으로 대접할 사람들인데, (6), (7)에서는 청자 때문에 그 평가를 달리하고 있는 것이다.

(6) 그이는 아직 집에 안 왔어요.
(7) a. 아버지 들어오시면 아저씨한테 전화하시라고 해라.
    b. 엄마 어디 가셨니?

'-시 -'의 쓰임은 화자가 자기와의 대비에서 주체를 평가하여 결정하는 것이지만, 그러한 평가가 나이나 사회 신분 등의 조건 외에 청자 등의 주위 환경에 영향을 받기도 한다는 것을 (6)과 (7)은 보여준다. 학교 선생님이 학생들을 개별적으로 이야기할 때는 '-시 -'로써 존대하지 않으면서 전체적으로 이야기할 때는 '여러분'을 쓰면서 존대하는 것도 화자가 주체를 평가할 때 주위 환경이 영향을 미치는 다른 한 실례가 된다.

(8) 철수가 결석했구나.
(9) 여러분, 내일은 한 사람도 결석하지 마세요.

'-시-'는 존대하는 대상에 대해 개인적인(私的인) 느낌을 표시하는 기능도 있다. 공적인 인물이나 역사적인 인물에 대해서는 비록 존대를 받아야 할 대상이라도 '-시-'를 붙이는 경우와 붙이지 않는 경우가 구별된다. 예문 (10a), (11a)는 대상을 객관화해서 기술하는 것이고, (10b), (11b)는 존대 대상을 얼마간 좀더 가까운 개인적인 관계로 파악하여 기술하는 것이다. 따라서 방송과 같은 공적인 담화에서는 존귀한 대상에 대해서도 '-시-'를 넣어서 말하지 않는다.

(10) a. 신사임당은 모든 여성의 귀감이다.
b. 신사임당은 모든 여성의 귀감이시다.
(11) a. 대통령이 공항에 도착했습니다.
b. 대통령께서 공항에 도착하셨습니다.

어떤 인물에게 존대를 표현하려 하면 그 높임을 받는 대상에게는 물론이거니와, 그 대상의 신체 부분이나 생활에 필수적인 사물, 개인적 소유물에 대해서도 '-시-'를 붙인다.

(12) a. 할머니께서 허리가 많이 굽으셨구나.
b. 형님은 키가 크시다.
c. 과장님, 넥타이가 참 멋있으시네요.
d. 선생님께서는 특히 희귀한 古書가 많으셨다.

'-시-'는 존대를 받아야 할 주어와 서술어 관계가 아닌 용언에도 붙는 경우가 많다. 즉 '-시-'는 존대받는 주어의 서술어뿐 아니라 그 주어가 경험주가 된다든지 하여 관련성이 있는 서술어에도 '-시-'가 붙는 것이다.

(13) 어느분이 커피세요?
(14) 아버지는 남북통일이 소원이시다.
(15) 할머니, 그 짐이 무거우시면 저를 주세요.

주체경어법의 여러 형식

주체경어법은 기본적으로 '-시-'에 의해 표현되지만 몇 가지 부수적인 형식이 더 요구될 때가 있다. 필수적인 요건은 아니지만 주격조사로 '이/가' 대신 '께서'가 쓰이는 일에 대해서는 이미 지적한 바 있는데 이것도 그러한 부수적인 형식의 하나다.

다음으로 '-시-'가 결합되면 어떤 어간은 전혀 다른 모습이 되는 것들이 있다.

(16) 먹-는다→잡수-시-ㄴ다
자-ㄴ다→주무-시-ㄴ다
있-다→계-시-ㄴ다/있-으시-다
아프-다→편찮-으시-다/아프-시다

여기서, '있다'와 '아프다'의 존대형은 두 가지가 있는데, '있으시다'와 '아프시다'는 이른바 이중주어문에서 이들의 직접적인 주어가 小主語일 때 쓰인다.

(17) a. 할아버지께서는 사랑방에 계신다.
b. 할아버지께서 무슨 돈이 {있으시겠어요, *계시겠어요}?
(18) a. 옥희 어머님이 몹시 편찮으시대.
b. 옥희 어머님이 수술한 자리가 그렇게 {아프시대, *편찮으시대}.

여기서 특히 '계시다'와 '있으시다'의 차이를 좀더 분명히 알아 둘 필요가 있다. '계시다'는 동사 '있다'의 존대형이며, '있으시다'는 형용사 '있다'의 존대형이다. 따라서 '안녕히 계십시오'와 같은 명령형은 가능하나 '돈이 있으십시오'와 같은 명령형은 성립하지 않는다. 또 '계시다'의 부정은 '안 계시다'인 반면 '있으시다'의 반의어는 '없으시다'다. 흔히 혼란을 일으키는 말 중 '장관님의 말씀이 계시겠습니다'가 잘못된 말이고 '장관님의 말씀이 있으시겠습니다'가 바른 말인 것도 이 원리로 설명될 수 있다.

또하나의 부수적인 형식으로는 '-님'이 덧붙는 현상을 들 수 있다. 즉 '-시-'로써 존대를 받는 주체는 '-님'이 첨가되어 주체 자체로도 존대를 받는 수가 있으며, 그 주체에 딸린 대상도 존대형으로 표현되는 수가 있다.

(19) 형→형님, 누나→누님, 선생→선생님, 과장→과장님

(20) 아들→아드님, 딸→따님, 아들딸→자제분, 밥→진지, 나이→연세, 춘추, 집→댁, 말→말씀, 병→병환

(21) a. 김 군이 유익한 말을 많이 하는구나.
b. 교장 선생님께서 유익한 말씀을 많이 하시는구나.

(22) a. 창호는 아이들과 함께 집에서 쉬고 있습니다.
b. 국장님은 자제분들과 함께 댁에서 쉬고 계십니다.

(23) a. 너는 금년에 나이가 몇이니?
b. 너의 장인께서는 금년에 연세가 몇이시니?

14.3. 객체경어법

객체경어법의 독립성

객체경어법은 전술하였듯이 한 문장의 주어의 행위가 미치는 대상, 즉 客體를 언어적으로 대접하여 표현하는 경어법 체계를 말한다. 다음 예문에서, (1a)의 창호에 비하여 (1b)의 김 선생님이 존대를 받고 있고, (2a)의 창호에 비하여 (2b)의 할머니 역시 존대를 받고 있음이 드러난다.

(1) a. 철수는 창호를 매년 크리스마스에 찾아본다.
b. 철수는 김 선생님을 매년 크리스마스에 찾아뵙는다.
(2) a. 영희야, 창호 좀 데리고 가거라.
b. 영희야, 할머니 좀 모시고 가거라.

객체경어법은 주체경어법과 마찬가지로 누구를 존대하느냐 않느냐로만 二分되는 경어법이다. 그러나 주체의 존대 여부는 주체와 화자와의 대비에서 성립하였음에 반해 객체의 존대 여부는 객체와 주체와의 대비에서 성립한다. (1b)의 김 선생님은 화자보다는 철수와 비교되어 존대된 것이며, (2b)의 할머니는 영희와 비교되어 존대된 것이다.

객체경어법은 이처럼 주체와 객체 사이의 尊卑 관계로 성립되기 때문에, 전술하였듯이 (1b)나 (2b)에서 객체인 김 선생님이나 할머니가 존대를 받았다는 쪽으로 이해하는 대신 주체인 철수와 영희가 낮춤을 받았다는 쪽으로 이해하는 길도 있다. 즉 객체의 존대이기보다는 주체의 謙讓을 나타내는 謙讓法으로 이해하는 것이다.

이때의 겸양은 물론 객체에 대한 주체의 겸양이다. (1b)에서의 겸양은 김 선생님에 대한 철수의 것이며, (2b)에서의 겸양은 할머니에 대한 영희의 것이다. 만일 겸양법의 겸양이 김 선생님이나 할머니와 같은 객체에 대한 화자의 것이라면, (3a)와 같은 문장을 손자가 말할 수 없어야 하고 (3b)처럼 말해야 하는데 언어 현실은 그렇지 않다.

(3) a. 할아버지께서 할머니께 선물을 주셨다.
b. ??할아버지께서 할머니께 선물을 드렸다.

만일 겸양법의 겸양이 화자에 대한 주체의 것이라면, 다시 말하면 화자가 자기와의 대비에서 주체를 낮춘 것이라면, (4)와 같은 문장의 성립을 설명하기 어렵다. (4)의 아버지는 '-시-'로써 존대되었는데 이처럼 존대된 아버지를 동시에 낮추는 일이란 있을 수 없는 일이기 때문이다.

(4) 아버지께서 할머니께 용돈을 드리셨다.

그런데 이처럼 겸양법이 화자가 자기보다 낮은 주체를 낮추는 경어법이라면 겸양법, 즉 객체경어법은 경어법의 한 종류로 독립되기보다는 주체경어법의 일부로 포함되어 이해되어야 할 것이다. 즉,

(5) a. 창호가 영희한테 용돈을 주었다.
b. 할머니께서 영희한테 용돈을 주셨다.
c. 창호가 할머니께 용돈을 드렸다.

에서 (5a)의 창호는 존대되지도 않고 낮추어지지도 않은 중립 상태며, (5b)의 할머니는 존대되었으며, (5c)의 창호는 낮춤을 받은 것으

로서, 모두 주체를 어떻게 대접하느냐의 문제이므로 주체경어법 안에 묶어 이해할 수 있다. 그러면 주체경어법은 누구를 존대하느냐 않느냐로 二分되는 경어법이 아니라 존대, 중립, 하대(겸양)의 三分 體系를 가지는 경어법이 된다.

그러나 이러한 體系化는 (4) 때문에 불가능하다는 것이 곧 드러난다. 주체를 동시에 존대하며 하대하는 모순이 생기기 때문이다. 이는 겸양법이 주체와 화자 사이의 尊卑 관계에서 성립하는 것이 아니고 주체와 객체 사이의 尊卑 관계에서 성립하는 데 말미암는다. 결국 겸양법은 주체경어법의 일부가 아니라 그와 대등한 다른 한 종류의 경어법인 것이다.

겸양법의 겸양이 이처럼 尊貴한 객체에 대한 주체의 겸양이라면 겸양법은 곧 主體謙讓法이며, 객체경어법이나 주체겸양법은 그 초점만 달리할 뿐 이해하는 내용은 꼭 같음을 알 수 있다. 다만 겸양법이라면 주체에 초점이 놓이기 때문에 주체경어법의 일종으로 오해될 염려가 있고, 주체경어법, 객체경어법과 같은 명칭처럼 경어법의 한 하위류라는 관계를 분명히 드러내 주지 못하는 불편이 있을 뿐이다.

객체경어법의 퇴조

객체경어법은 현대국어에 있어서는 그 쓰임이 아주 한정되어 있다. 주체경어법은 '-시-'가 어느 어간에나 자유롭게 결합함으로써 그 쓰임이 아주 자유롭고 광범위한 데 반해, 객체경어법은 그 '-시-'에 對當되는 형태소가 따로 없고 객체에 대한 존대를 나타내는 (6)과 같은 특수한 동사가 몇 개 따로 있을 뿐이기 때문이다.

(6) 주다→드리다

묻다, 말하다→여쭙다
보다, 만나다→뵙다
데리고→모시고

따라서 이러한 특수한 객체 존대형이 없는 용언에 대해서는 객체가 아무리 존귀한 인물이더라도 그에 대한 존대를 서술어 쪽에서는 어떻게 나타낼 방도가 없다.

(7) 창호는 할머니를 몹시 따른다.
(8) 영희야, 교장 선생님께 빨리 가거라.

객체경어법은 중세국어에서는 주체경어법처럼 활발한 경어법이었다. '-시-'에 對當되는 형태소인 '-숩/숩/줍-'이 '-시-'처럼 여러 어간에 자유롭게 결합될 수 있었기 때문이다.

(9) 臣下ㅣ 님그믈 돕ᄉᆞᄫᅡ 百官ᄋᆞᆯ 다ᄉᆞ릴 씨 (釋譜詳節 9 : 34)
(10) 大衆돌히 … 부텨를 보ᅀᆞᄫᆞᆺ더니 (釋譜詳節 13 : 13)
(11) 耶輸ㅣ … 世尊ㅅ 安否 묻ᄌᆞᆸ고 니ᄅᆞ샤ᄃᆡ (釋譜詳節 6 : 3)

그러던 것이 후세로 오면서 객체경어법 표시의 형태소 '-숩/숩/줍-'이 소실되면서 객체경어법은 급격히 퇴화하여 현대국어에 와서는 겨우 그 흔적의 일부를 엿볼 수 있을 정도가 되었다. 현대국어의 객체경어법은 말하자면 化石化한 경어법이라 할 수 있다. 그러나 그보다 중요한 것은 비록 그 영역은 좁디좁지만 오늘날도 객체경어법이 엄연히 하나의 체계로 존립하고 있다는 사실일 것이다.

14.4. 상대경어법

상대경어법, 또는 청자경어법은 청자를 예우의 대상으로 삼는 경어법이다. 앞에서 지적하였듯이 예우의 대상인 청자가 발화의 현장에 있는, 그러면서도 그 청자가 대개 문장 안에는 모습을 드러내지 않는 경어법이다. 이 때문에 상대경어법은 앞의 두 가지 경어법과 다른 특성을 몇 가지 보인다. 무엇보다 이 경어법은 여러 등급으로 갈려 단지 높이느냐 높이지 않느냐로 二分되는 주체경어법이나 객체경어법보다 훨씬 복잡한 경어법이라는 특징을 보인다. 이것은 상대경어법의 가장 두드러진 특징으로, 존대의 대상인 청자가 바로 현장에서 얼굴을 맞대고 있기 때문에(편지의 경우는 비록 청자가 현장에 없으나 이 경우도 결국은 직접 대화를 주고 받는 관계이므로) 그 청자를 좀더 세심히 배려하는 데서 유발된 현상일 것이다.

상대경어법을 담당하는 요소는 종결어미(문말어미)로서, 앞의 경어법들을 담당하는 선어말어미가 겨우 하나씩이었던 데 비해 그 어미의 수와 종류가 무척 많다. 가령 상대경어법의 등급이 6개라면 6개의 등급이 평서문에만 나타나는 것이 아니라 의문문, 명령문 등에도 나타나기 때문에 상대경어법 표현에 동원되는 어미는 정확히 몇 개라고 꼬집어 말하기 어려울 정도로 많은 것이다. 또 청자가 예우의 대상이므로 상대경어법은 모든 문장에 적용되지 않을 수 없고, 따라서 그 출현 빈도도 가장 높을 수밖에 없다. 이래저래 국어경어법이라면 일차적으로 상대경어법을 떠올릴 정도로 이 경어법은 세 경어법 중 단연 그 비중이 가장 큰 경어법이다.

상대경어법의 등급

청자를 대접하는 등급을 몇으로 나누느냐 하는 문제는 그리 간단치 않다. 여기서는 최대의 등급인 6등급이, 비록 그 빈도와 비중은 다르지만 아직 모두 명맥을 유지하고 있다고 판단하여 6등급 체계를 따르고자 한다. 이들 각 등급은 흔히 '하다'의 명령형에서 이름을 따서 '해라체, 해체(반말체), 하게체, 하오체, 해요체, 합쇼체'라 부른다. 즉 "공부 좀 해라"를 예로 보면 '해라' 부분이

(1) a. (공부 좀) 해라.
b. (공부 좀) 해.
c. (공부 좀) 하게.
d. (공부 좀) 하오.
e. (공부 좀) 해요.
f. (공부 좀) 하십시오.

처럼 상대경어법의 등급에 따라 여러 형태로 나타나는데 이때의 형태를 따서 각 등급의 명칭을 삼은 것이다.

이 명칭은 오래 전부터 일반 사람들이 '해라한다, 하게한다, 하오한다' 또는 '반말한다'와 같은 복합어까지 만들어, "우리는 서로 하게하는 사이야"라든가 "누구한테 반말하는 거야?"와 같은 식으로 실생활에서 빈번히 사용해 온 말이기도 하다. 다만 이들 명칭 중 '합쇼체'의 '합쇼'는 실제 어형과 꼭 일치하지는 않는다. 그리고 '반말체'는 활용형을 취한 것이 아니다.

전래적으로 '해한다'는 말은 안 썼고 '반말한다'는 말은 널리 쓰여 왔으므로 '해체' 대신 '반말체'를 채택해 쓰는 것이다. 흔히 '반말'

은 '온말', 즉 완전한 말이 아닌, '반밖에 안 되는 말'이라는 뜻에서 비롯된 것으로 풀이하는데 종래에는 이 말투가 주로 사회계급이 낮은 사람들에게 확실한 등급을 매기지 않고 어정쩡한 태도로 말하던 말투였던 데서 붙여진 이름이라 한다. 오늘날 일반인이 '반말'이라고 할 때에는 반드시 해체에 국한하지 않고 해라체까지 포괄하는 개념으로 쓰며 또 종래 하층계급에 쓰던 말투라는 개념은 없어졌다. (이 장에서도 '반말체'라 하지 않고 '반말' 또는 '반말한다'는 표현을 쓸 때는 이 포괄적인 개념으로 쓴다. 아울러 해요체와 합쇼체를 묶어 말할 때는 '존대말'이란 표현을 쓰고자 한다.) 이제 이들 여섯 등급의 특성과 용법을 하나씩 보아 가기로 한다.

해라체

해라체는 청자를 가장 낮추어 대하는 상대경어법이다. '-아라/어라, -다/-는다/-ㄴ다, -느냐, -니, -자, -구나' 등이 해라체를 담당하는 대표적 어미들이다. 나이 어린 손아랫사람이나 가까운 친구 사이에 널리 쓰인다. 대체로 가장 허물이 없는 사람에게 쓰는 등급이라 할 수 있다. 워낙 허물이 없는 사이에서 쓰이기 때문에 친한 친구 사이라도 중년쯤 되면 잘 쓰이지 않는다. 그만큼 청자의 나이가 어리다는 것이 이 등급을 성립시키는 가장 중요한 조건이라고 할 수 있다.

다음 예문 (2)에는 청자가 호격어로 호칭되기도 하고, 대명사로 드러나 있기도 한데 호격어 자리에서는 호격조사 '아/야'를 취하고, 대명사로는 '너'로 지칭됨을 볼 수 있다. 그러한 요소들과 어울리는 등급이라는 것도 이 해라체의 중요한 특징이다. 그리고 예문 (3)은 군대에서 상관이 부하들을 모아 놓고 큰 목소리로 훈시하는 말투인데 그러한 상하 관계와 그러한 격식적인 자리에 이 해라체 이상의 적절한 말투는 없다.

(2) a. 창호야, 이 참외 참 맛있다. 너도 하나 먹어라.
b. 얘, 저기 좀 내다보아라. 눈이 온다.
c. 너 지금 바쁘니?
d. 얘들아, 이제 그만 집에 가자.

(3) 나는 너희들의 소대장이다. 지금부터 내 말을 잘 들어라.

일반 독자를 대상으로 하는 글에서는 원칙적으로 해라체를 쓴다. 다음 예문 (4)는 신문 기사의 글이요, (5)는 한 전문 서적의 글이다. 이때의 해라체는 독자를 낮추는 등급이라기보다는 청자를 특정인으로 설정하지 않은, 말하자면 등급을 초월한 중립적인 등급이라 하여 좋을 것이다. 글을 기준으로 하면 해라체가 우리말 상대경어법의 등급 중 가장 기본이 되는, 가장 대표적인 등급의 지위를 누리는 셈이다,

(4) '한겨울의 봄 날씨'가 보름 가까이 계속되고 있다. 그러나 기상청은 새해부터 차가운 시베리아 기단의 남하로 본격적인 맹추위와 폭설이 예상되는 만큼 대비가 필요하다고 밝혔다.

(5) 書院은 처음에 관학인 鄕校와 경합 관계에 있었으나 차츰 향교보다 더 높은 권위를 지녀 양반 자제들은 대개 서원에 입학하고 평민 자제들은 주로 향교에 들어가는 것이 관례가 되었다.

그런데 글에 쓰이는 어미는 말에서 쓰이는 것과 다른 것이 있다. 구어체와 문어체의 어미가 구별되어 있는 경우가 있는 것이다. 예를 들어 의문문 어미의 '-니'는 대화체가 아니라면 글에서는 쓰이지 않는다. 대신 구어에서는 안 쓰이는 '-ㄴ가, -는가' 같은 어미가 쓰인

다. 그리고 명령문에서도 글에서는 '-아라/어라' 대신 '-라/으라' 만 쓰는 것이 일반적이다. 시험 문제에서 지시하는 문장도 보통 이 글에서의 형태를 취한다. 다음 예문 (7)의 동사들은 구어에서라면 각각 '보아라, 오너라, 잡아라, 서술하여라'로 될 것들이다.

(6) a. 우주는 과연 무한한가?
b. 인생이란 무엇인가?

(7) a. 눈을 들어 하늘을 보라.
b. 오라. 와서 내 손을 잡으라.
c. 다음 문제에 대해 상세히 서술하라.

반말체

반말체(해체)는 '-아/어, -지, -야/-이야' 등의 어미들에 의해 표현된다. 예문 (9)에서처럼 문장이 마무리되지 않은 채 끝나거나 명사구만으로 문장 구실을 하는 형태도 일종의 변칙적 반말체라고 보아 대개 반말체의 범주에 넣어 이해하는 것이 편리하다. 반말체는 해라체와 뚜렷한 등급의 차이를 찾기 어려운, 해라체와 거의 동등한 등급의 상대경어법이다. 다음 예문 (8)을 저 앞의 (2)와 비교해 보면 반말체가 해라체와 동일한 조건에 그대로 쓰이고 있고 어감상으로도 어떤 등급의 차이를 느끼기 어려워 그 등급에 이렇다 할 차이를 찾기 어려움을 보여 준다. 더욱이 '-지' 같은 것은 짝이 되는 해라체 어미가 아예 없기조차 하다. (반말체 어미의 개별적 용법에 대해서는 제 10.5. 절에서 상세히 다룬다.)

(8) a. 창호야, 이 참외 참 맛있어. 너도 하나 먹어.
b. 얘, 저기 좀 내다봐. 눈이 와.

c. 너 지금 바빠? 아니야? 그럼 이리 좀 오지.

(9) a. 뭐라고? 배가 아프다고?

b. 몇 시에? 어디서?

c. 나는 냉면.

그러나 두 등급이 언제나 자유롭게 넘나드는 것은 아니다. 당장 앞의 예문 (3)을 같은 상황에서 반말체로 바꾸기는 어렵다. 만일 "나는 너희들의 소대장이야. 지금부터 내 말을 잘 들어"와 같은 반말체로 말한다면 상관으로서의 권위를 줄이고 私的인 분위기를 만드는 효과를 낼 것이다. 또 (8)에도 '창호야, 얘' 등이 쓰여 호격어와의 호응에서 해라체와 구별이 없이 나타나 있지만 반말체는 다음 (10)에서처럼 '창호'나 '어이' 등 상대를 조금 더 조심스럽게 부르는, 덜 만만히 대하는 호격어와도 어울리는데 이 호격어들이 해라체와는 잘 호응되지 않는 듯이 보인다. 말하자면 반말체가 얼마간이라도 상위 등급의 호격어와 어울리는 것이다.

(10) a. 창호, 오랜만이야(?오랜만이다).

b. 영숙이, 지금 어디 살아(?사니)?

c. 어이, 이것 좀 가져가(?가거라).

앞의 예문 중 (10b)는 여자중학교에서 가르치던 제자를 몇 아이의 어머니가 된 후 만나 옛날과는 달리 해라체를 쓰기는 조심스러워 반말체로 말하는 경우로 상정할 수 있을 터인데, 그렇다면 반말체가 분명히 해라체와 다른 한 영역을 차지하고 있는 장면이라 할 것이다. 두 등급의 차이가 더욱 분명한 것은 남편과 아내와의 대화에서일 것이다. 남편은 아내에게 존대말을 쓰기도 하지만 반말을 쓰기도 한다.

그런데 이럴 때 (11a)와 같은 반말체는 써도 (11b)와 같은 해라체는 도저히 쓸 수 없다. 아내를 허물없이 대하여 반말체까지는 쓴다 하여도 해라체를 쓸 정도로 하대할 수는 없기 때문일 것이다.

(11) a. 당신은 안 가겠어?
b. ??당신은 안 가겠니?

이처럼 반말체는 해라체보다는 상대에 대하여 덜 권위적이고, 상대를 얼마간이라도 더 조심스러워하는 말투다. 이 점에서 반말체는 해라체와 많은 경우 넘나들며 쓰이지만, 엄격히 구분하면 해라체보다 한 등급 위의 경어법이라 하지 않을 수 없다. 반말체는 일반 독자를 대상으로 하는 글에서는 쓰이지 않는데, 등급에서의 차이뿐 아니라 한쪽이 구어체 전용이라고 하는 이 차이도 반말체와 해라체의 큰 차이라 해야 할 것이다.

하게체

하게체는 아랫사람이나 친구에게 쓰되 해라체나 반말체보다 그 사람을 얼마큼 더 높여 대우하는 상대경어법이다. '-게, -네, -일세, -나, -세' 등이 대표적인 하게체 어미들이다. 상대를 '너'로 못 부르고 '자네'로 부르며, 호격어도 '창호 군, 여보게'(또는 '어이') 등이 쓰인다.

(12) a. 창호 군, 이 참외 참 맛있네. 자네도 좀 먹게.
b. 여보게, 저기 좀 내다보게. 눈이 오네.
c. 자네 지금 바쁜가?
d. 여보게들, 이제 그만 집에 가세.

하게체는 상대가 나이가 꽤 들어 아랫사람이지만 함부로 대하기가 어렵다는 태도를 보이는 등급이다. 따라서 교수가 학생에게, 아버지가 성년이 된 아들 친구에게, 손위 동서가 손아래 동서에게 쓰면 잘 어울린다. 하게체는 또 화자 스스로도 나이를 먹을 만큼 먹어야 쓸 수 있기도 하다. 대학원생이나 조교가 후배에게 쓸 수는 있어도, 중학교 3학년 학생이 1학년 후배에게 쓰기는 거북스러운 것이다.

그만큼 하게체는 화자의 권위가 담겨 있는 격식적 말투라고 할 수 있다. 말을 하는 사람에게도 격차가 더 심한 사람에게 해라체를 쓸 때보다 더 의젓한 자세가 요구되고, 말을 듣는 사람도 자기가 꽤 어른스러워졌구나 하는 느낌을 갖게 하는 그런 말투인 것이다. 하게체는 근래에는 그 쓰임이 급격히 위축되는 추세를 보여, 예전 같으면 중학교나 고등학교 학생 나이만 되면 친구간에도 하게체가 쓰이는 일이 많았는데 요즘은 사실 대학원생이나 조교 정도의 나이가 되어도 하게체를 잘 쓰지 않는다. 권위주의가 그만큼 퇴색하고 격식을 차리는 일을 그만큼 번거롭게 생각하는 풍조가 언어에 반영된 것이라 보아 좋을 것이다.

하오체

하오체는 아랫사람이나 친구를 하게체보다 더 극진히 높여 대우하는 경어법이다. '-오, -소, -구려' 등의 어미로 표현된다. 하게체와 여러 면에서 비슷한 점을 가진다. 상대방이 나이가 들만큼 든 사람이어야 쓸 수 있음은 물론, 화자 스스로도 나이가 들어야 쓸 수 있다는 것이 그러하며, 아랫사람이나 친구에게 쓰되 그 사람을 높여 대접하는 경어법이라는 점에서 그러하다. 현대국어에서 그 쓰임이 활발하지 못하다는 점도 하게체와 일치한다. 그러나 하오체는 하게체보다 상대방을 한결 더 높여 대접한다는 차이를 가진다.

하오체가 하게체보다 상대방을 더 높여 대우한다는 것은 앞의 예문 (12)와 다음의 (13)의 비교에서 뚜렷하게 드러난다. "여보게, 좀 앉아 쉬게"는 상대방이 손아랫사람이라는 것이 뚜렷하지만, "여보, 좀 앉아 쉬오"는 상대방이 화자와 거의 대등한 위치에 있는 듯한 느낌을 줄 정도로 두 등급의 차이는 큰 것이다. 호격어도 '여보, 김 형' 등으로 바뀌어 '여보게, 김 군'과는 사뭇 다른 등급의 분위기를 풍긴다.

(13) a. 여보, 거기 앉아 좀 푹 쉬오.
b. 김 형, 참 오랜만이오. 다시 만나니 참 반갑구려.
c. 형의 편지 잘 받았소. 요즈음 거기 날씨는 어떠하오? 여기는 지금 눈이 내리오.

이 점에서 하오체는 하게체와 비교하기보다 해요체와 비교하는 것이 더 합당할지 모른다. 실제로 다음 예문에서처럼 하오체와 해요체를 짝을 지어 놓고 보면 그 거리가 하게체와의 거리보다 좁음을 알 수 있다.

(14) a. 당신은 안 가겠소?
b. 당신은 안 가겠어요?

(15) a. 아까 전화한 사람이 누구요?
b. 아까 전화한 사람이 누구예요?

그러나 그 등급간 거리의 크고 작음보다 하오체는 하게체와 마찬가지로, 그리고 해요체와는 달리 적어도 윗사람에게 쓰이는 경어법은 아니라는 점을 바로 주목할 필요가 있다. 하오체는 상대방을 워낙 크게 높여 대접하기 때문에 자칫 윗사람에게 쓰는 경어법인 줄로 오해하는 수가 있으나, 만일 (13a)나 (14a)와 (15a)를 남편이 부인에게 하였다면 자연스럽지만 부인이 남편에게 하였다면 매우 어색한 말이 된다. 또 (13b)는 만일 친구나 후배에게 하였다면 자연스럽지만 후배가 선배에게 하였다면 예의에 어긋나는 말이 된다. 편지에서이지만 (13c)도 마찬가지다. 이처럼 하오체는 남편이 아내에게, 나이 든 선배가 '김 형'이라고 부를 수 있는 후배에게, 직장 상사가 '김 과장'이라 부를 하위 직원에게, 또는 옛날의 군대 상관이 오랜만에 만난 부하에게 쓰기에 알맞은 말투며, 낯선 사람에게는 상대의 신분이 짐작이 잘 안 가는 상태에서 그 신분을 그리 높이 보지 않으면서 쓰는 말투다. 편지에서는 친구 사이에서도 정중한 표현을 위해 쓰기도 한다. 이 모두가 하오체가 윗사람에게 쓰는 경어법이 아님을 말해 준다.

하오체는 中世國語나 近世國語는 물론, 개화기까지만 해도 매우 활발히 쓰이던 경어법이며, 그 때는 또 오히려 윗사람에게 쓰는 말로 널리 쓰였었다.

(16) 어사또 그 말 듣고,
"애, 어디 있니?"
"남원 읍에 사오."(고전소설, 「춘향전」)

(17) 네 소원이 무엇이냐 하고 하느님이 내게 물으시면, 나는 서슴지 않고 "내 소원은 대한 독립이오."하고 대답할 것이다. (金九, 「나의 소원」)

그러던 것이 현대국어로 오면서 하오체가 쓰이던 자리에는 후술할 해요체가 대신 자리잡고, 하오체는 아랫사람이나 친구를 극진히 대접하는 경어법으로 그 범위를 좁히게 된 것이다. 그리고 그러한 범위에서조차 쓰임이 점차 퇴화하여 오늘날 하오체는 그 생명력을 거의 잃어가는 상태에 있다. 이제 이 말투를 쓰는 사람은 극히 일부에 지나지 않으며 젊은 세대로 갈수록 그 수는 더욱 줄어들고 있다. 해요체의 세력 확장으로 말미암아 그 운신의 폭이 그만큼 좁아진 것이다. 사실 하게체보다는 더 정중하지만 해요체보다는 덜 정중한 표현을 써야 할 영역이란 실제로 매우 좁다. 이 섬세한 구분을 운영한다는 것은 쉬운 일이 아니어서 하오체를 쓸 정도라면 아예 해요체로 써서 일을 단순화하려는 심리가 생겼을 것이다. 더욱이 하오체는 하게체와 마찬가지로 격식성이 두드러지는 말투다. 윗사람이 아랫사람을 정중히 대한다고 하는 것이 자연히 어떤 권위적인 분위기도 자아내면서 격식성도 두드러지게 마련인데 하오체는 그것이 하게체보다도 더 심한 편이다. 하게체가 그러했듯이 권위주의나 격식성을 싫어하는 새 시대에 하오체가 퇴조의 길을 걷는 것은 자연스러운 추세라고 보아야 할 것이다.

이러한 추세 속에서도 드라마나 외국 영화의 번역에서는 예문 (18)과 같은 하오체가 꽤 널리 쓰이고 있고, 또 예문 (19)는 하오체가 뚜렷이 명맥을 유지하고 있음을 보여 준다. 가령 어둑어둑한 저편에 수상한 사람이 있을 때 어떤 신분의 사람일지 몰라 함부로 낮추어 말하지는 못하겠고 그렇다고 "거 누구예요?"처럼 공손히 말할 기분도 아닌 장면이라면 하오체가 가장 적절한 효능을 발휘함을 (19)는 보여 준다. 예문 (20)도 외형적으로 존대 형식을 갖추면서도 "어쩌자는 거예요" 정도로는 공손한 태도를 보이지 않는 장면인데 이처럼 하오체는 비록 그 운신의 폭이 좁지만 아직 그 독자적인 영역을 확보하고 있음을 볼 수 있다.

(18) 트렁크를 열어 봐도 되겠소?
(19) 거 누구요?
(20) 당신들 그래 어쩌자는 거요?

해요체

해요체는 합쇼체 다음으로 상대를 정중히 대하는 대표적 존대말투의 하나다. 청자가 자기보다 상위의 사람이거나, 상위에 있지는 않더라도 정중히 대우해 주어야 할 사람에게 쓰는 말투로서 오늘날 일상 대화에서 가장 폭넓게 쓰이는 등급이다. 상위의 사람에게도 아주 격식을 차리지 않을 때에는 합쇼체보다 해요체가 많이 쓰이는데다가 동위에 있거나 하위에 있는 사람에게는 합쇼체가 어울리지 않아 그들에게 존대말을 쓰고자 할 때에는 해요체를 쓰게 되므로 자연히 폭넓게 쓰이는 것이다. 상점에서 점원과 손님 사이에서도 해요체가 가장 많이 쓰이고, 자식들이 부모나 집안 어른들에게 쓰는 말에서나, 학생들이 선생한테 쓰는 말에서 가장 많이 쓰이는 것도 해요체다. 말하자면 해요체는 위아래에 두루 쓰이는 전천후 말투라고 할 수 있다.

그러나 아랫사람에게 쓸 때는 어떤 한계가 따른다. 정중히 대하고 싶다고 해서 가령 대학생이 초등학생에게 해요체를 쓰는 일은 자연스럽지 않다. 20대나 30대의 화자가 길에서 낯모르는 사람에게 길을 묻는다고 할 때 해요체를 쓰려면 그 사람이 고등학생 이상은 되어야 할 것이다. 해요체는 화자의 나이에는 어떤 제약을 가하지 않지만 청자의 나이에는 하한선을 요구하는 것이다.

다만 교육 현장에서는 예외적인 경우가 있다. 유치원에서조차 교사가 아이들 전체를 대상으로 말할 때는 해요체를 쓴다. 반드시는 아니지만 각급 학교에서 교사가 교실에서 수업할 때 쓰는 말은 대체로 해요체다. 한 학생에게 질문하거나 지시할 때는 반말을 쓰는 일이 흔하지만 교실 안의 학생 전체를 청중으로 하는 말에서는 해요체를 쓰는 것이 원칙인 것이다. 이것은 교육적인 효과를 위한 조처라고 할 수도 있고, 또는 집단은 한 개인보다 힘을 더 가지고 있고 더 조심스러운 대상이므로 그만큼 더 정중히 대할 수밖에 없는 데서 오는 결과라고 풀이할 수도 있을 것이다.

해요체는 형식상 반말체 어미에 '-요'를 덧붙인 어미인 '-아요/어요, -지요, -네요' 등에 의해 실현된다. 계사 '-이-' 다음에서는 '-어요' 외에 '-에요'가 쓰이기도 하고 '-이-'와 이들의 축약형인 '-여요'와 '-예요'가 쓰이기도 하는데 현실적으로 '-어요'와 '-여요'는 잘 쓰이지 않을 뿐더러 거부감을 일으키는 경향이 있다. 예문 (22)는 일종의 변칙적 반말형에도 '-요'가 덧붙어 해요체가 됨을 보여 준다.

(21) a. 이 참외 참 맛있어요. 하나 맛 좀 봐요.
     b. 여기는 언제 비가 왔어요?
     c. 다음 회의 장소는 학교예요, 무교동이에요?
(22) a. 뭐라고요? 배가 아프다고요?
     b. 나는 냉면요.

해요체가 형식적으로 반말체에서 파생된 모습을 띠고 있는 것은 양자의 기능에도 어떤 영향을 미치는 면이 있을지 모른다. 종래에 많이 쓰이지 않던 반말체와 해요체가 함께 오늘날 한국어의 상대경어법의 쌍벽을 이루는 등급으로 세력이 커진 것이 바로 그러한 형식상의 관련성과 무관하지 않을 것이다. 특히 이들이 일상 대화에서 반말체가 비존대말 쪽의 대표적 등급을, 해요체가 존대말 쪽의 대표적 등급을 담당하고 있는 대칭적 형국은 해라체와 합쇼체가 다른 한쪽에서 그러한 모습을 이루고 있는 것과 함께 주목을 요한다.

해요체는 많은 경우 후술할 합쇼체와 넘나들면서 쓰인다. 예문 (23)에서 보면 동일한 조건에서 거의 아무런 등급차를 일으키지 않으면서 넘나드는 것인데 이 점도 반말체가 해라체와 자유롭게 넘나들던 현상과 상통한다. 그러나 반말체와 해라체가 각각의 고유 영역이 있었듯이 해요체와 합쇼체도 서로 넘나들지 못하는 영역이 따로 있다. 사실 세심히 살피면 이미 예문 (23)에서 감지되는 바이지만, 전체적으로 해요체는 합쇼체보다는 격식을 덜 차리고 덜 정중하게 상대방을 대하는, 그만큼 친밀감을 더 느끼게 하는 경어법이요 그것을 그 고유 영역으로 삼고 있다고 요약할 수 있을 것이다. 앞에서 군대의 공식석상에서 반말체가 적절치 못함을 지적한 바 있는데 여기에서도 다음 예문의 짝에서 해요체와 합쇼체의 차이를 가장 극명하게 볼 수 있을 듯하다. 이에 대해서는 뒤에서 합쇼체를 다루면서 다시 보게 될 것이다.

(23) a. 아버지, 저 왔습니다.
b. 아버지, 저 왔어요.

(24) a. 일등병 김창수 신고합니다.
b. ??일등병 김창수 신고해요.

합쇼체

합쇼체는 상대경어법의 6등급 중 상대를 가장 정중히, 가장 공손히 대우하는 최상급의 말투다. '-십시오/으십시오, -습니다/ㅂ니다, -습니까/ㅂ니까' 등의 어미로 표현된다.

(25) a. 선생님, 이 참외 참 맛있습니다. 하나 잡수어 보십시오.
b. 박사님, 이 선인장의 원산지는 어딥니까?

다만, 명령형 어미 '-십시오'는 '-시지요'로 대치되는 수가 있다. 명령은 아무리 정중하게 말하여도 일단 명령이므로 이를 勸誘로 바꾸는 것이다. 이는 請誘形에서도 마찬가지다. 형태상으로는 '-ㅂ시다'나 '-십시다'가 합쇼체 어미로 보이지만 이 어미들은 대게 하오체나 해요체가 쓰일 자리에 어울리며, 합쇼체를 써야 할 사람에게는 '-시지요'가 더 적합하다.

(26) a. 어르신께서는 이리 앉으십시오.
b. 어르신께서는 이리 앉으시지요.
(27) a. 아저씨, 시간이 다 됐어요. 이제 가십시다.
b. 선생님, 시간이 다 됐습니다. 이제 가시지요.

합쇼체는 그 정중의 정도가 워낙 커서 하위 내지 동위의 사람에게 쓰기는 적합치 않으므로 자기보다 상위의 인물에게만 쓰는 말투라고 규정하여야 할 것이다. 윗사람에게만 쓰인다는 점에서 동위 내지 하위의 사람에게도 쓰이는 해요체와 구별되며, 앞에서 예문 (23), (24)로 지적한 바 있지만 같은 윗사람에게 쓸지라도 해요체를 쓸 때보다 정중의 도가 다르고 격식성을 띤다는 점에서도 해요체와는 다른 한 등급을 대표한다. 다른 한 예로 다음 예문을 보아도 (28a)는 자기보다 하위 내지 동위의 사람에게 쓰기는 거북하다. 그리고 윗사람에게는 (28)의 어느것이나 다 쓸 수 있으나 (28a)가 (28b)보다 더 공손하고 더 격식적인 태도가 나타난다.

(28) a. 다녀오겠습니다.

b. 다녀오겠어요.

반복되는 이야기지만 합쇼체와 해요체는 상위자의 신분에 따라 배타적으로 분포되어 쓰이지는 않는다. 동일한 청자에 두 등급을 다 쓸 수 있는 것이다. 대체로 부모에게는 해요체를 많이 쓰지만 상황에 따라서는 합쇼체로 바꾸어 말하게 되며, 마찬가지로 선생님에게는 대개 합쇼체를 쓰지만 분위기에 따라서는, 또는 친숙한 사이가 되면 오히려 해요체를 더 빈번히 사용하게 된다. 그리하여 경우에 따라서는 한 장면에서 해요체와 합쇼체를 수시로 바꾸면서 사용하기도 한다.

그러나 합쇼체는 그 격식성, 그 높은 정중함 때문에 분명히 구분되는 고유한 영역을 가지고 있다. 가령 회사에 취직하기 위한 면접 시험 때 수험자가 그 회사 사장에게 쓸 수 있는 말투는 합쇼체뿐일 것이다. 군대에서 상관에게 보고하는 자리에서도, 이미 앞의 예문 (24)에서도 지적한 바 있지만 "이상 없습니다"와 같은 합쇼체가 유일한 길이며, "이상 없어요"와 같은 해요체는 전혀 어울리지 않으며 또 허용되지도 않는다. 친척 어른 중 큰 어르신에게도 해요체를 썼다가는 당장 꾸지람을 듣게 될 것이다.

합쇼체는 많은 청중을 대상으로 하는 연설문에 널리 쓰이며, TV나 라디오 방송에서 일반 시청자를 대상으로 하는 뉴스나 일기예보 등에 쓰이는 것도 으레 합쇼체다.

(29) 여러분의 졸업식에 와서 축사를 하게 된 것을 무한한 영광으로 생각합니다.

(30) 여러분 안녕하십니까? 지금부터 정오 뉴스를 말씀드리겠습니다.

이것은 일반 독자를 대상으로 하는 글에서는 해라체가 쓰이는 것과 대조적이다. 비격식적인 일반 대화에서 반말체와 해요체가 양대 축을 이루는 것과 마찬가지로 격식을 요하는 상황에서는 해라체와 합쇼체가 두 개의 축을 이룬다고 볼 수 있다. 여기에서 하나 지적되어야 할 것은 해라체와 합쇼체가 국어 상대경어법의 가장 기본이 되는 두 등급이라는 것이다. 글과 방송에서 쓰이는 것이 가장 전형적인 틀일 것이며 그 각각을 해라체와 합쇼체가 담당하고 있기 때문이다. 그리고 양극을 차지하고 있다는 것도 이미 그것들이 가장 기본적이고 중추적인 존재임에서 비롯된 것이라 보아야 할 것이다. 이에 대해선 뒤에서 한번 더 언급될 것이다.

여러 청중을 대상으로 하더라도 그 자리가 격식을 요하지 않는 자리이면 합쇼체를 쓰는 대신 해요체를 쓰는 수가 많다. 교실에서 교사가 학생들을 대상으로 할 때는 특히 해요체가 많이 쓰이는데 반상회쯤에서도 대개는 해요체가 채택될 것이다. 이럴 때의 해요체는 그만큼 격식을 덜 차리고 대화적인 분위기를 더 풍겨 주는 효과를 얻게 될 것이다.

(31) a. 여러분, 오늘이 무슨 날이지요?
　　b. 그러면 지금부터 여러분께 물어보겠어요.

한편 글에서도 가령 정부가 국민에게 알리는 글이나 광고문 따위는 으레 합쇼체를 쓴다. 이러한 글은 문자로 되어 있을 뿐 연설과 같은 성격을 갖는 것이므로 당연할 것이다. 그런데 일반 독자를 대상으로 하는 글에서도 해라체 대신 합쇼체를 쓰는 일도 가끔 있다. 그러면 더 정감이 있고 호소력이 강한 분위기를 자아내는데 이 때는 청자에 대한 등급 조정보다는 문체상의 효과를 위해서라고 보아야 할 것이다.

(32) a. 타고 남은 재가 다시 기름이 됩니다. 그칠 줄을 모르고 타는 나의 가슴은 누구의 밤을 지키는 약한 등불입니까?
(한용운, 「알 수 없어요」)

b. 나는 朝鮮 歷史의 작은 一學徒요, 朝鮮 精神의 어설픈 一探究者로 진실로 남다른 愛慕·嘆美와 한가지로 무궁한 궁금스러움을 이 山河 大地에 가지는 것입니다. 자갯돌 하나와 마른 나무 한 밑둥에서도 말할 수 없는 감격과 흥미와 또 聯想을 자아냅니다. 이것을 조금조금 色讀하게 된 뒤로부터 朝鮮이 위대한 詩의 나라, 哲學의 나라임을 알게 되고, 또 완전 상세한 實物的 오랜 歷史의 所有者임을 깨닫고, 그리하여 쳐다볼수록 거룩한 朝鮮 精神의 불기둥에 약한 視膜이 퍽 많이 어뜩해졌습니다. (崔南善, 「巡禮記 卷頭에」)

합쇼체에 다시 '-요'를 덧붙여 쓰는 일이 있고 이를 합쇼체보다 더 상대방을 존대하는 極尊稱形으로 해석하는 일도 없지 않다.

(33) a. 참 고맙습니다요.
b. 이놈은 제 아들입니다요.
c. 무얼 말씀하십니까요?

그러나 이 형식은 상업에 종사한다든가 특수 계층에 속하는 사람들이 쓰는 일종의 사회방언(즉, 계급방언)이지 일반적으로 널리 통용되는 형식이 아니다. 따라서 이를 여타 등급의 상대경어법과 동질적인 것으로 이해하려 해서는 곤란하다. 경어법은 지역방언이나 사회방언에 따라서 그 체계를 조금씩 달리한다. 이를 표준어의 체계와 뒤섞어 기술하면 그 체계가 매우 혼란스러워질 것이다.

14.5. 경어법의 재조정

앞에서 우리는 국어 경어법이 세 가지 다른 체계로 이루어져 있고 그것들이 유기적으로 얽히면서 매우 복잡하면서도 정연하게 운용되는 모습을 보았다. 그리고 따로 부각시켜 기술하지는 않았어도 경어법에 동원되는 요소가 매우 다채로운 것도 볼 수 있었다. 주로 활용어미에 의해 운용되지만 그것도 다시 선어말어미에 의해 운용되는 체계와 종결(문말)어미에 의해 운용되는 체계로 분리되어 있었고, 때로는 특수한 어휘가 동원되기도 하였다. 그런가 하면 다른 한편에서는 격조사도 참여하며 대명사나 호칭도 한몫을 하였다.

경어법이 이처럼 여러 요소에 의해 운용되는 현상은 국어 경어법을 또다른 복잡한 세계로 이끌어 들이는 작용을 한다. 각 체계들이 기계적으로 단순 명료하게 조합을 이루는 수도 있으나 그렇지 않고 그것들이 부딪치며 얽히는 과정에서 경어법의 등급을 더 미묘하게 세분된 단계로 쪼개는 책략을 여러 방식으로 고안해 쓰고 있기 때문이다. 여기에서는 앞에서 본 개별적인 체계들이 서로 어떻게 조합을 하며, 어떻게 책략적으로 이용되는지를 살펴보기로 한다.

주체경어법과 상대경어법의 조합

경어법이 세 가지 종류가 있다 하여도 한 장면에서 한 인물이 적용을 받는 경어법은 그 중 어느 하나인 것이 일반적이다. 그러나 한 인물이 주체경어법의 대상이면서 동시에 상대경어법의 대상이 되는 수는 흔히 있다. 명령문에서처럼 한 문장의 주어가 동시에 청자일 때가 그러하다. 그런데 이러한 경우에도 각각의 체계를 따르기만 하면 되므로 별다른 문제가 생길 것이 없다. 가령 다음 (1b)에서 주어로서의 선생님에게는 '-시-'로써, 청자로서의 선생님에게는 '-어요'나 '-습니까'로 존대를 표시하면 될 뿐 이들이 동시에 적용된다고 해서 새삼 야기될 문제는 있을 것이 없다.

(1) a. 너 언제 가겠니?
 b. 선생님은 언제 가시겠어요/가시겠습니까?

그런데 문제는 그리 단순한 것만도 아니다. 합쇼체나 해라체와 같은 양극의 등급일 때는 '-시-'의 선택 여부가 분명한데, 나머지 경우에는 다음 예문들에서 보듯이 해요체나 하오체 및 하게체는 물론, 때로는 반말체까지도 '-시-'를 취하기도 하고 취하지 않기도 하는 것이다.

(2) a. 어디로 가시겠습니까?
 b. ??어디로 가겠습니까?
(3) a. 어디로 가시겠어요?
 b. 어디로 가겠어요?
(4) a. 어디로 가시겠소?
 b. 어디로 가겠소?
(5) a. 어디로 가시겠나?
 b. 어디로 가겠나?
(6) a. ?어디로 가시겠어?
 b. 어디로 가겠어?
(7) a. *어디로 가시겠니?
 b. 어디로 가겠니?

이러한 현상은 이론적으로 불합리한 면이 있다. 가령 하오체나 하게체를 쓸 인물은, 그들이 청자가 아닐 때에는 '-시-'를 넣지 않고 쓰는 것이 원칙이다. '-시-'를 넣으면 다음 예문 (8)과 같이 어색하게 되는 것이다. 그럼에도 하오체나 하게체로 대우되는 인물이 청자일 때는 앞의 예문 (4)나 (5)에서처럼 '-시-'를 취하는 불합리한 면을 드러낸다.

(8) a. ??얘들아, 김 군이 어디 가시니?
b. ??우리 집사람이 요즘 어디 좀 가셨어.

그러면 이처럼 불합리한 현상이 나타나는 까닭은 무엇일까? 그것은 국어 경어법의 복잡성의 다른 일면으로 보인다. 청자와 주체가 동일인일 때에는 결국 주체도 현장에 있기 때문에 보통 현장에 없는 대상에 대해 쓸 때의 규칙을 깨고 '-시-'를 과잉으로 사용하게 되는 것이 아닌가 싶다. 누가 현장에 있고 없고가 경어법에 영향을 미치는 것이라고 보는 것이다.

어떻든 이 결과로 상대경어법은 현실적으로 6등급보다 많은 꼴이 되었다. 즉 기존의 6등급이 '-시-'의 삽입 여부에 의해 내부적으로 다시 두 갈래로 나뉜 결과가 된 것이다. 이렇게 보면, 청자에 대한 경어법은 워낙 미묘한 사항이어서 주체경어법이나 객체경어법과 달리 이미 6등급이라는 세분된 체계를 이루고 있으면서도 그 청자가 주체로 등장하면 그 미묘함이 더욱 증폭하여 이론적으로 불합리한 조처까지도 사람들이 동원하는 것이라고 해석하여도 좋을 것이다.

이상의 현상과 관련하여 '먹다/잡수시다'와 같은 쌍에 그 중간 단계의 어휘인 '자시다'가 하나 더 마련되어 있는 현상이 우리의 흥미를 끈다. '자시다'는 '먹다'라고 하기에는 존귀하고 '잡수시다'라고 하기에는 거북한 인물에게 쓰이는 어휘인데, 이런 중간 단계의 어휘까지 마련되어 있다는 것은(사실은 '자시다' 이외에 '잡수시다'의 축약형인 '잡숫다'도 있고, '들다'도 '먹다'의 의미로 '들게, 드시게, 들어요, 드세요, 드십시오' 등으로 쓰이고 있다) 국어 경어법의 끝이 어디일까 하는 생각까지 들게 한다. 더욱이 '자시다'는 다시 몇 가지 등급의 종결어미를 취하므로 '먹다, 잡수시다' 등이 여러 종결어미와 만드는 조합까지 합치면 먹는 행위 하나에 대한 표현의 등급이 몇 개나 될지 정확히 헤아리기조차 힘들게 된다.

(9) a. 이것 좀 자셔요.
b. 이것 좀 자시게.
c. 이 사람 그만 좀 자셔.

호칭과 경어법

우리처럼 경어법이 발달하지 않은 언어에서도 대명사나 호칭 등에서는 몇 등급의 구별이 되어 있어 그 나름의 경어법이 갖추어져 있다. 2인칭 대명사가 프랑스어에서 tu와 vous로, 독일어에서 du와 Sie로 평칭과 경칭으로 갈려 있고, 영어에서 상대를 높일 때는 성에 직함을 붙여 Mr. Smith로, 허물 없이 부를 때는 Tom과 같은 이름으로 구별하여 부르는 따위가 그것이다. 그런데 국어에는 이런 쪽에서도 예외 없이 그 갈래가 상당히 복잡하게 세분되어 있는 양상을 보인다.

대명사만 하여도(대명사에 대해서는 제7장에서 자세히 논한 바 있다) '너, 자네, 당신, 댁, 어르신' 등으로 나뉘어 있고, 호칭은 더욱 여러 갈래로 갈려 가령 '김민호'라는 어느 회사 과장이 자기를 잘 아는 사람들로 들을 수 있는 호칭을 등급으로 나누면, 친척으로부터 들을 수 있는 것을 빼고도 적어도 다음 14단계는 될 것이다.

(10) ① 과장님 ② 김 과장님 ③ 김민호 씨 ④ 민호 씨 ⑤ 민호 형 ⑥ 김 과장 ⑦ 김 씨 ⑧ 김 형 ⑨ 김 군 ⑩ 김민호 군 ⑪ 민호 군 ⑫ 김민호 ⑬ 민호 ⑭ 민호야

대명사와 호칭이 이처럼 등급의 구분이 있다면 이들이 앞에서 본 세 경어법과 어떤 관계를 맺게 되리라는 것은 의문의 여지가 없다. 상대경어법 문장은 상대를 앞에 놓고 하는 말이므로 비록 표면화되어 있지 않은 경우라 할지라도 그 문장 앞에는 늘 어떤 호칭이 내재되어 있다고 보아야 한다. 그때 그 호칭이 상대경어법과 조화를 이루어야 할 것은 너무나 당연하다. 그리고 실제로 이들이 서로 호응을 하고 있다는 것을 저 앞에서 상대경어법의 등급을 논하면서 소략하게나마 지적한 바 있다. 그런데 여기서 지적하고자 하는 것은 이들과 6등급이 고정적으로 어울리는 것이 아니라는 사실이다. 한 예로 다음 예문을 보면 6등급 중의 한 등급이 다음 (11)과 같이 여러 호칭과 어울릴 수 있다. 물론 그 逆으로 (12)에서처럼 한 호칭이 여러 등급과 어울릴 수도 있다.

(11) a. 김 과장, 나 좀 봐.
b. 김 군, 나 좀 봐.
c. 민호 군, 나 좀 봐.
d. 민호, 나 좀 봐.
e. 민호야, 나 좀 봐.

(12) a. 김 과장, 나 좀 봐.
b. 김 과장, 나 좀 보세.
c. 김 과장, 나 좀 봐요.

d. 김 과장, 나 좀 봅시다.

여기서 특히 주목되는 점은 앞의 (11a)에서 (11e)까지 어떤 두 문장도 청자를 완전히 동등하게 대우하고 있지 않다는 점이다. 기본적으로는 반말체 등급으로 설정하여 놓고 호칭을 '김 과장'으로 하느냐, '민호'로 하느냐에 따라 조금씩 다 다른 대우를 하고 있는 것이다. 그렇다면 이는 '-시-'에 의해 그랬던 것 이상으로 상대경어법의 6등급이 再分된다는 뜻이다.

때에 따라서는 완전히 동일한 장면에서, 또 바로 이어 하는 말에서 서로 다른 등급의 말을 뒤섞는 경우도 있다. 순간 순간 화자의 태도가 달라졌다고 볼 수도 있겠는데, 이것도 어느 한 등급으로 일관할 때의 어느 등급과도 다른 중간적인 등급을 만드는 한 방편일 수 있을 것이다.

(13) a. 가긴 어딜 가요? 아무데도 안 갑니다.
b. 모르겠어요, 모르겠다니까 그러네.

경어법 등급의 再分化는 상대경어법뿐 아니라 주체경어법에서도, 비록 규모가 작지만 존대 표시의 조사 '께서'를 취하느냐 않느냐로써 이루어짐을 앞 절에서 본 바 있다. 이렇게 보면 한국어 경어법은 그 체계 자체가 多元的으로 되어 있는데, 다시 그것들을 어떻게 조합하느냐에 따라 개별 체계로 표현되는 등급보다 훨씬 더 미묘하고 세분된 등급들을 표현함을 알 수 있다. 어디가 끝인 줄 모른다고 할 만큼 복잡하고 복잡한 것이 국어 경어법이라고 해야 할 것이다.

14.6. 경어법의 결정 요인

국어 경어법에서 어떤 인물이 존귀한 인물, 上位의 인물이냐 아니냐를 판정하는 기준은 무엇일까? 크게 보면 국어 경어법의 경우도 이른바 權勢(power)와 紐帶(solidarity)의 범주를 크게 벗어나지는 않을 것이다. 그러나 구체적으로 어떤 요인들이 큰 영향력을 미치는 것일까?

우리는 앞에서 나이를 자주 언급하였었다. 국어에서는 무엇보다 나이가 경어법을 결정하는 가장 중요한 작용을 하는 것으로 보인다. 우리나라에서 나이는 언어뿐만 아니라 모든 생활에서 지대한 영향력을 발휘한다. 어른 앞에서는 담배를 못 피운다든가 문을 열고 들어갈 때 年長者가 먼저 들어가는 일에서부터 식구가 밥을 먹을 때 어른들이 수저를 먼저 들 때까지 젊은 사람들이 기다려야 하는 일에 이르기까지 長幼有序의 질서가 상당히 철저히 지켜진다. 서로 나이가 많다는 것을 밝혀 연장자임을 과시하려 하고, 무슨 시비가 붙으면 몇 살인데 건방지게 구느냐고 따진다. 그러한 나이가 경어법을 결정하는 요인으로 중요한 몫을 한다는 것은 오히려 당연한 일일 것이다.

그렇다면 구체적으로 언어에 영향을 미치는 연령차는 얼마로 잡아야 할까? 3-4세 이상으로 잡기는 어려울 듯하다. 가령 자기보다 몇 살 위까지 반말을 쓸 수 있을까? 기껏 3-4세 위까지일 것이다. 그것도 쉬운 일이 아니지만 가령 어릴 때부터 같은 동네에서 친하게 어울렸다든가 직위가 문제되지 않는 모임에서 아주 절친하게 된 사이라면 3-4세 연장자까지는 서로 반말을 하며 지낼 수 있을 것이다.

나이와 직위가 상반되어 갈등을 일으킬 때에도 2-3세까지는 무시될 수 있는 듯하다. 한 보고서는 군대 생활에서 상관이 자기보다 나이가 많은 부하를 대할 때 그 부하의 나이가 대체로 4세 차이가 나면 함부로 대하지 않는다고 한다. 계급이 어디에서보다 중요한 군대에서조차 4세 이상의 나이 차이를 뛰어넘지 못한다는 것은 우리나라에서 나이가 位階秩序에 큰 몫을 한다는 중요한 증거일 것이다.

나이와 관련되면서도 나이만의 문제가 아닌 것으로 학교의 선후배 관계도 경어법 결정에 중요한 영향을 미친다. 각급 학교의 선후배 관계가 다 비슷하지만 특히 중고등학교의 선후배 관계가 그 중에서도 엄격한 위계질서를 지킨다. 여기서는 1년 선배에게조차 반말을 하는 일이 허용되지 않기 때문이다. 대학이라면 같은 과 안에서 더 엄격하게 선후배 관계가 지켜지고 타과라면 좀 완화되는 편인데 같은 과라면 1년 선배까지, 타과라면 2-3년 선배까지는 반말을 하는 일이 때때로 있을 수 있을 것이다. 초등학교는 좀 덜 엄격하다 해도 1-2년의 벽을 넘지는 못할 것이다.

그런데 앞에서 여러번 시사하였듯이 나이 차이만 문제되는 것이 아니라 화자와 청자의 절대적 나이도 중요한 영향력을 미친다. 서로 나이를 먹으면 호칭이 달라지고 반말을 쓰던 사람, 가령 오빠나 형에게 존대말을 쓰기도 하며, 또 하게체나 하오체는 화자 및 청자가 나이가 든 후에야 구사할 수 있었다. 이 때 절대적 나이는 그 분기점이 어디쯤일까? 대체로 결혼하는 나이 정도가 중요한 의미를 가진다고 보아 좋을 것이다. 다만 근래로 오면서 이 나이가 점차 높아지는데 그것은 앞에서 지적하였듯이 가벼움을 추구하는 현대의 풍조가 점잖아지고 격식을 차리는 나이를 점차 늦추는 탓일 것이다.

친척 사이에서는 行列이 중요한 몫을 한다. 항렬은 나이도 뛰어넘어 상대가 상위 항렬이라면 자기보다 10세 이상 어려도, 상대가 아주 어릴 때가 아니라면 반말을 쓸 수 없다. 또 이름을 못 부르고 친족명칭을 써야 한다. 그런데 항렬은 자기보다 상위 항렬인가 아닌가만을 따진다. 할아버지 항렬이라고 해서 아저씨 항렬보다 더 극진히 대우하는 일은 별로 없다.

직장에서는 직위가 경어법 결정의 한 요인이 됨은 말할 것도 없다. 사장이나 부장, 과장 등의 간부에게 일반 사원이 존대어를 쓰고 자기 바로 위의 상관에게도 존대어를 쓰는 것이 원칙이다. 다만 직장에 따라서는 이 경계가 엄격하지 않을 수는 있다. 가령 대학 사회에서는 학장이라고 해서 교수가 특별히 따로 존대해야 하는 일은 없다.

직장에서 직위와 나이가 갈등을 일으킬 때는 대개 직위가 더 큰 힘을 발휘하는 듯하다. 상급자도 자기보다 연장자인 하급자를 나이에 맞는 대우를 해 주지만 그때의 정중함보다는 하급자가 자기보다 나이 어린 상급자에게 대하는 정중함이 더 큰 것이 일반적이기 때문이다.

사회계급(social class)은 의외로 그리 큰 영향력을 미치지 못하는 것으로 보인다. 과거 양반과 상민의 구분이 엄격한 때는 언어에도 그 영향이 뚜렷하였었다. 앞에서 잠시 언급하였듯이 반말체는 애초 양반이 나이 든 상민에게 존대말은 쓰기 싫고 그렇다고 해라체를 쓰기도 미안해서 어정쩡하게 얼버무리는 말투였다. 호칭도 물론 달랐고 어미나 어휘에까지 사회계급에 따라 다른 어형을 썼다. 그러나 지금 그 흔적은 거의 완벽하게 사라지고 없다. 오늘날은 청자가 단순히 상류계급이라고 하여 각별히 경어로 말하는 일도 없으며 청자가 하층계급이라는 이유만으로 특별히 낮춰 말하는 일도 없다. 다만 직접 얽히는 관계에서, 가령 자기 집 파출부라든가 아파트 경비원과 같이 사회적으로 그리 높지 않은 평가를 받는 직종의 사람에게는 정중함의 정도가 아무래도 덜한 것은 있다. 그러나 이것은 사회계급보다 일종의 직장에서의 직위에 해당하는 요인일 것이다.

性別도 얼마간의 영향력을 행사한다. 대개 아버지보다 어머니에게, 할아버지보다 할머니에게 덜 정중한 말투를 쓴다. 방언에 따라서는 어머니와 할머니에게 아예 반말을 쓰는 지역도 있다. 서울에서도 어머니에게는 예문 (1)과 같이 반말이 쓰이는 일이 제법 있는가 하면, 하오체의 한 변종이라고 할, 그러나 하오체보다는 약간 높은 등급이라고 해야 할 하우체도 꽤 널리 쓰인다. 또 아버지, 할아버지에게는 늘은 아니지만 합쇼체를 쓰는 일이 있는데, 어머니, 할머니에게는 해요체 이상의 등급을(즉 합쇼체를) 쓰는 일은 좀처럼 없다. 어떻든 여성이 좀더 낮은 등급으로 대우를 받는 셈이다.

(1) 엄마, 밥 줘.
(2) 어머니, 언니 안 왔우?

이 현상은 부부 사이에서도 마찬가지다. 앞에서 우리는 남편이 아내에게 하오체를 (또는 반말체까지도) 쓸 수는 있으나 아내는 남편에게 그러지 못하고 그보다 한 등급 높은 해요체를 쓴다고 하였다. 호칭과 대명사에서는 서로 '여보'와 '당신'을 쓰나 종결어미 사용에서는 여성이 역시 한 등급 낮은 말투를 받는 것이다.

이것은 한국인의 삶을 오랫동안 지배해 온 男尊女卑 사상의 반영이라고 보아야 할 것이다. 물론 다른 해석의 길도 있기는 하다. 어머니, 할머니의 경우는 권세의 차이보다는 유대의 차이로 해석하는 길이 그 하나다. 어머니, 할머니와의 관계가 더 친근하기 때문에 덜 정중한 말투를 쓴다고 보는 것이다. 그 면도 분명히 있을 것이다. 그리고 부부간에서는 대개 남편이 몇 살 위니까 나이라는 요인이 작용하는 것이라는 해석이 다른 하나다. 그러나 아내가 오히려 나이가 많은 경우에도 관습이 달라지는 것은 아니므로 부부간에서는 역시 남편이 가장이라는 관념이 작용하는 것으로 보아야 할 것이다. 그리고 오늘날 젊은 세대 사이에서 서로 반말을 쓰는 (호칭도 '당신' 대신 '자기'를 쓰는) 풍조가 늘어가는 것도 남녀불평등의 관계를 바로잡는 작업의 일환이라 보아야 할 것이다.

여성을 더 정중히 대하는 경우도 있다. 전통적으로 처남에게는 반말을 허용하는 것과 달리 처제에게는 반말을 못 쓰게 되어 있다. 또 남의 딸에게도 남의 아들에게보다는 조심하는 편이며 교수가 여학생에게는 남학생에게보다 말을 함부로 하지 않는 경향이 있다. 어떻든 성별이 경어법에 이모저모로 영향을 미치는 것을 여러 면에서 찾을 수 있다.

유대가 경어법 결정의 주요 요인임은 국어에서도 마찬가지다. 서로 존대말을 하다가 친해지면 반말하는 사이로 바뀌는 것이다. 이를 '말을 놓는다'고도 하고 '너나들이 한다' 또는 '너나들이하는 사이가 된다'고도 하는데 유대가 그러한 등급 조정을 하는 것이다. 그러나 국어에서는 앞에서 지적한 요인들, 그것을 묶어 권세라 한다면 그 권세의 영향력이 유대의 영향력보다 크다는 것이 서구어와 다르다. 아무리 친한 사이가 되어도 뛰어넘을 수 없는 벽이 국어에는 많은 것이다. 아무리 가까운 사이가 되어도 우리나라에서는 자기 선생에게 반말을 하거나 이름을 부르는 일은 결코 허용되지 않는다. 이것은 한 직장의 상급자에게도 마찬가지며, 학교의 3-4년 선배에게도 마찬가지다. 권세의 영향력이 유대의 영향력을 압도하는 것이다.

앞에서 시사된 바 있지만 유대의 영향력이 逆으로 미치는 수도 있다. 친하던 사이가 서로 경원한 사이가 되면 반말을 하던 것을 존대말로 바꾸는 것이 그것이다. 형제가 서로 점잖은 나이가 되면 호칭을 상위 등급의 것으로 바꾸는 것이 그 일례다. 어렸을 때부터 서로 반말을 하며 자라던 남녀가 각각 다른 사람과 결혼하고 나면 존대말로 바꾸어 가는 것도 다른 한 예다. 영어에서는 유대에 의해 등급의 차이를 없애면 그것을 다시 상하의 관계로 되돌리는 일이 원칙적으로 허용되지 않는 규칙이 있다고 알려져 있다. 그러나 한국어에서는 이러한 규칙이 잘 지켜지지 않는 것이다.

이상의 여러 요인 이외에도 경어법에 영향을 미치는 요인들이 더 있을 것이다. 예컨대 배경(setting)이 公的이냐 私的이냐도 경어법 결정의 한 요인으로 작용하는 것은 예상되는 바와 같다. 회의석상에서 '의장'이라고 불러야 할 사람에게 이름을 부를 수는 없는 것이다. 그리고 존대의 대상이 현장에 있느냐 없느냐가 경어법에 영향을 미친다는 것도 앞에서 본 바 있다. 복잡하게 얽히는 것이 人生事인데 경어법 역시 복잡하게 얽혀 이루어지고 운용되는, 우리 삶의 한 거울이라 보아 좋을 것이다.

참고 구자숙(1995), 박영순(1978), 서정수(1984), 성기철(1985), 손호민(1983), 안병희(1992), 왕한석(1984), 이경우(1990), 이맹성(1973), 이익섭(1974, 1994), 이익섭·이상억·채완(1997), 조준학(1982), 최현배(1959), 허웅(1963, 1975), 황적륜(1975), Brown and Gilman(1960), Brown and Ford(1961), Dredge(1977), Ervin-Tripp(1972), Howell(1967), Martin(1964, 1993)

제 15 장 접속과 내포

문장은 기본적으로 주어 하나와 서술어 하나만 갖추면 성립된다. 거기에 목적어나 보어가 필수적으로 요구되는 수가 있다. 말하자면 根幹成分만 갖추면 문장은 일단 온전한 모습이 된다. 그러나 문장은 일반적으로 이보다 훨씬 복잡한 모습을 띤다. 당장 관형어, 부사어, 독립어 등의 附屬成分이 덧붙는다. 그리고 긍정문을 부정문으로 만들려고 해도 부정을 나타내는 요소들이 덧붙어야 하고, 보조용언이 덧붙어 더 복잡한 문장을 만들기도 한다. 나아가 이러한 문장들이 몇 개씩 결합하여 더 큰 문장을 만들기도 한다. 이 장에서는 이처럼 문장이 점차 복잡한 구조로 발전해 가는 절차 중 대표적인 것을 몇 가지 살펴보고자 한다. 성격상 별개의 장으로 다룰 법한 것을 이 장에 묶은 것은 우선은 분량 때문이나 문장의 확대라는 이름으로 함께 묶이는 면도 있음을 고려한 것이다.

15.1. 접 속

중문과 복문

단어에 단일어와 복합어, 파생어의 구별이 있듯이 문장도 그러한 구분이 가능하다. 전통적으로는 主述 구성이 한 번인 문장을 單文 (simple sentence, simplex sentence), 또는 單純文이라 하고, 이러한 단문이 모여 이루어진 더 복잡한 문장을, 다시 重文(compound sentence)과 複文(complex sentence)으로 나누었다. 오늘날엔 용어도 많이 바뀌고, 문장이 확대되는 절차에 대한 해석이나 분류 체계도 새로워진 것이 많지만 이 전통적인 분류 체계를 일단 이해해 둘 필요가 있다.

중문은 아래 예문 (1)처럼 두 문장이 서로 대등한 자격으로 결합하여 된 문장을 말한다. 더 큰 문장 속의 한 문장을, 대체로는 그것 역시 그대로 문장이라 부르는 것이 일반적이지만, 흔히 節(clause)이라 부르고 그 절이 문장 속에서 어떤 지위를 가지느냐에 따라 主節 (main clause)과 從屬節(subordinate clause)로 나누어 왔는데, 이 용어를 빌려 말한다면 중문은 두 주절이 결합된, 두 주절이 先行節과 後行節로 이어진 문장이라 할 수 있다. 그에 비해 복문은 아래 예문 (2)처럼 그 IC의 한쪽이 종속절인 문장이다. 마치 복합어가 두 어기의 결합으로 이루어지고 파생어가 그 IC의 하나로 접사를 취하는 형국과 비슷하다고 할 수 있다.

(1) a. 들에는 비가 오고, 산에는 눈이 온다.
    b. 한자는 표의문자요, 한글은 표음문자다.
(2) a. 비가 오면 산이 더 아늑하게 보인다.
    b. 성원이 되었으므로 회의를 시작하겠습니다.

문장 중에는 위의 두 방식이 다 적용된 더 복잡한 문장도 얼마든지 있다. 이런 것들을 混合文이라 하여 별도의 종류로 구별하는 수가 있는데, 단어의 경우 '곁눈질, 시부모, 금목걸이' 등이 복합과 파생의 두 방식으로 이루어졌다고 해서 별도의 명칭으로 분류되지 않듯이 굳이 그럴 필요는 없다. 여기에서도 IC 개념을 도입하여 일차적으로 나눈 두 문장(절)이 후술할 접속 및 내포 중 어느 방식으로 결합되었는가만을 기준으로 문장의 종류를 파악해 가면 될 것이다.

그런데 중문과 복문을 묶어 부르는 이름은 마땅한 것이 없다. 복합어와 파생어를 묶어 合成語라 부르는 것에 맞추어 合成文(아니면 복합문)류의 이름이 가능할 것이다. 이 장에서는 단문들이 이런 합성문으로 확대되는 현상들을 살펴보고자 한다.

접속과 내포

앞에서 언급하였듯이 문장이 모여 더 크고 복잡한 문장을 만드는 현상을 해석하는 방향이 근래에 와서는 꽤 달라졌다. 먼저 接續(conjoining, conjunction)과 內包(또는 包有, embedding)라는 용어부터 새로 등장하였다. 접속은 두 문장이 대등한 자격으로 결합하는 방식이고, 내포(포유)는 한 문장이 다른 문장의 한 성분으로 참여하는 방식이다. 이렇게 보면 접속은 대체로 앞에서 말한 중문을 만드는 방식에 해당하는데 내포는 꽤 새로운 개념이다. 아래 예문 (3)에서처럼 명사절, 관형절이 개재되는 현상을 내포의 범주에 넣어 합성문의 범위를 그만큼 넓힌 것이다. 접속에 의한 합성문을 接續文이라 하고 내포에 의한 합성문을 內包文이라 한다면, 결과적으로 종래 중문과 복문의 분류 체계를 접속문과 내포문의 분류 체계로 바꾸어 새 판을 짠 것이다.

(3) a. 한글이 표음문자임은 상식 중의 상식이다.
b. 눈이 오는 풍경이 무척 아름답다.

그런데 接續(conjunction)은 전통문법에서도 쓰던 용어여서 혼동이 없도록 주의를 요한다. 전통적인 용법으로는 접속은 이른바 對等接續

(coordination)과 從屬接續(subordination)을 모두 포괄한다. 대등접속은 두 문장이 대등한 자격으로 연결되는 방식, 즉 중문을 만드는 방식을 말하고, 종속접속은 두 문장이 서로 지위가 다르게 한쪽은 上位節(superordinate clause)인 주절로, 다른 한쪽은 下位節(종속절, subordinate clause)로 결합하는 방식, 즉 복문을 만드는 방식이다. 이렇게 보면 오늘날의 접속은 종래의 종속접속은 배제하고 대등접속만 취하여, 결과적으로 접속은 좁은 의미의 접속과 넓은 의미의 접속이 있게 되었다.

우리는 앞으로 접속은 대등접속만을 가리키는 좁은 의미로만 쓰고, 그와 대립되는 개념으로 설정된 내포라는 용어를 함께 쓰고자 한다. 새 체계로 합성문의 구조를 파악하고자 하는 것이다. 그런데 이렇게 새 체계로 합성문을 분류하자면 그 소속이 불분명하게 되는 부류가 있다. 종속접속이 접속에서 배제되면 갈 곳이 마땅치 않게 되는 것이 그것이다. 간다면 내포로 갈 수밖에 없을 것이다. 그런데 내포는 한 문장이 다른 문장의 한 성분으로, 다시 말하면 한 단어의 자격으로 참여하는 방식이라 하였는데 다음 예문들은 어떤가.

(4) a. 물이 너무 맑으면 고기가 모이지 않는다.
b. 네가 노래를 부르니 모두들 좋아하는구나.
c. 비가 올지라도 내일 행사는 예정대로 합니다.

이들은 흔히 종속접속의 전형적인 예문으로 예시되는 유형이다. '물이 너무 맑으면'이나 '네가 노래를 부르니'를 전형적인 종속절로 본 것이다. 그런데 만일 이 종속절을 주절에 '접속'된 것이 아니고 '내포'된 것으로 본다면 이 종속절이 부사의 자격으로 바뀌어 내포된 것이라고 해석해야 할 것이다. 그러면 접속은 대등한 관계로 결합되는 경우만 남고, 나머지는 모두 내포의 범주에 들어 한 문장이 각각 명사, 관형사, 부사의 자격으로 바뀌어, 다시 말하면 명사절, 관형사절, 부사절이 되어 다른 문장의 한 성분으로 내포된다고 요약된다.

이때 문제가 되는 것은 부사절이 과연 관형절이나 명사절처럼 다른 문장에 파묻히는 성질을 가지느냐 하는 것이다. 예문 (4)를 보면 종속절은 주절과 나란히 이어져 있는, 말하자면 선행절과 후행절로 竝置 내지 竝列되어 있는 모습이지 그 주절로 파고든 형국은 아니다. 예문 (4)에는 종속절 다음에 쉼표를 찍지 않았는데 다음 (4)′와 같이 구두점을 찍어 놓고 보면 이 특징이 더욱 두드러진다. 이 경우 이 문장들은 IC 분석을 하면 종속절과 주절로 나뉠 수밖에 없을 터인데 이는 내포문에서는 볼 수 없는 현상이다.

(4)′ a. 물이 너무 맑으면, 고기가 모이지 않는다.
　　b. 네가 노래를 부르니, 모두들 좋아하는구나.

그렇다면 이 유형의 문장들은 어디로 가야 하는가. 접속으로 보내고, 접속의 개념을 이들까지 포괄할 수 있도록 확대해야 할 것인가. 아니면 비록 주절, 또는 상위문에 들어가 내포되는 농도는 약한 면이 있지만 역시 내포의 범주에 넣을 것인가. 접속과 내포라는 兩分 체계를 유지하려면 후자를 택할 도리밖에 없지 않을까 한다. 사실 부사절은 늘 竝置되기만 하는 것이 아니라 주절 안으로 파고드는 성질도 가지고 있다.

(5) a. 고기가 물이 너무 맑으면 모이지 않는다.
　　b. 모두들 네가 노래를 부르니 좋아하는구나.
　　c. 내일 행사는 비가 올지라도 예정대로 합니다.

국어에는 부사절(또는 종속절)을 이끄는 어미가 여간 많지 않다. 그만큼 그 기능도 이를 데 없이 다양하고, 그런 만큼 그 모두를 어느 한쪽으로 몰기 어려운 면이 있다. 따라서 그것들을 종속접속으로 처리하느냐 내포로 처리하느냐의 문제는 단순하지도 않을 뿐더러 그리 중요한 문제가 아닐 수도 있다. 여기에서는 일단 종속절보다는 부사절이라는 용어를 쓰고자 하며, 이들의 결합을 종속접속보다는 내포로 다루되(그러나 주절, 종속절이라는 용어는 편리할 때 그대로 쓰고자 한다) 그러한 처리보다는 부사절을 이끄는 갖가지 어미들의 용법에 역점을 두고자 한다. 이에 대해서는 뒤에서 따로 상술한다.

접속문의 특성

두 문장을 대등하게 결합시켜 주는 것은 어미들이다. 이 어미들을 접속어미라고 부를 수 있을 것이다. 접속어미는 의미상으로 나열의 접속어미와 대조의 접속어미로 나눌 수 있다. 다음 예문 (6)의 '-고'와 '-으며'가 전자의 예며, (7)의 '-지만'과 '-으나'가 후자의 예다.

(6) a. 설악산은 수려하고 지리산은 悠長하다.
    b. 여름은 더우며 겨울은 춥다.
(7) a. 인생은 짧으나 예술은 길다.
    b. 철수는 아직 학생이지만 영희는 이미 졸업을 했다.

접속은 선행절과 후행절의 의미가 독립적이어서 그 위치를 서로 바꾸어도 별 의미 차이가 없는 문장이 성립한다. 이는 부사절 내포문(종속접속문)의 두 절의 위치를 바꾸면 문장이 성립되지 않거나 의미가 달라지고 어색해지는 것과 대조적이다. (9a)는 문장은 성립되지만 앞 뒤 절의 의미관계가 전혀 다른 것이 되며, (9b)는 비문이다.

(8) a. 겨울은 추우며 여름은 덥다.
b. 예술은 기나 인생은 짧다.
(9) a. 고기가 모이지 않으면 물이 맑다.
b. *내일 행사는 예정대로 할지라도 비가 옵니다.

반면, 부사절은 앞의 (5)에서 보듯이 주절의 한 성분으로 이동하는 것이 비교적 자유로우나 접속문에서는 그러한 이동이 허용되지 않는다.

(10) a. *겨울은 여름은 더우며 춥다.
b. *예술은 인생은 짧으나 길다.

접속에서는 선행절과 후행절 사이에 재귀화도 허용하지 않는다. 이 또한 부사절 내포문에서는 재귀화가 일어나는 것과 대조적이다. (11)에서는 '영희'를 재귀화한 (11b)가 비문이 된 반면 (12)에서는 '영희'를 재귀화하지 않은 (12a)가 오히려 부자연스운 것이 주목을 끈다.

(11) a. 영희는 키가 크고 영희 동생은 키가 작다.
b. *영희는 키가 크고 자기 동생은 키가 작다.
(12) a. ?영희는 인정이 많아서 영희 동생을 많이 도와 준다.
b. 영희는 인정이 많아서 자기 동생을 많이 도와 준다.

단어 접속과 구 접속

앞에서는 온전한 절이 접속된 예들만 보았지만 접속문에는 구의 접속으로 이루어진 것도 있고, 심지어는 단어의 접속으로 이루어진 것도 있다. 이들은 선행절과 후행절에 공통되는 요소 중 하나가 생략된 결과로서 그 대표적인 유형을 보면 다음과 같다.

아래 예문 (13)-(14)는 앞 뒤 절에 동일 명사구가 있을 때 뒤의 명사구가 생략되어 이루어진 접속문이다. 이때 반드시 뒤의 명사구가 생략될 뿐 앞의 명사구는 생략될 수 없다. 이 점 부사절 내포문에서는 (15)-(16)에서 보듯 양쪽 어느 명사구가 생략되어도 자연스러운 것과 대조적이다.

(13) a. 영희는 착하고 (영희는) 슬기롭다.
b. *(영희는) 착하고 영희는 슬기롭다.
(14) a. 영희는 사과를 좋아하고 순희는 (사과를) 싫어한다.
b. *영희는 (사과를) 좋아하고 순희는 사과를 싫어한다.
(15) a. 나는 배가 아파서 (나는) 병원에 갔다.
b. (나는) 배가 아파서 나는 병원에 갔다.
(16) a. 김 씨는 집을 팔아서 (김 씨는) 땅을 샀다.
b. (김 씨는) 집을 팔아서 김 씨는 땅을 샀다.

앞의 경우와 달리 명사를 제외한 나머지 부분이 전부 공통적일 때에는 두 명사를 '와/과'로 묶고 공통 요소의 한쪽을 생략하게 된다.

(17) a. 한남여고가 (결승에 진출하였고) 충북여고가 결승에 진출하였다.
b. 한남여고와 충북여고가 결승에 진출하였다.
(18) a. 나는 사과를 (좋아하고 나는) 포도를 좋아한다.
b. 나는 사과와 포도를 좋아한다.
(19) a. 창호는 약속 날짜를 달력에 (적어 두고 창호는 약속 날짜를) 수첩에 적어 두었다.
b. 창호는 약속 날짜를 달력과 수첩에 적어 두었다.

15.2. 내 포

관계절과 보문

내포는 하나의 문장이 한 단어의 자격이 되어, 즉 명사절이나 관형사절 등의 절이 되어 다른 문장의 성분으로 결합하는 방식이므로 그 절차도 접속보다 복잡하고 그 유형도 더 여러 가지다. 가장 대표적인 유형을 다시 보이면 다음과 같다.

(1) a. 누구나 그가 우승 후보자임을 의심치 않았다. (명사절)
    b. 제갈공명은 동남풍이 불기를 기다려 배에 불을 질렀다. (명사절)
(2) a. 비가 오는 소리가 들린다. (관형사절)
    b. 철수는 지하철에서 우연히 만났던 사람을 또 만났다. (관형사절)

(1)은 명사형 어미 '-음'과 '-기'에 의해 한 문장이 명사절로 바뀌어 더 큰 문장에 내포된 문장이다. 이때 더 큰 문장을 母文(matrix sentence)이라 하고 거기에 내포되는 문장을 모문의 성분으로 내포된다 하여 成分文(constitute sentence)이라 한다. 母節이라는 용어는 잘 안 쓰지만 成分節이라고 불러도 좋을 것이다. 어떻든 이들 명사형 어미 '-음'과 '-기'에 대해서는 절을 달리하여 뒤에서 다시 상세히 다루기로 하겠다.

(2)는 관형사형 어미가 각각 내포절을 이끌고 있다. (2)는 다시 (2a)를 보문(NP complement), (2b)를 관계절(relative clause)이라 하여 구별하기도 하는데, 관형절의 수식을 받는 머리명사와 동일지시적인

명사구가 내포문 안에 있는 경우는 관계절, 없는 경우는 보문으로 부르는 것이다. (2a)는 '비가 오는'이 '소리'의 내용이 된다 하여 내용절(content clause)이라고도 불린다. (2)의 내포문의 구조는 대략 다음과 같이 나타낼 수 있다.

(2)′ a. [NP [S 비가 온다] 소리]
b. [NP [S 철수가 지하철에서 사람i을 우연히 만났다] 사람i]

관계절과 보문은 똑같이 관형사형 어미에 의해 구성되며 명사를 수식하는 점도 같지만 그 기능에는 차이가 있다. 관계절은 임의적인 수식어로서 그것이 없어도 문장이 성립하지만, 보문은 필수적인 성분으로서 그것이 없으면 문장의 성립이 불완전하다. 다음 (3), (4)는 보문, (5)는 관계절의 예이다.

(3) a. 지구를 둘러싼 오존층이 파괴되고 있다는 사실이 밝혀졌다.
b. ?사실이 밝혀졌다.
(4) a. 네가 나를 떠날 줄은 정말 몰랐다.
b. *줄은 정말 몰랐다.
(5) a. 벼락부자들만을 전문적으로 털던 그 도둑이 마침내 잡혔다.
b. 그 도둑이 마침내 잡혔다.

인용문

내포에는 이상의 명사절과 관형사절 외에 부사절이 성분문으로서 내포되는 유형이 더 있음을 앞 절에서 示唆한 바 있다. 그러나 이에 대해서는 절을 달리하여 다루기로 하고 여기서는 이들 이외의 내포문을 한 가지만 더 보기로 한다.

(6) a. 나는 그가 솔직하다고 믿는다.
b. 영희가 머리가 아프다고 말했다.
c. 나는 영희가 곧 결혼한다고 들었다. (인용절)

(7) a. 그가 성공했다는 소식에 고향 사람들이 흥분했다.
b. 갑순이가 언제 시집을 가느냐는 문제가 갑돌이를 긴장시켰다. (완형보문)

(6)은 인용 어미가 한 문장을 인용절로 바꾸어 모문에 내포시킨 전형적인 인용문이다. 인용절이 모문에 하나의 성분문으로 내포된 것이어서 인용문도 역시 내포문의 일종임이 분명하다. 인용은 다른 사람이 한 말을 대상으로 하는 것이 보통이지만 간접인용에서는 (6a)처럼 화자(인용자) 자신의 생각을 인용의 방식으로 표현하는 것도 가능하다.

(7)은 좀 특이한 내포문이다. 내포되는 문장이 관형사절과 상통하는 면이 있는데 그러나 이 경우는 종결어미가 표면에 그대로 유지되는 점이 관형사절과는 다르다. 또 어떻게 보면 내포되는 문장이 인용절의 성격을 띠고 있는데 그러면서도 인용 어미 '-고'를 취하지는 않고 있다. 그 점 때문에 이와 같은 내포문을 完形補文, 또는 간접보문이라 하여 특별히 따로 구분하는데 어떻든 이들도 내포문의 하나임에는 틀림없다.

보조용언 구문

보조용언 구문이란 다음 예들처럼 서술어가 '본용언-보조용언'으로 이루어진 구성을 말한다. (8)-(10)과 같이 '본용언-보조용언'으로 구성되는 것이 일반적이고, (11)과 같이 '본용언-보조용언' 구성이 본용언이 되어 다시 보조용언과 통합되기도 한다. (12)는 부정문인데 전통적으로 보조용언 구문으로 다루어져 왔다.

(8) 철수는 새로 맞춘 교복을 [입어 - 보았다].
(9) 철수는 어려운 과제를 [해결해 - 내었다].
(10) 철수는 오늘부터 직장에 [나가게 - 되었다].
(11) 나는 금강산에 한 번 [[가 - 보고] - 싶다].
(12) a. 철수는 오늘 학교에 [가지 - 않았다].
b. 철수야, 학교에 [가지 - 말아라].

보조용언 구문은 하나의 문장에 동사가 둘이라는 점에서 단문이라고 보기 어렵지만, 그것을 두 개의 서술어로 해석하여 합성문이라고 보기도 간단하지 않다. 생성문법이 도입된 이후 본용언과 보조용언의 결합을 하나의 서술어로 보지 않고, 보조용언을 내포절(성분문)을 안고 있는 상위문의 동사로 보려는 시도가 많아졌다. 그런데 독자적인 의미를 갖지 못하고 본용언의 의미를 보완만 해 주며, '싶다'와 같이 본용언에 의존되어서만 쓰일 수 있는 경우도 있는 만큼 보조용언을 본용언을 내포절로 갖는 상위 서술어로 보기는 어렵다는 점을 들어 '본용언 - 보조용언' 구문을 접속문으로 파악하는 견해도 대두되었다. 그런데 이번에는 보조용언이 독자적인 서술 기능을 하기 어려우며, 따라서 '본용언 - 보조용언' 구문을 두 문장으로 환원시킬 수 없다는 점을 들어 이것도 그대로 받아들이기 힘든 면이 있다 하여 최근에는 '본용언 - 보조용언' 구문을 합성동사로 보는 견해도 제시되었다. 여러 가지 문제가 있지만, 대체로 동사 접속 구문, 합성동사, 보조용언 구문을 각각 구별하고, 보조용언 구문을 내포문으로 처리하는 것이 일반적이다.

보조용언에 따라 본용언에 일정한 연결어미를 요구하는 것이 보조용언 구성의 특징으로서, 보조용언과 연결어미의 호응 관계는 다음과 같다.

(13) a. -어 + 가다, 계시다, 나가다, 내다, 놓다, 대다, 두다, 드리다, 먹다, 버릇하다, 버리다, 보다, 빠지다, 오다, 있다, 주다, 지다, 치우다, 하다, 마땅하다, 마지않다
b. -고 + 계시다, 나다, 말다, 싶다, 앉다, 있다
c. -지 + 아니하다(않다), 못하다, 말다
d. -게 + 굴다, 되다, 생기다, 마련이다

15.3. 명사형 어미

명사절을 이끄는 어미로 '-음'과 '-기'가 있음을 앞에서 밝힌 바 있는데, 여기서는 이들이 같은 명사절을 이끌면서도 어떤 다른 기능을 수행하는지를 살펴보기로 한다. 대체로 '-음'과 '-기'는 상위문의 서술어에 따라 선택되는 것으로 인식되면서 주로 그 의미 특성에 관한 논의가 많이 이루어져 왔는데 그 구체적인 내용은 대략 다음과 같다.

'-음'은 화자의 인식 양상에서 [+결정성, +실체성]의 의미를 나타내며, '-기'는 [-결정성, -실체성]의 의미를 나타낸다. 예문 (1)-(4)에서 보듯이 '-기'와 '-음'은 서술어에 따라 결정되며 서로 넘나들 수 없다. 대체로 상위문의 서술어가 '보다, 듣다'와 같은 지각동사, '알다, 깨닫다'와 같은 인식동사, '분명하다, 확실하다'와 같은 평가동사일 때는 '-음'이 선택되고, '적합하다, 좋다, 싫다, 쉽다'와 같은 동사가 상위문의 서술어가 될 때는 '-기'가 선택된다.

'-음'에 의해 실현되는 [+실체성]은 그 의미상 명사성에 보다 가깝고, '-기'에 의해 실현되는 [-실체성]은 그 의미상 동사성에 보다 가깝다.

(1) a. 그는 젊은 시절이 흘러갔음을 {알았다, 몰랐다, 깨달았다, 잊었다, 한탄했다}.
b. 음악 소리가 잔잔해지면서 영화가 끝나고 있음을 {암시했다, 알렸다}.
c. 나는 피로로 온몸이 무거워짐을 {느꼈다, 의식했다}.
d. 그가 몰래 자선활동을 해 오던 사람임이 {틀림없다, 확실하다, 분명하다, 밝혀졌다, 드러났다}.
e. 그는 자신이 사건과 관련이 없음을 {주장했다, 밝혔다, 고백했다, 지적하였다}.

(2) a. 그는 사람들과 만나기를 {좋아한다, 싫어한다, 꺼린다, 바란다, 희망한다, 원한다}.
b. 외국어는 배우기가 {쉽다, 어렵다, 싫다, 좋다, 까다롭다, 어설프다, 수월하다, 힘들다, 불편하다, 괴롭다}.
c. 농부들이 비가 오기를 {기다린다, 바란다, 기원한다}.
d. 철수는 내일부터 일찍 일어나기로 {결심했다, 약속했다, 정했다, 계획했다}.

(3) a. *그는 젊은 시절이 흘러{가기, 갔기}를 알았다.
b. 그는 젊은 시절이 흘러가기를 기다린다.

(4) a. *그는 사람들과 {만남, 만났음}을 좋아한다.
b. 그는 사람들과 만났음을 밝혔다.

그러나 '-기'가 이유, 원인을 나타내는 조사 '-에'와 통합될 때는 [+결정성]의 의미로 해석되기도 한다. (5)의 '때리기에', '거두었기에', '왔기에'는 이미 일어난 일을 가리키므로 [+결정성]일 것이다. 그런데 이와 같이 이유를 나타내는 '-기에'는 '명사형 어미 + 조사'로 분석하기보다는 그 전체를 하나의 어미로 다루는 편이 타당하지 않을까 한다. (6)의 '-으므로(-음 + 으로)'도 비슷한 경우로서 어미로 다루는 것이 일반적이므로 두 경우를 같이 처리하는 것이 나을 듯하다.

(5) a. 철수가 때리기에 나도 때렸어요.
  b. 위의 사람은 모의고사에서 우수한 성적을 거두었기에 표창함.
  c. 아까 네 친구가 책을 빌리러 왔기에 빌려 줬어.
(6) a. 비가 오므로 우리의 계획은 취소될 수밖에 없었다.
  b. 위의 사람은 모의고사에서 우수한 성적을 거두었으므로 표창함.

'-기'는 다음과 같이 관용적 표현을 구성하기도 한다. 일반적으로 '-기'는 (2)′와 같이 '-는 것'으로 바꿀 수 있는데 (7)-(12)의 '-기'는 그것이 불가능하다.

(2)′ a. 그는 사람들과 {만나기를, 만나는 것을} 좋아한다.
  b. 외국어는 {배우기가, 배우는 것이} 어렵다.
  c. 농부들이 비가 {오기를, 오는 것을} 기다린다.
(7) a. 아무리 어려운 때라도 제 하기 나름이다.
  b. *아무리 어려운 때라도 제 하는 것 나름이다.
(8) a. 그렇게 꾸물대다가는 기차를 놓치기 십상이지.
  b. *그렇게 꾸물대다가는 기차를 놓치는 것 십상이지.
(9) a. 이 사람이 나를 알기를 우습게 아나 봐.
  b. *이 사람이 나를 아는 것을 우습게 아나 봐.
(10) a. 내가 알기로는 그는 위선자이다.

b. *내가 아는 것으로는 그는 위선자이다.

(11) a. 어린이가 차도에서 놀기에 안전한 곳으로 데려다 주었다.
b. *어린이가 차도에서 노는 것에 안전한 곳으로 데려다 주었다.

(12) a. 고향을 떠나고 나니 친구들이 그립기가 이를 데 없다.
b. *고향을 떠나고 나니 친구들이 그리운 것이 이를 데 없다.

그밖에 '-기 때문, -기 위하여, -기 그지없다, (논어에) 이르기를' 등의 '-기'도 관용적인 용법에 속한다.

'-음'은 다음과 같이 종결어미로 쓰이는 특이한 용법이 있다. '-음'은 평서법 어미로 기능하며, (13), (14)와 같이 대략 '-ㅂ니다'로 바꿀 수 있다. (15a)는 (15b)와 같은 명령의 의미로 해석될 수 있는데 이것은 평서문이 간접화행으로 명령의 기능을 수행하는 것이다. (16)의 '지음'은 의미상 '지었음'이라고 하는 것이 더 정확하겠지만 관용적으로 '지음'이라는 표현으로 굳어져서 쓰인다. '編'에 해당하는 '엮음'도 '지음'과 마찬가지다.

(13) 오늘 날씨는 대체로 {맑겠음, 맑겠습니다}.
(14) 내일 수학 쪽지시험 {있음, 있습니다}.
(15) a. 점심은 각자 지참하여야 {함, 합니다}.
b. 점심은 각자 지참{할 것, 하시오}.
(16) 이병도 {지음, *짓습니다, 지었습니다}.

15.4. 부사형 어미

앞에서 종래 종속접속으로 인정하던 것을 접속의 범주에 넣지 않고 내포의 하나로 다루겠다는 뜻을 밝힌 바 있다. 그 뜻대로 여기서는 종속절을 이끄는 어미들을 부사형 어미라는 이름 밑에 묶고 그 어미들을 몇 부류로 나누어 각 어미들의 기능을 살펴보고자 한다. 앞에서도 지적하였듯이 이들 어미들도, 비록 명사형 어미나 관형사형 어미만큼 폭 파묻히게 하지는 못하여도 그들과 마찬가지로 문장을 성분문으로 바꾸어 모문에 내포시키는 기능이 있다고 보는 것이다.

15.4.1. 시간 관련 어미

부사형 어미 중에는 선행절과 후행절이 시간적으로 동시에 일어나거나 연이어 일어나는 것과 같은 시간 관계를 표시하는 어미들이 많다. 먼저 그 중 대표적인 예를 들어 보면 (1)의 어미들은 同時的 의미를 나타내고 (2), (3)의 어미들은 繼起的 의미를 나타낸다. 그런데 (2), (3)은 모두 선행절의 상황이 끝나고 이어서 후행절의 상황이 일어나는 것을 가리키지만 여기에도 약간의 차이가 있다. (2)는 선행절과 후행절의 상황이 시간의 여유를 두고 일어나는 것이지만, (3)은 선후행절 사이의 시간적 차이가 거의 존재하지 않는, 끝남과 시작이 거의 동시에 일어나는 것을 의미한다.

(1) a. 사탕을 먹으며 말을 하기는 어렵다.
    b. 한 무리의 사람들이 왁자지껄 떠들면서 골목을 지나갔다.
(2) a. 종이배를 접어(서) 시냇물에 띄웠다.
    b. 영희는 학교를 졸업하고(서) 취직을 했다.
(3) a. 한국팀이 한 골을 넣자 모든 관중들이 환호성을 질렀다.
    b. 수업이 끝나자마자 아이들은 운동장으로 뛰어 나갔다.

그런데 앞의 어미들 중 '-어서'는 계기성만을 나타내는 것이 아니다. 다음 (4)와 같이 상태성을 가진 용언에 결합되면 계기성이 불분명해지고 후행절의 사건이 일어나는 상황적 배경을 나타내게 된다. 또 (5)에서는 '-어서'가 시간과 관계없이 방법이나 수단을 나타내고 있다. 이 '-어서'는 대부분의 경우 '-어'와 대치될 수 있으나, 다음 (4a)와 같은 경우에는 '-어'가 불가능하다.

(4) a. 김시습은 어려서/*어려 아주 총명했다.
 b. 노세, 젊어(서) 노세.
 c. 이대로 앉아(서) 이야기를 합시다.
(5) a. 그 먼 길을 걸어(서) 왔다고?
 b. 아이의 버릇을 때려(서) 고칠 수는 없다.

(1)-(3)의 예들이 시간적 선후 관계만을 주로 나타내는 데 비해, 다음과 같이 시간 관계와 함께 다른 의미를 복합적으로 표현하는 어미들도 있다. (6)의 '-느라고'는 동시적 의미로서, 선행절이 후행절의 시간을 차지하는 바람에 그것이 원인이 되어 후행절이 일어났음을 가리킨다. '-느라고'에 의해 제시된 선행절은 후행절과 논리적 인과 관계는 없지만, 시간적으로 두 사건이 겹친 결과로 후행절의 사태가 야기된 것이다. (7a)의 '-다가'는 선행절이 중단되고 그와 대립되는 상황이 이어짐을 나타낸다. (7b)의 경우는 직접적으로 대립되는 내용은 아니더라도, 선행절이 원인이 되어 후행절의 사태가 화자가 바라지 않는 내용으로 전환됨을 의미하므로 결과적으로 대립되는 내용이 이어지는 것이다. (8)의 '-다'는 (7a)의 '-다가'와 거의 같은 의미이다. (9)는 선행절이 시간적으로 후행절에 앞서는 계기성과 함께 선행절이 후행절의 원인이 됨을 나타낸다.

'-느라고, -다가, -다'가 시간적으로 계기적임을 나타낼 때는 선행절과 후행절의 주어가 같아야 한다. 그러나 '-어서'는 선후행절이 꼭 동일 주어가 아니더라도 상관없는데, 동일 주어일 때는 맥락에 따라 계기성만을 나타내거나 인과 관계를 나타내지만, 동일 주어가 아닐 때는 인과 관계의 의미가 두드러진다.

(6) a. 영희는 전화를 받느라고 찌개를 태웠다.
b. 낮잠을 자느라고 약속을 못 지켰다.
c. *영희가 낮잠을 자느라고 내가 약속을 못 지켰다.
(7) a. 울다가 웃으면 큰일 난다.
b. 너 그렇게 놀다가 학사경고 받겠다.
c. *너 그렇게 놀다가 내가 학사경고 받겠다.
(8) a. 에이, 좋다 말았잖아.
b. 왜 학교에 가다 돌아오니?
c. *철수가 학교에 가다 내가 돌아왔다.
(9) a. 철수는 배가 아파서 병원에 갔다.
b. 철수가 배가 아파서 내가 대신 심부름을 갔다.

그런데 '-느라고'에는 다음과 같이 (6)의 경우와는 좀 다른 용법도 있다. (10a)의 '-느라고'는 시간적으로 동시가 아니라 계기를, 그리고 원인이 아니라 목적을 나타내고 있는 것이 그것이다. 즉 (10b)의 의미에 가까운 기능을 하고 있다.

(10) a. 웃느라고 한 얘길 가지고 뭘 화를 내나?
b. 웃{으려고, 자고} 한 얘길 가지고 뭘 화를 내나?

15.4.2. 인과 관계의 어미

부사형 어미 가운데는 선행절의 내용이 후행절의 원인이나 이유가 됨을 나타내는 어미들이 그 수도 많을 뿐 아니라 그 의미도 매우 복잡하게 세분되어 있다. '-어, -어서, -으니, -으니까, -으므로, -느라고' 등이 대표적인 것들인데 하나씩 그 용법을 보기로 하자. 우선 (1)의 '-어서'는 시간 관계를 나타내기도 함을 앞에서 본 바 있으나, '-어서'가 쓰인 문장 중에 선행절과 후행절의 주어가 다를 때나, 선행절의 서술어가 형용사일 때, 또는 선행절이 부정문일 때 因果 관계를 나타내는 것으로 해석된다. '-으니(까)'가 이끄는 절도 이유를 나타낸다.

(1) a. 철수가 철이 없어(서) 어머니가 걱정이 많으셔.
  b. 한국팀이 우승을 {해서, ?해} 온 국민이 기뻐했다.
  c. 산불이 {나서, ?나} 많은 야생 동물들이 삶의 터전을 잃었다.
  d. 누구나 천둥 치는 밤이 무서워(서) 잠을 못 잔 기억이 있을 것이다.
  e. 철수는 숙제를 하지 않아(서) 꾸중을 들었다.
(2) a. 장마가 지니(까) 채소 값이 오르는구나.
  b. 너는 형이니(까) 동생한테 양보해라.
  c. 철수가 일등을 하니(까) 모두들 놀랐다.
  d. 영희가 때리니(까) 나도 때렸지.

'-어서'는 대체로 '-어'와 동일한 환경에서 쓰이는데, (1b, c)와 같이 '어간+어'가 1음절을 이룰 때는 '-서'가 있는 편이 더 자연스럽다. '-으니' 역시 이유를 나타낼 때는 '-으니까'와 비슷한 환경에서 쓰인다.

위의 예문 (1), (2)에서 '-어서'와 '-으니까'는 다같이 원인이나 이유를 나타내는데 그 차이가 미묘하여 특히 외국 사람들은 이 차이를 구별하기 어려워한다. '-어서'는 필연적인 인과 관계가 있을 때 자연스러운 반면, '-으니까'는 필연적인 인과 관계보다는 화자 나름의 주관적 이유를 제시할 때 주로 쓰인다. 다음과 같이 선행절이 후행절의 객관적인 원인이 되지 못하는 경우에 '-어서'가 결합되면 비문이 되지만 '-으니까'는 그런 경우에도 자연스럽다. 이유란 객관적인 근거가 없더라도 화자가 이유로서 인정을 하면 이유가 되기 때문이다.

(3) a. *너는 형이어서 동생한테 양보해라.
    b. 너는 형이니까 동생한테 양보해라. (=2b)
(4) a. *영희가 딸만 셋을 낳아서 이번에는 아들을 낳을 거야.
    b. 영희가 딸만 셋을 낳았으니까 이번에는 아들을 낳을 거야.

다시 말해서 원인과 이유는 비슷한 개념이지만 원인은 인과 관계에 객관적인 근거가 있는 것이고, 이유는 상황에 따라 주어진 주관적 근거를 토대로 하는 것이다.

(5) a. 인도네시아에서 일어난 산불의 {원인, *이유}은 엘니뇨로 인한 극심한 가뭄이었다.
    b. 태양의 흑점 활동이 활발해진 것이 기상이변의 {원인, *이유}으로 밝혀졌다.
(6) a. 네가 매일 지각하는 {*원인, 이유}가 무엇이냐?
    b. 생활고를 {*원인, 이유}로 도둑질을 했다고 해도 범죄임에는 틀림없다.

'-어서'와 '-으니까'의 두드러진 의미 차이는, 〈A어서 B〉에서는 A가 새로운 정보이고, 〈A니까 B〉에서는 B가 새로운 정보라는 점이다. 위의 예문 중 (1a)는 다음 (7)의 대답이고, (2a)는 (8)의 대답이 된다. 또, (9)에서 '왜?'에 대한 대답이 (A ㄱ)일 때는 B가 정말 이유를 모른다고 생각해서 그 이유를 가르쳐 주는 것이고(새로운 정보), (A ㄴ)일 때는 B도 그 이유를 잘 알면서 왜 묻느냐고(알려진 정보) 짜증스럽게 대답하는 것이다.

(7) A: 어머니가 왜 걱정이시지?
　　B: 철수가 철이 없어(서) 어머니가 걱정이시다.
(8) A: 장마가 지니까 물가가 어떠냐?
　　B: 장마가 지니까 채소 값이 오른다.
(9) A: 나 일찍 퇴근하겠어.
　　B: 왜?
　　A: ㄱ. 피곤해서.
　　　　ㄴ. 피곤하니까.

이와 같은 의미 차이 때문에, 앞에 어떤 이유를 제시하고 그로 인하여 뒤따르는 어떤 새로운 상황을 명령문이나 청유문의 형태로 제시하거나, 새로운 사실을 발견할 때는 '-으니까'만이 쓰인다. 다음 예문 (10)은 이미 알고 있는 정보인 선행절을 근거로 후행절을 새롭게 제시하는 것이다. 또 '-어서'는 새로운 정보를 이끄는 것이므로 선택의문문의 질문 대상이 될 수 있지만 '-으니까'는 이미 알려진 정보이므로 그렇지 못함을 (11)에서 볼 수 있다.

(10) a. 아기가 자{니까, *서} 조용히 해라.
　　b. 내일부터 방학이{니까, *어서} 같이 놀러 가자.

c. 황학동에 가 보{니까, *아서} 없는 것 빼곤 다 있더라.
d. 춘향전을 뮤지컬로 보{니까, *아서} 재미가 있더냐?
(11) a. 슬퍼서 우니, 기뻐서 우니?
b. *슬프니까 우니, 기쁘니까 우니?

다음과 같은 예들도 인과 관계를 나타낸다. (12)의 '-으므로', '-기에'는 각각 '-음+으로', '-기+에'와 같이 명사형 어미에 조사가 결합된 형태이나, 어미로서 굳어졌다고 보아도 좋을 듯하다.

(12) a. 이 학생은 다른 학생들의 모범이 되었으므로 이 상장을 줌.
b. 이 학생은 다른 학생들의 모범이 되었기에 이 상장을 줌.

앞에서 시간 관계 어미로 보았던 '-느라고'도 인과 관계를 나타낸다. 그러나 선행절과 후행절 사이에 필연적이든 자의적이든 인과 관계가 있어서가 아니라, 단순히 선행절이 후행절을 위해 설정된 시간을 차지해 버림으로써 후행절의 상황이 발생되는 것이므로, 그 기능상 인과 관계보다는 시간 관계의 표시가 주가 된다고 볼 수 있다. (13)에서 시험 공부를 다른 시간에 했으면 잠을 못 잘 리가 없으므로, 시험 공부와 잠 사이의 인과 관계보다는 잠을 잘 시간에 시험 공부를 했다는 의미가 더 본질적인 것이다.

(13) 시험 공부를 하느라고 잠을 못 잤다.

15.4.3. 양보의 어미

양보를 나타내는 어미는 '-어도, -더라도, -은들, -을망정' 등이다. 양보란, 선행절의 사태로 인하여 논리적으로 도출되는 사태가 후행절에 이어지는 것이 아니라, 일반적으로 예상되는 것과는 반대되는 결과가 후행절에 이어짐을 의미한다. 화자는 사람들이 일반적으로 (1)-(4)의 (b)와 같이 생각할 것이라고 전제하고, 자신은 그 전제와 반대로 (a)와 같이 생각한다는 것을 말하는 것이 양보문이다. 다시 말해서, "일반적으로 다른 사람들은 X로 생각하겠지만 나는 Y라고 생각한다"와 같은 내용을 담고 있는 것이다. 양보절은 화자의 전제 속에서는 조건절이 된다. 예를 들면 (1a)의 양보절 '아무리 바빠도'는 일반적 전제를 나타내는 (1b)에서 '아주 바쁘면'이라는 조건이 된다. 즉 양보문은 의미상 조건을 포함하는 진술인 것이다.

(1) a. 아무리 바빠도 맡은 책임은 다 해야지.
    b. 아주 바쁘면 맡은 책임을 다 하지 않을 수 있다.
(2) a. 슈퍼맨이 왔더라도 이번 일은 어쩔 수 없었을 거야.
    b. 슈퍼맨이 왔더라면 이번 일을 해결할 수 있었을 것이다.
(3) a. 내가 간들 너를 잊겠느냐?
    b. 서로 헤어지면 잊을 수 있다.
(4) a. 밥은 굶을망정 자식들 교육은 시킨다.
    b. 밥을 굶을 정도이면 자식들 교육은 시키지 않을 수 있다.

'-어도'는 대등접속절을 이끌기도 하는데, 그때는 선행절과 후행절을 대립시키는 의미기능을 한다. (5)의 예문들은 선행절과 후행절의 위치를 바꾸어도 문장이 성립되는 점에서 대등접속의 특성을 갖는다. 그러나 의미상으로 볼 때 문장 전체의 초점이 후행절에 있으며, 선행절은 후행절의 의미를 보다 분명히 드러내기 위해 제시된 것이라는 점에서 선행절이 후행절에 의존적인 면도 있다. 선행절이 후행절과 아무런 연관성이 없다면 접속이 되지도 않았을 것이므로, 대등접속이라 하더라도 의미상 다소간의 의존성은 있게 마련인 것이다.

(5) a. 인생은 짧{아도, 지만, 으나} 예술은 길다.
b. 장마 끝은 있{어도, 지만, 으나} 가뭄 끝은 없다.
c. 여자는 약하{어도(→약해도), 지만, 나} 어머니는 강하다.

'-은들'이 이끄는 절은 조건을 나타낸다. 조건은 사실의 것일 수도 있고 가상의 것일 수도 있는데, 그러한 조건이 선행절에 주어지지만 그러한 조건의 결과로 기대되는 일반적 상황과는 반대의 상황이 이어짐을 나타낸다. '-은들'이 평서문과 수사 의문문에 쓰였을 때의 의미 구조는 다음과 같다.

(3)′ a. 내가 어디를 간들 너는 못 잊는다. (A이지만 B가 아니다)
b. 내가 간들 너를 잊겠느냐? (A라면 B겠느냐? B가 아니다)
(A: 조건-내가 간다; B: A의 결과로서의 일반적인 기대-너를 잊는다)

'-을망정'은 선행절과 후행절이 선택 관계에 있는 것이 특징이다. 위의 예문 (4)를 보면 '밥을 굶지 않는 것'과 '자식들 교육을 시키는 것' 중 어느 하나만을 선택해야 한다는 가정이 전제되어 있다. 즉 자식들 공부를 시키려면 밥을 굶어야 하고 밥을 굶지 않으려면 자식들 공부를 포기해야 하는 것이다. 의미상의 초점은 후행절에 놓이며, 선행절은 후행절을 강조하기 위한 극단적인 경우로서 제시된다. 자식 공부시키는 일과 경쟁 관계에 있는 가능한 여러 경우 중에서도 밥을 굶지 않는 일은 가장 일차적으로 선택되어야 할 것으로서, 그것을 선택하지 않는 것은 상당한 희생이다. 그럼에도 불구하고 그것을 버리고 자식 공부를 선택하였다는 점에서 그 선택의 의미가 더욱 강조된다. 아래 (6)의 예문들에서도 (4)에서와 같은 '-을망정'의 의미기능을 확인할 수 있다.

(6) a. 땅에 파묻어 버릴망정 그 값에는 못 팔아요.
b. 이 자리에서 죽어 버릴망정 나라를 배신하는 일은 못 하겠다.
c. 그는 구걸을 할망정 도둑질은 하지 않는다.

'-을망정'은 다음과 같이 선행절이 부정문의 형태로 쓰이기도 한다. (7)에서는 선행절이 극단적인 예시를 나타내는 것이 아니라 일반적으로 기대되는 규범을 부정하는 내용이 주어지고, 후행절이 기대할 수 없었던 극단적인 경우를 보여 주고 있다. 즉 (7a)에서 거지에게는 동냥을 주는 것이 일반적인 기대 상황인데 그렇게 하지 않는다는 내용이 선행절에 제시되고, 동냥을 주지 않는 대신에 할 수 있는 가장 극단적인 상황으로서 거지의 쪽박을 깨는 일이 제시되어 있다. (7b)도 마찬가지로서 은혜를 갚는 것이 가장 기대되는 상황인데 그것을 하지 않는다는 것이 선행절이고, 그러한 경우에 대신 선택할 수 있는 상황 중에서 가장 극단적인 상황이 은혜를 원수로 갚는 일인 것이다.

(7) a. 동냥은 못 줄망정 쪽박이야 깨겠느냐?
b. 은혜는 못 갚을망정 원수로 갚다니.
c. 형제간에 서로 도와 주지는 못 할망정 해를 끼쳐서는 안 된다.

15.4.4. 조건의 어미

조건 접속문은 선행절이 후행절의 실행 조건이 되는 것으로, 조건절을 이끄는 어미의 예들은 다음 예문에 쓰인 '-면, -거든, -어야, -던들' 등이다.

(1) a. 내일 비 오면 정상 수업이다.

b. 가을이 되면 단풍이 든다.

(2) a. 가는 길에 순희 만나거든 전화 좀 하라고 해.

b. 내일 비가 오거든 모종을 옮겨 심자.

(3) a. 윗물이 맑아야 아랫물이 맑다.

b. 순희가 와야 아기를 맡길 텐데.

(4) a. 코끼리가 없었던들 한니발이 알프스를 넘을 수 있었을까?

b. 코끼리가 없었던들 한니발이 알프스를 넘을 수 없었을 것이다.

조건의 연결어미 '-으면, -거든, -어야'는 다음과 같이 그 쓰이는 환경이 조금씩 다르다. '-으면'은 서법에 대해 중립적이지만, '-어야'는 화자의 의지가 청자에게 미치는 명령문이나 청유문과 같은 의지적 서법에서는 쓰일 수 없으며, '-거든'은 반대로 무의지적 서법에서 쓰일 수 없다. 그러나 (11)에서 보듯이 화자 자신의 의지를 표현하는 경우에는 맥락에 따라 '-어야'가 쓰일 수도 있다.

(5) 비가 오{면, *거든, 아야} 새싹이 돋는다.

(6) 호랑이도 제 말을 하{면, *거든, 어야(→해야)} 오더라.

(7) 비가 오{면, 거든, *아야} 우산을 가지고 가라.

(8) 가는 길에 순희 만나{면, 거든, *야} 전화 좀 하라고 해.

(9) 가을이 되{으면, 거든, *아야} 소풍을 가자.

(10) 호랑이를 만나{면, 거든, *어야} 혼내 주겠다.

(11) 비가 그치{면, 거든, 어야} 가겠다.

'-으면'과 '-어야'는 논리적 포함 관계가 반대가 된다. 'A면 B'는 A가 B에 포함되지만, 'A어야 B'는 B가 A에 포함된다.

(12) a. 총각이면 남자다.

b. *남자면 총각이다.

(13) a. *총각이라야 남자다.

b. 남자라야 총각이다.

양보의 어미 '-은들'에 시제 선어말어미가 결합된 '-었던들'은 사실과 반대되는 가정적 조건만을 나타내는 점에서 '-은들'과 다르다. 흔히 형태상의 유연성 때문에 '-었던들'을 양보적 연결어미에서 다루는 경우가 있으나 '-은들'과는 분명한 차이가 있다. 'A었던들 B'는 '사실은 A가 아니었기 때문에 B가 아니다'라는 가정법의 일반적 의미를 나타낸다. (14a)는 '너'가 정말 천하장사일 수도 있고 단순한 가정일 수도 있지만, (15a)에서는 '사실상 어머니의 극진한 간호가 있었으며, 그래서 철수가 무사하다'는 의미가 되고, (15b)에서도 '사실상 그가 그 배를 탔기 때문에 그가 죽었다'는 의미가 된다. '-었던들'은 현실과 반대되는 상황을 상정하는 기능을 하며, 이같은 기능은 '-었던들'이 이끄는 절 앞에 부사 '만일'을 넣어 보면 더욱 분명히 드러난다. 그러나 '-은들' 절 앞에는 '만일'을 넣을 수 없다.

(14) a. (*만일) 네가 아무리 천하장사인들 가는 세월을 이길 수는 없다.

b. (*만일) 네가 아무리 애쓴들 운명을 거역할 수야 있겠느냐?

(15) a. (만일) 어머니의 극진한 간호가 없었던들 철수가 지금 어떻게 되었을지 모른다.

b. (만일) 그가 그 배를 타지만 않았던들 아직도 살아 있었을 텐데.

'-은들'과 '-었던들'의 의미 차이는 이들을 각각 다른 어미로 바꾸어 보아도 드러난다. 여기서 우리는 '-었던들'이 양보가 아니라 조건의 어미라는 결론을 다시 확인할 수 있다.

(16) a. 네가 천하장사{이지만, *라면} 가는 세월을 이길 수는 없다.
b. 네가 아무리 애쓰{지만, *ㄴ다면} 운명을 거역할 수야 있겠느냐?

(17) a. 어머니의 극진한 간호가 없었{*지만, 다면} 철수가 지금 어떻게 되었을지 모른다.
b. 그가 그 배를 타지만 않았{*지만, 다면} 아직도 살아 있었을 텐데.

15.4.5. 목적의 어미

연결어미 '-으러, -으려고, -고자'와 '-게, -도록'은 선행절과 후행절의 시간 관계가 계기성의 어미들과 정반대로 놓인다는 점에서 공통성을 갖는다. 이들은 모두 선행절이 일어나기 전에 후행절이 먼저 일어나야 하는 것이다. '-게'와 '-도록'은 후행절의 결과 선행절이 이루어지게 됨을 나타낸다. 전통적으로 '-으러, -으려고, -고자'는 목적을 나타내고 '-게, -도록'은 결과를 나타낸다고 하여 구별하여 왔는데, 이들이 몇 가지 점에서 서로 다른 것을 인식했기 때문일 것이다.

우선, '-으러, -으려고, -고자'는 선행절과 후행절의 주어가 같아야 하지만 '-게, -도록'은 달라야 한다. 예문 (1), (2)는 선행절과 후행절의 주어가 다르므로 '-게, -도록'만이 허용되었고, (3), (4)는 앞 뒤 절의 주어가 같아서 '-으려고, 고자'가 쓰였다. (3), (4)를 비교해 볼 때 '-으러'에는 또다른 제약이 있음을 짐작할 수 있다.

(1) 자동차가 지나가{게, 도록, *러, *려고, *고자} 조금만 비켜 주세요.
(2) 어머니는 자식들이 잘 되{게, 도록, *러, *려고, *고자} 매일 밤 빌었다.
(3) 영희는 미인 대회에 나가{*게, *도록, *러, 려고, 고자} 열심히 몸매를 가꾸었다.
(4) 영희는 친구를 만나{*게, *도록, 러, 려고, 고자} 빵집에 갔다.

다음 예문 (5a)에서는 '-게, -도록, -으려고, -고자'가 모두 가능한데, 그 이유는 (5a)가 중의적이어서 두 가지 구조로 환원되기 때문이다. 즉 (5b)와 같이 사동문으로서 선행절의 주어가 '영희'일 때는 후행절과 주어가 같아서 '-으려고, -고자'가 선택되지만, (5c)와 같이 피동문으로서 선행절의 주어가 '미모'일 때는 후행절과 주어가 달라지므로 '-게, -도록'이 선택되는 것이다.

(5) a. 영희는 심사위원에게 보이{게, 도록, 려고, 고자} 열심히 미소를 지었다.
b. 영희는 (자신의 미모를) 심사위원에게 보이{*게, *도록, 려고, 고자} 열심히 미소를 지었다.
c. 영희는 (자신의 미모가) 심사위원에게 보이{게, 도록, *려고, *고자} 열심히 미소를 지었다.

앞서 잠깐 언급한 것처럼 '-으러'는 앞 뒤 절의 주어가 같아야 한다는 것 외에, 또다른 선택 조건을 갖는다. '-으러'는 '-으려고, -고자'와 몇 가지 점에서 대조가 된다. 우선, '-으러'는 선행절의 서술어가 동작동사이고 후행절의 서술어가 이동동사일 때만 쓸 수 있지만 '-으려고, -고자'는 그러한 제약이 없다. (6b), (7b)는 선행동사가 비동작동사이기 때문에 '-으러'가 불가능하고, (6c), (7c)는 후행절의 서술어가 이동동사가 아니기 때문에 '으러'가 불가능하다.

(6) a. 영희는 파마를 하{러, 려고, 고자} 미장원에 갔다.
b. 영희는 예뻐지{*러, 려고, 고자} 미장원에 갔다.
c. 영희는 파마를 하{*러, 려고, 고자} 미장원에 예약을 했다.

(7) a. 김 형사는 범인을 잡{으러, 으려고, 고자} 범행 현장으로 출동했다.
b. 김 형사는 민완형사가 되{*러, 려고, 고자} 열심히 근무하고 있다.
c. 김 형사는 범인을 잡으{*러, 려고, 고자} 잠복 근무 중이다.

또한 '-으러'는 부정문에 연결될 수 없는데, 부정문은 본질적으로 동작성을 나타낼 수 없고 상태성으로만 해석되기 때문이다.

(8) a. 민수는 애인을 만나{러, 려고, 고자} 서울에 갔다.
b. 민수는 애인을 안 만나{*러, 려고, 고자} 서울에 갔다.

명령문과 청유문에는 '-으러'만이 허용되고, 의문문에는 세 가지 어미가 모두 쓰인다.

(9) a. 고기를 잡{으러, *으려고, *고자} 바다로 가자.
b. 고기를 잡{으러, *으려고, *고자} 바다로 가라.
c. 고기를 잡{으러, 으려고, 고자} 바다로 가니?

'-으려고'는 종결법으로도 쓰일 수 있지만 '-으러, -고자'는 불가능하고, 이때 '-게'가 '-으려고'와 거의 같은 의미로 같은 자리에 쓰일 수 있다.

(10) a. 아니, 벌써 가시{려고, *러, *고자, 게}?
b. 허튼 짓 하다가 큰코 다치{려고, *러, *고자, 게}?

보조용언과의 결합에서도 '-으려고, -으러, -고자'는 서로 다른 양상을 보인다. '하다'와 함께 보조용언구를 이루어 의도를 나타내는 (11)에서는 '-으려고, -고자'가 쓰이고, (12)와 같이 어떤 상황이나 사건이 곧 일어나는 시점에 있음을 나타낼 때는 '-으려고'만이 쓰인다. 또 (11), (12) 어느 경우에도 '-으러'는 불가능하다. (11)에서 2인칭 주어(청자)의 의도에 대해 단정적으로 말할 수는 없으므로 (11c)는 불가능하지만 청자의 의도를 물을 수는 있으므로 (11d)가 성립한다. 3인칭 주어에 대해서는 화자가 추측할 수 있으므로 (11b)가 가능하다.

의도의 '-으려고 한다'는 주어가 1인칭일 때 '-으련다'로 줄어들어 의지를 나타내는 어미로 굳어졌다. 그러나 주어가 2, 3인칭이거나, 의도 이외의 의미로 쓰일 때는 '-으련다'로 줄어들지 못한다.

(11) a. 나는 이제 서울을 떠나{려고, *러, 고자} 한다.
b. 철수는 이제 서울을 떠나{려고, *러, 고자} 한다.
c. 너는 이제 서울을 떠나{*려고, *러, *고자} 한다.
d. 너는 이제 서울을 떠나{려고, *러, 고자} 하니?
(12) 축대가 무너지{려고, *러, *고자} 한다.
(13) a. 나는 이제 서울을 떠나련다.
b. *축대가 무너지련다.
c. {*철수, *너}는 이제 서울을 떠나련다.

'-게'와 '-도록'은 목적 이외의 의미로도 쓰인다. 다음 (14)는 정도를 나타내고 있으며, (15)에서는 행위가 미치는 한계를 나타낸다. (14)의 '-게, -도록'은 '-할 정도로'와 같은 의미를 가지며, (15)의 '-도록'은 '-할 때까지'의 의미를 나타낸다.

(14) a. 순희는 양귀비 뺨치{게, 도록} 예쁘다는 말을 자주 듣는다.
b. 채반이 용수가 되{게, 도록} 우긴다.

(14)′ 채반이 용수가 될 정도로 우긴다.

(15) a. 순희는 나이가 사십이 되{*게, 도록} 공부만 했다.
b. 학생들은 밤이 새{*게, 도록} 손뼉을 치며 노래를 했다.

(15)′ 순희는 나이가 사십이 될 때까지 공부만 했다.

참고 고영근(1989a), 권재일(1985), 김진수(1987), 남기심(1994, 1996), 서정섭(1991), 서정수(1996), 서태룡(1988), 심재기(1982), 윤평현(1989), 이선웅(1995), 이은경(1996), 최재희(1991), 채완(1979), 홍재성(1987)

참고문헌

강기진(1985). 국어 조사 '-에'의 의미 기능. 국어국문학논집 13(동국대).

———(1993). 접속어미 '-므로'의 의미 기능. 국어국문학 109.

강복수(1972). 국어 문법사 연구. 형설출판사.

강신항(1985). 근대화 이후의 외래어 유입 양상. 국어생활 2.

———(1991). 현대국어 어휘사용의 양상. 태학사.

강은국(1993). 조선어 문형 연구. 서광학술자료사.

고성환(1987). 의문의 문답 관계에 대한 연구. 국어연구 75.

고영근(1976). 특수조사의 의미 분석. 문법연구 3.

———(1983). 국어 문법의 연구 : 그 어제와 오늘. 탑출판사.

———(1989 a). 국어 형태론 연구. 서울대 출판부.

———(1989 b). 국어의 형태적 유형성. 정연찬 선생 회갑기념논총. 탑출판사.

———(1992). 형태소란 도대체 무엇인가. 이근수 박사 환력기념논총.

———(1993). 우리말의 총체 서술과 문법 체계. 일지사.

——— · 성광수 · 심재기 · 홍종선 편(1992). 국어학 연구 백년사. 일조각.

고재설(1992). '구두닦이'형 합성명사에 대하여. 서강어문 8(서강어문학회).

고창수(1992). 국어의 통사적 어형성. 국어학 22.

——— · 시정곤(1991). 목적어 있는 피동문. 주시경학보 7.

곽용주(1996). '동사어간-다' 부정법의 역사적 고찰. 국어연구 138.

구본관(1992). 생성문법과 국어 조어법 연구 방법론. 주시경학보 9.
구자숙(1995). Politeness Theory : Universality and Specificity. Harvard University 박사학위논문.
국립국어연구원 편(1991). 우리말의 예절. 조선일보사.
국어연구회(서울대 대학원) 편(1990). 국어 연구 어디까지 왔나. 동아출판사.
권재일(1985). 국어의 복합문 구성 연구. 집문당.
———(1989). 조사의 성격과 그 생략 현상에 대한 한 기술 방법. 어학연구 25. 3.
———(1992). 한국어 통사론. 민음사.
———(1994). 한국어 문법의 연구. 서광학술자료사.
김경훈(1977). 국어의 부사 수식 연구. 국어연구 37.
김계곤(1968). 현대국어의 조어법 연구 : 앞가지에 의한 파생법. 인천교대 논문집 3.
———(1969). 현대국어의 조어법 연구 : 뒷가지에 의한 파생법. 인천교대 논문집 4.
———(1971). 현대국어의 임자씨의 합성법. 한글학회 50돌 기념논문집.
———(1978). 현대국어의 조어법 연구. 허웅 박사 환갑기념논문집.
———(1996). 현대국어의 조어법 연구. 박이정.
김광해(1983). 국어의 의문사에 대한 연구. 국어학 12.
———(1984). '의'의 의미. 문법연구 5.
———(1989). 고유어와 한자어의 대응 현상. 탑출판사.
김광희(1994). 국어 변항범주의 조응현상 연구. 전남대 박사학위논문.
김규선(1970). 국어의 복합어에 대한 연구. 어문학 23.
김규철(1980). 한자어 단어형성에 관한 연구. 국어연구 41.
———(1981). 단어형성 규칙의 정밀화. 언어 6. 2.
———(1988). 모습의 '겠'과 바탕의 '-을 것'. 관악어문연구 13.

김기혁(1995). 국어 문법 연구 : 형태 · 통어론. 박이정.

김남길(1974). Studies in the Syntax of Korean Complementation. University of Washington 박사학위논문.

———(1978). *Tolok* Sentential Complements in Korean. C. W. Kim ed., *Papers in Korean Linguistics.* Hornbeam Press.

———(1990). Korean. Comrie(1990).

김동식(1980). 현대국어 부정법의 연구. 국어연구 42.

———(1981). 부정 아닌 부정. 언어 6.2.

김명희(1987). '의'의 의미 기능. 언어 12.2.

김문창(1974). 국어 관용어의 연구 : 숙어 설정을 중심으로. 국어연구 30.

김민수(1960). 국어 문법론 연구. 통문관.

———(1970). 국어의 격에 대하여. 국어국문학 49-50.

———(1971). 국어 문법론. 일조각.

김방한(1970). 언어학 논고. 서울대 출판부.

———(1985). 언어학 논고(Ⅱ). 서울대 출판부.

——— 편(1991). 언어학 연구사. 서울대 출판부.

———(1992). 언어학의 이해. 민음사.

김봉모(1978). 매김말의 기능. 한글 162.

———(1979). 서법의 한 고찰. 국어국문학논문집 3. 동아대.

김봉주(1984). 형태론. 한신문화사.

김석득(1971). 국어 구조론. 연세대 출판부.

———(1992). 우리말 형태론. 탑출판사.

김승곤(1989). 우리말 토씨 연구. 건국대 출판부.

———(1992). 국어 토씨 연구. 서광학술자료사.

———(1994). 한국어의 토씨와 씨끝. 서광학술자료사.

김영기(Kim-Renaud)(1974). Variation in Korean Negation. 어학연구 10.1.

김영배 · 신현숙(1987). 현대국어 문법. 한신문화사.
김영석 · 이상억(1992). 현대 형태론. 학연사.
김영희(1974). 한국어 조사류어의 연구. 문법연구 1.
———(1976). 복수표지 '들'의 문법. 문법연구 3.
———(1981). 부류 셈숱말로서의 셈 가름말. 배달말 6.
———(1987). 국어의 접속문. 국어생활 11.
———(1988). 한국어 통사론의 모색. 탑출판사.
———(1993). 의존동사 구문의 통사 표상. 국어학 23.
김완진(1970). 문접속의 '와'와 구접속의 '와'. 어학연구 6.2.
———(1970). 이른 시기에 있어서의 韓 · 中 언어접촉의 一斑에 대하여. 어학연구 6.1.
김이협(1973). 평북방언사전. 한국정신문화연구원.
김인화(1995). 현대한국어의 음성상징어 연구. 이화여대 박사학위논문.
김일웅(1982). 우리말 대용어 연구. 부산대 박사학위논문.
김정대(1993). 한국어 비교 구문의 통사론. 계명대 박사학위논문.
김정은(1995). 국어 단어형성법 연구. 박이정.
김종록(1993). 국어 접속문의 통사론적 연구. 경북대 박사학위논문.
김종택(1982). 국어 화용론. 형설출판사.
김종훈 편(1984). 국어 경어법 연구. 집문당.
김주미(1993). 현대국어 매인풀이씨 구문 연구. 건국대 박사학위논문.
김진수(1987). 국어 접속조사와 어미 연구. 탑출판사.
김진우(1985). 언어. 탑출판사.
김차균(1990). 우리말 시제와 상의 연구. 태학사.
김창섭(1983). '줄넘기'와 '갈림길'형 합성명사에 대하여. 국어학 12.
———(1992). 국어 형태론 연구의 흐름과 과제. 국어국문학회 편. 국어국문학 40년. 집문당.
———(1996). 국어의 단어 형성과 단어 구조 연구. 태학사.

김태한(1979). 내포문과 모문의 시제 관계. 동서문화 11.
김하수(1979). '을까'의 의미의 통사적 특징. 말 4.
김한곤(1975). Conditions on Coordination and Structure Constraint. *Language Research* 11. 2.
———(1982). CAUSE as the Deep Semantic Source of So-called "Causative" and "Passive". *Language Research* 18. 1.
——— · 이상억(1987). 언어학신론. 개문사.
김현옥(1985). The Functions of Linear Order in Korean Syntax. *Harvard Studies in Korean Linguistics* Ⅰ.
김형규(1968). 국어 품사 분류의 문제점. 이숭녕 박사 송수기념논총.
———(1975). 국어 경어법 연구. 동양학 5.
김혜숙(1991). 현대국어의 사회언어학적 연구. 태학사.
김홍수(1982). 원인의 '에'와 '로'에 대하여. 국어국문학 22(전북대).
———(1983). '싶다'의 통사-의미 특성. 관악어문연구 8.
———(1988). 현대 국어 심리동사 구문에 관한 연구. 서울대 박사학위 논문.
나진석(1972). 우리말의 때매김 연구. 과학사.
남기심(1973). 국어 완형보문법 연구. 계명대 출판부.
———(1978). 국어 문법의 시제 문제에 관한 연구. 탑출판사.
———(1982). 국어의 공시적 기술과 형태소의 분석. 배달말 7(경상대).
———(1993). 국어 조사의 용법 : '-에'와 '-로'를 중심으로. 서광학술자료사.
———(1994). 국어 연결어미의 쓰임 : '-고, -어서, -니까, -다가'의 의미 · 통사적 특징. 서광학술자료사.
———(1996). 국어 문법의 탐구 Ⅰ · Ⅱ. 태학사.
——— · 고영근 편(1983). 국어의 통사 · 의미론. 탑출판사.
——— · 고영근(1993). 표준 국어문법론. 개정판. 탑출판사.

———·이정민·이홍배(1977). 언어학개론. 탑출판사.
남미혜(1988). 국어 어순 연구. 국어연구 86.
남윤진(1997). 현대국어의 조사에 대한 계량언어학적 연구. 서울대 박사학위논문.
남풍현(1976). 국어 부정법의 발달. 문법연구 3.
———(1985). 국어 속의 차용어 : 고대국어에서 근대국어까지. 국어생활 2.
노대규(1981). 국어의 감탄문 연구. 말 6.
———(1982). 국어의 복합어 구성 법칙. 인문논총 4(한양대).
노명희(1990). 한자어의 어휘형태론적 특성에 관한 연구. 국어연구 95.
———(1998). 현대국어 한자어의 단어구조 연구. 서울대 박사학위논문.
도수희(1987). 국어 대용어의 연구. 탑출판사.
류구상(1983). 국어 후치사에 대한 재론. 경희어문학 6.
민현식(1982). 현대국어 격에 관한 연구. 국어연구 49.
———(1986). 국어 조사에 대한 화용론적 연구. 관악어문연구 7.
———(1991). 국어의 시상과 시간부사. 개문사.
———(1993). 현대국어 보조용언 처리의 재검토. 어문논집 3(숙명여대).
———(1998). 시간의 낱말밭. 한글 240.
박병수(1976). 양태부사에 대하여. 언어 1.1.
———(1981). On the Double Object Constructions in Korean. 언어 6.1.
박선자(1983). 한국어 어찌말 연구. 부산대 박사학위논문.
박순함(1970). '격문법'에 입각한 국어의 '겹주어'에 대한 고찰. 어학연구 6.2.
박승빈(1935). 조선어학. 조선어학연구회.
박승윤(1990). 기능문법론. 한신문화사.
박양규(1975 a). 존칭체언의 통사적 특징. 진단학보 40.
———(1975 b). 소유와 소재. 국어학 3.

———(1978). 사동과 피동. 국어학 7.
———(1990). 세 부류의 유표적 복합동사들. 강신항 교수 회갑기념 국어학논문집.
박영순(1978). Aspect in the Development of Communicative with Reference to the Korean Deference System. University of Illinois at urbana-champain 박사학위논문.
———(1993). 현대한국어 통사론. 집문당.
박영환(1990). 국어 지시어의 연구. 고려대 박사학위논문.
박재연(1998). 현대국어 반말체 종결어미 연구. 국어연구 152.
박형달(1976). 현대한국어의 보조동사의 연구. 언어학 1.
서상규(1984). 국어 부정문의 의미 해석 원리. 말 9.
서재극(1970). 개화기 외래어와 신용어. 동서문화 4(계명대 동서문화연구소).
서정목(1987). 국어 의문문 연구. 탑출판사.
———(1994). 국어 통사구조 연구 Ⅰ. 서강대 출판부.
서정섭(1991). 국어 양보문 연구. 전북대 박사학위논문.
서정수(1984). 존대법의 연구. 한신문화사.
———(1990). 국어 문법의 연구 Ⅰ·Ⅱ. 한국문화사.
———(1991). 현대 한국어 문법연구의 개관 Ⅰ. 한국문화사.
———(1996). 국어문법. 수정증보판. 한양대학교 출판원.
서태룡(1979). 내포와 접속. 국어학 8.
———(1988). 국어 활용어미의 형태와 의미. 탑출판사.
——— 외(1998). 문법 연구와 자료 : 이익섭 선생 회갑기념논총. 태학사.
석경징(1976). The Syntax of Sentence Ender. 어학연구 12.1.
선우용(1994). 국어 조사 '이/가', '을/를'에 대한 연구 : 그 특수조사적 성격을 중심으로. 국어연구 124.
성광수(1978). 국어 간접피동에 대하여. 문법연구 3.

———(1979). 국어 조사의 연구. 형설출판사.

———(1980). 국어 부가의문에 대하여. 한글 168.

성기철(1976). '겠'과 '을 것이'의 의미 비교. 김형규 교수 정년퇴임기념논총.

———(1979). 경험과 추정. 문법연구 4.

———(1985). 현대국어 대우법 연구. 개문사.

———(1992). 국어 어순 연구. 한글 218.

———(1994). 주격조사 '-가'의 의미. 선청어문 22.

손남익(1995). 국어 부사 연구. 박이정.

손종영(1973). A Study of Grammatical Case of Korean, Japanese, and Other Major Altaic Languages. Indiana University 박사학위논문.

손호민(1978). 긴 형과 짧은 형. 어학연구 14.2.

———(1983). Power and Solidarity in Korean Language. *Korean Linguistics* 3.

———(1991). 변형생성문법의 연구 약사. 김방한 편. 언어학 연구사. 서울대 출판부.

———(1994). *Korean*. London : Routledge.

송기중(1992). 현대국어 한자어의 구조. 한국어문 1. 한국정신문화연구원.

송석중(1967). Some Transformational Rules in Korean. Indiana University 박사학위논문.

———(1993). 한국어 문법의 새 조명. 지식산업사.

송창선(1991). 부정문에 나타나는 '-지'의 통사 특성. 문학과 언어 12.

송철의(1992). 국어의 파생어 형성 연구. 태학사.

시정곤(1994). 국어의 단어형성 원리. 고려대 박사학위논문.

신선경(1993). '것이다' 구문에 관하여. 국어학 23.

신성옥(1992). Speaker-oriented and Event-oriented Causals. *Korean Linguistics* 7.

신수송(1991). 통합문법이론의 이해 : 어휘기능문법. 한신문화사.
신지연(1994). 현대국어의 지시 용언 연구. 서울대 박사학위논문.
신창순(1975 a). 국어의 '주어 문제' 연구. 문법연구 2.
———(1975 b). 국어 조사의 연구. 국어국문학 71.
———(1982). 국어 부정법 연구. 언어 7-1.
———(1984). 국어 문법 연구. 박영사.
심재기(1982). 국어 어휘론. 집문당.
———(1987). 한자어의 구조와 그 조어력. 국어생활 8.
———(1994). 숨어 있던 복합어에 대하여. 우리말 연구의 샘터 : 도수희 교수 회갑 기념논문집. 문경출판사.
——— · 이기용 · 이정민(1984). 의미론서설. 집문당.
안동환(1981). 우리말 관형절에서의 '었'과 'φ'의 시제표시 기능. 한글 171.
안명철(1992). 현대 국어의 보문 연구. 서울대 박사학위논문.
안병희(1966). 부정격(Casus Indefinitus)의 정립을 위하여. 동아문화 6(서울대).
———(1992). 국어사 연구. 문학과 지성사.
——— · 이광호(1990). 중세국어 문법론. 학연사.
안효경(1994). 현대 국어 접두사 연구. 국어연구 117. 서울대 국어연구회.
양동휘(1978). 국어 관형절의 시제. 한글 162.
———(1979). 국어의 피 · 사동. 한글 166.
———(1989). 지배-결속이론의 기초. 신아사.
———(1994). 문법론. 한국문화사.
양명희(1998). 현대 국어 대용어에 대한 연구. 태학사.
양인석(1973). Semantics of Delimiters in Korean. 어학연구 9. 2.
———(1974). Two Causative Forms in Korean. 어학연구 10. 1.
———(1975). 한국어 부사의 의미(Ⅰ). 어학교육 7.

———(1977). 한국어 부사의 의미 분석. 이숭녕 선생 고희기념 국어국문학논총.

엄정호(1993). '이다'의 범주 규정. 국어국문학 110.

왕문용(1981). '-게 하다' 구문의 통사 특성. 김형규 박사 고희기념논총.

——— · 민현식(1993). 국어 문법론의 이해. 개문사.

왕한석(1984). Honorific Speech Behavior in Rural Korean Village — Structure and Use. University of California at LA 박사학위논문.

우인혜(1993). 국어의 피동법과 피동표현의 연구. 한양대 박사학위논문.

유길준(1909). 대한문전. 융문관

유동석(1981). '더'의 의미에 대한 관견. 관악어문연구 6.

———(1984). 양태조사의 통보기능에 대한 연구. 국어연구 60.

———(1986). 국어의 목적어 이동과 주제화. 국어학 신연구. 탑출판사.

———(1990). 국어 상대높임과 호격어의 상관성에 대하여. 주시경학보 6.

———(1995). 국어의 매개변인 문법. 신구문화사.

유동준(1983). 국어 분류사와 수량화. 국어국문학 89.

유목상(1985). 연결서술어미 연구. 집문당.

———(1990). 한국어 문법 이론. 일조각.

———(1993). 한국어 문법의 이해. 일조각.

유송영(1996). 국어 청자 대우 어미의 교체 사용과 청자 대우법 체계. 고려대 박사학위논문.

유창돈(1973). 어휘사 연구. 선명문화사.

유현경(1996). 국어 형용사 연구. 연세대학교 박사학위논문.

윤석민(1994). '-요'의 담화기능. 텍스트언어학 2.

———(1996). 현대 국어의 문장종결법 연구. 서울대 박사학위논문.

윤용선(1989). 명사구 보문의 보문자 선택제약에 대한 연구: 의존명사를 중심으로. 국어국문학 101.

윤평현(1989). 국어의 접속어미 연구. 한신문화사.

이경우(1981). 파생어 형성에 있어서의 의미 변화. 국어교육 39-40.
———(1990). 최근세 국어에 나타난 경어법 연구. 이화여대 박사학위 논문.
이관규(1990). 국어 대등구성 연구. 서광학술자료사.
이광호(1980). 접속어미 '-면'의 의미 기능과 그 상관성. 언어 5.2.
———(1985). 격조사 {로}의 기능 통합을 위한 시론. 김형기 선생 팔질 기념 국어학논총. 창학사.
———(1988). 국어 격조사 '을/를'의 연구. 탑출판사.
이기갑(1989). 한국어의 어순 뒤섞기와 용인성 측정법. 어학연구 25.1.
이기동(1976). 조동사의 의미 분석. 문법연구 3.
———(1981). 조사 '에'와 '에서'의 기본 의미. 한글 173-174.
이기문(1972). 개정 국어사 개설. 민중서관.
———(1978). 국어의 인칭대명사. 관악어문연구 3.
———(1991). 국어 어휘사 연구. 동아출판사.
이기백(1977). 격조사의 생략에 대한 고찰. 어문론총 11.
이기용(1969). '가'와 '는'의 통사 관계. 전북대논문집 11.
———(1976). 시간론 : '지금'의 의미. 어학연구 12.2.
———(1978a). 언어와 추정. 국어학 6.
———(1978b). 두 가지 부정문의 동의성 여부에 대하여. 국어학 8.
이남순(1981). '겠'과 'ㄹ것'. 관악어문연구 6.
———(1982). 단수와 복수. 국어학 11.
———(1984). 피동과 사동의 문형. 국어학 13.
———(1988 a). 명사화소 '-ㅁ'과 '-기'의 교체. 홍익어문 7.
———(1988 b). 국어의 부정격과 격표지 생략. 탑출판사.
———(1992). '에'와 '에서'의 의미기능. 이근수 박사 환력기념논총.
———(1994). '었었' 攷. 진단학보 78.
이맹성(1973). Variation of Speech Levels and Interpersonal Social

Relationships in Korean. 이종수 박사 송수기념논문집. 삼화출판사.
이병근 · 서태룡 · 이남순 편(1991). 문법 Ⅰ. 태학사.
——— · 채완 · 김창섭 편(1993). 형태. 태학사.
이병모(1995). 의존명사의 형태론적 연구. 학문사.
이상복(1990). 현대국어의 조어법 연구. 연세대 박사학위논문.
이상태(1978). 조건문 연구. 경상대 논문집 17.
———(1986). '-을수록' 구문의 통사와 의미에 관하여. 국어학 신연구. 탑출판사.
이석주(1989). 국어형태론. 한샘.
이선웅(1995). 현대 국어의 보조용언 연구. 국어연구 133.
이숭녕(1969). 주격중출의 문장구조에 대하여. 어문학 20.
———(1983). 국어의 인칭대명사와 신분성 지배에 대하여. 학술원 논문집(인문사회과학편) 22.
이승욱(1977). 국어 문법체계의 사적 연구. 일조각.
———(1977). 국어형태사 연구. 태학사.
이은경(1996). 국어의 연결어미 연구. 서울대 박사학위논문.
이익섭(1965). 국어 복합명사의 IC 분석. 국어국문학 34-35.
———(1968). 한자어 조어법의 유형. 이숭녕 박사 송수기념논총.
———(1969). 한자어의 非一音節 單一語에 대하여. 金載元 박사 회갑기념논총. 을유문화사.
———(1973). 국어 수량사구의 통사 기능에 대하여. 어학연구 9.1.
———(1974). 국어 경어법의 체계화 문제. 국어학 2.
———(1975). 국어 조어론의 몇 문제. 동양학 5(단국대 동양학연구소).
———(1978). 한국어의 재귀대명사에 대하여. 인문논총 2(서울대).
———(1983). 현대국어의 반복복합어의 구조. 정병욱 선생 환갑기념논총 1. 신구문화사.
———(1986). 국어학개설. 학연사.

———(1994). 사회언어학. 민음사.

——— · 임홍빈(1983). 국어문법론. 학연사.

——— · 이상억 · 채완(1997). 한국의 언어. 신구문화사.

이익환(1979). Korean Particles *kkaci/mace* 'even' and Scope of Negation. 언어 4.1.

이재인(1989). '-이' 명사의 형태론. 정연찬 교수 회갑기념논총.

이정로(1974). A Semantic Analysis of (*u*)*ni* and (*e*)*se*. 어학연구 11.1.

———(1986). *Topics in Korean Syntax with Notes to Japanese*. Yonsei University Press.

이정민(1974). Abstract Syntax of Korean with Reference to English. Indiana University 박사학위논문.

———(1977). 부정명령의 분석. 어학연구 13.2.

———(1980). 한국어 조건 · 원인 구문의 통사론과 의미론. 제1회 한국학국제학술회의논문집. 한국정신문화연구원.

———(1985). 학술 · 언론에 나타나는 국어 구문상의 문제점. 어학연구 21.1.

——— · 박성현(1991). '-요' 쓰임의 구조와 기능: 문중 '-요'의 큰 성분 가르기 및 디딤말 기능을 중심으로. 언어 16.2.

이주행(1981). 국어의 복합어에 대한 고찰. 국어국문학 86.

이지양(1982). 현대국어의 시상형태에 대한 연구. 국어연구 51.

———(1985). 융합형 '래도'에 대하여. 관악어문연구 10.

———(1993). 국어의 융합현상. 서울대 박사학위논문.

이필영(1986). 호격 및 감탄조사에 대한 연구. 국어학 신연구. 탑출판사.

———(1987). 현대 국어의 1,2인칭 표현에 대하여. 관악어문연구 12.

———(1993). 국어의 인용구문 연구. 탑출판사.

이향천(1990). 피동의 의미와 기원. 서울대 박사학위논문.

이현우(1995). 현대국어의 명사구의 구조 연구. 서울대 박사학위논문.

이현희(1982). 국어의 의문법에 대한 통시적 연구. 국어연구 52.

———(1989). 국어 문법사 연구 30년(1959-1989). 국어학 19.

이홍배(1975). 국어의 관계절화에 대하여. 어학연구 11.2.

이홍식(1996). 국어 문장의 주성분 연구. 서울대 박사학위논문.

이환묵(1976). 문장부사 '다행히'에 대하여. 언어 1.2.

———(1982 a). 부정표현 '아니'의 통사범주와 그 의미. 어학연구 18.1.

———(1982 b). 극어형성토씨 '도'. 한글 176.

이효상(1991). Tense, Aspect, and Modality : A Discourse Pragmatic Analysis of Verbal Affixes in Korean from a Typological Prespective. UCLA 박사학위논문.

이희승(1955). 국어학개설. 민중서관.

임동훈(1991 a). 현대국어 형식명사 연구. 서울대 석사학위논문.

———(1991 b). 격조사는 핵인가. 주시경학보 8.

———(1996). 현대국어 경어법 어미 '-시-'에 대한 연구. 서울대 박사학위논문.

———(1997). 이중주어문의 통사 구조. 한국문화 19.

임홍빈(1974). '로'와 선택의 양태화. 어학연구 10.2.

———(1978). 피동성과 피동구문. 국민대 논문집 12.

———(1980). '을/를' 조사의 의미와 통사. 한국학논총 2(국민대).

———(1981 a). 존재전제와 속격표지 '의'. 언어와 언어학 7.

———(1981 b). 사이시옷 문제의 해결을 위하여. 국어학 10.

———(1987 a). 국어 부정문의 통사와 의미. 국어생활 10.

———(1987 b). 국어의 재귀사 연구. 신구문화사.

———(1991 a). 국어 분류사의 성격에 대하여. 국어학의 새로운 인식과 전개. 민음사.

———(1991 b). 국어 분류사의 변별 기준에 대하여. 이승욱 선생 회갑기념논총.

장경현(1995). 국어의 명사 및 명사형 종결문에 대한 연구. 국어연구 130.
장경희(1980). 지시어 '이, 그, 저'의 의미론적 분석. 어학연구 16.2.
———(1985). 현대 국어의 양태범주 연구. 탑출판사.
장석진(1985). 화용론 연구. 탑출판사.
———(1993). 화용과 문법. 탑출판사.
———(1995). 정보기반 한국어 문법. 한신문화사.
——— 편(1994). 현대 언어학 지금 어디로. 한신문화사.
전수태(1987). 국어 이동동사 의미 연구. 한신문화사.
정 국(1978). On the Peculiarity of the Korean Plural Marker. 어학 5(전북대).
정원수(1992). 국어의 단어형성론. 한신문화사.
정인상(1980). 국어의 주어에 대한 연구. 국어연구 44.
———(1983). 국어 사동 구문의 의미에 대한 고찰. 충북대 논문집 26.
정인승(1957). 우리말의 씨가름에 대하여. 한글 125.
조남호(1988). 현대국어의 파생접미사 연구. 국어연구 85.
조성식 편(1990). 영어학 사전. 신아사.
조준학(1982). A Study of Korean Pragmatics-Deixis and Politeness. University of Hawaii 박사학위논문.
차현실(1982). 서법 체계에서 본 '-는-'의 기능과 의미. 경기어문학 3.
———(1984). '싶다'의 의미와 통사 구조. 언어 9.2.
채 완(1976). 조사 '-는'의 의미. 국어학 4.
———(1977). 현대국어 특수조사의 연구. 국어연구 39.
———(1979). 명사화소 '-기'에 대하여. 국어학 8.
———(1982). 국어 수량사구의 통시적 고찰: 어순 변화의 일례로서. 진단학보 53-54.
———(1983). 국어 수사 및 수량사구의 유형적 고찰. 어학연구 19.1.
———(1986). 국어 어순의 연구. 탑출판사.

———(1989). Weil의 언어 이론. 정연찬 선생 회갑기념논총.
———(1990a). 국어 어순의 기능적 고찰. 동대논총 20(동덕여대).
———(1990b). 국어 분류사의 기능과 의미. 진단학보 70.
———(1995). 한국어 특수조사 연구의 한 반성. 조선학보(일본) 154.
———(1996). 국어의 분류사 '개'의 차용 과정과 의미. 진단학보 82.
천기석(1984). 국어의 동작동사와 상태동사의 체계 연구. 형설출판사.
최동주(1994). 현대국어의 선어말 {-더-}에 대하여. 어학연구 30.1.
———(1995). 국어 시상체계의 통사적 변화에 관한 연구. 서울대학교 박사학위논문.
최재희(1991). 국어 접속문 구성 연구. 탑출판사.
최현배(1946/1959). 우리말본. 정음사.
하치근(1989). 국어의 파생 형태론. 삼영문화사.
한 길(1991). 국어 종결어미 연구. 강원대 출판부.
한동완(1996). 국어의 시제 연구. 태학사.
한재현(1981). 생략과 대용 현상. 한신문화사.
허 웅(1963). 중세국어연구. 정음사.
———(1975). 우리 옛말본. 샘문화사.
———(1981). 언어학 : 그 대상과 방법. 샘문화사.
홍기선(1991). Argument Selection and Case Marking in Korean. Stanford University 박사학위논문.
———(1994). Subjectivity Tests in Korean. 어학연구. 30.1.
홍사만(1983). 국어 특수조사론. 학문사.
———(1985). 국어 어휘 의미 연구. 학문사.
홍윤표(1978). 방향성 표시의 격. 국어학 6.
———(1989). 전통문법이론의 수용과 국어 연구. 국어국문학과 구미 이론. 지식산업사.
———(1990). 격조사. 서울대 국어연구회 편. 국어연구 어디까지 왔나.

동아출판사.
홍재성(1987). 현대 한국어 동사구문의 연구. 탑출판사.
———(1993). 약속의 문법 : 서술 명사의 어휘 통사적 기술과 사전. 동방학지 81. 연세대.
황대화(1986). 동해안 방언 연구. 김일성종합대학 출판부.
황적륜(1975). Role of Sociolinguistics in Foreign Language Education with Reference to Korean and English Terms of Address and Level of Deference. University of Texas 박사학위논문.
———(1976). 국어의 존대법. 언어 1.2.
———(1990). Deference vs Politeness in Korean Speech. *International Journal of the Society of Language* 82.
郭秋雯(1996). 韓國語 分類詞 硏究. 성균관대학교 박사학위논문.
程崇義(1987). 韓 · 中 漢字語의 變遷에 關한 比較硏究. 국어연구 80.
野間秀樹(1996 a). 한국어 문장의 계층구조. 언어학 19.
———(1996 b). 현대 한국어의 대우법 체계. 말 21.
油谷幸利(1978). 현대 한국어의 동사 분류. 조선학보 87.
Akmajian, A., R. A. Demers, A. K. Farmar, and R. M. Harnish(1995). *Linguistics*. 4th edition. MIT Press.
Anderson. J. (1971). *The Grammar of Case*. Cambridge University Press.
———(1977). *On Case Grammar*. London : Humanities Press.
Anderson, S. R. (1971). *A-Morphous Morphology*. Cambridge University Press.
Aronoff. M. (1976). *Word Formation in Generative Grammar*. MIT Press.
Bauer, L. (1983). *English Word-formation*. Cambridge University Press.
———(1983). *Introducing Linguistic Morphology*. Edinburgh University Press.

Beard, R. (1995). *Lexeme-Morpheme Base Morphology*. State University of New York Press.

Blake, B. J. (1994). *Case*. Cambridge University Press.

Bloch. B. & G. L. Trager (1942). *Outline of Linguistic Analysis*. Baltimore : Linguistic Society of America.

Bloomfield. L. (1933). *Language*. New York : Holt. Rinehart and Winston.

Brown. R. and M. Ford (1961). Address in American English. *Journal of Abnormal and Social Psychology* 62.

——— and A. Gilman (1960). The Pronouns of Power and Solidarity. T. A. Sebeok (ed.). *Style in Language*. MIT Press.

Bybee, J. M. (1985). *Morphology: A Study of the Relation between Meaning and Form*. Amsterdam : Benjamins.

Carroll, W. L. (1953). *The Study of Language*. Harvard University Press.

Carstairs-McCarthy, A. (1992). *Current Morphology*. London : Routledge.

Chafe. W. L. (1970). *Meaning and the Structure of Language*. University of Chicago Press.

Chao, Y. R. (1968a). *Language and Symbolic Systems*. Cambridge University Press.

———(1968b). *A Grammar of Spoken Chinese*. University of California Press.

Chomsky. N. (1965). *Aspects of the Theory of Syntax*. MIT Press.

———(1981). *Lectures on Government and Binding*. Dordrecht : Foris.

Comrie. B. (1976). *Aspect*. Cambridge University Press.

———(1985). *Tense*. Cambridge University Press.

———(1989). *Language Universals and Linguistic Typology*. 2nd ed. Oxford : Blackwell.

——— ed. (1990). *The World's Major Languages*. Oxford University

Press.

Dane. F. (1974). *Papers on Functional Sentence Perspective.* The Hague : Mouton.

Dauzat, A. (1929). *La Philosophie du Language.* Paris : Ernest Frammarion. 이기문 역(1955). 언어학원론. 민중서관.

Di Sciullo, M. and E. Williams (1987). *On the Definition of world.* MIT Press.

Dredge. C. P. (1977). Speech Variation and Social Organization in a Korean Village. Ph. D. dissertation, Harvard University.

Ervin-Tripp. S. M. (1972). Sociolinguistic Rules of Address. Pride J. B. and J. Holmes eds. *Sociolinguistics.* Harmondsworth : Penguin.

Fillmore. C. (1968). The Case for Case. Bach, E. and R. T. Harms eds. *Universals in Linguistic Theory.* New York : Holt, Rinehart and Winston.

Foley. W. A. & R. D. van Valin Jr. (1984). *Functional Syntax and Universal Grammar.* Cambridge University Press.

Fromkin. V. & R. Rodman (1993). *An Introduction to Language.* 5th ed. Fort Worth, TX : Harcourt Brace Jovanovich.

Gerdts. D. (1985). Surface Case vs. Grammatical Relations in Korean. *Harvard Studies in Korean Linguistics* Ⅰ.

Greenberg. J. H. ed. *Universals of Language.* MIT Press.

——— (1974). *Language Typology: a Historical and Analytic Overview.* The Hague : Mouton.

Helbig. G. (1970). *Geschichte der neueren Sprachwissenschaft — Unter dem besonderen Aspekt der Grammatiktheorie.* Leipzig. 임환재 역(1984). 언어학사. 경문사.

Hockett. C. (1958). *A Course in Modern Linguistics.* New York : MacMillan.

Hopper, P. J. and E. C. Traugott(1993). *Grammaticalization.* Cambridge University Press.

Howell. R. W. (1967). Linguistic Choice as an Index to Social Change. Ph.D. dissertation, University of California, Berkeley.

Huddleston, R. (1984). *Introduction to the Grammar of English.* Cambridge University Press.

Ivič. M. (1971). *Trends in Linguistics.* 김방한 역(1982). 언어학사. 형설출판사.

———(1971). *Wege der Sprachwissenschaft.* München : Max Hueber Verlag. 이덕호 역(1984). 현대 언어학사. 종로서적.

Jespersen, O. (1922). *Language.* London : George Allen and Unwinn. 김선재 역(1961). 언어. 대한교과서주식회사.

Joos, M. (1964). *The English Verb: Form and Meaning.* Madison : University of Wisconsin Press.

Katamba, F. (1993). *Morphology.* New York : St. Martin's Press.

Kuno. S. (1973). *The Structure of the Japanese Language.* MIT Press.

——— & Y.-K. Kim-Renaud(1987). The Position of Quantifier-like Particles in Korean. *Harvard Studies in Korean Linguistics* Ⅱ.

Langacker. R. W. (1968). *Language and Its Structure.* New York. : Harcourt Brace Jovanovich.

Lehmann. W. P. (ed.) (1978). *Syntactic Typology.* University of Texas Press.

Lepsky, G. (1970). *A Survey of Structural Linguistics.* London : Faber & Faber.

Li. C. N. (ed.) (1976). *Subject and Topic.* Academic Press.

Lyons, J. (1968). *Introduction to Theoretical Linguistics.* Cambridge University Press.

———(1977). *Semantics* 2 vols. Cambridge University Press.

Maling. J. & S. W. Kim(1990). The Inalienable Possession Construction and Case in Korean. *Papers from the Sixth International Conference on Korean Linguistics.* University of Toronto.

Marchand, H. (1969). *The Categories and Types of Present-Day English Word-Formation.* München : C. H. Beck.

Martin. S. E. (1954). *Korean Morphophonemics.* Linguistic Society of America.

———(1964). Speech Levels and Social Structure in Japanese and Korean. D. Hymes ed. (1964). *Language in Culture and Society.* New York : Harper and Row.

———(1993). *A Reference Grammar of Korean.* Tokyo : Charlse E. Tuttle.

Matthews. P. H. (1991). *Morphology.* 2nd ed. Cambridge University Press.

Morgan. J. (1988). *Some Grammatical Properties of -ssik. Papers from the Sixth International Conference on Korean Linguistics.* University of Toronto.

Nida, E. A. (1949). *Morphology: The Descriptive Analysis of Words,* 2nd ed. University of Michigan Press.

O'Grady. W. (1987). Grammatical Relations and Korean Syntax. *Linguistics in the Land of the Morning Calm* Ⅱ. Seoul : Hanshin.

———(1991). *Categories and Case: The Sentence Structure of Korean.* Amsterdam : John Benjamins.

Palmer, F. R. (1968). *A Linguistic Study of the English Verb.* University of Miami Press.

Quirk, R., S. Greenbaum, G. Leech, and J. Svartvik(1985). *A Comprehensive*

Grammar of the English Language. London : Longman.

Radford, A. (1988). *Transformational Grammar.* Cambridge University Press. 서정목 · 이광호 · 임홍빈 역(1990). 변형문법. 을유문화사.

Ramstedt. G. J. (1928). Remarks on the Korean Language. *Mémoires de la Société Finno-Ougrienne* 58.

———(1939). *A Korean Grammar*. Helsinki : Soumalais-Ugrilainen Seura.

Robins, R. H. (1964). *General Linguistics: An Introductory Survey.* London : Longmans.

———(1967). *A Short History of Linguistics.* London : Longmans.

Sampson, G. (1980). *Schools for Linguistics.* Stanford University Press.

Scalise. S. (1984). *Generative Morphology.* Dordrecht : Foris. 전상범 역(1987). 생성형태론. 한신문화사.

Selkirk. E. O. (1982). *The Syntax of Words.* MIT Press.

Sells, P. (1985). *Lectures on Contemporary Syntactic Theories.* Stanford University, Center for the Study of Language and Information. 이기용 · 이환묵 · 전병태 역(1990). 현대문법이론강의. 한신문화사.

———(1991). Complex Verbs and Argument Structures in Korean. *Harvard Studies in Korean Linguistics* IV.

Shibatani. M. (1973). Lexical vs Periphrastic Causatives in Korean. *Journal of Linguistics* 9.

———(1990). *The Languages of Japan.* Cambridge University Press.

——— & T. Bynon ed. (1995). *Approaches to Language Typology.* New York : Oxford University Press.

Spencer. A. (1991). *Morphological Theory: An Introduction to Word Structure in Generative Grammar.* 전상범 · 김영석 · 김진형 역(1994). 형태론. 한신문화사.

Tateishi, K. (1994). *The Syntax of Subjects.* Stanford University, Center for the Study of Language and Information.

Trask, R. L. (1993). *A Dictionary of Grammatical Terms in Linguistics.* London : Routledge.

Tsujimura, N. (1996). *An Introduction to Japanese Linguistics.* Oxford : Blackwell.

색 인

【ㄱ】

【ㄴ】

【ㄷ】

【ㄹ】

【ㅁ】

【ㅂ】

【ㅅ】

【ㅇ】

【ㅈ】

A

B

C

R

S

T

U

V

W

Y

Z

저자 소개

이익섭(李翊燮)

약력 서울대학교 문리과대학 국어국문학과 및
동 대학원(문학박사)
현 서울대학교 인문대학 국어국문학과 명예교수

저서 『嶺東 嶺西의 言語分化』『國語文法論』(共著)
『方言學』『國語學槪說』『國語表記法硏究』
『사회언어학』『한국의 언어』(共著)

채 완(蔡 琬)

약력 서울대학교 인문대학 국어국문학과 및
동 대학원(문학박사)
현 동덕여자대학교 인문대학 인문학부 교수

저서 『國語 語順의 硏究』
『한국의 언어』(共著)

국어문법론강의

1986년 8월 5일 초판 발행
2000년 2월 25일 재판 발행
2023년 7월 25일 재판 23쇄

저 자 이 익 섭 · 채 완
발행인 한 점 덕
발행처 **학 연 사**

서울특별시 영등포구 경인로 82길 3-4
센터플러스 814호
TEL. (代)2164-3311
FAX. 2164-3314

저자와의 협의에 의하여 인지를 생략함

〈등록: 1976년 12월 23일 제12-6호〉 **값 22,000 원**

ISBN 89-8060-056-9 93710